Robin Junicke
Dimensionen des Rollenspiels

Scripta scenica
Bochumer Beiträge zur Theaterforschung
Herausgegeben von Jörn Etzold und Guido Hiß

Band 3

Robin Junicke

Dimensionen des Rollenspiels

Geschichte – Format – Identität – Performance

ATHENA

Dieses Buch wurde 2017 als Dissertation zur Erlangung des Grades eines Doktors der Philosophie in der Fakultät für Philologie der Ruhr-Universität Bochum eingereicht und erfolgreich verteidigt.

Bibliografische Information der Deutschen Nationalbibliothek

Die Deutsche Nationalbibliothek verzeichnet diese Publikation in der Deutschen Nationalbibliografie; detaillierte bibliografische Daten sind im Internet über <http://dnb.d-nb.de> abrufbar.

1. Auflage 2019
Copyright © 2019 by ATHENA-Verlag,
Mellinghofer Straße 126, 46047 Oberhausen
www.athena-verlag.de
Alle Rechte vorbehalten
Umschlagabbildung: Robin Junicke
Druck und Bindung: Brasse & Nolte RuhrstadtMedien, Castrop-Rauxel
Gedruckt auf alterungsbeständigem Papier (säurefrei)
Printed in Germany
ISBN 978-3-7455-1081-2

Inhalt

1	Einführung	9
1.1	Fragestellung	11
1.2	Der Terminus Ambivalenz	11
1.3	Forschungsstand	14
1.4	Methode	17
1.5	Aufbau des Buchs	19
2	Theorien des Rollenspiels	21
2.1	Spieltheorien	21
2.1.1	Johan Huizinga	22
2.1.2	Roger Caillois	24
2.1.3	Mihály Csíkszentmihályi	27
2.1.4	Brian Sutton-Smith	29
2.2	Rollenspieltheorien	30
2.2.1	Gary Alan Fine	34
2.2.2	Daniel Mackay	35
2.2.3	Sarah Lynne Bowman	37
2.3	Das Rollenspiel	38
3	Geschichte und Genres des Rollenspiels	41
3.1	Geschichte des Rollenspiels	41
3.2	Rollenspielgenres	48
3.2.1	Fantastisches	48
3.2.2	Fantasy	52
3.2.3	Science-Fiction	55
3.3	Fantastische Rollenspiele	60
4	Formen und Formate des Rollenspiels	63
4.1	Formen des Rollenspiels	63
4.1.1	Tischrollenspiel	64
4.1.2	Liverollenspiel	65
4.1.3	Digitalrollenspiel	67
4.1.4	Randbereiche	68
4.2	P & P-Rollenspiele	82
4.2.1	DSA	86
4.2.2	Degenesis	89
4.3	LARP	92
4.3.1	Reenactment	97
4.3.2	Fantasy LARP	100
4.3.3	Nordic LARP	101

5	Rollen im Rollenspiel	109
5.1	Narrative	109
5.1.1	Geschichten erzählen	109
5.1.2	Geschichte erzählen	115
5.2	Identitäten	120
5.2.1	Identitätstheorie	120
5.2.2	Die Rolle im Theater	125
5.2.3	Die Rolle in der Gesellschaft	127
5.3	Stereotype	130
5.4	Die Rolle im Rollenspiel	134

6	Mythos und Ritual im Rollenspiel	137
6.1	Mythos	137
6.1.1	Claude Lévi-Strauss	138
6.1.2	Jan Assmann	142
6.2	Ritual	144
6.2.1	Ritualtheorie	145
6.2.2	Victor Turner	147
6.2.3	Ritual und Identität	149
6.2.4	Ritualtheorien zum Spiel	151
6.3	Mythos und Ritual im Rollenspiel	154

7	Das Verhältnis von Performance und Rollenspiel	157
7.1	Performancetheorien	157
7.1.1	Richard Schechner	159
7.1.2	Das Spiel in der Performance-Theorie	165
7.1.3	Performance im Spiel	169
7.2	Spielerische Performance	170
7.2.1	Spiel der Performer	171
7.2.2	Spiel der Zuschauer	175
7.2.3	Gemeinsames Spiel	178
7.3	Spielerische Performance und performative Spiele	193

8	Fazit – Das Ende des Spiels	195
8.1	Utopie und Problematiken des Rollenspiels	195
8.2	Überschneidungen der Theoriekreise	198
8.3	Die Ambivalenz des Rollenspiels	202

9	Nachspiel	205
9.1	Literatur	205
9.2	Primärquellen	218
9.3	Spiele	218
9.4	Vorträge	219
9.5	Internetquellen	220

1 Einführung

In den Aufzeichnungen Herodots findet sich ein Beispiel, das von der zentralen Bedeutung des Spielens für das Überdauern einer bedrohten Zivilisation zeugt. Die Lydier begegneten einer langanhaltenden Hungersnot in ihrem Land, indem sie immer abwechselnd einen Tag spielten und einen Tag aßen, um ihre Ressourcen zu schonen. So überdauerten sie der Überlieferung nach achtzehn Jahre.

Die Überhöhung des Spiels zieht sich durch Geschichten vielfältiger Kulturen und Zeitalter. Die Kraft des Spiels in all seinen Formen ist lange bekannt, seine vielfältigen Ausprägungen und Bedeutungen werden in unterschiedlichsten Disziplinen beschrieben. Das Rollenspiel als besondere Spielform ist in seiner unreglementierten Form eines der ältesten Spiele überhaupt und wird schon von kleinsten Kindern gespielt, etwa als Familien-Simulation wie beim Vater-Mutter-Kind-Spiel. Die reglementierte Variante, wie sie sich etwa in den weit verbreiteten Fantasy-Rollenspielen mit ihren extensiven Regelwerken findet, macht Identitäten, Narrative und Imagination zu Objekten des Spiels und erlaubt es den Spielenden[1], einen spielerischen Zugang zur Welt und ihrer Rolle darin zu entdecken. Eine vor kurzem veröffentlichte Umfrage zum Liverollenspiel ergab, dass die überwiegende Mehrheit es genießt, einen Charakter zu spielen, der Einfluss auf das Spiel ausübt (60 %), zugleich jedoch angibt, ihren Charakter auch absichtlich scheitern zu lassen, wenn es der Spielsituation und der gemeinsam erzählten Geschichte zuträglich ist (66 %).[2] Das persönliche Erleben steht ebenso im Vordergrund, wie die gemeinsam erschaffene Welt.

Das Wort ›Spiel‹ ist allgegenwärtig und wird in verschiedensten Kontexten wie selbstverständlich gebraucht. Was genau der Begriff bedeutet, ist jedoch nicht selbstverständlich und schwer festzulegen. Das deutsche Wort ›Spiel‹, stammt vom althochdeutschen ›Spil‹ oder ›Spell‹ ab.[3] Kluge und Seebold leiten eine Ausgangsbedeutung her, die sich als ›Tanz‹ bzw. als das ›Tanzen‹ beschreiben lässt.[4] Stuber hingegen beschreibt sie als »lebhafte und belebte, effektvolle, beseelte Körperbewegung«.[5] Also Bedeutungen, welche eine körperliche Aktion fokussieren, der überdies eine darstellende Komponente zugeschrieben

---

[1] In diesem Buch wird, sofern möglich, eine genderneutrale Pluralform benutzt und ansonsten die männliche Funktionsbezeichnung gewählt. Sofern nicht anders gekennzeichnet, ist dabei immer auch die weibliche Form mitgemeint.
[2] Der ›LARP-Census‹ wurde 2014 international durchgeführt. Es zeigte sich zum Beispiel, dass die Mehrheit der Spielenden zwischen 20 und 40 Jahren ist; 60% geben an, männlich zu sein, 35% weiblich. Vgl.: Vanek, Aaron/Paddy, Ryan: *LARP Census*. http://www.larpcensus.org.
[3] Vgl.: Grimm, Jacob/Grimm, Wilhelm: *Spiel*. http://woerterbuchnetz.de/DWB/?lemma=Spiel.
[4] Vgl.: Kluge, Friedrich/Seebold, Elmar: *Etymologisches Wörterbuch der deutschen Sprache*. De Gruyter 2002.
[5] Stuber, Thomas: »Wesen und Bedeutung des Spiels«. *werkspuren* 1998(3/98). http://www.do-it-werkstatt.ch/fileadmin/documents/fachbeitraege_technik/WesenBedeuSpiel.pdf.

werden kann. Die Gebrüder Grimm schreiben in ihrer umfassenden Etymologie: das ›Spiel‹ bezeichne »im allgemeinen eine thätigkeit, die man nicht um eines resultats oder eines praktischen zweckes willen, sondern zum zeitvertreib, zur unterhaltung und zum vergnügen übt.«[6] Hier wird die auch heute noch oft beschworene und prinzipiell zu hinterfragende Zweckfreiheit des Spiels hinzugenommen. Weiter heißt es zum Spiel als Tanz: »wol aber nennt man spiele besondere veranstaltungen, wo solche künste als schaustellung vor einem publicum und meistens in der form eines wettkampfes geübt werden«[7]. Dies schließt sowohl sportliche als auch darstellende Formate mit ein. Monique Scholz weist zudem auf die Möglichkeit hin, dass es auch eine Verwandtschaft zum Wort ›Spell‹ geben könnte, welches im Zusammenhang mit dem Erzählen und dem Märchen stehe. Ein Überbleibsel dieser Bedeutung findet sich etwa in dem Wort ›Beispiel‹. So plausibel dies scheinen mag, ist es leider nicht sicher nachweisbar und wird durchaus auch anders gedeutet.[8]

Im Englischen finden sich zwei zu unterscheidende Begriffe: ›play‹ und ›game‹. ›Play‹ leitet sich ab vom altenglischen ›plega‹, ›Spiel‹, ›Sport‹, häufig auch als ›Kampf‹, ›Gefecht‹ übersetzt, sowie vom lateinischen ›plaga‹, ›Hieb‹, ›Schlag‹. Es sammeln sich hier Bedeutungen, welche auf einen »getanzten oder ritualisierten Kampf«[9] verweisen. ›Game‹ hingegen stammt vom altenglischen ›gamen‹, welches Freude, Spiel, Amüsement bedeutet und dem protogermanischen Kompositum aus ga- und mann, dem Präfix für ›gemeinschaftlich‹ und der ›Person‹, also einer Zusammenkunft von Personen. In der heutigen Bedeutung steht ›play‹ für eine freie Handlung zum reinen Vergnügen oder für die strukturierte Form eines Theatertextes, wohingegen ›game‹ eine strukturierte, regelbasierte Form des ›plays‹ ist. Im deutschen ›Spiel‹ fallen diese beiden Bedeutungen zusammen.[10]

Vergleichbare Bedeutungsfelder finden sich in vielen Sprachen. Das entsprechende Wort im Sanskrit beispielsweise vereint die Bedeutungen Spiel, Sport und Illusion und wird zudem verwendet, um die Realität als solche zu beschreiben (als Ergebnis des kosmischen Spiels der Götter).

Körperlichkeit, Geschick, Wettkampf, Darstellung, Illusion, Erzählung, Gemeinschaft sind zu gewissen Zeitpunkten mit dem Spielbegriff verbunden und bilden eine Überlagerung von Etymologien, Bedeutungen, Geschichten und Gebrauchsweisen, die zu einem Begriff führen, der uns beim ›Kriegsspiel‹ wie

---

6   Grimm/Grimm.
7   Ebd.
8   Vgl.: Scholz, Monique: *Was ist Spielen? – Ein Definitionsversuch.* http://www.h-age.net/hinter-den-kulissen/156-was-ist-spielen-ein-definitionsversuch.html.
9   Vgl.: Turner, Victor: *Vom Ritual zum Theater. Der Ernst des menschlichen Spiels.* Campus-Verlag 2009. S. 50 f.
10 In den ›Game Studies‹ werden daher oft auch die englischen Begriffe verwendet.

beim ›Spiel der Liebe‹, beim ›Spiel an der Börse‹ oder dem ›Theaterspielen‹ von Spielen sprechen lässt.

1.1 Fragestellung

Im vorliegenden Buch wird es um eine spezielle Form des Spiels gehen. Die gesellschaftliche Relevanz spiegelt sich etwa im pädagogischen Gebrauch dieser Spiele wider, nicht jedoch im öffentlichen Diskurs. Was ist es also, das die Rollenspiele von anderen Spielen unterscheidet?

Dieses Buch kreist um die Spannungsfelder zwischen Darstellung und Erfahrung, zwischen Teilhabe und Teilnahme sowie zwischen Konstruktion und Rezeption. Die Frage, wie diese Spielwelten erschaffen werden, steht im Fokus des Erkenntnisinteresses. Eine Prämisse dieses Buchs ist, die besondere Eigenart des Rollenspiels darin zu sehen, dass es das Spielen einer Rolle erlaubt, die im Alltag nicht vorkommt und in erster Linie innerhalb des Spiels relevant wird. Rollenspiele ermöglichen ihren Teilnehmenden, ein alternatives Ich zu entwerfen und fremde Erfahrungsräume zu erschließen. Rollenspiele fördern Gemeinschaft und stellen dem Spieler einen Setzkasten verschiedenster Strategien zur Verfügung, Entwürfe ihrer selbst neu zu erfinden. Innerhalb von Rollenspielwelten erfüllen sich so Träume von Kompetenz, Macht und Mystik sowie der Wunsch nach Gemeinschaft. Hierin liegt auch die viel beschworene ›eskapistische‹ Tendenz dieser Spiele.

Es muss gefragt werden, welche Erlebniswelten und Verhältnisse im Rollenspiel produziert werden und welche Haltung zur Rolle, zur eigenen Identität und zum Alltag darin sichtbar wird. Im Folgenden wird es daher darum gehen, das Rollenspiel als Format genauer zu verstehen und die in ihm wirkenden Ambivalenzen sichtbar zu machen und ihre Funktion zu befragen. Da der Begriff der Ambivalenz für diese Studie und die Untersuchung von Rollenspielen zentral ist, erfolgt zunächst eine Begriffsklärung.

1.2 Der Terminus Ambivalenz

Die Begriffe Ambivalenz und Ambiguität werden teilweise synonym gebraucht[11] und bedeuten in der Tat sehr Ähnliches, wenn sie auch nicht deckungsgleich sind. Die Begriffe werden unter dem Oberbegriff ›Mehrdeutigkeit‹ versammelt und in unterschiedlichen Disziplinen und Einsatzfeldern verschieden gebraucht und definiert. Entsprechend schwierig ist es, die Termini gegeneinander abzugrenzen.

---

11 Vgl.: Jaeggi, Eva: »Ambivalenz«. In: Schorr, Angela (Hg.): Handwörterbuch der angewandten Psychologie. Die angewandte Psychologie in Schlüsselbegriffen. Dt. Psychologen-Verlag 1993.

Im Folgenden wird der Unterschied letztlich als eine Frage der Perspektive verstanden. Ambivalenz wird als die Zwiespältigkeit von Gefühlen oder Einstellungen aufgefasst, wohingegen Ambiguität Mehrdeutigkeit von Sachverhalten, Werken oder sprachlichem Ausdruck meint. Mit anderen Worten: Ambivalenz steht für eine personengebundene Innenperspektive und Ambiguität für eine Perspektive von außen (die vom Gegenstand nahegelegt wird). Da das Rollenspiel als eine vom Spieler ausgehende Handlung verstanden wird, soll im Weiteren primär der Begriff der Ambivalenz Anwendung finden. Wenn die zitierten Theoretiker*innen jedoch eine Begrifflichkeit vorgeben, wird der entsprechende Abschnitt dieser folgen.

Die meisten Theorien berufen sich auf die grundlegenden Ausführungen des Soziologen Zygmunt Bauman: »Seitdem Bauman vom Ende der Eindeutigkeit gesprochen hat, werden die Begriffe Ambivalenz und Ambiguität in der Forschungsliteratur teilweise sogar synonym gebraucht.«[12] Die Psychoanalytikerin Ilse Bindseil verortet die Begriffe in den Feldern, die sie hervorgebracht haben und ordnet entsprechend die Ambiguität der Literaturwissenschaft und die Ambivalenz der Psychoanalyse zu.[13] Der in der Psychoanalyse primär verwendete Begriff der Ambivalenz leitet sich vom Lateinischen ›ambo‹ – ›beide‹ und ›valere‹ – ›gelten‹ her und bezeichnet entsprechend zunächst eine Zwiespältigkeit, ein ›sowohl als auch‹ von Gefühlen und Einstellungen. In den ersten Definitionen dieser Zwiespältigkeit muss ein Konflikt hervorgerufen werden – gegensätzliche Reaktionen, die sich gegenseitig hemmen. Dem liegt ein Denken in binären Oppositionen zugrunde, welches zum Beispiel an eine klare Unentscheidbarkeit in ›gut‹ und ›böse‹ glaubt. In den 1960er-Jahren wurde der Ambivalenz-Begriff in die soziologische Rollentheorie eingeführt, womit eine Ausweitung des Begriffs einherging. Die Definitionen selbst werden vager, um weitläufigere Ungenauigkeiten beobachten zu können. Garner etwa definiert die Ambivalenz wie folgt: »a psychological state in which a person holds mixed feelings (positive and negative) towards some psychological object.«[14] Zygmunt Bauman fasst Ambivalenz als »die Möglichkeit, einen Gegenstand oder ein Ereignis mehr als nur einer Kategorie zuzuordnen.«[15] In beiden Fällen geht es um Haltungen zu etwas, die sich nicht vereinheitlichen lassen.

Ambiguität hingegen bezieht sich auf eine Zweideutigkeit oder Mehrdeutigkeit eines Sachverhalts, eines Werks oder sprachlicher Ausdrücke. »Das Wort

---

12   Lüdtke, Ursula: *Funktion und Wirkung von Mehrdeutigkeit im Erzählwerk der Schriftstellerin Brigitte Kronauer.* http://oops.uni-oldenburg.de/187/S. 8.
13   Vgl.: Ebd. S. 9.
14   Gardner, William: Behavior treatment, behavior management, and behavior control: Needed distinctions. Zitiert nach: van Harreveld, Frenk/Nohlen, Hannah U./Schneider, Iris K.: *The ABC of Ambivalence: Affective, Behavioral, and Cognitive Consequences of Attitudinal Conflict.* http://www.sciencedirect.com/science/article/pii/S0065260115000039. S. 287.
15   Bauman, Zygmunt: *Moderne und Ambivalenz. Das Ende der Eindeutigkeit.* 1995. S. 77.

›Ambiguität‹ kommt vom lateinischen agere, ›handeln‹, denn es geht auf das Verb ambigere, wandern, herumwandern, irregehen, ambi, ›herum‹, agere, ›tun‹, zurück, was zwei oder mehr mögliche Bedeutungen ergibt: ›hin- und herbewegen‹ und ›von zweifelhafter Natur‹.«[16]

Der Nervenheilarzt Eugen Bleuler führte den Begriff der Ambiguität zu Beginn des 20. Jahrhunderts ein, um über Schizophrenie zu sprechen. Sigmund Freud übernimmt ihn, um gegensätzliche, aber gleichzeitig aktive Gefühlszustände und Willensrichtungen darstellbar zu machen.[17] Aus der Freud'schen Psychoanalyse wird der Begriff in den 1980er-Jahren in die Soziologie und die Kulturwissenschaften übernommen. Primäre Anwendung findet der Begriff aber nach wie vor in der Rhetorik und der Psychologie, um verschiedene Deutungen möglich zu machen.

Die Grenzziehungen zwischen den Begriffen sind, sofern sie denn mit bedacht werden, uneindeutig und uneinheitlich, die jeweiligen Autoren scheinen sich, basierend auf ihrem fachlichen Hintergrund, für eine Variante zu entscheiden. Die Psychologin Ursula Lüdtke zum Beispiel betont die fachliche Herkunft der Begriffe, um eine Unterscheidung zu begründen (ähnlich wie Inge Bindseil): »Bei eindeutigen Akzentverschiebungen auf Psychologisches – z. B. in der Figurendarstellung – soll, der Herkunft entsprechend, von Ambivalenz, wenn es um poetische Verfahren, semantische und semiotische Analysen geht, von Ambiguität gesprochen werden.«[18] Zwischen Freiheit und Sicherheit kann bewusst ein Mittelweg eingeschlagen werden, den Baumann ›gelebte Ambivalenz‹ nennt.[19] Das Ende der Eindeutigkeit, welches mit der Moderne identifiziert wird, bildet den Grundstein für eine Ambivalenz, die – bewusst oder unbewusst – Ereignisse oder Objekte unterschiedlichen Kategorien zuordnen kann.

> Das Leben des Einzelnen ist dabei insofern ambivalent, als es zwischen Ordnung und Chaos changiert – ein Manövrieren, das es überhaupt erst erlaubt, von einem modernen Leben zu sprechen. ›Die Existenz‹, so Bauman, ›ist modern, insoweit sie die Alternative von Ordnung und Chaos enthält.‹ […] Genau diese Option entfällt in der flüchtigen Moderne. Die Verflüssigung und zunehmende Auflösung der normgebenden Ordnung schafft einen Zustand der Unordnung und Verwirrung, in dem sich universalisiert, was vordem eine Ausnahmeerscheinung war.[20]

Mit der Moderne beginnt das Erkennen der Ambivalenzen im Alltag, eine Bewegung, die sich als Auflösungsprozess von Gewissheiten und einfachen Oppositionen bis heute fortspinnt. Diese Studie wird sich immer wieder mit dieser

---

16 Turner 2009. S. 162.
17 Vgl.: Lüdtke, Lüdtke. S. 12.
18 Ebd. S. 31.
19 Zusammenfassend hierzu: Magerski, Christine: *Gelebte Ambivalenz. Die Bohème als Prototyp der Moderne.* Springer VS 2015. S. 7 ff.
20 Bauman, Zygmunt: *Moderne und Ambivalenz. Das Ende der Eindeutigkeit.*

Haltung auseinandersetzen und anhand verschiedener Perspektiven und Beispiele diskutieren.

1.3   Forschungsstand

Die Forschung beschäftigt sich mit dem Rollenspiel nur sehr vereinzelt und über verschiedene Fachdisziplinen verteilt. Die Literatur ist daher überschaubar. Sie argumentiert meist aus ihren jeweiligen Fächern heraus und zeichnet sich daher durch einen jeweils sehr unterschiedlichen Fokus aus. Besonders herausragende Beiträge zur Forschungslandschaft sind *Shared fantasy* von Garry Allen Fine, Sarah Bowmans Dissertationsschrift *The functions of role-playing games*[21] und das 2018 erschienene Routledge-Compendium *Role-Playing Games Studies*.[22] Fine leistet in seinem Buch einen tiefen Einblick in das Rollenspiel als Freizeitaktivität, Bowman thematisiert den über das Spiel hinausgehenden Nutzen. Erwähnenswert sind auch die Sammelbände *Beyond role and play*[23], herausgegeben von Markus Montola und Jaakko Stenros, sowie *First Person* und *Second Person* von Noah Wardrip-Fruin[24], die jeweils verschiedenen Perspektiven bündeln und in konzentrierter Form veröffentlichen. Ersteres setzt seinen geografischen und inhaltlichen Schwerpunkt auf die Nordic LARP-Bewegung[25], die anderen sind größtenteils auf Digitalspiele konzentriert. Die vielleicht am weitesten verbreiteten Theoriebildungen zum Rollenspiel kommen nicht aus dem wissenschaftlichen Kontext, sondern stammen aus thematisch einschlägigen Internetforen; die wichtigsten werden in Kapitel 2.2 referiert.

Eine der ersten wissenschaftlichen Auseinandersetzungen mit Rollenspielen ist die sozialwissenschaftliche Magisterarbeit von Peter Kathe aus dem Jahr 1986.[26] Dieser knüpft folgerichtig auch an keinen Diskurs an, sondern versucht, die Theorie und Methodik der eigenen Fachdisziplin auf den Gegenstand Fantasy-Rollenspiele anzuwenden. Dieser Zugang gelingt nur in Ansätzen, macht aber deutlich, wie der Zugriff der meisten fachlichen Beschäftigungen bis heute

---

21   Siehe Fine, Gary Alan: Shared fantasy. Role-playing games as social worlds. University of Chicago Press 2002 und Bowman, Sarah Lynne: The functions of role-playing games. How participants create community, solve problems and explore identity. McFarland & Co. 2010. Mehr dazu in 2.4.1 und 2.4.3.
22   Zagal, José P./Deterding, Sebastian: *Role-Playing Game Studies. A Transmedia Approach.* Routledge: New York 2018.
23   Montola, Markus/Stenros, Jaakko (Hg.): Beyond role and play. Tools, toys and theory for harnessing the imagination. Ropecon ry 2004.
24   Wardrip-Fruin, Noah/Harrigan, Pat/Crumpton, Michael (Hg.): *First person. New media as story, performance, and game.* MIT Press: Cambridge, Mass. 2004; Harrigan, Pat/Wardrip-Fruin, Noah (Hg.): *Second person. Role-playing and story in games and playable media.* MIT Press Mass. 2010.
25   Eine spezielle, vor allem in Skandinavien und Norwegen verbreitete Form des Liverollenspiels. Siehe 6.2.3.
26   Kathe, Peter: *Struktur und Funktion von Fantasy-Rollenspielen.* http://www.rpgstudies.net/kathe/.

funktioniert, auch wenn deren Qualität und Strukturbewusstsein enorm zugenommen haben: In erster Linie werden Fachdiskurse auf den Gegenstand Rollenspiel angewendet. Sehr gelungene Beispiele für ein solches Vorgehen sind die Dissertationsschriften von David Nikolas Schmidt[27] (Germanistik), der das Rollenspiel als kollektive Erzählung beschreibt, von Raphael Bienia[28] (Sozialwissenschaft) der sich auf die Materialität des Spiels konzentriert, von Markus Montola[29] (Game Studies) mit einer Erweiterung des ›magic circle‹-Begriffs, der von Sonia Fizek[30] (Medienwissenschaft) mit Blick auf das digitale Rollenspiel oder die Arbeiten von Laura Flöter[31] (Kunstwissenschaft) oder Gero Pappe[32] (Sozialwissenschaft) mit einem dezidiert kunstpädagogischen Ansatz. Einen wichtigen Beitrag liefert auch die Magisterarbeit von Gerke Schlickmann[33] (Theaterwissenschaft) zur Performativität von Liverollenspielen. Es finden sich jedoch auch Arbeiten wie die tiefenhermeneutische Kulturanalyse des Rollenspiels von Ramona Kahr[34], deren Argumentation und Methodik dabei stellenweise jedoch nicht ganz einsichtig ist.

Es gibt zudem Werke, die jenseits eines wissenschaftlichen Forschungsinteresses entstehen. Zu nennen ist hier an erster Stelle das Buch *The fantasy roleplaying game* von Daniel Mackay,[35] welcher zuvor einen M. A.-Abschluss in Performance Studies erhielt, keine weitere wissenschaftliche Karriere verfolgte, sich aber einige Jahre später an ein Buchprojekt zur Performativität von Rollenspielen wagte. Es gibt einen Band von Ulrich und Ludwig Janus; Vater (Psychologe) und Sohn (Mathematiker), die in *Abenteuer in anderen Welten* auch noch weitere Autoren an ihrem ambitionierten Projekt teilhaben ließen.[36] Eine umfassende

---

[27] Schmidt, David Nikolas: Zwischen Simulation und Narration. Theorie des Fantasy-Rollenspiels; mit einer Analyse der Spielsysteme Das Schwarze Auge, Shadowrun und H. P. Lovecraft's Cthulhu. Lang 2012.
[28] Bienia, Rafael: *Role playing materials*. Zauberfeder Verlag 2016.
[29] Montola, Markus: *On the Edge of the Magic Circle. Understanding Role-Playing and Pervasive Games*. Bookshop TAJU 2012.
[30] Fizek, Sonia: *Pivoting the Player: A Methodological Toolkit for Player Character Research in Offline Role-Playing Games*. http://e.bangor.ac.uk/id/eprint/5118.
[31] Flöter, Laura S.: *Der Avatar – die Schatten-Identität. Ästhetische Inszenierung von Identitätsarbeit im phantastischen Rollenspiel*. Tectum: Baden-Baden 2018.
[32] Pappe, Gero: *P & P-Rollenspiel. Der kollektive Zugang zu utopischen Weltentwürfen und individuellen Phantasie-Konstrukten*. Logos-Verlag 2011.
[33] Schlickmann, Gerke: *Adventure and Meeting. Eine Einführung in Live-Rollenspiel aus theaterwissenschaftlicher Perspektive*. Zauberfeder Verlag 2015.
[34] Kahl, Ramona: *Fantasy-Rollenspiele als szenische Darstellung von Lebensentwürfen. Eine tiefenhermeneutische Analyse*. Tectum-Verlag 2007.
[35] Mackay, Daniel: *The fantasy role-playing game. A new performing art*. McFarland & Co. 2001.
[36] Janus, Ulrich/Janus, Ludwig (Hg.): *Abenteuer in anderen Welten. Fantasy-Rollenspiele: Geschichte, Bedeutung, Möglichkeiten*. Psychosozial-Verlag 2007.

Geschichte des Rollenspiels, wenn auch nicht mit wissenschaftlichem Fokus, wurde mit *Drachenväter* von Konrad Lischka und Tom Hillenbrand vorgelegt.[37]

Von Interesse sind auch Arbeiten, die das Rollenspiel nur am Rande beachten, oder sich mit einem Teilaspekt oder einer bestimmten Spielform auseinandersetzen. Das Rollenspiel taucht als Bestandteil in diversen Spieltheorien[38], bei den therapeutischen Rollenspielen[39], in der Pädagogik[40] oder den Game Studies[41] auf. Besonders aktiv ist die Forschung zum Liverollenspiel in Skandinavien und Norwegen.[42] Ein Grund hierfür ist die hier sehr vitale Rollenspielszene, welche zudem enge Kontakte und Interessensüberschneidungen mit der Wissenschaftslandschaft pflegt, was sich nicht zuletzt an der seit 1997 existierenden Konferenz *Knutpunkt*[43] zeigt, bei der in erster Linie Strategien und Methoden zur Weiterentwicklung des Liverollenspiels diskutiert werden, jedoch auch theoretische Perspektiven auf das Thema zur Sprache kommen. Weitere Schwerpunkte der Forschung zu Rollenspielen finden sich in Deutschland, den USA,[44] den Niederlanden[45] und Südafrika. Die Forschungstreffen sind international besetzt[46] und versammeln verschiedenste Disziplinen. Hinzu kommen organisierte Begegnungsräume von Fachgesellschaften wie der ›Gesellschaft für Fantastikforschung‹ oder der ›International Association for the Fantastic in the Arts‹, die in ihren Interessensgebieten immer wieder einige Rollenspielforscher zusammenbringen.[47] Ein wichtiger Multiplikator sind auch die Onlinemagazine

---

37 Hillenbrand, Tom/Lischka, Konrad: *Drachenväter.* Monsenstein und Vannerdat 2014 Hierzu mehr in Kapitel 3.1 – Ältere, aber argumentativ nicht fundierte Versuche wie etwa: Franke, Jürgen/Fuchs, Werner: *Knaurs Buch der Rollenspiele.* Droemer Knaur 1985.
38 Siehe Kapitel 2.1.
39 Siehe Kapitel 4.1.4.3.
40 Z. B.: Oerter, Rolf/Montada, Leo (Hg.): *Entwicklungspsychologie.* Beltz PVU: Weinheim [u. a.] 2002; Shaftel, Fanny R./Shaftel, George/Weinmann, Christine: *Rollenspiel als soziales Entscheidungstraining.* Reinhardt 1973 oder Eggert, Hartmut: *Literarisches Rollenspiel in der Schule.* Quelle & Meyer 1978.
41 Diese fokussieren sich auf digitale Spielformen und betrachten im Zuge dessen auch digitale Rollenspiele.
42 Stenros, Jaakko/Montola, Markus (Hg.): *Nordic larp.* Fea Livia 2010.
43 Siehe Kapitel 4.3.3.
44 Bowman, Sarah Lynne (Hg.): *The Wyrd Con Companion Book 2014.* Wyrd Con 2014 oder Trammell, Aaron/Torner, Evan/Waldron, Emma Leigh (Hg.): *Analog Game Studies: Volume I.* ETC Press 2016.
45 Vor allem vertreten durch: Copier, Marinka: *Beyond the magic circle. A network perspective on role-play in online games.* 2007 (mit einem Schwerpunkt auf digitale Rollenspiele).
46 Auch einige progressive Spielformen werden teilweise (in einem von mehreren Durchläufen) in englischer Sprache gespielt, um dem internationalen Interesse gerecht zu werden und einen grenzüberschreitenden Austausch zu initiieren.
47 Bei der Konferenz der Gesellschaft für Fantastikforschung im Jahr 2014 in Klagenfurt sogar als Schwerpunktthema. Siehe auch Schallegger, René/Faller, Thomas (Hg.): *Fantastische Spiele. Imaginäre Spielwelten und ihre soziokulturelle Bedeutung.* LIT: Wien 2017.

*Analog Game Studies*⁴⁸ und das *International Journal of Role-Playing*⁴⁹, welche in unregelmäßigen Abständen Artikel über die Theorie und Praxis von Rollenspielen in allen Spielformen veröffentlichen. Für die Beziehung von Spiel und Performance ist zudem die Dissertationsschrift *Grenzwerte im Spiel*⁵⁰ der Theaterwissenschaftlerin Stefanie Husel sehr aufschlussreich.

Die vorliegende Studie versteht sich als Zeugnis eines theaterwissenschaftlichen Zugangs, der sich mit Methoden und Theorien anderer Fachbereiche verschränkt – ein Vorgang, der für die Theaterwissenschaft, die selbst über nur wenige genuine oder exklusive Methoden verfügt, nicht ungewöhnlich ist. Dies kann anhand der sozialwissenschaftlichen Methode der Triangulation beschrieben werden.

1.4 Methode

Der Soziologe Norman Denzin formuliert 1970 die Methode der Triangulation. Viele Sozialforscher, allen voran empirisch arbeitende wie Paul Felix Lazarsfeld haben auch vorher bereits nach dieser Methode gearbeitet, sie jedoch nicht als solche benannt. Der Begriff wurde aus der Landvermessung übernommen, dort bezeichnet er eine Praktik, die von zwei bekannten Punkten aus einen dritten bestimmen kann. Je mehr bekannte Punkte einbezogen werden, desto sicherer kann die Position des unbekannten Punktes bestimmt werden. Eine kritische Betrachtung soziologischer Praktiken kann zudem ein Problem offenlegen: die gewählten Methoden verfälschen den Gegenstand und machen die Ergebnisse der Forschung zu Artefakten. Die Strategie, verschiedene Methoden und Theorien in Anschlag zu bringen, soll dies minimieren.

Die Triangulation nimmt nach Denzin unterschiedliche Perspektiven auf den gleichen Gegenstand ins Zentrum der forschenden Tätigkeit. Alle diese Perspektiven sollen gleichberechtigt nebeneinander stehen und so Erkenntnisse ermöglichen, zu denen die einzelnen Perspektiven nicht imstande gewesen wären.⁵¹ Die Definition der Triangulation konzentriert sich bei Denzin auf die Kombination verschiedener Methodologien zur Studie desselben Phänomens.

> By combining methods and investigators in the same study, observers can partially overcome the deficiencies that flow from one investigator and/or method. Sociology as a science is based on the observations generated from its theories, but until sociologists treat the act of generating observations as an act of symbolic interaction, the links between observations and theories will remain incomplete. In this re-

---

48 *Analog Game Studies.* http://analoggamestudies.org/
49 *International Journal of Role-Playing.* http://ijrp.subcultures.nl/
50 Husel, Stefanie: *Grenzwerte im Spiel. Die Aufführungspraxis der britischen Kompanie »Forced Entertainment«; eine Ethnografie.* transcript 2014.
51 Vgl.: Flick, Uwe: *Triangulation. Eine Einführung.* VS Verlag für Sozialwissenschaften 2008. S. 12.

spect triangulation of method, investigator, theory, and data remains the soundest strategy of theory construction.[52]

Die Auswahl des Gegenstandes und der gewählten Herangehensweise ist dabei von zentraler Bedeutung. Es können vier unterschiedliche Anwendungen der Triangulation unterschieden werden, die eine jeweils spezifische Durchmischung von Perspektiven auszeichnet:

- Datentriangulation: Es werden unterschiedliche Datenquellen einbezogen.
- Investigator Triangulation: Unterschiedliche Beobachter betrachten ein Phänomen.
- Theorien-Triangulation: Daten werden unter verschiedenen Gesichtspunkten analysiert, meist anhand eines konkreten Datensatzes. Anschließend folgt nach Denzin die Auswahl der idealen Theorie oder eigene Theoriebildung.
- Methodische Triangulation: Verschiedene Methoden (in unterschiedlichen Graden divers) werden auf einen Datensatz angewandt.[53]

Die Triangulation hat viel Zustimmung erfahren, aber auch viel Kritik. Der größte Einspruch speist sich aus der Beobachtung, dass jede Methode sich ihren Gegenstand neu konstruiert, es kann somit aus unterschiedlichen Perspektiven nie deckungsgleich der gleiche Gegenstand untersucht werden. Somit können sogar Widersprüche entstehen, die einzelne Resultate damit widerlegen.[54]

Nun interessiert in dieser Studie genau jene Ambivalenz, die im Spannungsfeld verschiedener Perspektiven entsteht. Es geht der Triangulation dezidiert darum, einen Gegenstand möglichst umfassend abzubilden, und nicht darum, Einzelergebnisse zu validieren.[55] Die Ergebnisse sollten sich ergänzen, müssen aber nicht deckungsgleich sein. An den Schnittstellen kann so ein Gegenstand umkreist und erörtert werden. Der Facettenreichtum wird so sicht- und beschreibbar, es können auf diese Weise auch Aspekte gefunden werden, die nicht von den gewählten Perspektiven abgedeckt wurden.

Die Methode der Triangulation kommt aus der Sozialwissenschaft, was sich unter anderem in der starken Prägung durch empirische Forschungsmethoden und einem hohen Stellenwert von erhobenen Datensätzen innerhalb der Forschung äußert. Dennoch erscheint es sinnvoll, die Herangehensweise auch mit Theorien auf einen Gegenstand umzusetzen. Das Rollenspiel gibt Anlass zu vielen verschiedenen Perspektiven. Es alleinig als kollektiven Erzählakt zu verstehen ist genauso missverständlich, wie es nur als Improvisationstheater zu beschreiben.

---

52 Denzin, Norman K.: *The Research Act: A Theoretical Introduction to Sociological Methods.* Zitiert nach: Flick. S. 13.
53 Vgl.: Flick.
54 Vgl.: Ebd. S. 17 f.
55 Vgl.: Ebd. S. 19

Dieses Buch stellt daher kulturwissenschaftliche Spieltheorien neben soziologische Überlegungen zu Identität und Rolle, ethnologische Beschreibungen der Welt neben sprachwissenschaftliche Theorien der Erzählung und des Spiels, Theorien der Darstellung aus der Theaterwissenschaft neben die Medienwissenschaft, geschichtswissenschaftliche Positionen neben solche der Pädagogik. Die Ansätze lassen sich unter dem Begriff der Kulturwissenschaften vereinen, sie beleuchten das Rollenspiel als Kulturgut, soziale Praxis oder als spielerischen Zugang zur Welt und ihren Strukturen.

1.5   Aufbau des Buchs

Die Studie umkreist die bereits im Titel angedeuteten Themenfelder Rolle, Spiel, Performance und Identität, um dann einen Blick auf einige Beispiele zu werfen und die Überschneidungen und Ambivalenzen der Perspektiven zu diskutieren.

Nach dieser Einleitung wird das zweite Kapitel die Frage nach dem Spiel innerhalb der Spieltheorien erörtern. Hierzu werden die zentralen kulturwissenschaftlichen Spieltheorien von Johan Huizinga, Roger Caillois, Mihály Csíkszentmihályi und Brian Stutton-Smith vorgestellt. Analog zu den Spieltheorien werden die wichtigsten dezidierten Rollenspieltheorien referiert, neben den Ansätzen von Fine, Mackay und Bowman wird an der Stelle auch kurz ein Überblick über die Hauptargumente der szeneimmanenten Theoriebildung geleistet.[56]

Im dritten Kapitel wird die Geschichte des Rollenspiels sowohl aus einer gängigen historischen Perspektive als auch aus einem für diese Studie deutlich erweiterten Blickwinkel hergeleitet. Im Anschluss werden die dominaten Genres des Rollenspiels, Fantasy und SF vorgestellt und weiter differenziert.

Formen und Formate des Rollenspiels sind der Gegenstand des sich anschließenden Kapitels. Zunächst werden hierzu die Gemeinsamkeiten und Unterschiede zwischen Tischrollenspielen, Liverollenspielen, Digitalrollenspielen und allerlei Randbereichen vorgestellt um anschließend beiden Erstgenannten anhand einiger Beispiele genauer in den Blick zu nehmen. Im fünften Kapitel geht es um die Rolle und die Frage, welche Inhalte und Dynamiken im Rollenspiel ins Werk kommen. Hier werden unterschiedliche Aspekte dieser Form in den Blick genommen. Zunächst werden Ansätze zu Geschichten und Geschichte vorgestellt, den Inhalten also, welche die Rolle ins Spiel bringen. Die Narration als ein Wechselverhältnis von Erzählung und Erzählakt und die Geschichte als Konstruktion können zum Spielmaterial werden. Die Identität steht sowohl mit der Narration als auch mit der Geschichte in Verbindung. Ähnlich ist auch die Rolle zu verstehen, die jedoch nach einer bewussten Darstellung und dem Spannungsverhältnis zwischen Individuum und Gesellschaft fragt. Am Ende

---

56   Innerhalb der Rollenspielszene sind über die Jahre mehrere fruchtbare Theorien entstanden, um das eigene Hobby zu beschreiben und zu theoretisieren.

des Kapitels wird die Perspektive auf das Rollenspiel konkretisiert als Ort, in dem Identität zum Objekt von Erzählung und Spiel wird.

Das Rollenspiel operiert jenseits des Realen. Um Facetten dieses ›Un-Wirklichen‹ wird es im sechsten Kapitel gehen. Der Mythos taucht nicht nur als Inspirationsquelle vieler Spiele auf, es lassen sich auch vergleichbare Strukturen und Strategien von Mythos und Rollenspiel finden. Daran anknüpfend wird das Ritual als ausgeführter, gerahmter und formalisierter Handlung diskutiert. Im siebten Kapitel werden mit dem Rückgriff auf die Performancetheorie, speziell die Richard Schechners, Ähnlichkeiten und Bezugnahmen zwischen Rollenspiel und Performance ausgelotet. Dies beinhaltet sowohl einen Blick auf die performativen Aspekte des Spiels, als auch eine strukturierte Vorstellung spielerischer Strategien innerhalb der szenischen Künste.

Im abschließenden achten Kapitel schließlich werden die Fäden zusammengenommen und Ergebnisse der durch die Triangulation zustande kommenden Überlappungen der Ansätze konzentriert vorgetragen.

Dieses Buch wäre nicht denkbar ohne die Hilfe, die Geduld und das gute Zureden von Guido Hiß, Christa Junicke und Sophie G. Einwächter. Ein besonderer Dank gilt zudem Sven Lindholm, Philipp Blömeke, Jasmin Degeling, Nina Ferreira da Costa, Silke Flegel, Meike Hinnenberg, Bernhard F. Loges, Robin Hädicke, Kirsten Möller, Simon Osthues, Lars Schmeink und Thorsten Sperzel. Eine große Unterstützung und Inspiration waren darüber hinaus all die Gespräche, Diskussionen und Hinweise im Umfeld der Gesellschaft für Fantastikforschung und in den vielen Seminaren, in welchen Teilbereiche dieser Studie ihren Ort fanden.

2 Theorien des Rollenspiels

Um zunächst den Gegenstand dieser Untersuchung in den Blick zu nehmen und genauer zu fassen, müssen die Strukturen und medialen Dispositive diskutiert werden. In einem ersten Schritt wird entsprechend im Folgenden die Spieltheorie befragt, wie diese ihren Gegenstand bestimmt. In einem weiteren Schritt werden die vorhandenen Rollenspieltheorien untersucht, um schließlich zu einer für diese Studie operablen Definition zu kommen.

2.1 Spieltheorien

Spieltheorien wurden von diversen Disziplinen zu unterschiedlichsten Zwecken vorgelegt. Die wohl prominenteste[57] darunter ist die *mathematische Spieltheorie*. Sie findet insbesondere in den Sozial- und Wirtschaftswissenschaften Anwendung. »Die Spieltheorie befasst sich mit Modellen strategischen Handelns in sozialen Interaktionen.«[58] Dabei sind häufig soziale Dilemmata Gegenstand dieser Untersuchungen, also Situationen, in denen die Annahme Adam Smiths, individuelle Rationalität stütze das allgemeine Wohl, ins Gegenteil gedreht werden. Wichtig für das Funktionieren dieses Systems ist eine extreme Komplexitätsreduktion, die es erlaubt, Interaktionen auf mathematische Gleichungen zu reduzieren.[59] »Die Spieltheorie befasst sich mit Entscheidungen in Situationen strategischer Interdependenz.«[60] Es finden sich in diesen Spielen immer mindestens zwei Akteure, welche nach festgelegten Spielregeln agieren. Der Ausgang dieses Spiels hängt dabei zwingend nicht nur von den eigenen Entscheidungen, sondern auch von denen der Mitspielenden ab.

Prominentes Beispiel für ein solches Spiel ist das Gefangenendilemma (Prisoner's Dilemma).[61] Zwei Verdächtigen wird von der Polizei ein Vorschlag unterbreitet:

> Wenn einer gesteht und seinen Komplizen belastet, droht ihm nur ein Jahr Gefängnis, seinem Komplizen jedoch fünf. Singen beide, kann das Gericht bei beiden zuschlagen und beide erhalten je 4 Jahre. Halten beide dicht, kann nur ein Indizienprozess geführt werden und sie werden mit je 2 Jahren davonkommen.[62]

---

57   Ein breites Anwendungsfeld, dessen Theorien mit diversen Nobelpreisen bedacht wurden.
58   Diekmann, Andreas: *Spieltheorie. Einführung, Beispiele, Experimente.* Rowohlt-Taschenbuch 2008. S. 7.
59   Das Nash-Gleichgewicht beispielsweise bezeichnet die Summe all jener Strategien, bei denen es sich für keinen der beteiligten Spielenden lohnt, einseitig von der eigenen Strategie abzuweichen.
60   Diekmann. S. 11.
61   Ein anderes Beispiel ist das Feiglingspiel (Chicken Game), bei dem zwei Autos aufeinander zurasen und derjenige verliert, der ausweicht.
62   Arbia, Ali: *Spieltheorie einfach erklärt.* http://scienceblogs.de/zoonpolitikon/2008/04/22/spieltheorie-einfach-erklart-i-einleitung-und-gefangenendilemma/.

Beide Verdächtige haben zwei Möglichkeiten: entweder zu kooperieren oder zu defektieren. Daraus ergeben sich mathematisch vier mögliche Ergebnisse; Wahrscheinlichkeiten und Idealverläufe werden somit mathematisch kalkulierbar. Diese Konstruktion ist vielfältig anwendbar[63], bedarf jedoch einer enormen Komplexitätsreduktion. Um das komplexe und von unterschiedlichsten Einflüssen und Wirkungsmustern durchzogene Rollenspiel zu beschreiben, wird in der Betrachtung des Spielerischen im Folgenden auf die Theorienfamilie dessen, was gemeinhin mit ›Spieltheorie‹ gleichgesetzt wird, verzichtet und stattdessen auf die kulturwissenschaftlichen Theoreme zurückgegriffen.

Die kulturwissenschaftlichen Spieltheorien, welche im 20. Jahrhundert entstanden, werden meist in zwei Denkschulen eingeteilt. Exemplarisch sollen nun jeweils zwei Ansätze herausgegriffen werden, um zu zeigen, dass sich diese grundsätzlich nicht widersprechen und ihre Unterschiede durchaus fruchtbar gemacht werden können. Auf der einen Seite werden die Standardwerke von Johan Huizinga und Roger Caillois vorgestellt, welche sich mit dem freiwilligen Akt des Spielens auseinandersetzen. Die Kommunikation und das Spiel in natürlichen Umgebungen thematisierend, werden auf der anderen Seite Theorien von Mihály Csíkszentmihályi und Brian Sutton-Smith aufgegriffen.

2.1.1 Johan Huizinga

Der niederländische Kulturhistoriker Johan Huizinga gehört zu den ersten Wissenschaftlern, die sich mit dem Spiel in einer größeren Arbeit auseinandergesetzt haben. Anders als viele seiner Vorgänger wie beispielsweise Friedrich Schiller, die sich in kurzen Sentenzen[64] zur Bedeutung des Spielerischen äußerten, bündelte Huizinga seine Thesen und Beobachtungen zu einer grundständigen Theorie des Spiels. Sein Buch *Homo Ludens. Vom Ursprung der Kultur im Spiel*[65] kann als Geburtsstunde der akademischen Spielwissenschaft angesehen werden. Das Prinzip des Ludischen[66] ist in seiner Weltsicht allgegenwärtig, so beobachtet er spielerische Dispositive in Bereichen wie Recht[67], Krieg[68], Wis-

---

63 Es wird vereinzelt sogar versucht, Beispiele aus der Kunst heranzuziehen. Diekmann etwa führt als Beispiel für ein Gefangenendilemma das Finale zwischen Tosca und Scarpia an. Beide entscheiden sich für die individuell beste Lösung (Scarpia töten/Cavaradossi töten) und erreichen somit den zweitschlechtesten Ausgang des Dilemmas. (Vgl.: Diekmann. S. 32–33).
64 »[…] der Mensch spielt nur, wo er in voller Bedeutung des Worts Mensch ist, und er ist nur da ganz Mensch, wo er spielt.« Friedrich Schiller: *Ueber die ästhetische Erziehung des Menschen, in einer Reihe von Briefen*. Fünfzehnter Brief. http://gutenberg.spiegel.de/buch/3355/3.
65 Huizinga, Johan: *Homo ludens. Vom Ursprung der Kultur im Spiel*. Rowohlt 1991.
66 Von lateinisch *ludus*: das Spiel.
67 Vgl.: Huizinga. S. 89 ff.
68 Vgl.: Ebd. S. 101 ff.

sen[69] oder Kunst[70]. Jede Kultur wird anfänglich gespielt, so seine Grundthese, der *Homo Ludens* ist allgegenwärtig.[71]

So unterschiedlich die Erscheinungsformen auch sein mögen, welchen Huizinga spielerische Elemente attestiert, findet er doch Grundregeln, die den Terminus ›Spiel‹ definieren. Zunächst und vor allem ist ein Spiel in dieser Definition abgetrennt vom alltäglichen Leben: »Spiel ist nicht das ›gewöhnliche‹ oder das ›eigentliche‹ Leben. Es ist vielmehr das Heraustreten aus ihm in eine zeitweilige Sphäre von Aktivität mit einer eigenen Tendenz.«[72] Hieraus folgt nicht nur die Einzigartigkeit der Spielsituation, sondern auch die Notwendigkeit von spielinhärenten eigenen Ordnungen und Idealen. Huizinga bemerkt hierzu: »In der Sphäre des Spiels haben die Gesetze und Gebräuche des gewöhnlichen Lebens keine Geltung.«[73] Es müssen eigene gefunden oder vom Spielsystem zur Verfügung gestellt werden, das Spiel wird zu einem Magic Circle[74], einer Welt, in welcher die Regeln des Alltags ausgesetzt und durch die des Spiels ersetzt werden. Zugleich gesteht er dem Spiel jedoch auch zu, Wunscherfüllungsmaschinen des sozialen Menschen zu sein: das Spiel »[…] befriedigt Ideale des Ausdrucks und des Zusammenlebens.«[75] Es vermag demnach, virtuell idealisierte Gesellschaften zur Verfügung zu stellen und so den Spielenden zu ermöglichen, eine bestmögliche Welt selbst zu gestalten. Spielerische Strukturen durchwirken demnach sinnvoll alle Lebensbereiche, in denen es um idealisierbare Formen geht.

Seine eigene Definition des Spiels lässt solche utopischen Visionen jedoch außen vor und ist bemüht offen formuliert:

> Der Form nach betrachtet, kann man das Spiel also zusammenfassend eine freie Handlung nennen, die als ›nicht so gemeint‹ und außerhalb des gewöhnlichen Lebens stehend empfunden wird und trotzdem den Spieler völlig in Beschlag nehmen kann, an die kein materielles Interesse geknüpft ist und mit der kein Nutzen erworben wird, die sich innerhalb einer eigens bestimmten Zeit und eines eigens bestimmten Raums vollzieht, die nach bestimmten Regeln ordnungsgemäß verläuft und Gemeinschaftsverbände ins Leben ruft, die ihrerseits sich gern mit einem Geheimnis umgeben oder durch Verkleidung als anders der gewöhnlichen Welt abheben.[76]

Huizingas Spielverständnis wird von nachfolgenden Wissenschaftlern, wie etwa Caillois, zugleich als zu eng und zu weit gefasst kritisiert. Indem er so vielen Gebieten spielerisches Handeln zuschreibt, gefährdet er die Trennschärfe eben

---

69 Vgl.: Ebd. S. 119 ff.
70 Vgl.: Ebd. S. 173 ff.
71 Vgl.: Ebd. S. 57 ff.
72 Ebd. S. 16.
73 Ebd. S. 21.
74 Siehe hierzu auch Kapitel 2.1.1.
75 Huizinga. S. 17.
76 Ebd. S. 22.

dieses Begriffs. »Huizinga has essentially adopted the aristocratic rhetoric of the late nineteenth century, which sought to see games as being played for the games' sake, just as it saw art as being practiced for art's sake.«[77] Genau diese eindeutige Trennung vom Alltag schließt jedoch viele Formen aus, welche als Spiel verstanden werden könnten.

2.1.2 Roger Caillois

Ein eindeutigeres Spielverständnis entwickelt die Definition von Roger Caillois[78]. Er übernimmt die Analyse der Spielsituationen von Huizinga, entwickelt aus ihnen dann jedoch einen formalen Katalog. Mit diesem Instrumentarium wird die spezifische Situation präziser beschreibbar und die Definition bleibt auf diese Weise zugleich offener für ungewöhnliche Formen. Die Definition baut auf sechs fundamentalen Bedingungen eines Spiels[79] auf, von denen jedoch nicht zwingend alle erfüllt werden müssen, um von einem Spiel sprechen zu können:

1. Freiwillig: Das Spielen ist nicht obligatorisch.
2. Separiert: Zeit und Ort sind limitiert und zuvor abgesprochen.
3. Ungewiss: Verlauf und Ausgang des Spiels können nicht vorausgesagt werden.
4. Unproduktiv: Es werden keinerlei materielle Güter produziert.
5. Regelhaft: Es werden Regeln etabliert, die die Situation kontrollieren.
6. Fiktiv: Die Spielenden begeben sich in eine zweite Realität.

Beim Spielen handelt es sich um eine in jeder Hinsicht außergewöhnliche Situation. Sie ist vom Alltag klar getrennt und nur sich selbst gegenüber verpflichtet. Um zwischen den diese Bedingungen erfüllenden Spielen differenzieren zu können, stellt Caillois vier Grundrichtungen des Spiels auf. Diese können in unterschiedlicher Gewichtung auftauchen, sodass in einem spezifischen Spiel meist ein dominantes Prinzip erkannt werden kann. Somit wird eine grobe Kategorisierung möglich, die zudem Rückschlüsse auf die Motivation der Spielenden zulässt.

Im Wettkampf (*agon*) steht die absolute Gleichwertigkeit der Gegner im Vordergrund, um dem Gewinner einen nicht mehr hinterfragbaren oder relativierbaren Triumph zu ermöglichen. »The point of this Game is for each player to have his superiority in a given area recognized.«[80] Viele dieser Spiele würden prinzipiell unendlich dauern, erst durch einen Fehler eines Teilnehmers wird das Spiel beendet.[81] Über Erfolg oder Misserfolg entscheidet allein der Spieler in der

---

77 Sutton-Smith, Brian: *The ambiguity of play*. Harvard University Press 1997. S. 203.
78 Caillois, Roger: *Man, Play, and Games*. University of Illinois Press 2001.
79 Vgl.: Ebd. S. 9 f.
80 Ebd. S. 15.
81 So kommt es durchaus vor, dass sich beispielsweise ein Tennismatch über etliche Stunden hinzieht. Das längste bekannte Tennismatch zwischen John Isner und Nicolas Mahut dauerte

Situation des Spiels, wenn auch in vielen dieser Spiele (insbesondere im Sport) die Vorbereitung auf das Spiel, beispielsweise in Form von Training, eine wichtige Rolle einnimmt.[82]

Der Zufall (*alea*) hingegen überlässt seinen Spielern nur zu Anfang eine Wahlmöglichkeit; der weitere Verlauf des Spiels lässt sich nicht mehr beeinflussen. »[...] all game that are based on a decision independent of the player, an outcome over which he has no control, and in which winning is the result of fate rather than triumphing over an adversary.«[83] Diese Form findet sich vor allem in Glücksspielen. Zu Beginn des Spiels fällt eine Entscheidung beispielsweise für eine bestimmte Zahl, eine Farbe, oder ein Team. Den Rest des Spiels über bleibt der Spieler passiv. Auch das Zufallsspiel negiert alle Unterschiede der Spieler, jedoch in anderer Form als der Wettkampf. Hier müssen die Gleichheiten nicht erst durch Regeln erschaffen werden, das Spiel verlagert sich auf ein Feld, in dem Unterschiede nicht relevant sind.[84]

Primäres Merkmal der Maskierung nach Caillois (*mimikry*)[85] ist die Illusion. Diese Form des Spiels hat Caillois zufolge die Tendenz, die Grenzen zwischen kindlichem und erwachsenem Spiel verschwinden zu lassen.[86] Für beide besteht das Primärziel des Spiels darin, die Illusion nicht zu durchbrechen. Alle Beteiligten behaupten etwas, das nur dadurch Bestand hat, dass es niemand hinterfragt. Dies gilt für die Analogie ›Stock = Schwert‹ ebenso wie für die von ›Kind = Ritter‹. Hierzu heißt es: »The rule of this game is unique: it consists in the actor's fascinating the spectator, while avoiding an error that might lead the spectator to break the spell.«[87] Der Akteur spielt für den Zuschauer (der auch er selbst sein kann) und darf nicht aus seiner Rolle fallen oder die Rollen der Anderen hinterfragen.[88]

Im Rausch (*illinx*) schlussendlich übergeben sich die Spielenden einer Art »spasm, seizure, or shock which destroys reality with sovereign brusqueness.«[89] In reglementierten Spielformen ist dieses Prinzip nur selten zu finden, wohl aber im Kinderspiel (im Kreis drehen), dem Trinkspiel (selbiges) oder im Ritual.[90]

11:05 Stunden. Vgl.: Barschel, Christian Albrecht: *Die längsten Tennismatches aller Zeiten*. http://www.suite101.de/content/die-laengsten-tennismatches-aller-zeiten-a86776
82 Vgl.: Caillois 2001. S. 14 ff.
83 Ebd. S. 17.
84 Vgl.: Ebd. S. 17 ff.
85 Er nutzt hier diesen Begriff, um zu verdeutlichen, »[...] that the fundamental, elementary, and quasi-organic nature of the impulse that stimulates it can be stressed.« Ebd. S. 20.
86 Vgl.: Ebd. S. 21.
87 Ebd. S. 23.
88 Vgl.: Ebd. S. 19 ff. Die Ambivalenz dieser Position wird später noch zum Thema werden.
89 Ebd. S. 23.
90 Vgl.: Ebd. S. 23 f.

Neben diesen Formprinzipien paart Caillois noch zwei Pole, welche die Zielsetzung der Spielenden beschreiben können. Diese stehen demnach zwischen *paidia* und *ludos*. Paidia konzentriert sich auf Improvisation und die Spontaneität der Spielenden, während *ludos* die Meisterung des Spiels und die Fokussierung auf eine Regelhaftigkeit ins Zentrum des Spielens setzt: »Such a primary power of improvisation an joy, which I call paidia, is allied to the taste for gratuitous difficulty that I propose to call ludos [...].«[91]

Im weiteren Verlauf der Argumentation werden die einzelnen Prinzipien miteinander in Beziehung gesetzt, um zu beobachten, wie sie sich zueinander verhalten. Insbesondere ein Aspekt der *Mimikry* erscheint im Hinblick auf das Rollenspiel besonders interessant – die Identifikation:

> Identification is a degraded and diluted form of mimicry, the only one that can survive in a world dominated by the combination of merit and chance. [...] He [the Player] may therefore choose to win indirectly, through identification with someone else, which is the only way in which all can triumph simultaneously without effort or chance of failure.[92]

Roger Caillois spricht von der Identifikation im Zusammenhang mit Sportereignissen. Die Beobachtung, dass Identifikation es ermöglicht, Anstrengungen und Vermögen auszulagern und dennoch zu einem Erfolgserlebnis zu gelangen, ist dabei durchaus ausweitbar. Im digitalen Spiel, wie auch in anderen Rollenspielformen, kommt es vor, dass der Spieler Momente des Spiels als persönliches Erfolgserlebnis verbucht, die nicht er verursacht hat, sondern die Spielfigur, mit welcher er sich identifiziert.[93]

Roger Caillois' Spieldefinition erscheint sehr weit gefasst, auch hierbei finden sich jedoch Defizite, gerade im Hinblick auf das weitere Vorhaben: Die Absage an Effekte des Spiels über dieses hinaus erscheint ebenso fragwürdig wie die teilweise Gleichsetzung von kindlichem und erwachsenem Spiel. Auf diese Widersprüche reagiert wiederum die andere Linie der Spielwissenschaft, wie im Folgenden gezeigt wird.

---

91 Ebd. S. 27.
92 Ebd. S. 120.
93 Im digitalen Rollenspiel kommen immer wieder *Cut-Scenes* vor, in welchen die Handlung vorangetrieben wird, der Spielende jedoch höchstens in ›click time events‹ eingebunden wird. Mehr zur Frage der Identifikation findet sich zudem in Kapitel 5.2.

2.1.3 Mihály Csíkszentmihályi

Mihály Csíkszentmihályi widmet sich in seinen Studien der Erforschung von Glück und Kreativität. In seinem Hauptwerk[94] untersucht er einen Zustand, in welchem sich Menschen befinden können, wenn sie gänzlich in ihrem Tun aufgehen. Hierzu prägte er den Begriff des *flow*. Es geht um das Gefühl, von einem Erlebnis zum nächsten zu schweben, ohne aus dem Erleben herausgerissen zu werden. Dies ist in einer Freizeitaktivität wie dem Bergsteigen oder dem Spielen ebenso möglich wie in Aktivitäten, welche erwerbstätig ausgeführt werden, wie beispielsweise bei der Arbeit eines Chirurgen.[95] Damit eine Aktivität diesen Zustand hervorrufen kann, müssen bestimmte Voraussetzungen erfüllt sein:

> Als *flow*-Aktivität bezeichnen wir eine Aktivität, welche das Erlebnis von *flow* ermöglicht. Eine solche Aktivität bietet Handlungsgelegenheiten, die dem Können der betreffenden Person entsprechen, das Wahrnehmungsfeld einschränken, irrelevante Stimulationen ausschließen, klare Ziele und passende Mittel zu deren Erreichen aufweisen und laufend deutliche Rückmeldungen bieten.[96]

Für Spieler bedeutet dies, dass sie ganz in ihrem Tun aufgehen und sich voll und ganz in das Spiel begeben können. Hierin werden nicht nur Erfolgserlebnisse für die Spielenden als Akteure generiert, sondern es wird zudem noch ein spielerischer Umgang mit der Welt offeriert. Die Spieler erleben ihr Handeln unmittelbar und bekommen stetige Rückmeldungen über das eigene Tun. Solange die Anforderungen an die Spieler sich mit ihren Fähigkeiten die Waage halten, können sie ganz im Spiel und zugleich ganz bei sich sein.

In dem Feld von Herausforderung und Können kann sich der Handelnde zwischen den unterschiedlichsten Polen psychologischer Zustände positionieren. Der *flow* steht zwischen Erregung und Kontrolle, zwischen Anspannung und Entspannung und stellt die Zustände höchster Anforderungen und zugleich adäquaten Könnens gegenüber.

Csíkszentmihályi spricht vom Spiel als einer exemplarischen Form autotelischen Handelns.[97] Dieses bezeichnet Handlungen, die zwar ein notwendiges Maß an Geschick und Anstrengung erfordern, jedoch nicht wegen äußerer Belohnungen ausgeübt werden, sondern diese bereits in sich selbst beinhalten.[98] Im Flow dieser Aktivitäten vermag der Spielende voll aufzugehen:

---

94   Csíkszentmihályi, Mihály: *Das flow-Erlebnis. Jenseits von Angst u. Langeweile: im Tun aufgehen*. Klett-Cotta 1985. Anmerkung: Csíkszentmihályi wird zwar in wissenschaftlichen Kontexten immer seltener herangezogen, da seine Publikationen in weiten Teilen an eine breite Öffentlichkeit gerichtet sind, dennoch werde ich hier die Ausführungen des Psychologen zum Flow-Erleben benutzen, da er Beobachtungen zu freiwilligen Handlungen auf einer breiten und sinnvoll übertragbaren Basis diskutiert.
95   Csíkszentmihályi: *Spielen* (Kap. 5), *Klettern* (Kap. 6) und *Arbeiten* (Kap. 8).
96   Ebd. S. 206 f.
97   Ebd. S. 59.
98   Vgl.: Ebd. S. 29 f.

> In der Schwebe zwischen Angst und Langeweile ist das autotelische Erleben eines des völligen Aufgehens des Handelnden in seiner Aktivität. Die Aktivität bietet laufend Herausforderungen. [...] In einer solchen Situation kann eine Person die jeweils nötigen Fähigkeiten voll ausschöpfen und sie erhält dabei klare Rückmeldungen auf ihre Handlungen. Sie ist daher Teil eines rationalen Systems von Ursache und Wirkung, in dessen Rahmen das, was sie tut, realistische und vorhersagbare Konsequenzen hat.[99]

Das Spiel selbst nimmt demnach die ganze Wahrnehmung der Spielenden ein und lässt sie ihre Umwelt (zumindest teilweise) vergessen. Um nicht nur die Außenwelt, sondern auch das Dispositiv des Spiels selbst zu vergessen, muss dem Spieler über den steten Fluss von Ereignissen hinaus auch ein Strom von Herausforderungen geboten werden, die nie zu leicht oder zu schwer sein dürfen. Der passende Schwierigkeitsgrad ist entscheidend für die Annahme des Spiels durch seine Spieler. Die Involvierung der Spielenden in den Spielverlauf geschieht auf verschiedenen Ebenen simultan:

> Im Fall von Spielen definieren die Regeln die relevanten Stimuli und schließen alles andere als irrelevant aus. Aber Regeln allein genügen nicht immer, um eine Person ganz ins Spiel zu ziehen. Es kommt noch die Struktur des Spiels hinzu, welche weitere motivationale Elemente liefert. Der vielleicht einfachste dieser Anreize ist der Wettbewerb. Fügt man einem Spiel ein Element des Wettbewerbs hinzu, werden gewöhnlich auch diejenigen Leute in seinen Bann gezogen, die sonst nicht motiviert wären.[100]

Hier werden also neben den Regeln auch darüberhinausgehende Strukturen des Spiels sowie das grundlegende Prinzip des Wettbewerbs herangezogen, um zu erklären, wie die Spieler sich ganz in das Spiel hineinbegeben können. Aus dieser breiten Aufstellung der Strategien speist sich auch der Glaube an die gemeinschaftsbildenden Aspekte des Spiels, wenn es heißt, spielerische Aktivitäten erlaubten es, ein »[...] flexibles Verhalten zu entwickeln, das sich auf die Dauer als adaptiv erweist.«[101] Auch Csíkszentmihályi macht trotz dieser beobachteten Lerneffekte auf außerspielerisches Verhalten einen Unterschied zwischen Spiel und Nichtspiel; so jedoch bedeutet das spielerische Dispositiv auch eine gewisse Freiheit für die Spielenden, da ihnen ein festes, aber zu überschauendes Regelkonstrukt zugrunde gelegt wird:

> [...] das *flow*-Erleben unterscheidet sich darin vom Bewußtsein in der Alltagsrealität, daß Regeln gegeben sind, welche die Handlungen und deren Beurteilung automatisch und damit unproblematisch werden lassen.[102]

Ungeachtet des recht allgemeinen Ansatzes scheinen die Flow-Theorie und insbesondere die Beschreibungen autotelischer Handlungen geeignet, die Invol-

---

99   Ebd. S. 58.
100 Ebd. S. 65.
101 Ebd. S. 29.
102 Ebd. S. 72.

vierung von Spielern in ein Spielsystem zu erklären. In der Selbstvergessenheit des Flows verschwindet das Spielsystem hinter seinen Effekten.

2.1.4   Brian Sutton-Smith

Anders als Huizinga und Caillois, die eher auf den freiwilligen Akt und die Sozialisation abzielen, geht es Brian Sutton-Smith wie auch Bateson[103] oder Turner[104] mehr um das Ritual, die Kommunikation und das Spiel in natürlichen Umgebungen. Diese Theorien nehmen die Spielenden selbst stärker in den Fokus der Betrachtungen und Überlegungen.

Brian Sutton-Smith setzt sich bereits seit den 1970er-Jahren mit Spieltheorien auseinander. Er verfolgt hierbei einen breit aufgestellten interdisziplinären Ansatz, welcher nicht nur verschiedene Kulturen bedenkt, sondern vor allem einen Spielbegriff stark macht, der sowohl für Kinder als auch für Erwachsene Geltung besitzt. Spiele in jeder Form, egal ob von Tieren, Kindern oder Erwachsenen, eint in dieser Lesart, dass sie eine aufregende Aktivität zu sein scheinen, welche ausgeübt wird, um Spaß zu haben. Sutton-Smiths Auseinandersetzung mit dem Spiel ist eine Art Diskursanalyse und fokussiert auf die Ambiguitäten des Spielbegriffs. Er macht hierbei sieben Bereiche aus, in denen Ambiguitäten zu beobachten sind:

- Referenz (Gewehrgeräusch oder Husten)
- Referent (Objekt oder Spielzeug)
- Intention (Spiel oder Ernst)
- Sinn (welcher?)
- Übergang (nur ein Spiel?)
- Widersprüche (Gender o. Ä.)
- Bedeutung (Spiel oder Spielkampf)[105]

Die dem Spiel innewohnenden Ambiguitäten machen es zu einem fluiden Gegenstand, einem schwer zu greifenden Phänomen. Dennoch ist es Tieren wie Menschen möglich, meist sofort einordnen zu können, ob es sich bei einer Handlung um eine spielerische handelt. Dies beruht auf der schon von Huizinga angesprochenen Verwurzelung des Ludischen in allen bekannten Kulturen. Das Spiel als Kulturpraktik ist vielgestaltig und vielschichtig, aber dennoch so fundamental, dass seine Ausprägungen eindeutig zuzuordnen sind. Als Reaktion auf die Ambiguitäten variiert der Umgang mit dem Spielerischen innerhalb von Gesellschaften. Sutton-Smith macht hier sieben Rhetoriken aus, welche den jeweiligen Diskurs bestimmen.[106]

---

103 Gregory Bateson (1904–1980): Anthropologe, Philosoph – für die Spielwissenschaft besonders interessant sind seine Ausführungen zur Kybernetik und Informationstheorie.
104 Victor Turner (1920–1983): Anthropologe – Genaueres hierzu in Kapitel 6.2.2.
105 Vgl.: Sutton-Smith. S. 1.
106 Vgl.: Ebd. S. 5.

1. Progress
2. Schicksal
3. Macht
4. Identität
5. Imagination
6. Selbst
7. Frivolität[107]

Rhetorik und Spiel lassen sich dabei natürlich nicht gleichsetzen. Der vorherrschende Diskurs versteht das Spiel als Entwicklung, als Progress. Mit dieser Logik rücken denn auch Spiele von Tieren und Kindern vermehrt in den Fokus. »Playfighting as an analogy to real fighting seems more like displaying the meaning of fighting than rehearsing for real combat. It is more about meaning than about mauling.«[108] Das wird in den meisten Publikationen anders dargestellt, erscheint nichtsdestotrotz aber plausibel, da es den teleologischen Fortschrittsgedanken unterläuft. Hinzu kommt das Gefühl der Verursachung, welches bereits im flow-Konzept angesprochen wurde: »the child plays because he enjoys the power of being a cause«[109].

Sutton-Smith argumentiert in die Breite, stellt verschiedene Theorien und Lesarten nebeneinander und doch listet er einige Aspekte einer Theorie des Spiels auf.[110] Diese müsse breit aufgestellt sein, Spiele von Tieren inkludieren und dürfte in seiner Beschreibung nicht auf westliche Werte beschränkt sein. Spiel wäre so mehr als nur eine Haltung oder Erfahrung, zugleich also vergänglich und wie eine Sprache[111] strukturiert.

Innerhalb der Kulturwissenschaft findet neben der Theoriebildung zum Spielerischen jedoch auch eine spezialisierte Auseinandersetzung mit dem Rollenspiel als Spielform statt. Im Folgenden werden einige Ansätze vorgestellt, um anschließend eine für dieses Buch nutzbare Definition zu formulieren.

2.2 Rollenspieltheorien

Die kommerziell vertriebenen Rollenspiele sind im universitären Umfeld entstanden und auch ihre Spielerschaft rekrutiert sich zum Teil aus diesem Milieu. Durch die personelle Nähe Spielender zur Wissenschaft sind schon in den ersten Jahren des kommerziell vertriebenen Rollenspiels Versuche einer Theoriebildung zu finden. Ein Großteil der Autoren verbleibt jedoch in der Position des Hobbyisten, sodass entsprechende Texte in der überragenden Zahl hochgradig

---

[107] Ebd. S. 5.
[108] Ebd. S. 23.
[109] Ebd. S. 75.
[110] Vgl.: Ebd. S. 218–219.
[111] Im Kern durch ein System von Kommunikation und Ausdrucksmöglichkeiten

individuelle Beschreibungen oder Anekdoten sind und nur selten schlüssig fundierte oder argumentierte Theorien bilden.

Es lassen sich drei Quellen für Rollenspieltheorien ausmachen: die Wissenschaft, der sogenannte *Acafan*[112] und Interessentengruppierungen.[113] Insbesondere in den USA und in Skandinavien beschäftigen sich einige Wissenschaftler mit dem Rollenspiel als Forschungsgegenstand. Meist sind diese Studien mit einem sehr fachspezifischen Erkenntnisinteresse verknüpft, so betrachten die literaturwissenschaftlichen, pädagogischen oder psychologischen Arbeiten meist speziell den für sie relevanten Teilbereich des Gegenstands, diesen jedoch häufig ausführlich. Beispielsweise wird das Rollenspiel in der Dissertationsschrift *Zwischen Simulation und Narration. Theorie des Fantasy-Rollenspiels*[114] von David Nikolas Schmidt im Kern als kollektiver Erzählakt beschrieben, was in erster Linie mit der literaturwissenschaftlichen Methodik und dem entsprechenden Forschungsinteresse zusammenhängt. Hierzu werden die damit verbundenen Instrumentarien wie Gattungstheorie oder die Narratologie herangezogen. Der Akt des Spielens ist nach Schmidt durch vier Elemente geprägt: narrative, dramatische, simulative und Hybrid-Elemente:

> Innerhalb der skizzierten Grundformen des Rollenspiels lassen sich vier zentrale Bereiche definieren. Rollenspiele enthalten einerseits *narrative Elemente* ähnlich einer freien Erzählung, diese sind maßgeblich für einen Spannungsbogen und die Fortentwicklung der Handlung. Daneben finden sich *dramatische Elemente*, die sich am ehesten als eine Form des Stehgreiftheaters beschreiben lassen und je nach Interesse der Spielgruppe nur einen geringen oder auch einen großen Raum einnehmen können. Hinzu kommen *Simulationselemente*, die stark an Elemente von Brett- und Gesellschaftsspielen erinnern und bei denen häufig der Einsatz von Würfelwürfen als Zufallsgenerator eine wichtige Rolle spielt. Neben diesen Dreien gibt es außerdem Bereiche, in denen es zu einer Überschneidung bzw. Vermischung mehrerer Elemente kommt (*Hybridformen*).[115]

Deduktiv werden in dieser Schrift drei exemplarische Spielsysteme vorgestellt, die stellvertretend für drei große Genres (Fantasy, Science-Fiction und Horror) stehen: *Das Schwarze Auge*[116], *Shadowrun*[117] und *H. P. Lovecraft's Cthulhu*[118]. Die Studie verfolgt die Argumentationslinie, dass Rollenspiele eine Verbindung von

---

112 Der Begriff ›Acafan‹ entstand in den 80er-Jahren im Kontext der Fanstudies und wurde vor allem von Henry Jenkins populär gemacht. Erläuterung folgt. Vgl.: Jenkins, Henry: *Confessions of an Aca-Fan. The Official Weblog of Henry Jenkins.* http://henryjenkins.org/.
113 Etwa Foren im Internet.
114 Schmidt. Zur Kritik hieran siehe auch: Junicke, Robin: Rezension: Schmidt, David Nikolas, Zwischen Simulation und Narration: Theorie des Fantasy-Rollenspiels. In: *Zeitschrift für Fantastikforschung 2012(2)* 2012.
115 Ebd. S. 308.
116 Ebd. S. 123 ff.
117 Ebd. S. 170 ff.
118 Ebd. S. 199 ff.

Spiel- und Erzähltraditionen darstellen und somit prädestiniert seien für eine literaturwissenschaftliche Analyse. Das Rollenspiel sei aufgrund seiner »hochkomplexen Vermischung aus simulativen, dramatisch-darstellerischen und narrativen Elementen«[119] mit anderen Medien kaum vergleichbar, es sei jedoch die zentrale Funktion des interaktiven Erzählens zu attestieren.[120]

Der *Acafan* ist ein Akademiker, der sich selbst als Fan identifiziert. Mathematiker, niedergelassene Psychologen und weitere Akademiker verschiedenster Provenienzen beschäftigen sich mit dem Rollenspiel auf einer theoretischen Ebene. Fundierte Diskursbeiträge, die etwa über die Vermittlung der persönlichen Faszination hinausgingen, sind hier allerdings selten zu finden. Einen achtbaren Ansatz verfolgt der Band *Abenteuer in anderen Welten*[121], herausgegeben von Ulrich und Ludwig Janus[122]; diese versuchen möglichst viele Bestandteile des Rollenspiels in einem Band zusammenzufassen. Dies reicht von Beschreibungen des Spiels selbst über Einflüsse von außen bis hin zu psychologischen Aspekten. Die enthaltenen Artikel sind, bis auf wenige Ausnahmen wie Rainer Nagels Überblick zur linguistischen Betrachtung des Rollenspiels[123], leider eher Erfahrungsberichte und Beschreibungen als Argumentationen oder Analysen. Nagel argumentiert ähnlich wie Schmidt als Linguist, die Sprachvarietät im Rollenspiel sei nah an der Alltagssprache, weiche aber durch den Gebrauch von Fachvokabular davon ab – hierin liege die sprachliche Komplexität der »Rollenspielfachsprache« und sei vergleichbar mit denen der meisten Sozialwissenschaften.[124]

Die dritte Quelle sind die Internetforen, zum einen Treffpunkt von Spielern, die ihr Hobby reflektieren wollen, und zum anderen Plattformen zur Vernetzung von wissenschaftlich Interessierten.[125] Als Plattform ist besonders das *international journal of roleplaying*[126] zu nennen, welches seit 2009 in unregelmäßigen Abständen Ausgaben mit internationalen Artikeln zu Aspekten des Rollenspiels herausgegeben hat. Diskussionsforen wie *The Forge*[127] oder das *RPGnet*[128] stehen grundsätzlich allen Interessierten offen. Drei hier aufgestellte Theorien kön-

---

119 Ebd. S. 311.
120 Vgl.: Ebd. S. 311.
121 Janus/Janus.
122 Ulrich Janus ist promovierter Mathematiker und Rollenspieler, sein Vater Ludwig Janus ist niedergelassener Psychotherapeut. Siehe: Ebd.
123 Nagel, Rainer: Zur Sprache der Rollenspieler. In: Janus, Ulrich/Janus, Ludwig (Hg.): *Abenteuer in anderen Welten. Fantasy-Rollenspiele: Geschichte, Bedeutung, Möglichkeiten*. Psychosozial-Verlag 2007.
124 Vgl.: Ebd. S. 93.
125 Siehe hierzu auch: Torner, Evan: RPG Theorizing By Designers and Players. In: Zagal/Deterding.
126 *International Journal of Roleplaying*. http://journalofroleplaying.org/.
127 *The Forge Forums*. http://www.indie-rpgs.com/forge/index.php.
128 *RPGnet Forums*. http://forum.rpg.net/forum.php.

nen als besonders nachhaltig angesehen werden: Das *Big Model*[129], das *Process Model*[130], und die Einteilung in *Spielertypen* von Robin Laws[131].

Neben Theorien, die das Rollenspiel jeweils aus ihrer eigenen Perspektive in den Blick nehmen, finden auch häufig Fokussierungen auf einzelne Spieltypen statt. So entsteht in Skandinavien augenblicklich eine Fülle von Forschungsprojekten zum Liverollenspiel, was zentral auf die dort sehr starke LARP-Szene und das entsprechende theoretisierende Engagement der Universität in Tampere[132] zurückzuführen ist. Auch zu den Digitalspielen existiert sehr viel Literatur, diese ist für die anstehende Fragestellung jedoch nur bedingt nützlich, da die digitalen Rollenspiele, nur recht wenig mit den anderen Rollenspielen gemein haben[133].

---

129 Ron Edwards entwickelte dieses Modell im Forum *The Forge*, um Spieleentwicklern beim Aufbau eigener Rollenspiele zu helfen. Das Rollenspiel besteht demnach aus vier Elementen: Der *Social Contract* beinhaltet alle Regeln, welche im Spiel zur Anwendung kommen; diejenigen aus dem Regelwerk und eben auch alle Regeln, welche in der Spielgruppe gelten oder in der generellen sozialen Interaktion. Zur *Exploration* gehören alle Eingaben in den gemeinsamen Vorstellungsraum (Shared Imagined Space). Die Relevanz und Wirkungsweise dieser Eingaben wird durch den Social Contract geregelt. *Techniques* beschreiben die Mechaniken des Regelwerks und seiner Hilfsmittel und *Ephemera* die konkrete Anwendung dieser Techniken. All diesen Elementen liegt eine *Creative Agenda* zugrunde, welche die Art und Weise, in der gespielt wird, festlegt oder beschreibt. *The Forge Forums*. http://www.indie-rpgs.com/forge/index.php. Das Forum hat jedoch 2005 seinen Theoriebereich geschlossen, wodurch sich die Diskussionen auf diverse andere Blogs und Foren verschoben haben.

130 Das Process Model of Roleplaying nimmt eine maximal offene Definition des Gegenstands zum Ausgangspunkt: »roleplaying is defined as any act in which an Imagined Space (IS) is created, added to and observed.« Die individuellen Erfahrungen der Spielenden überlagern sich dabei zu einem shared imagined space. Das Spiel ist somit in erster Linie ein in einem vordefinierten Zeitrahmen stattfindender Prozess. Das Process Model bietet ein zuverlässiges Instrumentarium, um das Rollenspiel als Prozess mit seinen interdependenten Bestandteilen zu analysieren, konzentriert sich dabei jedoch sehr stark auf Beobachtungen. Mäkelä, Eetu et al.: *The Process Model of Roleplaying*. http://temppeli.org/rpg/process_model/KP2005-article/Process_Model_of_Roleplaying-0.9b.pdf.

131 Robin Laws stellte in seinem Handbuch zur Spielerstellung *Robin's Laws of Good Game Mastering* unter anderem eine Liste verschiedener Spielertypen auf:
- The Power Gamer – Maximierung von relevanten Fertigkeiten der Spielfigur.
- Butt-Kicker – Fokus auf Kampffertigkeiten und Aktionen.
- The Tactician – Fokus auf Planung und Strategie.
- The Specialist – Spezialisierung auf bestimmte Charaktertypen.
- The Method Actor – Fokus auf Charaktergenerierung und das Ausspielen.
- The Storyteller – Fokus auf der Narration.
- The Casual Gamer – Das Spiel ist nebensächlich, es geht um die Gruppenaktivität der Spielergruppe.

Diese Typen sind natürlich grob vereinfacht, liquid und nur selten in Reinform anzutreffen. Dennoch bieten sie einen typologischen Überblick über verschiedene Motivationen und Interessen, am Spiel teilzunehmen. Laws, Robin: *Robin's Laws of Good Game Mastering*. http://www.darkshire.net/jhkim/rpg/theory/models/robinslaws.html.

132 Insbesondere das *Tampere Research Center for Information and Media*. http://www.uta.fi/sis/trim/index.html.

133 Auf diesen Punkt wird in Kapitel 4.1.3 noch genauer eingegangen.

Populärwissenschaftliche Publikationen wie Robert Wolfs *Konfliktsimulations- und Rollenspiele*[134] oder *Knaurs Buch der Rollenspiele*[135] sind ein Phänomen der 1980er-Jahre und bestehen aus einer Übersicht über verfügbare Spiele. *Drachenväter* von Lischka und Hillenbrand[136] knüpft in gewisser Weise an diese Tradition an, ist jedoch bedeutend sorgsamer recherchiert und in der Darstellung präziser; es handelt sich auch hier eher um eine Historiografie als um eine Theoriebildung.

In der Fülle von Rollenspieltheorien existiert nur eine sehr kleine Auswahl, die methodisch in der Lage ist, das Rollenspiel akademisch zufriedenstellend darzustellen. Im Folgenden werden drei herausragende Theorien vorgestellt.

2.2.1 Gary Alan Fine

Die wohl einflussreichste Rollenspieltheorie stammt von Gary Alan Fine. Der amerikanische Soziologe beschäftigt sich mit dem Rollenspiel als kulturellem Phänomen im größeren Zusammenhang der Fantasy-Bewegung. Seine 1983 erschienene Schrift *Shared Fantasy. Role-Playing Games as Social Worlds*[137] setzt sich dabei insbesondere mit den gesellschaftlichen Funktionen und Bedeutungen des Rollenspiels auseinander. Das Fantasy-Rollenspiel situiert Fine im Feld der Freizeit und beschreibt das Entstehen einer Gemeinschaft in Form einer (Freizeit-)Subkultur. Subkultur definiert sich nach Fine über folgende Faktoren: Größe/Ökonomie/Bedeutung/Soziale Netzwerke/Identifikation/Außenwahrnehmung[138]. Dies macht die Beschreibung des Rollenspiels anschlussfähig an weitere Wissensfelder, die sich mit subkulturellen Erscheinungsformen in einem breiteren Zusammenhang auseinandersetzen.

Die hochgradig kooperativen Spiele setzen eine Reihe von Vorbereitungen voraus:[139] Zuerst muss ein Setting und ein Regelwerk gewählt werden, dies geht meistens Hand in Hand. Die Spieler müssen ihre Rollen erstellen oder auswählen und der Spielleiter ein Szenario kreieren, welches die Grundlage oder zumindest die initiale Motivation hinter der Geschichte des Spiels bildet. All diese Konstruktionen müssen in sich logisch und realistisch sein. Die Ausgestaltung der Welt und der Erzählung geschieht zugleich in Konkurrenz und Zusammenarbeit aller Beteiligten: »Each wishes to shape the fantasy, but in doing this each needs the cooperation of the other, so negotiation occurs throughout the game.«[140] Das ganze Spiel über müssen stetig Entscheidungen getroffen werden, von den

---

134 Wolf.
135 Franke/Fuchs.
136 Hillenbrand/Lischka.
137 Fine, Gary Allain: *Shared Fantasy. Role-Playing Games as Social Worlds*.
138 Vgl.: Ebd. S. 28 ff.
139 Vgl.: Ebd. S. 72 ff.
140 Ebd. S. 85.

Spielern wie von der Spielleitung; dies kann durch Verhandlungen geschehen, durch Glückselemente wie Würfel, durch Regelwerke und Charakterinformationen oder schlicht durch Schummeln. Die Beteiligten kontrollieren sich dabei gegenseitig nach Maßstäben, welche ihren Ursprung außerhalb des Spielvorgangs haben. Dies schließt Kohärenz ebenso ein wie Hintergrundwissen von Spielwelt und Regelwerk oder allgemeine Regeln der sozialen Interaktion.

Fantasy ist eng an die sozialen Vorstellungen der Spieler und ihre Welt gebunden und muss stets kommunikativ vermittelt werden.

> Fantasies can reflect an individual's motives, needs, wishes, desires, or ambitions through their unreality. [...] The social construction of a game scenario through the negation of players is parallel to building meaning in any social world.[141]

Spielelemente stehen nach Fine mit dem Plot im Wettstreit, das Verhältnis zwischen beiden ist schwebend und muss immer wieder neu bestimmt werden. Das Spiel ist nicht einfach und gelingt nicht zwingend. Gerade das Verhältnis zwischen Spielelementen und narrativen Elementen ist labil und nur kompliziert in ein Gleichgewicht zu bringen.

Die für das Rollenspiel konstituierende Identifikation des Spielers mit seiner Rolle sei nach Fine nicht ohne Hürden, jedoch für das Spiel von enormer Relevanz. »[...] players must invest their characters with meaning. [...] For identification, the character must have attributes that permit a player to esteem that persona.«[142] Das Eintauchen in den Charakter wird oftmals übertrieben. Eine gewisse Form von Rollendistanz ist wichtig für das Funktionieren des Spiels. »[...] players are not expected to combine their role and their person totally. Role distance is necessary to combat overinvolvement.«[143] So wird auch an dieser Stelle auf ein ambivalentes Verhältnis zwischen Spielenden und ihren Rollen angespielt.

Shared Fantasy beleuchtet die soziologischen Komponenten des Rollenspiels als subkulturelle Freizeitbeschäftigung, stellt darüber hinaus aber immer wieder andere Bereiche in Aussicht und bietet somit einen guten Überblick über mögliche Betrachtungsweisen dieser besonderen Spielform.

2.2.2 Daniel Mackay

Daniel Mackay versucht sich in seinem Buch *The Fantasy Role-Playing Game*[144] an einer Ästhetik des Rollenspiels und arbeitet dabei in erster Linie an dem Verhältnis von Struktur, Narration und Performance. Er definiert das Rollenspiel als

---

141 Ebd. S. 230 f.
142 Ebd. S. 214 f.
143 Ebd. S. 217.
144 Mackay, Daniel: *The Fantasy Role-Playing Game*

> [...] an episodic and participatory storycreation system that includes a set of quantified rules that assist a group of players and a gamemaster in determining how their fictional characters' spontaneous interactions are resolved. These performed interactions between the players' and the gamemaster's characters take place during individual sessions that, together, form episodes or adventures in the lives of the fictional characters.[145]

Die Definition fokussiert auf Interaktionen und systemische Bedingungen. Zum Beschreiben des medialen Gefüges etabliert Mackay den Begriff des: »*imaginary-entertainment enviroments*: settings that change over time as if they were real places *and* that are published in a variety of mediums [...] each of them in communication with the others [...].«[146] Im Gegensatz zu anderen denkbaren Formen von *entertainment enviroments*, wie z. B. einem Freizeitpark, geht es hier um rein imaginäre Orte, bei denen explizit nicht die Imitation, sondern die Simulation im Zentrum steht.[147] Narrative Elemente kommen in diesen Umgebungen erst im Moment der Durchführung zustande:[148] »The role-playing game exhibits a narrative, but this narrative does not exist *until* the actual performance.«[149]

Diese Simulationen im Rollenspiel beinhalten verschiedene Rahmungen, die über Schnittmengen verfügen und zwischen denen hin- und hergewechselt werden kann. An dieser Stelle taucht nach Mackay auch die Zuschauerposition auf, die ansonsten ein großes Problem in seiner stark auf Schechner aufbauenden Theorie darstellen würde. Spielende könnten sich so auf eine zuschauende Position zurückziehen, wenn sie nicht aktiv am Geschehen beteiligt wären. Diese Annahme ist in letzter Konsequenz innerhalb dieser Theorie, spätestens aber bei Betrachtungen von sozialen Gefügen nicht mehr kompatibel. Diese Rahmungen basieren zum einen auf Schechners Modell der Einbettung des Dramas in den größeren Zusammenhang des Rituals.[150] Zum anderen übernimmt er den konkreten Rahmen von Alan Fine und ergänzt sie um zwei zusätzliche eigene Punkte:

1. The social frame inhabited by the *person*
2. The game frame inhabited by the *player*
3. The narrative frame inhabited by the *raconteur*
4. The constative frame inhabited by the *addresser*
5. The performative frame inhabited by the *character*[151]

---

145 Ebd. S. 5.
146 Ebd. S. 29.
147 Vgl.: Ebd. S. 37.
148 Dies ist etwas komplexer als bei Mackay dargestellt, denn ab wann soll vom Existieren eines Narrativs gesprochen werden, gerade auch in einem Verständnis, welches diverse Rahmungen ineinanderschachtelt?
149 Mackay. S. 50. Zur Narration siehe auch Kapitel 5.1.1.
150 Siehe hierzu Kapitel 6.2.
151 Mackay. S. 56.

Diese fünf Punkte beschreiben jeweils eine Qualität eines Rahmens und seines Protagonisten. Konkrete Personen können mehrere dieser Funktionen, aber auch mehrere dieser Rahmungen gleichzeitig einnehmen oder aber beliebig zwischen ihnen wechseln. Auch ist teils eine Rahmung der Zugang zu einer anderen. Hier wird eine Begriffsdefinition von Kurt Lancaster übernommen, der mit dem Begriff *Interface* Objekte beschreibt, die es erlauben, imaginäre Welten wahrzunehmen, letztlich also eine Interaktion ermöglichen. Die hier entstehenden Narrative werden bezugnehmend auf Espen Aarseth in drei Bestandteile aufgeteilt:

> *Narratives have two levels, description and narration. A game such as football has one level, the ergodic. A video game (e. g., Atari's Pac-Man) has description (the screen icons) and ergodics (the forced secession of events) but no narration (the game may be narrated in a number of ways, but like football, narration is not part of the game).*[152]

Narrative im Rollenspiel können demnach Bestandteile aus den verschiedenen Rahmungen einschließen.

2.2.3 Sarah Lynne Bowman

Eine weitere umfassende wissenschaftliche Auseinandersetzung mit dem Rollenspiel stammt aus dem Jahr 2010: Sarah Lynne Bowmans *The Functions of Role-Playing Games. How Participants Create Community, Solve Problems and Explore Identity*[153]. Auch sie begreift das Rollenspiel als Kulturpraktik, welche fundamentale Bedürfnisse des Menschen nach Fantastik zu erfüllen vermag.

> First, role-playing enhances a group's sense of communal cohesiveness by providing narrative enactment within a ritual framework. Second, role-playing encourages complex problem-solving and provides participants with the opportunity to learn an extensive array of skills through the enactment of scenarios. Third, role-playing offers participants a safe space to enact alternate personas through a process known as identity alteration.[154]

Rollenspiele konstruieren eine sichere und in weiten Teilen konsequenzlose Welt, in der die Spielenden die Möglichkeit bekommen, Aspekte des Selbst zu entwickeln und zu erproben. Bowman beschreibt das Rollenspiel in ihrem Buch aus einer historischen Perspektive[155], ähnlich wie auch Fine als interaktive Technik im gesellschaftlichen Zusammenhang oder aber als Möglichkeit zur spiele-

---

152 Aarseth 1997. S. 94 f. Zitiert nach Mackay. S. 132.
153 Bowman, Sarah Lynne: *The Functions of Role-Playing Games. How Participants Create Community, Solve Problems and Explore Identity*.
154 Ebd. S. 1.
155 Auch Bowman bezieht sich auf den Start der Rollenspiele im Jahre 1974, deutet jedoch Traditionen sozialer Spiele an, auf die das Rollenspiel aufbaut, ohne dies jedoch genauer auszuführen. Siehe Bowman. S. 11 und S. 179.

rischen Alterierung des Selbst. Hier wird das gesellschaftliche Potenzial dieser Spiele in den Vordergrund gestellt.

> Role-playing environments provide a safe atmosphere for people to collectively enact new modes of self-expression and experience a sense of ego permeability while still maintaining their primary identity in the ›real world‹.[156]

Rollenspiele offerieren den Spielenden auf diese Weise Szenarien zum Einstudieren von Problemlösungen und zum Trainieren von persönlichen Fertigkeiten. Diese Spielpraxis findet sich etwa in Bereichen wie Theater, Wirtschaft, Therapie, Militär, Bildung, Gruppenbildung und natürlich in der Unterhaltung.[157] Bowman schematisiert hierzu acht im Rollenspiel lernbare Fertigkeiten:[158]

- *Persönlichkeits*-Fertigkeiten: Selbstbewusstsein/Spontaneität/Kreativität/Kausalität/Moral/Entscheidungsfindung/Selbstwahrnehmung
- *Interpersonale* Fertigkeiten: Turn-taking/nonverbale Kommunikation/Leitung/Interaktion
- *Kulturelle*-Fertigkeiten: Perspektiven/Diversität
- *Kognitive* Fertigkeiten: Komplexes verstehen/Erkennen von Strukturen
- *Professionelle* Fertigkeiten: Militär/Verwaltung/Bildung/Firmen/Gesundheit
- Problemlösung schult alternatives Denken und *Kreativität*
- *Zeitempfinden*: schneller oder langsamer
- Jeder hat eine *Funktion* in der Spielgruppe (zumindest in vielen Fällen)

Neben einem guten Überblick über die kulturwissenschaftliche Perspektive auf das Rollenspiel wird hier vor allem die Frage nach dem Nutzen des Spiels gestellt. Es werden dazu sowohl Anwendungsbeispiele, als auch Bereiche, in denen Persönlichkeits- und Fertigkeitsentwicklungen zu erwarten sein könnten, betont. In den Spielbeschreibungen zeigt sich jedoch eine recht starre Vorstellung des Rollenspiels, welche manche Potenziale dieses Mediums noch offen lässt.

2.3 Das Rollenspiel

Es gilt nun also, die gesponnenen Fäden zu verweben, um einen Begriff des Spiels und speziell des Rollenspiels wagen zu können. Jenseits der mathematischen Spieltheorie und neben Schlaglichtern auf das Spielerische etwa aus der Perspektive der Philosophie[159] bieten die kulturwissenschaftlichen Spieltheorien eine gute Basis für einen Spielbegriff, mit welchem die Weltengestaltung im Rollenspiel systematisch hinterfragbar wird.

---

156 Bowman. S. 127.
157 Vgl.: Ebd. S. 33.
158 Ebd. S. 80 ff.
159 Hier könnten z. B. Foucault oder Wittgenstein angeführt werden.

Das Prinzip des Ludischen erscheint allgegenwärtig, auch wenn ein zentrales Argument der frühen Theorien die Loslösung des Spiels vom Alltag ist. Es scheint, als gäbe es ein tiefes Bedürfnis, virtuell idealisierte Gesellschaften mit eigenen Ordnungen und Wertesystemen zu erstellen und zu betreten. Das Spiel ist eine freiwillige Handlung ohne klaren Ausgang, die innerhalb eines bestimmten Raums und eines bestimmten Regelsystems vollzogen wird. Es handelt sich dabei um eine im Sinne des flow-Prinzips autotelische Handlung – dennoch ist es möglich, dass diese Spiele Mehrwert auf diversen Ebenen herstellen und Gemeinschaften ins Leben rufen können. Alle Elemente des Spiels beanspruchen in der Regel nur während der Zeit des Spiels Gültigkeit. In Spielen können Schwerpunkte der von Caillois beschriebenen Prinzipien entdeckt werden. Elementare Begriffe wie Wettkampf (*agon*), Zufall (*alea*), Maskierung (*mimikry*) und Rausch (*illinx*), jeweils auf der Achse zwischen *paidia* und *ludos,* erleichtern vor allem das Sprechen über konkrete Spiele. Für eine übergreifende Theorie sind die Gegenstände jedoch zu komplex. Dies zeigen schon die verschiedenen Ambiguitäten, die referiert wurden, wie die der Referenz oder der Bedeutung. Der Diskurs über Spiele wird maßgeblich von der jeweils aktiven Rhetorik bestimmt, dem können sich auch Spieltheorien nicht entziehen. So werden auch Rhetoriken verständlich, die in allem spielerische Handlungen zu entdecken glauben, es ist jedoch festzuhalten, dass ludische Prinzipien und reglementierte Spiele nicht deckungsgleich sind. Das Spiel sollte als eine Haltung verstanden werden, die es ermöglicht, jenseits von Regeln und Strukturen des Alltags, ergebnisoffen und ohne Produktivitätszwang nach selbst gewählten Regeln Handlungen zu vollführen. Im Idealfall entsteht so eine Gemeinschaft, die für eine bestimmte Zeit an einem bestimmten Ort ganz im Spiel aufgeht. Wendet man sich nun der speziellen Spielform des Rollenspiels zu, sollte bereits von Anfang an mitbedacht werden, dass es sich hierbei nicht nur um spielerische Bestandteile im Sinne von regelgeleiteten Handlungen handelt. Zur Abwehr der sonst so verbreiteten Historisierung hilft ein Rückgriff auf die sehr grundständige Definition der Entwicklungspsychologie, welche von koordiniertem gemeinsamem Handeln fiktiver Rollen spricht. Die freien Rollenspiele, die bereits im frühen Kindesalter gespielt werden und auch bei einigen Tierarten nachweisbar sind, bilden die Grundlage für reglementierte Rollenspiele, sei es in den höfischen Salons oder im bürgerlichen Haus. Die kommerziell vertriebenen Rollenspiele, die unter dem Namen Rollenspiel firmieren, bauen auf dieser Tradition auf und verquicken sie mit strategischen Elementen der Konfliktsimulations-Spiele und narrativen Konventionen des Fantasygenres. Neben den freien Rollenspielen finden sich reglementierte Rollenspiele als Tischrollenspiel, Liverollenspiel oder Digitalrollenspiel sowie in diversen Spielformaten, die sich am Rollenspiel orientieren oder Elemente implementieren. All diese Formate eint das besondere Verhältnis zwischen den Bestandteilen des Namens: der Rolle und dem Spiel[160]. Das Übernehmen einer fiktiven Rolle und das Handeln in einer regelbehafteten Rahmung führt zu einem Handlungszusammenhang, der sich stärker noch als andere Spielformen vom Alltag abgrenzt und in der Gemeinschaft der Spielenden eine künstliche Welt entstehen lässt. Grundsätzlich lassen sich zwei Formen des Rollenspiels unterscheiden, die ein jeweils anderes Verständnis des Begriffs Spiel prägen. Im Englischen wäre dies die Unterscheidung zwischen ›play‹ und ›game‹, in der Entwicklungspsychologie die zwischen freiem und reglementiertem Rollenspiel. Beide Rollenspielformen basieren darauf, dass von den Spielenden fiktive Rollen übernommen und ausagiert werden und die Illusion der Anderen anerkannt wird. Im Spiel werden aus dieser Figur heraus Handlungen vollzogen, ohne dass der Ausgang des Spiels festgelegt ist.

Freie Rollenspiele sind in erster Linie Kinderspiele oder erotische Spiele. Zentral ist hier die Freude am gemeinsamen Ausspielen von Rollen, die grob ausgehandelt, aber nicht genauer spezifiziert sind. Die Spielweise der Rolle und sogar die Rolle selbst kann im Verlauf des Spiels gewechselt werden, es gibt keine festgelegten Regeln außer denen, die die Sicherheit der Spielenden betreffen. Dieses Spielen beinhaltet weder eine Aufgabe noch fixierte Sanktions- oder Belohnungssysteme.

Die meisten anderen Rollenspielformen sind dem reglementierten Rollenspiel zuzuordnen. Diesen Spielen liegt ein zuvor festgelegtes Regelwerk zugrunde, das vorschreibt, wie Entscheidungen getroffen werden, welche Rolle der Zufall spielen kann, in welchem Modus gespielt und oft auch, in welchem Setting gespielt werden kann.

Konkrete Spiele positionieren sich schwebend und schwankend zwischen den Polen, performative Spiele können auf beiden Extremen (frei/reglementiert) gespielt werden.

Rollenspiele dienen primär der Unterhaltung, sind gemeinschaftsstiftend und -fördernd. Spiele ermöglichen es den Spielenden, persönliche Fertigkeiten zu entwickeln, sie sind zugleich ein Spiegel des Alltags und der Persönlichkeit der Spielenden und bringen Kreativität wie auch Stereotype hervor.

---

160 Im Englischen wird das Sprachbild noch deutlicher, dass eine Dreiteilung in ›role‹, ›play‹ und ›game‹ erlaubt. Die Ambivalenz von ›play‹ und ›game‹ ist im deutschen ›Spiel‹ beinhaltet, muss aber aufmerksam mitbedacht werden.

3   Geschichte und Genres des Rollenspiels

Das Rollenspiel ist in seinen vielen Variationen als vielgestaltiges Phänomen wahrnehmbar. Um Gemeinsamkeiten dieser differenzierten Spielformen stärker herauszustellen, wird im Folgenden die Geschichte des Rollenspiels nachvollzogen und ein Einblick in die wichtigsten Genres formuliert.

3.1   Geschichte des Rollenspiels

Die Geschichte des Rollenspiels wird meistens als eine Form von Historisierung[161] geschrieben. Auffällig ist dabei häufig die teleologische Ausrichtung auf das heute als Rollenspiel vertriebene Unterhaltungsmedium. So schleichen sich nicht nur Ungenauigkeiten ein, sondern es engt sich zugleich der Blick auf das, was im Folgenden als kommerziell vertriebene Rollenspiele bezeichnet wird. Diese decken jedoch nur einige Aspekte der Rollenspiele ab und weisen gerade in der Beschreibung von Begebenheiten vor 1960 große Defizite auf.[162] Der Geschichte der Rollenspielentstehung aus dem Geist der Konfliktsimulation wird daher hier die Geschichte des freien Rollenspiels vorangestellt.

In einem ersten Schritt muss hierzu zwischen Spielen als Tätigkeit und dem Spiel als Struktur unterschieden werden. Die Entwicklungspsychologie unterscheidet zwei Arten von Rollenspielen nach dem Freiheitsgrad der Rolle. Der Psychologe Rolf Oerter definiert das Rollenspiel unter diesem Vorzeichen als:

> Das Zusammenspiel mehrerer Personen, die fiktive Rollen bekleiden, auch sozialdramatisches Spiel genannt, gewährleistet über kürzere oder längere Zeit die Aufrechterhaltung koordinierten gemeinsamen Handelns.[163]

Dieser sehr offenen Definition folgt eine weitere Spezifizierung. Grundsätzlich kann zwischen den reglementierten Rollenspielen und den freien Rollenspielen unterschieden werden. Frei assoziierte und spontane Rollenspiele besitzen kein eigentliches Regelwerk. Sie fußen auf grundlegenden Verabredungen der Spielenden, die entweder eine Rollenzuweisung oder ein bestimmtes Szenario beinhalten. Beispiele hierfür sind Konstellationen wie *Mutter – Vater – Kind*,

---

[161] Z. B. Hillenbrand/Lischka, Franke/Fuchs oder Wolf, Robert: *Konfliktsimulations- und Rollenspiele: die neuen Spiele*. DuMont 1988. Eine dezidierte Kritik zu Hillenbrand findet sich auch in: Junicke, Robin: *Rezension: Hillenbrand, Tom; Lischka, Konrad. Drachenväter. Die Geschichte des Rollenspiels und die Geburt der virtuellen Welt. Zeitschrift für Fantastikforschung* 2014(2) 2014. Siehe auch: Zagal/Deterding. S. 47 f.
[162] Rainer Nagel verweist sogar darauf, dass alle Rückführungen auf Theorien vor 1965 »allenfalls späte Rechtfertigungsversuche darstellen«. Nagel, Rainer: »Die Geschichte der Rollenspiele. Von den Anfängen bis Ende der Neunziger Jahre des letzten Jahrhunderts«. In: Janus, Ulrich/ Janus, Ludwig (Hg.): *Abenteuer in anderen Welten. Fantasy-Rollenspiele: Geschichte, Bedeutung, Möglichkeiten*. Psychosozial-Verlag 2007. S. 35.
[163] Oerter, Rolf: »*Kindheit*«. In: Oerter, Rolf/Montada, Leo (Hg.): *Entwicklungspsychologie*. Beltz 2002. S. 224.

Cowboy – Indianer oder *guter Cop – böser Cop*. Diese Zuweisungen werden meist spontan verabredet und sind dabei sehr mobil und einer ständigen Verhandlung ausgesetzt. Reglementierte Rollenspiele hingegen folgen festen Regeln oder Verabredungen.

Freie Rollenspiele lassen sich in rudimentären Formen bereits bei spielenden Tieren beobachten.[164] Die Rollenzuweisungen bei jenen Spielen von Kindern oder Tieren sind jedoch mehr Funktionsbeschreibungen als Figurenattribute. Die Rolle der Zoowärterin oder des Aggressors impliziert ein Handlungsmuster und knüpft an außerspielerische Erfahrungen an, evoziert jedoch weder Geschichten noch Geschichte. Über die Geschichte dieser Variante des Rollenspiels können nur punktuell sichere Aussagen getroffen werden. Die Bandbreite, in welcher diese Form zu finden ist, von spielenden Wölfen bis hin zu erotischen Phantasien, lässt erahnen, wie tief spielerische Strukturen in der Kultur verwurzelt sind. Montola macht bereits im antiken Ägypten oder im Römischen Reich Spielformen aus, die eine Form von Darstellung beinhalten.[165] Auch für die reglementierten Rollenspiele lassen sich schon frühe Beispiele finden.

König und Dieb wurde mir als persisches Spiel des 13. Jahrhunderts vorgestellt.[166] Das Spiel funktioniert anscheinend in der folgenden Weise: mit einem Knochenwürfel werden verschiedene Rollen an die Spielenden verteilt: Der König, der Dieb und eine Wache sind unter diesen Figuren, weitere Charaktere können anscheinend je nach Ausprägung des Spieles hinzugefügt werden. Das Spiel wird durch die Erzählung einer Gerichtsverhandlung strukturiert, in welcher der Dieb den König von seiner Unschuld überzeugen muss. Bemerkenswert ist hierbei (sofern dieses Spiel tatsächlich authentisch ist), dass sowohl eine Spielstruktur in Form klarer Aufgaben und Siegesbedingungen als auch eine narrative Einbindung der Spielcharaktere gegeben ist. Eine ähnliche Struktur weist das von Erwachsenen wie Kindern im Winter gerne gespielte *Dozd Bazi*[167] aus Afghanistan auf. Mit Versspielen oder Kartenspielen werden die Rollen verteilt: König, Minister, Wächter, Dieb, gespielt wird von der Verhaftung bis hin zur Verurteilung. Eine genaue Datierung dieses Spiels ist schwierig.[168]

In den Salons Europas wurde der spielerische Austausch von Wissen und gesellschaftlichen Verbindungen kultiviert. Zunächst an den königlichen Höfen zur

---

164 Vgl.: Sutton-Smith.
165 Vgl.: Montola 2012. S. 108.
166 In einem nicht zitierfähigen privaten Gespräch mit einem iranischen Biologen. Dieser berichtete von Kindheitserinnerungen und kulturellem Erbe. Dieses Spiel konnte leider nicht genauer recherchiert werden.
167 *Diebspielen*, auch *König und Dieb* genannt. Vgl.: Sadri, Mir Hafizuddin: *Kinderspiele in Afghanistan*. http://www.afghan-aid.de/kinderspiel.htm.
168 Trotz der schwierigen Quellenlage scheinen auch die frühen Spiele plausibel, zumal die Strukturen zu späterer Zeit in ganz Europa auftauchen und so eine nicht dokumentierte Verbreitung nahelegen.

Bildung und Zerstreuung praktiziert, brachte der Geist der Aufklärung die Praktiken auch in die bürgerlichen Kreise der Städte. Salons wurden so zu »Katalysatoren für den Übergang von schichtenspezifischer zu funktionaler Gesellschaftsdifferenzierung, denn hier verlor der Geburtsadel, indem er sich mit dem Geldadel und dem Geistadel mischte, seine herausragende Stellung.«[169] Die spielerischen Elemente, welche für das Rollenspiel relevant sind, finden sich schon an den königlichen Höfen, wandelten sich jedoch mit den Jahrhunderten.

In der Renaissance wurden zunächst Konversationsspiele eingeführt, um Kommunikationsanlässe zu schaffen. Eines dieser Spiele war das von Gaspar Pallavicino etwa in den 1490er-Jahren am Hof der Herzogin Elisabetta Gonzaga erfundene *Tugendspiel*. Dieses funktionierte in etwa so: Jeder Spielende sollte Tugenden nennen, die ihm am Anderen besonders gefallen würden und zudem Fehler, die er am leichtesten übersehen könnte. Das Spielerische kommt hier nur sehr schwach zum Tragen, es handelt sich eher um Hilfestellungen, um einen Gesprächsinhalt zu finden.[170]

Im Barock entfaltete sich ein stärkeres Interesse an individuellen Erzählungen, im höfischen Roman wie auch in den Salonspielen dieser Zeit. Das *Portraitmalen* etwa verlangte von den Teilnehmenden Selbstdarstellungen oder Portraitierungen von anderen Personen in blumigen Worten. Ein anderes Beispiel sind die *Gazettes du plusieur endroits*:

> Spielerisch unterhaltsam übten sich die [Salongänger*innen des Hotel de Rambouillet] im Verfahren des Erzählens und in der freien Verfügung über das Vorgegebene und den eigenen Einfall. [... Das Spiel verlangt] von den Salongästen, in der literarischen Travestie in die Rolle eines Helden der bewunderten Romane zu schlüpfen und dessen vermeintliche Erlebnisse zu erzählen ...[171]

Die Spielleidenschaft wurde im Verlauf des 17. Jahrhunderts mehr und mehr akzeptiert, jedoch auch als ernstzunehmendes Laster angeführt. Im Theater der Aufklärung wurde es zum Handlungskatalysator vieler Dramen[172]. Die Verbreitung von Spielen und die weitergehende Beschäftigung mit diesen sorgte auch für eine Standardisierung von Regelwerken. Mehr und mehr wurden Spiele entwickelt, die vorsahen, eine vorgefertigte Rolle improvisatorisch auszufüllen. Vergleichbar mit dem angesprochenen *König und Dieb*-Spiel kam in der ersten

---

169 Eske, Antje & Beer, Tatjana: Xuppi Elektronischer Salon. Zitiert nach: Eske, Antje: *Konversationsspiele www und vis-à-vis. Von der Renaissance bis heute*. Books on Demand 2010. S. 22.
170 Dennoch ist auch hier schon ein spielerisches Prinzip am Werk, welches bis heute zu finden ist. So erfreuen sich Psychologiespiele wie etwa »36 questions to fall in love« der *NYTimes* großer Beliebtheit. Vgl.: Catron, Mandy Len: *36 Questions. How to fall in love*. http://36questionsinlove.com/
171 Baader, Renate: Heroinen der Literatur. Die französische Salonkultur im 17. Jahrhundert. In: Baumgärtel, Bettina/Neysters, Silvia (Hrsg.): *Die Galerie der Starken Frauen*. Zitiert nach: Eske. S. 30.
172 Vgl.: Jahn, Bernhard/Schilling, Michael (Hg.): *Literatur und Spiel. Zur Poetologie literarischer Spielszenen*. Hirzel: Stuttgart 2010. S. 10 f.

Hälfte des 17. Jahrhunderts in Europa ein eigenes Königsspiel auf. Am Dreikönigstag zogen die Bewohner eines Hauses Zettel, auf denen ihnen die Rollen eines königlichen Hofstaates zugeteilt wurden. Diese spielerische Ausnahmesituation bot zum einen eine Auszeit vom Alltagsleben und von den ihm zugrundeliegenden Hierarchien, birgt zudem jedoch auch eine politische Dimension. »Da der soziale Rollenwechsel am Ende des Tages wieder aufgehoben wurde, eignete er sich gut zur Veranschaulichung der Scheinhaftigkeit und Vergänglichkeit des menschlichen Lebens.«[173]

Das wohl bekannteste Beispiel für barocke Konversationsspiele sind die *Frauenzimmer Gesprächspiele* von Georg Philipp Harsdörffer, die 1641 bis 1649 in acht Bänden erschienen. Die Bände sind mit Bildern und Anregungen bestückt und sollten zum spielerischen Umgang mit Literatur und deren Produktion anregen. Phantasie und Kreativität der Spielenden sollte gefördert und geprüft werden. Die in den Bänden versammelten Beispiele und Anleitungen wurden dabei weniger zum Lesen als zum Mitspielen gemacht.

Indem die Gesprächspiele Lullismus[174] und Konversationsliteratur originell miteinander verknüpfen, rücken sie Spiel und Sprache in eine gegenseitige Abhängigkeit. Das Spiel wird in ihnen zu einem Produkt von sprachlicher Regel und ebenfalls sprachlicher Ausführung. Die Grundlage jedes regelhaften Spiels, so läßt sich daraus über Harsdörffers Text hinaus schließen, ist Sprache, und zwar – exakter definiert – formale Sprache, ohne die keine Instruktion formulierbar ist.[175]

Es handelt sich um eine Sammlung aus »Sprichwörtern, Lehrgedichten, Sentenzen, Geschichtenerzählungen, Grabsprüchen, Figuren- und Echogedichten, Singspielen, allegorischen Aufzügen oder Schauspielen, ein- und mehrständigen Sinnbildern, geistlichen und weltlichen Schäferspielen.«[176] Hierbei ist stets ein didaktisches Interesse erkennbar. Die von Sutton-Smith vorgestellte Progress-Orientierung des Diskurses um die Spiele kommt bereits in dieser frühen Form zum Tragen. Die Spiele zielen allesamt auf die Diskussion der Spielenden, eine sprachbasierte philosophische Wahrheitssuche:

---

173 Michael Schilling: ›Ebenbildt vnsers lebens‹ oder Das Königsspiel des Andreas Gryphius. In: *Wolfenbütteler Barock-Nachrichten 19* (1992). Zitiert nach: ebd. S. 20.
174 Auf Ramon Lull zurückgehende Philosophieschule. Hier gemeint ist die lullische Kunst, eine Anordnung von sechs Kreisen, auf die Begriffe geschrieben sind. Durch das Drehen der Kreise ergeben sich stets neue Kombinationen von Fragen oder Ideen als Ausgangsmaterial philosophischer Überlegungen. Vgl.: Kirchner, Friedrich: *Wörterbuch der philosophischen Grundbegriffe*. Weiss 1907.
175 Cramer, Florian: *Auf manche Art verkehrt: Georg Philip Harsdörffers »Frauenzimmer Gesprächspiele«*. http://www.cramer.pleintekst.nl/00-recent/harsdoerffer_-_frauenzimmer_gespraechspiele/.
176 Auflistung zitiert nach: Hofmann, Dorothea: Delectatio, Pan und Pegnitz. Die Frauenzimmer Gesprächspiele von Georg Philipp Harsdörffer. In: Kaden, Christian/Kalisch, Volker (Hg.): *Von delectatio bis entertainment. Das Phänomen der Unterhaltung in der Musik*; Die Blaue Eule 2000. S. 41.

Die Art in den Gesprächen zu unterweisen/
ist von Anfang der Wissenschaften/
zu Zeit der Hebreer und Griechen bekant gewesen/
und deswegen füglicher als keine andre/
weil man allerhand Auffgaben/
nicht nur mit ja/
und nein/
sondern auf so vielerley Weise/
als der Gesellschafter/
oder Gesprächgenossen sind/
beantworten Kan ...[177]

Wurde bei den bisher angesprochenen Phänomenen und Beispielen in erster Linie die Übernahme einer Rolle zum Spiel gemacht, kann auch nach Vorfahren des spielerischen Systems des Rollenspiels gefragt werden. Hier setzen dann auch die Historiografien der kommerziell vertriebenen Rollenspiele ein.[178] Wie bereits angedeutet bestehen die meisten Spiele dieser Art zum einen aus einer klar ausgewiesenen Sprechhandlung, zum anderen aus einem Konflikt. Konfliktsimulationen gehören mit zu den ältesten überlieferten Spielformen, beispielsweise das aus dem Indien des ersten Jahrhunderts stammende *Chaturanga*[179] sowie das Chinesische *Wei-Hei*[180], welches Legenden zufolge sogar auf das Jahr 2300 v. u. Z. zurückgehen soll. Eine Renaissance erlebte dieses Spielprinzip mit dem Kriegsschach des 18. Jahrhunderts.[181]

Besondere Prominenz erlangte die sogenannte Kriegskommode von Georg Leopold Baron von Reiswitz, ein modulares Spielsystem mit einem Regelwerk, welches »dem König ein ›denkwürdiges Schlachtentheater‹ in ›sein Zimmer zaubern‹ kann.« Es spielen zwei Parteien (2–10 Mitspieler) und ein »Vertrauter« der »berechnet und bewertet«[182]. Dies war zunächst ein Spiel für die militärischen Eliten; primär für Kadetten der Militärakademien, aber auch Friedrich Wil-

---

177 Harsdörffer, Georg Philipp/Böttcher, Irmgard: *Frauenzimmer Gesprächspiele Teil 5*. De Gruyter 1969 Zitiert nach: Hofmann. S. 43.
178 Z. B. Hillenbrand/Lischka, Franke/Fuchs oder Wolf.
179 Der Vorläufer des Schachspiels. Zunächst wurden noch mittels Würfeln die Züge von Militärfiguren ermittelt, bis sich auf Hintreiben religiöser Kräfte das heutige, glücksfreie Schachspiel entwickelte. Vgl. hierzu: Nehrkorn, Stefan: *Eine Geschichte des Schachspiels. 28. Sitzung der HUMBOLDT-GESELLSCHAFT am 11.11.96.* http://www.humboldtgesellschaft.de/inhalt.php?name=schach.
180 Heute besser als *GO*-Spiel bekannt. Zwei Kriegsherren versuchen auf einem Spielbrett mit kleinen Steinen ein möglichst großes Herrschaftsgebiet abzustecken. Vgl.: Kôichi, Masukawa u. Fairbairn, John: *The history of Go*. http://gobase.org/reading/history/.
181 An dieser Stelle setzt üblicherweise die Geschichtsschreibung des Rollenspiels ein; zuvor genannte Rollenspielhistoriografien wie auch die entsprechenden Kapitel in entsprechenden Monografien.
182 Pias, Claus (Hg.): *Escape!* Böhlau 2006.

helm II. spielte es exzessiv und begründete den didaktischen Anspruch dieser militärischen Simulationen.

Durch Brettspiele der 1950er-Jahre wurde dieses Spielprinzip einer breiten Masse zugänglich. Besonders hervorzuheben sind dabei *Risiko*[183] und *Diplomacy*[184], zwei Spiele, in denen es neben der Entwicklung und Durchführung militärischer Strategien in erster Linie um Verhandlungsgeschick geht[185]. Im Zuge dieser Entwicklung sind auch die Konfliktsimulationsspiele anzusiedeln, unterschiedlich komplexe Brettspiele, die mit Figurinen oder Markern reale oder fiktive Gefechte simulieren und dabei ein besonderes Augenmerk auf Strategiebildung oder Taktiken legen.[186] Den Grundstein legte 1954 *Tactics*[187], ein Spiel von Charles S. Roberts, das in der zweiten Hälfte des 20. Jahrhunderts einen Boom von militärischen Simulationsspielen auslöste, der sehr unterschiedliche Formen dieser Spielart hervorbrachte, von historisch ›korrekten‹ Schlachten bis hin zu Fantasy- oder Science-Fiction-Szenarien.

Etwa zur gleichen Zeit erlebt das Fantasygenre seine Geburt. Strömungen der fantastischen Literatur aufgreifend arbeiten Autoren wie J. R. R. Tolkien, Fritz Leiber und Robert E. Howard an neuen Welten.[188] Mit der Veröffentlichung der Taschenbuchausgabe von Tolkiens *Der Herr der Ringe* 1964[189] verbreitete sich das Interesse an der fantastischen Fiktion anderer Welten gerade in Studierendenzirkeln rasend.

Berichten zufolge[190] baute Dave Weseley etwa im Jahr 1968 eine *Wargame*partie mit spezifischen Rollen für acht Spieler innerhalb eines Napoleonsettings. Unabhängig von dieser Vorlage, welche den späteren Gründungsvätern des wohl einflussreichsten Rollenspiels, *Dungeons & Dragons*, bekannt war, gab es bereits 1941 nachweisbare Spielrunden, die ihre Konfliktsimulationen in eine Art Rollenspiel einbetteten. In Kostümen mit klar zugewiesenen Rollen wurden

---

183 *Risiko* wurde 1957 vom französischen Filmemacher Albert Lamorisse veröffentlicht. Auf einer Weltkarte wird mit Spielsteinen nach Strategie und Glückselementen (Würfel) um die Vorherrschaft gestritten. Vgl.: Bewersdorff, Jörg: *Glück, Logik und Bluff*. Springer Fachmedien 2010. S. 58 f.

184 *Diplomacy* wurde 1945 von Alan Calhamer erfunden. Regionen eines Spielplans, der Europa vor dem Ersten Weltkrieg darstellt, sind zu erobern. Absprachen und Verhandlungen zwischen den Spielern kommt hierbei eine zentrale Bedeutung zu. Siehe hierzu auch: Bewersdorff. S. VI.

185 Der Politikwissenschaftler und Politiker Henry Kissinger lobte *Diplomacy* als realistische Darstellung von Außenpolitik, vgl.: Hillenbrand/Lischka. S. 45.

186 Dieses und die folgenden Spielgenres werden in Kapitel 4.1 näher vorgestellt.

187 Vgl.: Lewin, C. G.: *War games and their history*. Fonthill Media 2012, und (die kaum veränderte zweite Edition des Spiels) Charles S. Roberts: »*Tactics-II*« 1958. http://www.coralnet.de/Tactics-II.pdf.

188 Siehe Hartwell, David G./Weisman, Jacob: *The Sword & Sorcery Anthology*. Tachyon Publications 2012 und zum Überblick auch das entsprechende Kapitel in Hillenbrand/Lischka.

189 Auf Wunsch des Autors war 1954 zunächst nur eine Hardcover-Ausgabe erschienen.

190 Nachzulesen etwa in: Hillenbrand/Lischka.

die diplomatischen Elemente des Spiels nachgestellt und nur die strategischen Komponenten auf dem Spieltisch abgehandelt.[191]

Dave Arneson, Gary Gygax und Dave Weseley versuchten sich, Erzählungen zufolge, 1972 in einer ersten primitiven Spielrunde mit Elementen des Tischrollenspiels, eine Spielart des Rollenspiels. Diese wurde in den folgenden Jahren weiter ausdifferenziert und konkretisiert. Im Jahre 1974 veröffentlichten sie dann die erste Ausgabe von *Dungeons & Dragons*. Die dafür gegründete Firma TSR war eine ›Garagenfirma‹ mit minimalem Kapital und hatte zunächst nur Familienangehörige als Angestellte; bereits zehn Jahre später generierte sie einem Umsatz von 29 Millionen Dollar.[192] Heute ist *Dungeons & Dragons* als OGL (open game licence) bereitgestellt. Fans ebenso wie andere Firmen können Welten weiterbearbeiten und veröffentlichen.[193]

In Europa ist die Geschichte der kommerziell vertriebenen Rollenspiele eng mit jener der USA verwoben. *Dungeons & Dragons* wurde schon sehr bald nach der Markteinführung in den USA auch in europäischen Fanzines von Konfliktsimulationen beworben und beispielsweise in den Filialen der britischen Firma Games Workshop vertrieben.

Der beim Science Fiction Con in Wien 1966 gegründete FOLLOW-Verein entwickelte das Fantasy-Brettspiel *Armageddon*, welches Berichten zufolge auch real gespielte Situationen enthielt.[194] Diese freien Improvisationen kamen dabei ohne Regelwerk aus.[195] Jeder Mitspieler übernahm ein Mitglied seines ›Clans‹ und verkörperte dieses in größeren Veranstaltungen, die in Kostüm mit Musik und Essen durchgeführt wurden. 1978 erschien mit *Midgard* das erste vollwertige Rollenspiel nach heutigem Verständnis auf dem deutschsprachigen Markt.

1983 wurde *Dungeons & Dragons* unter anderem von Ulrich Kiesow ins Deutsche übersetzt und hier direkt als Tisch-Rollenspiel und nicht als Konfliktsimulations-Variante konzipiert. Tantiemenverhandlungen zwischen *Schmidt Spiele* und *TSR, Inc.* scheiterten, was Schmidt dazu brachte, die Einführung eines eigenen Rollenspiels zu planen. Nach dem geplatzten Deal wurden also Ulrich Kiesow, Werner Fuchs und Hans Joachim Alpers beauftragt, innerhalb von fünf Monaten ein eigenes Rollenspiel zu entwickeln.[196] Hieraus entstand *Das Schwarze Auge* – das bis heute erfolgreichste deutschsprachige Rollenspielsystem und eine der größten Spielwelten überhaupt. Das erste *Das Schwarze Auge*-Abenteuer wurde mit einer Auflage von 40.000 Stück veröffentlicht und in TV-Werbespots beworben.

---

191 Im LIFE-Magazin vom 3. März 1941 wird von einem solchen Spiel berichtet.
192 Hillenbrand/Lischka. S. 222.
193 Ebd. S. 231.
194 Vgl.: Pappe. S. 44 f.
195 Vgl.: Ebd. S. 83.
196 So erzählt von Thomas Römer in: Römer, Thomas: *33 Jahre Weltbau* 2014.

Ihre Hochzeit erlebten die Tisch-Rollenspiele in den 1980er-Jahren. Das Liverollenspiel wächst jedoch nach wie vor. Gerade die *Nordic LARP*-Bewegung[197] hat das Genre neu belebt und neue Impulse gesetzt. Das Digitalrollenspiel schließlich schart eine gewaltige Masse an Spielenden hinter sich. Jane McGonigal errechnete eine Summe von 6 Millionen Spieltagen alleine in den Welten des Marktführers *Word of Warcraft*.[198]

Elemente der frühen Spiele, der Gesprächspiele, wie Elemente von Konfliktsimulationen finden sich bis heute in allen Beispielen wieder, in unterschiedlicher Gewichtung, aber dennoch aufzeigbar, vom didaktischen Spiel[199] bis hin zum Digitalspiel. Die Besonderheiten der bisher nur angedeuteten Spielformen und einige Anknüpfungspunkte für weitergehende Beschäftigungen werden im Folgenden näher vorgestellt.

3.2 Rollenspielgenres

Große Teile der populären Medien, seien es Filme, Spiele oder Romane, können zu den Genres Fantasy, SF gezählt werden. Rollenspiele bilden keine Ausnahme. Wenn auch eine nicht geringe Zahl an Rollenspielen, insbesondere Liverollenspielen in einer Version der Alltagsrealität spielt, ist die überwiegende Zahl der kommerziell vertriebenen Spiele im Reich des Fantastischen anzusiedeln.

3.2.1 Fantastisches

Intuitiv können die meisten Menschen mit dem Fantastischen kulturell, kognitiv, exemplarisch oder assoziativ etwas verbinden. Die Formulierung dessen, was das Fantastische ist, fällt jedoch ungleich schwerer, eine wissenschaftlich solide Definition erscheint hochproblematisch. »Dem weit verbreiteten Interesse des lesenden Publikums an ›literarischer Fantastik‹ korrespondiert eine ebenso weitreichende Ratlosigkeit, wenn Auskunft darüber erteilt werden soll, was darunter denn eigentlich zu verstehen sei.«[200], schreibt Schmitz-Emans.

Die allgemeinsten aller Bestimmungen beschreiben die Fantastik als Gegenpol zur Realität. Was an der Stelle mit Realität gemeint sein könnte, bleibt dabei jedoch offen, sodass streng genommen mindestens alle Unterhaltungsmedien eingeschlossen sind, wenn nicht sogar alle menschlichen und manche tierischen Ausdrucksformen, ›fantastisch‹ und ›fiktiv‹ fallen in dieser Lesart in einer Bedeutung zusammen. Aber auch die ausformulierteren Begriffe der Fantastik

---

197 Mehr dazu in 4.3.3.
198 Vgl.: McGonigal, Jane: *Reality is broken. Why games make us better and how they can change the world*. Penguin Group 2011.
199 Ein besonders schönes Beispiel für die spielerische Übernahme einer literarischen Figur findet sich in: Eggert.
200 Schmitz-Emans, Monika: Phantastische Literatur: Ein denkwürdiger Problemfall. In: Neohelicon, XXII, 1995. Zitiert nach: Durst, Uwe: *Theorie der phantastischen Literatur*. Lit 2007. S. 22.

und des Fantastischen bleiben vage bis umstritten und häufig widersprüchlich. Das Ungewisse und Nebulöse der Fantastik scheint sich auf ihre Bezeichnungen auszudehnen. Auch ist unklar, ob es sich um eine Gattung, ein Genre oder eine Struktur handelt. So lehnen etwa Holländer oder Schmitz-Emans das Genre ›fantastische Literatur‹ ab und definieren es stattdessen als Struktur.[201]

Die wissenschaftliche Auseinandersetzung mit dem Fantastischen nimmt in der zweiten Hälfte des 20. Jahrhunderts an Fahrt auf. 1960 stellt Louis Vax mit *L'art et la littérature fantastique* seine vielzitierte Theorie des Fantastischen vor. Das Fantastische ist dabei jedoch älter als sein Begriff: Literarische Formate, insbesondere Romane, gewinnen bereits im Verlauf des 18. Jahrhunderts inhaltliche und formale Freiheiten, die sich etwa in Abenteuer- oder Schauergeschichten niederschlagen.

Mindestens so wichtig für die fantastische Literatur sind jedoch die Freiheiten, welche die Form erlaubt und die auch hier Verbindungen zur – besonders zur dunklen – Romantik aufweist. Im leidenschaftlich maßlosen Versuch, alle Grenzen zu sprengen, stellt die Romantik die frei schöpferische Phantasie über die edle Poesie der Klassik – im Streben nach einer Universalpoesie verwischen so nicht nur die Grenzen zwischen Genres und Darstellungsformen, sondern auch die zwischen Traum und Wirklichkeit. So kommt in der Fantastik dem Verhältnis von Phantasie und Realität eine besondere Bedeutung zu. Diese Bezugnahme muss nicht zwingend als Reaktion der Phantasie auf alltägliche Problemstellungen gelesen werden, sondern steht ebenso für eine subversive Form der Intertextualität ein.

Lange Zeit gab es kaum Ansätze, das Fantastische wissenschaftlich zu erfassen und zu untersuchen. Ab der Mitte des 20. Jahrhunderts entstanden viele sehr unterschiedliche Definitionen, die sich offensiv widersprechen. Positionen sehen sich konfrontiert mit Ablehnung und Unterstellungen, ebenso wie mit Fürsprache und Apologetik. Versuche, die Definition des Fantastischen zu erweitern, stehen neben extremen Fokussierungen.[202] Grob lassen sich die Theorieansätze jedoch zwei unterschiedlichen Richtungen zuordnen, der maximalistischen und der minimalistischen Definition.[203]

Die *minimalistische Definition* ist primär mit dem Namen Tzvetan Todorov verknüpft. Zentral ist hier die gegenseitige Negation von Auslegungen, die das Fantastische als stets auf der Kippe schwebend festschreiben. Das außergewöhnliche Geschehen ist in dieser Lesart des Fantastischen stets auf zwei Arten erklärbar, entweder als Ergebnis von rational erklärbaren Vorgängen, oder solchen, die neue, jedoch eindeutige Regeln jenseits der sonst vertrauten

---

201 Vgl.: Durst. S. 25.
202 Vgl.: Ebd.
203 Die Unterscheidung stammt von Durst.

etablieren.[204] Die Besonderheit der Fantastik liegt nun darin, dass diese beiden Erklärungsweisen dauerhaft offen und unentschieden bleiben müssen. Diese Ambiguität bzw. Ungewissheit gegenüber der Einordnung des Geschehens wird aus der Perspektive des (textimmanenten) Lesers angenommen, kann sich jedoch auch auf die Figur ausdehnen, bzw. von dieser gespiegelt werden. Im Zentrum des Fantastischen befinden wir uns nach Todorov also, wenn »[in] einer Welt, die durchaus die unsere ist, die wir kennen, […] ein Ereignis, das sich aus den Gesetzen eben dieser vertrauten Welt nicht erklären läßt [, geschieht].«[205] War dieses Ereignis nun eine Sinnestäuschung, oder hat es tatsächlich stattgefunden? Genau in dieser Unsicherheit verortet Todorov das Fantastische.

Die beiden Pole, zwischen denen diese Ambivalenz entstehen soll, benennt Todorov das Wunderbare und das Unheimliche. Das *Unvermischt Unheimliche* beinhaltet Begebenheiten, die vollständig rational zu erklären sind, jedoch unwahrscheinlich oder schockierend erscheinen. Als Beispiel wird hier häufig Edgar Allan Poes *Der Untergang des Hauses Usher* angeführt. Das Übernatürliche wird angesprochen, aber stets rational erklärt. Das *Unvermischt Wunderbare* stellt die fantastische Welt als Fakt fest. Angeführt werden können hier etwa die Volksmärchen, in denen sich niemand über anwesende Drachen oder Hexen wundert.[206] Beim *Fantastisch-Unheimlichen* werden für zunächst übernatürlich erscheinende Ereignisse rationale Erklärungen gefunden. Häufig ist dies in Kriminalromanen zu finden, *Sherlock Holmes* oder seine ›Enkel‹, *Die drei ???*, folgen z. B zunächst einem Monster durchs Moor, zweifeln an ihren Sinnen und an ihrem Verstand, um am Ende doch nur einen verkleideten Hund zu finden. Beim *Fantastisch-Wunderbaren* ist es analog zunächst unsicher, ob die bekannten Naturgesetze noch gelten oder nicht, zuletzt muss jedoch die Existenz des Wunderbaren anerkannt werden. *Harry Potter* zeigt sich kurz verwundert, dass er ein Zauberer sein soll, fügt sich dann jedoch schnell in sein Schicksal und die neue, aber reale Welt. Das *Unvermischt Fantastische* schließlich bleibt ambivalent zwischen den beiden Lesarten und lässt sich nicht festlegen.

Diese Definition der Fantastik schließt sehr viele Werke, die intuitiv dem Genre zugeordnet würden aus, auch wenn nach Todorov das Ende der Geschichten vorübergehend ausgeklammert werden kann, um eine größere Zahl von Texten zuzulassen.[207] Die Annahme eines impliziten Lesers schließt somit Rezeptionshaltungen unterschiedlicher Menschen aus unterschiedlichen Zeiten praktisch aus. Es handelt sich um einen konsequent strukturalistischen Ansatz, der viel rezipiert, abgewandelt, kritisiert und verteidigt wurde. Insbesondere der vage Realismusbegriff und die Aussage, mit der Psychoanalyse sei die Fantastik ge-

---

204 Auf diese beiden Pole und die Zwischenschritte wird im Folgenden genauer eingegangen.
205 Todorov, Tzvetan: *Einführung in die fantastische Literatur*. Ullstein 1975. S. 25.
206 Analog kann hier in dieser Logik auch die Science-Fiction und die Fantasy genannt werden.
207 Vgl.: Todorov. S. 41.

storben, mit all ihren Implikationen, sind starken Widersprüchen ausgesetzt.[208] Stanisław Lem etwa stellt sich vehement gegen Todorov,[209] der wiederum von Durst und anderen in Schutz genommen wird. Der minimalistische Ansatz hat den Vorteil klarer Begrifflichkeiten und einer größeren Differenzierung. Vertreter der maximalistischen Definition etablieren eine weiter gefasste Auffassung was das Fantastische mit einschließt. Roger Caillois etwa grenzt das Fantastische über den Begriff des Risses ein, welcher in einer »von Vernunft regierten Welt«[210] eine Passage für übernatürliche Ereignisse und Figuren öffnet. Ein schlüssiges Referenzsystem innerhalb der erstellten Welt wird somit zur Voraussetzung für den Einbruch des Fantastischen. »Phantastik erscheint, wenn die inneren Gesetze der fiktiven Welt zerbrochen werden.«[211] Ein Zweifel an diesem Geschehen, sei es von Seiten einer Figur oder aus der Perspektive des Rezipienten, spielt in der Definition keine Rolle. Diese Einbrüche in die (fiktionsinterne) Realität sind meist außergewöhnlich und bedrohlich. Die Geschichte muss im Jetzt spielen, sonst verliert sie ihre Kraft. Ein Drache erscheint im Mittelalter plausibler als in der Gegenwart, da sich bereits die nicht unmittelbare Vergangenheit der Erfahrung entzieht. Nachträgliche Erklärungen sind nicht fantastisch. Sherlock Holmes und seine Derivate gehören einer anderen Sphäre an. Der Geist wird gejagt, gefangen wird jedoch der Nachbar im Kostüm. Die Geschichten der SF stehen in direkter Erbfolge des Märchens. An Brecht angelehnt könnte man sie vielleicht Märchen für ein wissenschaftliches Zeitalter nennen. Gemeinsam haben Märchen, SF und Fantastik nach Caillois, dass sie den Wunsch des Menschen zum Ausdruck bringen, Unmögliches zu erleben und zu schaffen.[212] Dieses Außergewöhnliche muss eben von außerhalb des Alltäglichen einbrechen und dennoch im Alltäglichen situiert sein. Die fantastischen Geschichten müssen zunächst eine plausible Normalität etablieren, bevor die Magie einkehrt – bevor der Riss auftaucht. »Der Bruch, der den fantastischen Werken essentiell zukommt, darf nicht an außerliterarischen Gesetzen gemessen werden, sondern ergibt sich aus dem Verlassen der fiktiven Logik (allgemein als ›realistisch‹ oder ›empirisch‹ umschrieben), unter der ein Werk angetreten ist.«[213]

---

208 Vgl.: Brittnacher/May 2013. S. 190.
209 Vgl.: Lem, Stanisław: *Todorows Theorie des Phantastischen*. In: Zondergeld, Rein A. (Hg.): *Phaicon. Almanach der phantastischen Literatur*. (Insel Taschenbuch 69). Insel Verlag 1974.
210 Vax, Louis: Die Phantastik, 1974. S. 17. Zitiert nach: Pohlmann, Sanna: *Phantastisches und Phantastik in der Literatur – zu phantastischen Kinderromanen von Astrid Lindgren*. J-&-J-Verlag 2004. S. 13.
211 Zgorzelski, Andrzej: *Zum Verständnis phantastischer Literatur*. Zitiert nach: Pohlmann. S. 15.
212 Vgl.: Ebd. S. 81.
213 Penning, Dieter: *Die Ordnung der Unordnung*, 1980. S. 37. Zitiert nach Durst. S. 73.

3.2.2 Fantasy

Fantasy als Begriff ist nicht aus einer literaturwissenschaftlichen Diskussion hervorgegangen, sondern ist in Folge einer Katalogisierung für den Buchhandel entstanden, genauere Definitionsversuche waren nachgelagert. Hieraus ergibt sich eine äußerst schwierige, da ungenaue Genreeingrenzung. Die Definitionsschwierigkeiten finden sich auch in den fantastischen Randbereichen und seinen Nachbarn. Mendlesohn und James akzentuieren vier Quellen einer Definition der Fantasy:

> Erstens Michael Moorcock, dessen *Wizardry and Wild Romance* die Fantasy in der Sprache verortet, durch die sie ausgestaltet wird; zweitens Brian Attebery, der in *Strategies of Fantasy* das Genre als eine »unscharfe Einheit« betrachtet, die aus einem Kern und einer sogar noch schwerer bestimmbaren Korona von Texten besteht; drittens John Clute, dessen Grammatik der Fantasy in *The Encyclopedia of Fantasy* vier Stufen aufweist: Falschheit, Schwinden, Erkenntnis und Heilung (wobei Clute in jüngster Zeit den Begriff »Heilung« durch »Wiederkehr« ersetzt hat); schließlich Farah Mendlesohn, […] die in ihrem Buch *Rhetorics of Fantasy* die Fantasy als eine Reihe von unscharfen Einheiten betrachtet, die sich anhand der Art und Weise voneinander unterscheiden lassen, in der das Phantastische in den Text eintritt.[214]

Die Phantasie gewinnt in der Romantik an Zuspruch und gerät in mehr und mehr literarische Formen. Zu nennen sind hier die Kunstmärchen des 18. Jahrhunderts oder sonst schwer definierbare Texte des 19. Jahrhunderts wie Lewis Carrolls *Alice's Adventures in Wonderland*.[215] Kritiker wie Brian Stableford verorten den Beginn des Fantastischen in der Mitte des 18. Jahrhunderts als Reaktion auf die Aufklärung.[216] Im ausgehenden 19. Jahrhundert verfestigt sich ein Bewusstsein für den Reiz vollständig erdachter Welten. MacDonald schreibt 1895: »The natural world has its laws, and no man must interfere with them […]; but they themselves may suggest laws of other kinds, and man may, if he pleases, invent a little world of his own, with its own laws.«[217] Im 20. Jahrhundert[218] verstärken sich diese Tendenzen noch weiter. Robert Howard kann als ein Beispiel für den Erfolg des Genres herangezogen werden, sein Werk *Conan The Adventurer* erschien 1932 zunächst als Einblick in seine Weltgestaltung in einem Essay. Interessant sind auch die *Pulp*-Geschichten von Fritz Leiber. Dieser entwickelte in Briefen und Spielen mit Harry Fisher zunächst die Welt, in der seine Geschichten spielen sollten, erst im nächsten Schritt siedelte er seine überaus plastischen

---

214 Mendlesohn, Farah/James, Edward: *Eine kurze Geschichte der Fantasy*. Golkonda Verlag 2014.
215 Vgl.: Rüster, Johannes: »*Fantasy*«. In: Brittnacher, Hans Richard/May, Markus (Hg.): *Phantastik. Ein interdisziplinäres Handbuch*. Verlag J. B. Metzler 2013. S. 285.
216 Vgl.: Mendlesohn/James.
217 MacDonald, George: *The Fantastic Imagination*, 1895. S. 314. Zitiert nach: Rüster. S. 285.
218 Der historische Genreüberblick über das 20. Jahrhundert orientiert sich in Struktur und Inhalt an: Hillenbrand/Lischka.

Figuren und ihre Handlungen an. Frühe Versuche stammen von 1934, die erste Veröffentlichung aus der *Fafhrd and the Gray Mouser*-Serie war 1939.

J. R. R. Tolkiens Welterzählung in epischer Breite *The Lord of the Rings* wurde zum Prototyp der Abenteurergruppe in Fantasyerzählungen und -rollenspielen. Der enorme Erfolg in den 1960ern unter amerikanischen Studenten sorgte für einen Boom des Genres. In Deutschland blühte es erst in den 1980er-Jahren richtig auf, in Folge von Zimmer Bradleys *Die Nebel von Avalon* und Endes *Die unendliche Geschichte*.

Auch wenn das Phänomen fantastischer Wesen und Geschichten noch sehr viel älter ist, stellt das strukturierte Aufbauen einer fiktionalen Welt ohne Verbindung zur Alltagsrealität eine neue Qualität dieser Weltgestaltung dar. Bei einer genaueren Betrachtung dieser Welten lässt sich Fantasy in diverse Unterkategorien einteilen, welche sich auch in den Rollenspielen widerspiegeln:[219]

High Fantasy – Assemblage von Fabelwesen unterschiedlichster Herkunft zu einer fest gesetzten Welt, die hermetisch abgeschlossen und nicht hinterfragt wird. Das wohl wichtigste Beispiel hierfür ist die schon angesprochene Trilogie *The Lord of the Rings*. Die Unterscheidung zum ›Sword and sorcery‹ ist nicht eindeutig zu ziehen und fließend. Viele Rollenspielsysteme wie *Das Schwarze Auge* oder *Dungeons & Dragons* begannen als kleine Spielwelten und haben sich über die Jahrzehnte zu gigantischen Welten ausgebaut.

Sword and Sorcery – kleinere Welten, etwa die des eben erwähnten ›Conan‹ und der ›grauen Mauser‹. Recht simple Abenteuergeschichten, die als Minimal-Plot jemanden mit einem Schwert und jemanden, der mit Zauberei zu tun hat, beinhalten, ganz wie der Titel es verspricht. »Wunscherfüllungsphantasien für ein unterprivilegiertes Massenpublikum«[220], wie es etwas überspitzt formuliert wurde. Das Genre ist in allen Rollenspielarten äußerst beliebt. Digitalrollenspiele wie *Elder Scrolls* und nicht zuletzt auch viel gespielte Regelsysteme für Liverollenspiele wie *DragonSys* bauen hierauf auf.

Dark Fantasy – orientiert an ›Gothic Novels‹ und Topoi der Dunklen Romantik. Vampire, Werwölfe oder Geister sind häufige Figuren dieser Welten. In vielen Beispielen werden zusätzlich Horrorelemente mit eingebaut. Für das Rollenspiel ist besonders die *World of Darkness* wichtig, eine Spielwelt, in der diverse Tischrollenspiele, Liverollenspiele und auch Digitalrollenspiele angesiedelt sind. Am bekanntesten ist hier wohl *Vampire – The Masquerade*.[221]

Urban Fantasy – Menschlich geformte Umgebungen und damit eine doppelte Schöpfung, die Erfindung von Stadtstrukturen. Die reale Handlung spielt in einer Stadt, die fantastische in einer anderen Welt. Die Grenzen zur Fantastik sind nicht immer ganz klar, etwa bei *The Magicians* oder auch bei Neil Gaimans

---

219 Kategorien vgl. Rüster. S. 286 ff.
220 Vgl.: Ebd. S. 287. Rüster verweist hier auch auf Ausführungen von John Clute.
221 Vgl.: Flöter, Laura S.: *Der Avatar – die Schatten-Identität* …

Neverwhere. Das Genre ist für Liverollenspiele sehr attraktiv, da die Lebensrealität der Spielenden als Ausgangspunkt genommen werden kann.

Social Fantasy – Schwerpunkt auf sozialen Strukturen und utopischen Entwürfen. Exemplarisch wird hier meist die *Erdsee*-Reihe von Ursula K. Le Guin genannt. Im Nordic LARP ist diese Form häufiger wiederzufinden, in anderen Rollenspielformaten eher weniger. Dies liegt vermutlich an der Handlungsstruktur der Rollenspiele, die jeden einzelnen Spieler zum Protagonisten zu machen versucht – in einer Spielwelt, die die Aktionen des Einzelnen im großen Ganzen verschwinden lässt, ist dies nur schwer umzusetzen.

Science Fantasy – Fantasy in SF-Optik. Die SF-Elemente dienen keinerlei Zweck, außer der Vermittlung eines Gefühls von Technologie und Fortschritt. Die Geschichte könnte ohne Änderungen aber auch in S & S Welten stattfinden, etwa mit Stahlschwertern statt Lichtschwertern – Technologie ist ab einem gewissen Punkt nicht von Magie zu unterscheiden. Als Beispiele können etwa *Planetary Romances* genannt werden oder die *Luna*-Serie von Ian McDonald, welche der Autor selbst als »Dallas on Moon«[222] beschreibt. Aber auch ›Space Operas‹ wie *Star Wars* können hinzugezählt werden. Entsprechende Spielangebote sind massenhaft vorhanden.[223]

Die Gestaltung ganzer Welten kann unterschiedliche Formen annehmen, gemeinsam ist all diesen Ausprägungen die Liebe zu Details und ›Othering‹. So absonderlich diese Welten aber auch sein mögen, so verlieren sie doch nie den Bezug zur Alltagsrealität, auch wenn dieser Bezug unterschiedliche Formen annehmen kann. Terry Pratchett zur Faszination der Fantasy:

> »Fantasy is like alcohol – too much is bad for you, a little bit makes the world a better place. Like an exercise bicycle it takes you nowhere, but it just might tone up the muscles that will [take you somewhere]. Daydreaming got us where we are today; early on in our evolution we learned to let our minds wander so well that they started coming back with souvenirs.«[224]

---

222 McDonald, Ian: *Key Note* 2014.
223 Z. B.: Space Master, Fading Suns oder Space Quest.
224 Pratchett, Terry u. Briggs, Stephen: *The Discworld Companion*. Zitiert nach: Rüster. S. 286.

3.2.3 Science-Fiction

Der Begriff der Science-Fiction, oder kurz SF,[225] wurde 1929 als Sammelbegriff für ›Voyagers extraordinaires‹, ›scientific romances‹ und ähnliche Gattungen geprägt[226], um Werke wie etwa die von Jules Verne oder Arthur Conan Doyle beschreiben zu können. Wie auch der Fantasybegriff blieb die SF lange Zeit eine eher allgemeingehaltene Beschreibungskategorie, welche später von Verlegern und dem Buchhandel übernommen wurde. Die Wissenschaft übernahm sie erst in den 1950er-Jahren. Auch hier sind die primären Definitionen sehr offen formuliert und bilden somit einen extrem breiten Rahmen, der vieles miteinschließt. »[SF is] a literary genre whose necessary and sufficient conditions are the presence and interaction of estrangement and cognition, and whose main formal device is an imaginative framework alternative to the author's empirical environment.«[227] Oder noch offener: »unterhaltende Literatur, die einen außerhalb der Erfahrung liegenden wissenschaftlichen oder technischen Fortschritt zur Voraussetzung oder zum Thema ihres Erzählens macht.«[228] Das Genre wird von vielen Rezipienten und Autoren zur wissenschaftlichen Praxis überhöht. Robert A. Heinlein etwa schreibt: »Science fiction […] is not fantasy; it is legitimate – and often very tightly reasoned – speculation about the possibilities of the real world.«[229] Aber auch Autoren wie Isaac Asimov, die durchaus auch wissenschaftliche Beiträge verfasst oder angestoßen haben[230], sehen sich als Lehrmeister der Leserschaft einer fast schon transzendentalen Gattung.

Die wohl einflussreichste theoretische Auseinandersetzung mit dem Genre stammt von Darko Suvin, der sich in seinen Ausführungen explizit auf Brecht und dessen Verfremdungseffekt bezieht. Auf den ersten Blick scheint diese Analogie überaus stimmig. Brecht konstruiert eine Welt für sein Drama, sei es Mahogonny oder Sezuan, die sich zunächst deutlich vom Alltag der Rezipienten abhebt, so kann mit einer analytischen oder eben wissenschaftlichen Distanz über die Ge-

---

225 ›SF‹ ist besonders beliebt, da sich die Abkürzung offenhält, was genau sie meint: die Schreibweisen ›Science Fiction‹, ›Sciencefiction‹ und ähnliche ebenso wie die Kofferbegriffe ›speculative fiction‹ oder ›science fantasy‹. Vgl.: Spiegel, Simon: *Die Konstitution des Wunderbaren. Zu einer Poetik des Science-Fiction-Films*. Schüren 2007. S. 1.
226 Vgl.: Jehmlich, Reimer: *Phantastik – Science Fiction – Utopie. Begriffsgeschichte und Begriffsabgrenzung*. In: Thomsen, Christian Werner/Fischer, Jens Malte (Hg.): *Phantastik in Literatur und Kunst*. Wissenschaftliche Buchgesellschaft 1980. S. 17.
227 Suvin, Darko: cognition and estrangement: an approach to SF poetics. Zitiert nach: Ebd. S. 18.
228 Biesterfeld, Wolfgang: *Aufklärung und Utopie*. Zitiert nach Pohlmann. S. 31.
229 Heinlein, Robert: Science Fiction: its nature, faults and virtues. Zitiert nach Suerbaum, Ulrich/Broich, Ulrich/Borgmeier, Raimund: *Science Fiction. Theorie und Geschichte, Themen und Typen, Form und Weltbild*. Reclam 1981. S. 9.
230 Asimov etwa ist bekannt durch seine *Three Laws of Robotics*, auch: ›Asimovs Gesetze‹, die 1942 in seiner Kurzgeschichte *Runaround* aufgestellt wurden und als ethische Orientierung auch realer Robotiker dienen.

genwart gesprochen werden.[231] Auf eben jene Weise ermöglicht es z. B. die Betitelung von *Wahrheit oder Pflicht* als Spiel, frei zu sprechen, zu handeln und eben dieses einzufordern.[232] Auch die SF verschiebt Konflikte; in den meisten Fällen in eine ferne Zukunft und vermag es so zum einen, Kritik an akuten Zuständen zu üben, als auch ein Bild von Gesellschaft und Fortschritt zu entwerfen, welches gefahrlos von außen betrachtet werden kann. Nun ist der V-Effekt bei Brecht aber eben selbst eine Technik, ein ästhetisches Verfahren. Eine Schauspieltechnik, die den Schauspieler stets so spielen lässt, dass sichtbar wird, dass alles auch anders sein könnte und die einen Umgang mit der Bühne ermöglicht, der die Gemachtheit des Geschehens und des Dekors betont. »Verfremdung zielt auf die Entautomatisierung von Wahrnehmungsmustern durch den gezielten Einsatz künstlerischer Irritationsmomente.«[233] Die SF zielt jedoch mehr auf eine einheitliche Diegese, eine glaubhafte, ja herleitbare Zukunftsvision unserer Welt.

Kennzeichnend für die SF sind nach Suvin zudem noch zwei Bestandteile: Das *Novum* und die *Nullwelt*. Das Novum bezeichnet eine (technische) Neuerung, die den Kern der Erzählung bildet. Suvin schreibt hierzu:

> In diesem Essay gehe ich von der axiomatischen Prämisse aus, dass sich die SF durch die erzählerische Vorherrschaft oder Hegemonie eines erdichteten Novums (einer Neuheit, Neuerung) auszeichnet, dessen Gültigkeit mittels der Logik der Erkenntnis legitimiert wird. [...] Ein Novum oder eine erkenntnisträchtige Neuerung ist eine ganzheitliche (totalisierende) Erscheinung oder ein Verhältnis, die von der Wirklichkeitsnorm des Autors und des impliziten Lesers abweichen. [...] ist ihre Neuheit von ›ganzheitlicher‹ Wirkung in dem Sinne, dass sie eine Veränderung im gesamten Universum der Erzählung zur Folge hat, oder zumindest in Aspekten, die von entscheidender Bedeutung für die erzählerische Welt sind.[234]

Suvin maximiert die Relevanz dieses Gedankens dadurch, dass er behauptet, durch das Novum würde nicht allein Wissenschaft imaginiert, sondern selbst wissenschaftlich an einem Gedankenexperiment gearbeitet.

Die Nullwelt ist Suvins Name für die Alltagsrealität des Autors. Jede SF-Geschichte[235] nimmt ihren Ausgangspunkt in der erlebten Wirklichkeit des Autors

---

231 Brecht schreibt über Schicksale in der Kapitalisierten Welt, die Unmöglichkeit Gutes zu tun in einer schlechten Welt, versetzt die Handlung jedoch an einen anderen Ort und eine andere Zeit.
232 ›Küss mich‹ oder ›Sag, in wen du verliebt bist‹ stünden ohne die Konnotation der Handlungen als Spiel häufig nicht als Handlungsoptionen zur Verfügung. Eine ähnliche Dynamik ist auch in Mutproben zu beobachten (nicht umsonst ist eines der Lieblingsbeispiele der mathematischen Spieltheorie ›Chicken Run‹, das Autorennspiel, wo derjenige verliert, der zuerst bremst).
233 Hiß 2016. S. 58 f.
234 Suvin, Darko/Rottensteiner, Franz: *Poetik der Science-fiction. Zur Theorie und Geschichte einer literarischen Gattung.* Suhrkamp 1979. S. 93.
235 Dies gilt letztlich für jedes Genre, spielt in der SF aber eine besondere Rolle, da es hier dezidiert zur Programmatik gehört, das gegenwärtige Verständnis von Technik und/oder Gesellschaft zu extrapolieren. So entsteht eine doppelte Verschiebung, in der der Autor nicht nur mit einbringt, was er für wissenschaftlich plausibel hält, sondern natürlich ausschließlich Dinge, die im Rahmen seiner Vorstellungen liegen.

und seiner zeitgenössischen Rezipienten. Von diesem gesellschaftlichen und/ oder technischen Stand aus wird extrapoliert, um eine plausible Zukunft zu entwerfen. Häufig erzählen diese Geschichten dann aber mehr über die Gegenwart als über die Zukunft. Wenn bei H. G. Wells die Raumschiffe angreifen und mit Laserwaffen die Erde unterwerfen wollen, fliehen die Protagonisten in der Kutsche. Die Freiheit in der Erstellung von Nova endet an der Grenze der Vorstellung des Autors. Fremdartige Wesen, wie sie etwa Lem[236] erdacht hat, sind daher sehr viel seltener als humanoide Lebensformen auf erdähnlichen Planeten.

Simon Spiegel entwickelt diese Definitionsversuche weiter, indem er die SF-Ästhetik als Realitätseffekt beschreibt. Die SF behauptet eine Kontinuität zu unserer Alltagsrealität und begründet dies auf einer technizistischen Rhetorik. Der ›Modus‹ der SF fungiert so als formale Operation der Naturalisierung, als faktische Darstellung von Fiktivem und präsentiert eine fiktionale Welt als Zukunftsvision. Der Modus beschreibt den Grad an Mittelbarkeit und Perspektivierung eines Erzählten. Im fantastischen Modus dominiert nach Spiegel ein fantastisches Element, welches sich dadurch auszeichnet, dass es ein der Realitätswahrnehmung widersprechendes Ereignis gibt, das nicht aufgelöst wird und für das es keine einfache poetische Lesart gibt.[237] Im Modus der SF dominiert das Novum, welches Spiegel jedoch etwas anders fasst als Suvin: »Sie unterscheidet sich von anderen wunderbaren Erscheinungen wie Fantasy oder Märchen dadurch, dass sie ihre Wunder pseudowissenschaftlich legitimiert, dass sie ihre Nova naturalisiert, sodass sie den Anschein wissenschaftlich-technischer Machbarkeit aufweisen.«[238] Diese ›Aura der Wissenschaftlichkeit‹ in der SF dient eben der Darstellung von Realität, so, als sei sie nicht fiktiv, und nicht der Produktion von Fiktion, so, als sei sie real – eine wichtige Verschiebung.

Wie zuvor für die Fantasy kann auch für die SF eine Reihe von Subgenres ausgemacht werden. Die genaue Aufteilung ist auch hier schwierig, jede Liste muss doch immer zugleich unvollständig sein oder Überlappungen haben, doch ein paar wichtige Kategorien können hier dennoch genannt werden:[239]

Hard SF – Fokus auf wissenschaftliche Genauigkeit. Diese Form legt besonderen Wert auf präzise und akkurate Technik- und Faktenbeschreibungen. Wie oben angesprochen geht es hier vor allem um das Extrapolieren von Wissen des Autors. Die Notwendigkeit eines solchen Sub-Genres ist hoch umstritten, da es zugleich auch als reines Qualitätsmerkmal beschrieben werden kann.

---

236 *Solaris* ist hier ein mögliches Beispiel. Lem, Stanisław: *Solaris. Roman.* Ullstein 2014.
237 Vgl.: Spiegel. S. 41.
238 Ebd. S. 51.
239 Für einen ausführlicheren Überblick siehe z. B.: James, Edward (Hg.): *The Cambridge companion to science fiction.* (Cambridge companions to literature). Cambridge Univ. Press: Cambridge 2008. Oder: Bould, Mark (Hg.): *The Routledge companion to science fiction.* Routledge: London 2011.

In ›Hard Science Fiction‹, David Hartwell enumerates criteria for recognizing hard sf: (1) ›Hard SF is about the beauty of truth … about the emotional experience of describing and confronting what is scientifically true.‹ (2) ›Hard SF feels authentic to the experienced reader when the way things work in the story is scientifically plausible.‹ (3) ›Hard SF relies, at some point in the story, on expository prose rather than literary prose, prose aimed at describing the nature of its particular reality.‹ (4) ›Hard SF relies on scientific knowledge external to the story.‹ And (5) ›Hard SF achieves its characteristic affect essentially through informing, by being, in fact, didactic.‹[240]

Beispielhaft wären als Autoren Isaac Asimov, Arthur C. Clarke oder Peter F. Hamilton zu nennen. Bei den Rollenspielen wären dies z. B. *Twilight 2000* oder *Transhuman Space*.

Soft SF – Als Gegenstück zur Hard SF wird die Soft SF als eher technikfern entworfen.[241] Hier wird eher auf die Geisteswissenschaften als Basis für die Extrapolationen Bezug genommen und somit mehr über gesellschaftliche oder politische Fragestellungen erzählt. Technische Novi sind Hilfsmittel, um zu erzählen, verfolgen jedoch kein eigenständiges Erkenntnisinteresse. Genannt werden hier etwa Philip K. Dick, Ursula K. Le Guin oder Stanisław Lem. Spiele sind zum Beispiel *Dune: Chronicles of the Imperium* oder das *Doctor Who RPG*.

Zukunftsliteratur/Utopie/Dystopie – Die Zukunftsliteratur spekuliert oder extrapoliert die Zukunft der Menschheit. Häufig wird dieses Feld synonym mit der SF als Ganzem angesehen. Es können zwei Ausgestaltungen ausgemacht werden, die Utopie und die Dystopie. Utopien entwerfen eine Gesellschaft, welche nicht an die gegenwärtigen Gesellschaftsordnungen gebunden ist. Thomas Mores *Utopia* (1516) ist ein frühes Beispiel. Immer wieder wird diese Form jedoch auch dazu eingesetzt, um wünschenswerte Entwicklungen der Gesellschaft exemplarisch in einer fiktiven Umgebung zu formulieren. Diese Gesellschaftsordnungen sind meist sehr positiv dargestellt. Anders verhält sich dies in der Dystopie, welche meist einen negativen Ausgang hat. Hier werden Gesellschaften gezeigt, welche sich zum Negativen entwickelt haben. Auch hier zeigt der Blick in die Zukunft meist eine Diagnose der Gegenwart. Gerade zunächst positiv erscheinende Zukunftsbilder offenbaren in dieser Form schnell ihre Fehler und Gefahren. Zukunftsliteratur altert besonders schnell, wie im vorausgegangenen Abschnitt argumentiert. Dies kann jedoch auch als Ausdrucksmittel nutzbar gemacht werden, wie z. B. im Retrofuturism.[242] Hier wird eine Zukunft aus der Perspektive der Vergangenheit entworfen. Beispiele sind Cyberpunk,

---

240 Cramer, Kathryn: »Hard science fiction«. In: James, Edward (Hg.): *The Cambridge companion to science fiction. (Cambridge companions to literature)*. Cambridge Univ. Press: Cambridge 2008. S. 188.
241 Auch wenn dieser Begriff nur selten Anwendung findet.
242 Vgl.: Frelik, Paweł: »The Future of the Past. Science Fiction, Retro, and Retrofuturism«. In: Attebery, Brian/Hollinger, Veronica (Hg.): *Parabolas of science fiction*. Wesleyan University Press: Middletown, Conn 2013.

Steampunk oder Raygun Gothic. In Rollenspielen sind dies dann oft Dystopien und postapokalyptische Szenarien wie *Degenesis*[243].

Cyberpunk – Zukunftsentwürfe rund um Konzerne, Verbrechen, Computer und Körperlichkeit, wie Frances Bonner es formuliert.[244] Besonders die Geschichten von William Gibson und Bruce Sterling haben den Cyberpunk begründet, die visuelle Vorstellung wurde maßgeblich von Blade Runner geprägt[245]. In der Folge der Globalisierung wurden Konzerne und Technologie zur bestimmenden Macht.[246]

> As such, cyberpunk sf is deeply ingrained in the ›ideologically riven‹ (Luckhurst 202) historical moment of the 1980s. Cyberpunk's societies are fraught with inequality, exploitation, and insecurity. Its worlds are unstable and fragmented, its representation stressing the fluidity of its ontological aspects (McHale 247). Cyberpunk emphasizes the construction of a globalized society into class or caste systems, showing off the mobility of characters from the elite class and the rigidity of the lower classes.[247]

Gerade auch die Vorstellung des Posthumanen haben viele theoretische Positionen inspiriert, welche wiederum auf die SF Einflüsse hatten. Bei den Rollenspielen ist primär *Shadowrun* zu nennen, welches sich direkt auf Gibsons *Neuromancer* bezieht, aber auch auf *Ex Machina* sei verwiesen.

Space opera – Diese Geschichten kreisen um die zentralen Elemente Raumschiffe und Abenteuergeschichten und haben eine Tendenz zu einer gewissen Länge. Gerade von Vertretern der Hard SF wird diese Form belächelt, gleichwohl ist das Genre höchst beliebt und erfolgreich.

> Space opera is the most common, and least respected, form of science fiction. Its popularity in magazines of the 1920s and 1930s helped establish science fiction as a genre, and it continues to find appreciative readers, even while scorned by learned commentators.[248]

Die Ausführungen zur Science Fantasy können auch hier in Anschlag gebracht werden. Analog muss auch hier auf Rollenspielvarianten von *Star Wars* verwiesen werden, aber auch *Stars Without Number* sollte nicht unerwähnt bleiben.

Alternate Reality/History – hier wird eine Welt präsentiert, so wie sie sein könnte, wenn die Geschichte an einem Punkt anders verlaufen wäre. Das früheste

---

243 Siehe 4.2.2.
244 »four Cs« Corporations, Crime, Computers and Corporeality. Vgl.: Bonner, Frances: »Separate Development: Cyberpunk in Film and TV«. In: Slusser, George Edgar/Shippey, Tom A. (Hg.): *Fiction 2000. Cyberpunk and the future of narrative*. Univ. of Georgia Pr: Athens 1992.
245 Verfilmung eines Philip K. Dick Romans 1982
246 Vgl. z. B.: Lavigne, Carlen: *Cyberpunk Women, Feminism and Science Fiction. A Critical Study*. McFarland & Company Inc. Publishers: Jefferson 2013. S. 11.
247 Schmeink, Lars: *Biopunk Dystopias. Genetic Engineering, Society and Science Fiction*. Liverpool University Press: [s. l.] 2017. S. 22.
248 Westfahl, Gary: »Space opera«. In: James, Edward (Hg.): *The Cambridge companion to science fiction. (Cambridge companions to literature)*. Cambridge Univ. Press: Cambridge 2008. S. 197.

Beispiel ist wohl Benjamin Disraeli's *The Wondrous Tale of Alroy* (1833)[249] Dies kann als nicht weiter thematisierte Annahme geschehen, oder im Zusammenhang mit einer Zeitreisegeschichte stehen. Diese Form ist besonders häufig innerhalb von Liverollenspielen zu finden.

3.3 Fantastische Rollenspiele

Ob man das Rollenspiel nun als Erbe der Konfliktsimulation sieht, oder in der Tradition von Salonspielen, in beiden Fällen wird eine sekundäre Welt heraufbeschworen, in welcher das Spiel stattfinden kann.

Fantastische Welten wie Fantasy und SF setzen weitgehende Weltentwürfe voraus. Mit welchen Inhalten und nach welchen Mustern diese Welten gestaltet werden, hängt nicht zuletzt auch vom Genre ab. Die naive Vorstellung, Fantastik sei das Gegenstück zur Realität, endet bereits am recht einfachen Widerspruch, Realismus stehe nicht für Wirklichkeit. Jede Form von Fiktion bewegt sich in unwirklichen Welten, jede Form von Narration, ja von Geschichte ist konstruiert und trägt Spuren dieser Konstruktion in sich.

> Most people think of fantasy as the imagination of the non-real. Since science fiction postulates conditions which don't actually exist, it deals in the unreal. Hence it is fantastic: hence it gets called fantasy. However, all fiction deals in conditions which don't actually exist, perhaps in tidy endings or in opportune coincidences; certainly, in lives of characters who surely have not lived among us.[250]

Spiele und Rollenspiele im Speziellen machen den oft unsichtbaren Prozess der Identitätskonstruktion sichtbar. Die Perspektive des prozessualen Erzählens besteht darauf, dass sich die Erzählsituation unabhängig von der Faktizität ihrer Inhalte tatsächlich vollzieht.[251] Im Liverollenspiel werden diese in physische Aktionen umgesetzt. Hier liegt ein Kernproblem, wenn von fantastischen darstellenden Künsten gesprochen wird. Denn diese Kopräsenz löscht einiges an Unschlüssigkeit aus und konfrontiert den Rezipienten mit etwas Konkretem. Denkt man an die Prämisse in Caillois' Mimikry-Spiel, niemand solle die Phantasie des Anderen stören, wird sogar eher eine Form angestrebt, die Unschlüssigkeit minimiert.

Motivgeschichtlich hingegen gibt es eine lange Tradition von übernatürlichen Figuren und Handlungsoptionen in einer Vielzahl von Kunstformen, die nicht zuletzt in der Theatertradition verankert ist, etwa der Gang in die Unterwelt oder Konfrontationen mit Fabelwesen und Göttern. Zurecht werden diese Begebenheiten nur von der ahistorischen maximalistischen Definition miteingeschlossen, da sonst der Begriff von unbestimmbarer Weite wäre. Dennoch ist

---

249 Vgl.: *SF Encyclopedia*. http://www.sf-encyclopedia.com/alternate_history.
250 Scholes, Robert u. Rabkin, Eric: *Science Fiction: History-Science-Vision*. S. 169. Zitiert nach: Jehmlich. S. 23.
251 Vgl.: Tecklenburg. S. 111.

es wichtig, auf die lange Motivgeschichte hinzuweisen, an die das Fantastische anknüpft und aus denen sich noch heute viele Spielarten des Fantastischen bedienen. Auch in Rollenspielen sind diese Topoi massiv anzutreffen, besonders in den Genres der Fantasy und der SF.

Die beiden im Rollenspiel dominanten Genres gehören je nach Definition nicht dem Fantastischen an. Die Fantasy schafft Welten, die eindeutig nicht die unseren sind und doch einladen, sich hineinzubegeben und sich dort heimisch zu fühlen. Die SF hingegen schafft Welten, die so tun, als seien sie die Welten unserer Nachfahren und wir könnten in ihnen in unsere eigene Zukunft sehen. Beides ist im engeren Sinne nicht fantastisch, da beide Konstruktionen darauf bauen, eine möglichst konsistente Welt zu erschaffen, in der weder eine konstituierende Unsicherheit noch ein Riss eine Rolle spielt. Beides gehört dieser Lesart nach zu den Feldern des Wunderbaren. Beides kann zudem als Spiegel der Gesellschaft verstanden werden, denn auch die Fantasy hat eine Nullwelt und ein Novum, welche Rückschlüsse auf die Gegenwart der Autoren zulässt.

Das außergewöhnliche Geschehen wird in der Fantasy in die Regeln der Welt integriert, in der SF wird es wissenschaftlich fundiert,[252] in der Fantastik hingegen werden Irritationen produziert. Bei Todorov steht das Fantastische zwischen Unheimlichem und Wunderbarem auf der Kippe, bei Caillois bricht es durch einen Realitätsriss in eine zuvor hergestellte Normalität ein. Das Spiel als Ganzes wird häufig der Fantasy zugerechnet.[253] Dies muss etwas differenzierter betrachtet werden.

Für das Rollenspiel wird angenommen, es ermögliche, da es zwingend für real gehalten werden muss, um zu funktionieren, eine »qualitativ anders geartete ästhetische Erfahrung als lesend sich Welten zu erschaffen.«[254] Dies klingt in der Analyse nicht anders als das, wovon Kritiker wie Rottensteiner, der noch in den späten 1980ern von einer »Flucht in vergangene, pastorale Welten«[255] schrieb, sprachen. Ein Vorwurf, der Fantastik wie Rollenspiel eint. Bei der Handbuchbeschreibung wie in der Eskapismuskritik wird angenommen, dass die Rollenspielwelt für real gehalten werden muss, um zu funktionieren. Dies ist entschieden zu hinterfragen. Zwar gestattet die ›suspension of disbelief‹[256] wie in vielen anderen erzählenden Medien eine weitreichende Bereitschaft, das Erlebte/Erzählte für wahr zu nehmen, aber auch an dieser Stelle ist die Ambivalenz der Situation nicht zu unterschätzen. Das Spiel wird im Rahmen der impliziten Spielregel als wahr angenommen, die Fiktionalität der Anordnung und des Inhalts

---

252 Vgl.: Jehmlich. S. 28
253 Vgl.: Ziener, Birgit: *Rollenspiele, Computerspiele, Internet*. In: Brittnacher, Hans Richard/May, Markus (Hg.): *Phantastik. Ein interdisziplinäres Handbuch*. Verlag J. B. Metzler 2013. S. 258.
254 Ebd. S. 258.
255 Rottensteiner, Franz: Zweifel und Gewissheit. Zur Traditionen, Definitionen und einigen notwendigen Abgrenzungen in der phantastischen Literatur. Zitiert nach: Ebd. S. 262.
256 Etabliert vom Philosophen Samuel Taylor Coleridge.

ist jedoch ebenso grundlegend für das Funktionieren des Spiels. Dem Begriff Eskapismus muss der geeignetere der Immersion vorgezogen werden, wenn diese auch nie total sein wird. Die Immersion wird meistens als konstituierend für das Rollenspiel angesehen. Bowman etwa merkt an:

> The process of role-playing allows individuals to inhabit an alternate mental space by entering into the »fantastic.« This shift in respective provides players with the opportunity to understand the motivations of others more clearly, expanding their comprehension of mundane reality and existing social dynamics.[257]

Dies bedeutet eben nicht, dass die Spiele auf ihre Spielwelten zu reduzieren sind, sondern dass noch andere Faktoren eine Rolle spielen. Das Rollenspiel als Struktur ist im engeren Sinne nicht fantastisch, kann aber in Fantastik, Fantasy oder SF-Narrationen angesiedelt werden. Dies ist schlussendlich jedoch eine inhaltliche und keine formale Frage. Versteht man die Fantastik jedoch als Modus, sprich als eine spezifische Rhetorik, der eine Geschichte unterworfen werden kann,[258] kann auch das Rollenspiel zum Medium der Fantastik werden. Im fantastischen Modus dominiert – wie im SF-Abschnitt gezeigt – ein fantastisches Element, welches dem Alltäglichen entgegensteht und keine poetische Lesart nahelegt. Dieses Element ist nicht an ein Medium, sondern an eine Erzählstruktur gebunden und kann somit in der Literatur genauso wie im Film, im Theater oder im Spiel wiedergefunden werden.

Am Ende bleibt festzustellen, dass das Rollenspiel eine deutliche Affinität zu fantastischen Figuren und Topoi besitzt, selbst jedoch nicht per se als fantastisch zu begreifen ist. Das Rollenspiel kann im Modus der Fantastik operieren, tut dies jedoch meist in dem der SF oder der Fantasy, welche nur durch die wenigsten Definitionen der Fantastik zugerechnet werden. Das Ausführen einer Rolle im Modus des Spiels ist mit dem Modus der Fantastik dennoch verwandt. Somit obliegt es den Spielenden und besonders dem Spielleiter, das Rollenspiel zu einem fantastischen Spiel werden zu lassen oder auch nicht.

Die Betrachtung von Geschichte und primären Genres zeigt eins besonders deutlich: die Situiertheit des Rollenspiels im Kontext von Fantastik und gesellschaftlicher Unterhaltung. Frühe und unreglementierte Formen zeigen, wie Rollenspiele als Unterbrechung des Alltags im gesellschaftlichen Alltag Vollzugsformen für soziales Miteinander und das Ausleben eines Spieltriebs, wie auch die Möglichkeit zur kreativen Entfaltung bieten. Kommerziell vertriebene und reglementierte Formen entstanden im Umfeld der Fantasy und tragen diesen Ursprung als Erbe noch immer in den dominanten Genres mit sich. So positionieren sich die Rollenspiele aus ihrer Geschichte heraus und im Umfeld der bestimmenden Genres Fantasy und SF jenseits des Alltäglichen und jenseits des Realen.

---

257 Bowman 2010. S. 55. Siehe hierzu auch: Flöter. S. 108 ff.
258 Vgl.: Petzold, Dieter: *Fantasy in Film und Literatur*. C. Winter 1996 und Spiegel.

4 Formen und Formate des Rollenspiels

4.1 Formen des Rollenspiels

Wie sich schon bei dem kurzen Blick auf die Geschichte dieser Spielform zeigte, sind Rollenspiele sowohl im Bereich des Spielens (*play*) wie auch des Spiels (*game*) zu finden. Die Psychologie unterscheidet beim kindlichen Rollenspiel zwei Formen: das freie Rollenspiel und das reglementierte Rollenspiel.[259] Diese Differenzierung lässt sich auch auf das Spiel von Heranwachsenden und Erwachsenen übertragen, um auch dort mit dieser Terminologie zu operieren.

Freie Rollenspiele: Zu Beginn des Spiels vereinbaren die Beteiligten die zu spielenden Rollen, darüber hinaus werden jedoch kaum Regeln festgelegt. Diese Spielregeln entstammen einer mündlich tradierten und somit höchst instabilen und individuellen Erfahrung und müssen demnach sehr häufig nachverhandelt werden (»Das darfst du nicht«, »So spielt man nicht«). Diese Spielform ist besonders geläufig bei Kindern (Räuber und Gendarm, Cowboy und Indianer o. Ä.), aber auch Erwachsene spielen noch in dieser recht einfachen Form, beispielsweise im erotischen Rollenspiel sowie auch in den bereits angesprochenen Salonspielen des 18. Jahrhunderts. Rollen werden hier zugeschrieben, aber nicht festgeschrieben.

Reglementierte Rollenspiele: Diese Spiele finden innerhalb des Rahmens eines zuvor festgelegten Regelwerks statt. Allen Spielenden wird eine spezifische Rolle zugewiesen, welche sie im Regelfall im gesamten Spielverlauf behalten. Die Handlungsmöglichkeiten sind in weiten Teilen vorher abgesteckt, Regeln werden meist nur dann nachverhandelt, wenn Lücken oder Widersprüche entdeckt werden. Solchen Spielen liegen meist schriftliche Regelwerke zugrunde, diese können kommerziell vertrieben werden oder frei zirkulieren. Die Reglementierten Rollenspiele können anhand ihrer jeweils spezifischen Medialität wiederum in drei Spielformen unterteilt werden: das Tischrollenspiel, das Liverollenspiel und das Digitalrollenspiel. Zunächst wird im Folgenden nun ein kurzer Überblick über die Unterscheide und Gemeinsamkeiten dieser Formate und deren Randbereiche gegeben, um anschließend ausführlicher auf die drei geläufigsten Formen und konkrete Beispiele einzugehen.

---

259 Vgl.: Oerter. S. 224 ff.

4.1.1 Tischrollenspiel[260]

Diese Spielform ist in erster Linie sprachbasiert – nur wenige Hilfsmittel werden für den Ablauf benötigt. Am häufigsten kommen Stift und Papier zum Einsatz, weshalb diese Form auch Pen & Paper-Rollenspiel genannt wird. Es wird bestimmt durch das Zusammenspiel von Spielern und Spielleiter und ist nur durch die Phantasie der Spieler und die grundlegenden Spielregeln limitiert. Eine typische Spielrunde besteht aus einem Spielleiter und drei bis fünf Spielern. Jeder der Spieler verkörpert dabei eine Figur – das heißt, er beschreibt im Spielverlauf ihre Handlungen und spricht für sie. »Ich/Er/Sie[261] gehe zur Tür am Ende des Flurs und spreche den Wächter an: ›Sag mal, stehst du eigentlich immer hier? Hab dich noch nie gesehen …‹ Dabei greife ich/er/sie vorsichtig nach dem Schlüssel auf dem Pult.« Der Spielleiter beschreibt die Spielwelt mit all jenen Statisten, die dort anzutreffen sind und führt, wenn erforderlich, Entscheidungen herbei. Im angedeuteten Beispiel müsste er entsprechend den Wächter reagieren lassen und auf eine (meist) vom Spielsystem festgelegte Weise entscheiden, ob der Diebstahl des Schlüssels funktioniert. Die meisten Spielsysteme regeln solche Entscheidungen (welche den größten Teil der vom Regelwerk bedachten Spielsituationen betreffen) über Attribute der Spielfiguren und ein Zufallselement. Attribute werden noch vor der ersten Spielrunde bestimmt. Die Spielregeln legen dabei fest, welche Fähigkeiten in welchem Umfang und in welcher Form einer Spielfigur zugewiesen werden können. Meistens wird zu diesen im Vorfeld planbaren und im Spielverlauf zu verbessernden Fähigkeiten noch ein Zufallselement eingefügt, z. B. ein Würfel. Im oben genannten Beispiel könnte es so funktionieren, dass die *Geschicklichkeit* des Diebes mit der *Aufmerksamkeit* des Wärters verglichen wird. Sagen wir, der Dieb hat einen *Geschicklichkeitswert* von 6, die Wache jedoch nur eine *Aufmerksamkeit* von 4, würde der Spieler des Diebes sechs Würfel werfen, der Spielleiter stellvertretend für die Wache nur vier. Wer in dieser Situation mehr Würfel mit einer 4 oder einer höheren Zahl wirft, hat den Vergleich gewonnen.[262]

Der Spielleiter zeichnet auch verantwortlich für das Vorantreiben und die Strukturierung der Handlung. Die Ausgestaltung der Welt liegt in weiten Teilen in den Händen der Spieler, die Entscheidungsgewalt aber meistens beim Spielleiter. Diese Spiele dauern potenziell unendlich lange, sind aber gewöhnlich in sogenann-

---

[260] Eine ausführlichere Beschreibung der Spielform und einige Beispiele finden sich in Kapitel: 4.2.
[261] Die Frage, in welcher Person die eigene Spielfigur beschrieben wird, wird in Kapitel 5.2 weiter ausgebreitet werden.
[262] Die angedeutete Würfelregel ist eine vereinfachte Version der *Shadowrun*-Regeln. (Dort werden ein *Attribut* und eine *Fähigkeit* addiert, um die Anzahl der zur Verfügung stehenden Würfel zu bestimmen – die mindestens zu würfelnde Augenzahl wird durch die Schwierigkeit der Probe festgelegt). Vgl.: Hamelmann, Tobias: *Shadowrun Regelbuch. 5. Edition*. Pegasus Spiele Gmbh 2013. S. 46.

te Kampagnen unterteilt, welche eine narrative Klammer bilden, und müssen nicht zwingend an nur einem Abend gespielt werden. Diese Kampagne bildet das grundlegende Gerüst einer Geschichte, meist in Form einer Problemstellung, sowie einiger Personen, Örtlichkeiten und oft auch Situationen, welche die Spielenden erwarten könnten. Hier die Narration nicht aus den Augen zu verlieren und gleichzeitig den Spielenden eine größtmögliche Freiheit zu ermöglichen, ist die besondere Herausforderung der Spielleiter.[263] Die Kampagnen können entweder gekauft oder selbst erfunden werden. Das Spielziel einer Kampagne besteht dabei in der Lösung des/der zum Beginn gestellten Problems/Aufgabe sowie im Ermöglichen besonders schöner Spielszenen.[264] Nach Abschluss einer solchen narrativen Klammer vergibt der Spielleiter Punkte an die Spielenden, welche diese einsetzen können, um die Fähigkeiten ihrer Spielfigur zu verbessern oder zu erweitern oder aus Katalogen[265] Gegenstände für die Spielfigur zu erwerben.

4.1.2 Liverollenspiel[266]

Alle Bestandteile, die im Tischrollenspiel in der Sprache als dominierender Vermittlungsform beheimatet sind, bekommen im *Liverollenspiel* eine physische Entsprechung (der Spieler müsste hier dem physisch anwesenden Wachmann den Schlüssel entwenden, ohne dass dieser etwas davon merkt). Dem Spielleiter kommt hier eher die Rolle eines Schiedsrichters und Koordinators der Nicht-Spieler-Charaktere (NSC) zu. Für ein LiveAction Rollenspiel reisen nicht nur die Spieler der ›strahlenden Helden‹ an, sondern auch deren Antagonisten, welche nur im Kampf oder als Stichwortgeber für das Vorantreiben der Handlung in ihre Rolle eintauchen. In einem getrennten Lager untergebracht spielen sie meist jeweils für eine kurze Zeit eine Vielzahl namenloser Gegner (Ork 1–25 z. B.) im Gegensatz zu den Spielercharakteren, die während der gesamten Spieldauer in ihrer einen Rolle bleiben.

Es lassen sich zwei dominante Spielprinzipien ausmachen: *Du kannst, was du kannst* und *Du kannst, was du darstellen kannst.*[267] Bei dem erstgenannten Prinzip fallen Fähigkeiten von Spieler und Spielfigur zusammen, der Bogenschütze trifft nur so gut wie sein Spieler, der Ritter geht nur so gut mit dem Schwert um, wie es der Spieler beherrscht. Wird dieses Prinzip um die Möglichkeit des Darstellbaren erweitert, können Regeln hier Fertigkeiten ersetzen; an die Stelle der Handlung tritt die Darstellung. Auf diesem Weg hält die Magie Einzug in

---

263 Zu den Techniken dieser Erzählweise siehe Kapitel 5. »Schöne Spielszenen« werden von vielen Regelwerken am Ende eines Spielabschnitts mit Erfahrungspunkten belohnt.
264 Die Definition, was dies sein könnte, sorgt dabei nicht selten zu Streitigkeiten innerhalb einer Spielrunde.
265 Oder in Verhandlung mit dem Spielleiter.
266 Eine ausführlichere Beschreibung der Spielform und einige Beispiele finden sich in Kapitel: 4.3.
267 Vgl.: Weis, Robert: *Classic-Regeln für L(ife) a(ction) r(ole) p(laying)*. G und S 2001. S. 48 f.

diese Spiele – auch andere irreale Attribute wie zum Beispiel übermenschliche Kraft. Hier steht das Rollenspiel in seinen Möglichkeiten sehr nah an szenischen Formaten, denn zur Darstellung des Fantastischen innerhalb dieser Spielwelten werden in erster Linie Requisiten oder schauspielerische Verabredungen verwendet. Solche Requisiten können beispielsweise mit roten und gelben Stofffetzen umwickelte Bälle sein, welche die Feuerbälle der Magier darstellen. Diese Bälle müssen geworfen werden und treffen, um eine Wirkung zu zeigen, müssen dabei jedoch nicht zwingend brennen[268]. Um schauspielerisch ein solches fiktives Ereignis auszuagieren (wie den Treffer mit einem Feuerball), bedarf es nicht zwingend eines Requisits, dies kann auch durch vorherige Absprachen oder außerhalb des Spiels stehende Kommunikation geklärt werden. Ein übermenschlich starker Kämpfer sagt dies bei jedem seiner Treffer an (z. B. »Ogerstärke«), der Getroffene reagiert entsprechend. Die Absprachen vor dem Spiel sind teils explizit, teils implizit. Es gibt sowohl konkrete Verhaltensregeln, beispielsweise für das Ausagieren von Treffern oder die Möglichkeit, von anderen ›ungesehen‹ (durch eine spezielle Geste) umhergehen zu können, es trifft hier jedoch auch Caillois' Beschreibung des Mimikry-Spiels zu: Die Spieler sind dazu angehalten, die von anderen Spielern erschaffenen Illusionen anzuerkennen. So bildet sich das Spiel primär entlang seiner Materialität und der umgreifenden Illusion.[269]

Das Setting dieser Spiele ist durchaus variantenreich[270] und auch die Spielform kann unterschiedliche Schwerpunkte annehmen. Vom sogenannten *Hofcon*, bei dem ein höfisches Zusammentreffen einer Gesellschaft gespielt wird, bis hin zu den aktionszentrierten *Schlachtencons*, die sich auf groß angelegte Kampfszenen konzentrieren, sind alle Zwischenstufen zu finden.[271] Das Geschehen bleibt der Form nach nah an dem, was die Spieler in ihrem Alltag umgibt; es finden beispielsweise Interaktionen zwischen Personen statt, gewöhnliche Alltagshandlungen, Konflikte und deren Lösung, wenn sich auch die Inhalte radikal verändern. Narrative Eingriffe, wie etwa die Ellipse,[272] brechen den Spielfluss und werden nur in seltenen Fällen eingesetzt. Oft gehört zu den Liverollenspielgruppen neben den Treffen noch ein rege gebrauchtes digitales Forum, in welchem die Spieler die Geschichten zwischen den Treffen (auf LARPS oder Conventions) weitererzählen. Hier sind wiederum starke Anleihen an literarische Formen zu finden und auch die Gattung der Fanfiction schließt sich hier an.

---

268 Sie sollten dies nach Möglichkeit nicht tun. Vereinzelt werden allerdings pyrotechnische Effekte auf LARPs zugelassen.
269 Siehe hierzu auch: Harvianen, Bienia, Brind et. Al.: Live-Action Role-Playing Games. In: Zagal/Deterding.
270 Eine genauere Auseinandersetzung mit den Narrativen dieser Spiele findet sich in Kapitel 3.
271 Oftmals auch innerhalb einer einzigen Spielgruppe, die einen zusammenhängenden Plot spielt und Spieltage mit unterschiedlichen Schwerpunkten aufeinander aufbaut.
272 Erzählzeit und erzählte Zeit laufen auseinander.

Eine besondere und sich in den letzten Jahren massiv ausbreitende Form ist das Nordic LARP. Kennzeichnend für diese Form ist ein besonderes Augenmerk auf Immersion und Kollaboration sowie ein Hang zu Geschichten, welche über die Unterhaltung hinaus (und alle darin verborgenen Vorteile) ein künstlerisches und/oder politisches Ziel verfolgen.

4.1.3 Digitalrollenspiel

Das *Digitalrollenspiel* schließlich ist in den meisten Formen in seiner Komplexität und Handlungsfreiheit an den Algorithmus des Programms gebunden.[273] Jegliche Aktions- und Reaktionsmöglichkeit ist zuvor programmiert worden[274]. Im Digitalrollenspiel wird die Charakterentwicklung in erster Linie über das Verhältnis zu den NSC etabliert und entwickelt. Im MMORPG (Massivly Multiplayer Online Role Play Game), anders als im Singleplayer-Spiel, wird wie auch beim LARP die Unterscheidung zwischen PVE (player vs. environment) und PVP (player vs. player) gemacht, je nachdem, ob sich die Spieler gegen einen gemeinsamen Feind verbünden müssen oder gegeneinander antreten. Im Digitalspiel sind die Aktionsmöglichkeiten der Spielenden durch die Programmierung vorgegeben bzw. müssen in Umgehung dieser Mechanismen (emergent gameplay) ermöglicht werden. In stark performativen Momenten funktioniert dies extrem theatral über die Umdeutung von programmierten Elementen. Beispielsweise werden die visuellen Effekte eines Feuerzaubers zu einem festlichen Feuerwerk umgedeutet.

Das digitale Rollenspiel kann nur in einer erweiterten Definition als Rollenspiel verstanden werden. Die Funktionen des Spielmechanismus, der Story und des Spielleiters werden im Algorithmus vereint, der zugleich auch der Ort ist, an dem gespielt wird. Das Digitalrollenspiel simuliert Aspekte des Rollenspiels, um die Immersion zu verstärken, auch und vor allem durch die Illusion eines freien Willens und offenen Ausgangs des Spiels. Dies macht es nötig, dass die Spielmechanik weitgehend unsichtbar wird. Gemeint ist hier weniger die Freiheit des Spielers, welche aus dem primären Spielinhalt des Spielens einer Rolle entsteht, sondern die enge Bindung des Spielenden an seine Spielfigur mit Mitteln der Narration und unter Ausnutzung des Flows. Marinka Copier fasst diesbezüglich zusammen:

> Even though the name ›role-playing game‹ suggests that every player role-plays, most players use their character as a pawn instead of ›playing the role‹ (Williams et al. 2006). Psychologist Nick Yee even feels that the ›RP‹ in MMORPG is ironic, as ›most

---

[273] Jedoch ermöglichen Formen wie das *emergent gameplay* auch alternative Spielinhalte und Lösungswege: Innerhalb des Spiels werden Inhalte umgedeutet oder rekonfiguriert oder schlicht Lücken im System ausgenutzt, um neue Inhalte zu produzieren, die von den Spieleentwicklern nicht vorgesehen waren. So finden beispielsweise in steter Regelmäßigkeit Hochzeiten in *WOW (World of Warcraft*, das wohl erfolgreichste MMORPG) statt. Hierzu siehe auch: Copier.
[274] Und sei es als Zufallsgenerator.

MMORPGs have had to deliberately set aside designated role-playing servers, and these have always been in the minority (Yee 2006).[275]

Das Digitalrollenspiel übernimmt (neben dem Namen Rollenspiel) viele Strukturelemente des Tischrollenspiels; etwa die Festlegung von Fertigkeiten der Spielfigur über Zahlenwerte, welche sich im Verlauf des Spiels verbessern lassen. Auf der anderen Seite kommt es häufig vor, dass sich analoge Spielrunden von den Narrativen oder Figuren der Digitalrollenspiele inspirieren lassen.

Es könnte zudem argumentiert werden, dass der Algorithmus des digitalen Rollenspiels mit dem Regelwerk des analogen Rollenspiels vergleichbar wäre. In vielen Punkten trifft dies zu, so gibt es große Übereinstimmungen in den grundlegenden Strukturen, der verteilten Agency zwischen Spielwelt und Spielfigur oder aber in der Art und Weise, wie Entscheidungen getroffen werden. Die Entscheidungsfreiheit, in jedem Moment neu auszuwählen, welche Inhalte und Handlungsoptionen Teil des Spiels werden, geht dem digitalen Rollenspiel im Allgemeinen ab. Besonders sind Spielformen wie etwa *Fantasygrounds*[276], welche den Spielenden einen Ort für ihr Rollenspiel zur Verfügung stellen, jedoch keine Aktionen vorgeben.[277] Hier ist meist eine Spielgruppe unterwegs, die über ein VoIP-System[278] miteinander sprechen kann oder dies über ein Chatsystem bewerkstelligt. Zudem ist ein Spielleiter eingebunden, der weitreichende Einflussmöglichkeiten auf die Umwelt und das Geschehen der Spielwelt hat. Es handelt sich hierbei um eine grafische Entsprechung (mit den damit einhergehenden Einschränkungen) der Beschreibungen des Spielleiters.[279]

4.1.4 Randbereiche

Jenseits der drei Formen, welche gemeinhin mit dem Rollenspiel identifiziert werden, gibt es noch Variationen, bei denen das Agieren einer Rolle nicht so sehr im Vordergrund steht oder – auf der anderen Seite – der einzige Inhalt ist.

---

275 Zitat nach: Copier. S. 17.
276 *Fantasy Grounds*. https://www.fantasygrounds.com/home/.
277 Siehe hierzu auch: Hammer, Jessica: Online Freeform Role-Playing Games. In: Zagal/Deterding. S. 159 ff.
278 ›Voice Over Internet Protocol‹ = sprachliche Kommunikation über das Internet.
279 Es gibt inzwischen eine Fülle von Streams und Let's plays von Rollenspielen, Formate also, in denen Rollenspiele im Blick auf ein Publikum erdacht und durchgeführt werden. Diese finden sich meist auf Videoplattformen wie YouTube, oder Streamingportalen wie TWITCH. (Eine weitere Auseinandersetzung mit diesem Phänomen wird an anderer Stelle geschehen.) Hier werden die angesprochenen Visualisierungsmöglichkeiten teilweise eingesetzt, von allem, wenn Spiele präsentiert werden, bei denen die Spielenden nicht an einem Ort waren.

Konfliktsimulation

Wie schon im historischen Überblick angedeutet, haben die Konfliktsimulationen einige Verknüpfungen mit den Rollenspielen, sind jedoch nicht mit ihnen gleichzusetzen. Der Begriff versammelt Strategiespiele, die mit Spielfiguren durchgeführt werden, d. h. Spielsysteme, bei denen Miniaturfiguren auf einer definierten Oberfläche bewegt werden, um die vorab vereinbarten Siegesbedingungen zu erfüllen.

In der Tradition der strategischen Konfliktsimulationen gelang diesen Spielsystemen eine weite Verbreitung jedoch erst in der Folge einer Entdidaktisierung des Spiels hin zu einem vorrangig ludischen Spektakel. Besonders der weltweite Marktführer Games Workshop hat viel zur Professionalisierung dieses Unterhaltungsmediums beigetragen. Sein Angebot besteht im Kern aus drei Spielwelten, deren Spielprinzipien sich sehr ähneln. Es gibt *Warhammer Fantasy*, das in einer für das Fantasygenre typischen zeitstilistischen Mischung aus Renaissance und Mittelalter beheimatet ist. *Warhammer 40.000* bedient transhumanistische Zukunftsvisionen. Hinzu kommt die Tabletop-Umsetzung des *Herr der Ringe*-Universums. Viele Regelwerke sehen sich selbst in der Tradition des Schachspiels,[280] gehen jedoch in einigen Punkten darüber hinaus. Sehr viel stärker als im Schach werden die Figuren und das Spielfeld mit Geschichte besetzt. Neben den unerlässlichen Regeln, die den Spielablauf und die Siegbedingungen festlegen, finden sich in den Büchern Hintergrundinformationen zu den Spielfiguren und der Welt, in der sie beheimatet sind. Ferner werden Vorschläge zu Szenarien gemacht. Jeder Spieler verfügt neben den allgemein gültigen Regeln über ein spezielles Buch zu dem von ihm gewählten »Volk«, das die eigene Armee näher beschreibt und die Besonderheiten im Spielverlauf festlegt. Dies beginnt bei der Ausformulierung der Geschichte und endet bei einem eigenen Sprachsystem.[281]

Die Spielsysteme sind meist bewusst offen angelegt, um den Spielern zu ermöglichen, ihre eigenen Vorstellungen und Bedürfnisse einzubringen. So heißt es beispielsweise im *Warhammer*-Regelbuch zu den »Hausregeln«[282]:

> Viele Spieler lieben es geradezu, sich ihre eigenen Regeln auszudenken, besondere Charaktermodelle zu erfinden und sich spezielle Szenarios einfallen zu lassen. [...] Warhammer eignet sich sehr gut für Änderungen und Variationen, und jeder Spie-

---

280 Vgl.: Priestley, Rick/Prienen, Tuomas: *Warhammer. Das Fantasy-Strategiespiel.* Games Workshop 2000.
281 Beispielsweise findet sich im Quellenbuch der *Horden des Chaos* neben einer Liste von gängigen Vokabeln und Namen auch ein Alphabet mit spezifischen Runen. Vgl.: Thorpe, Gavin/Priestley, Anthony/Cavatore, Reynolds u. Alessio: *Horden des Chaos. Warhammer Armeebuch.* Games Workshop 2002.
282 Hausregeln sind eine in allen Spielgenres zu findende Praxis von Spielgruppen, vorgefertigte Spiele durch Angleichen der Regeln an ihre Bedürfnisse anzupassen. Diese können jedoch immer nur in kleinerem Rahmen Gültigkeit besitzen.

ler sollte sich durchaus ermutigt fühlen, die Regeln zu verändern, zu modifizieren und allgemein mit ihnen zu experimentieren. […] Es gibt unzählige Möglichkeiten und Dinge, die man in solche Szenarios und Situationen einbringen kann. Von Expeditionen in dunkle Katakomben bis zu Belagerungen, über Straßenschlachten und Kneipenschlägereien bis zu Überfällen sind deiner Phantasie keine Grenzen gesetzt. Es gibt viele erfahrene Spieler, die noch einen Schritt weiter gehen und die Spielregeln selbst verändern, so dass sie zu ihrem Spielstil passen. Und warum auch nicht! Warhammer soll lediglich die Grundregeln für Tabletop-Gefechte liefern, und Veteranen können diese nach Belieben verändern, modifizieren oder ergänzen.[283]

Unabhängig von den Spielinhalten lässt sich ein recht einfaches Spielprinzip feststellen, das sich seit dem Kriegsschach durch sämtliche Spiele zieht. Dieser immergleiche Schlagabtausch sieht verkürzt folgendermaßen aus: Zwei oder mehr Spieler stellen Figuren, die aus den Kategorien Infanterie, Kavallerie oder Artillerie stammen, auf ein gestaltetes Spielfeld. Regeln und eine Form des Zufalls definieren die Möglichkeiten der Figuren. Das Spielziel besteht meist im Dominieren des Gegners bei minimalen eigenen Verlusten.

Durch die stark individualisierten Spielfiguren, die relativ frei zusammengestellt werden können, wird der Spieler hierbei fast automatisch zum Sammler. Konfliktsimulationen zu den Rollenspielen zu zählen, ist nicht unproblematisch. Sie erlauben größte Freiheit in der Bedeutungszuweisung und im Erstellen eigener Geschichten, sind zugleich aber wohl dasjenige Spiel, in dem die Inhalte am unwichtigsten sind, sobald das Spiel begonnen hat. Außerhalb der Spielsituation wird die Rolle des Feldherrn voll ausgespielt. Konzepte, Grundsätze, Maximen sowie die eigene Geschichte spielen eine zentrale Rolle innerhalb der Konzeptualisierung und in den Gesprächen unter den Spielern. Abgesehen von vereinzelten »Schlachtrufen« findet am Spieltisch jedoch kaum Rollenspiel statt. Es verschwindet zugunsten der Strategie.

Strategie und Spiel werden hier in eine enge Beziehung gesetzt. Das strategische Denken geht dem strategischen Handeln zwingend voraus – der Spieler muss seine Möglichkeiten abwägen, um sein Ziel zu erreichen. Die Möglichkeiten zum Ausspielen der Rolle liegen in dem narrativen Zusammenhang, in den das Spiel eingebettet ist. Rolf F. Nohr merkt in diesem Kontext an:

> All diese Spiele überformen ihr Regelsystem und ihren strategischen Diskurs durch ein mehr oder weniger stark ausgeprägtes überlagerndes narratives Setting. All diese Spielformen definieren sich durch eine ›modellhafte‹ Reduktion lebensweltlicher Zustände. All diese Spielformen sind im weitesten Sinne ausgerichtet an der Einübung von Siegbedingungen, die auf alltagsrelevantes Handeln angewandt werden können (und unterstellt: sollen).[284]

---

283 Priestley/Prienen. S. 279.
284 Nohr, Rolf F./Wiemer, Serjoscha/Böhme, Stefan: *Strategie Spielen*. http://www.strategiespielen.de

Es geht also um das Lernen und Proben von Alltagsverhalten. Neben dem bereits erwähnten strategischen Denken betrifft dies vor allem das Antizipieren anderer Sichtweisen. Diese Empathie bezieht sich sowohl auf die Position des Gegenspielers, als auch auf die in die Schlacht verwickelten Figuren – ihre spielerischen Möglichkeiten hängen nicht zuletzt mit Faktoren wie Sichtlinien oder Entfernung zusammen. James Paul Gee bezeichnet Spiele als »Tools that train vision«[285] mit dem Potenzial zur Simulation von Erfahrung.

Konfliktsimulations-Spiele können generell zu den Rollenspielen gezählt werden, da sie der Minimaldefinition genügen und viele Elemente wie Narration, Rollenübernahme, gemeinsame Geschichten innerhalb der Spielergruppe oder den Trainingsaspekt in sich tragen, diese sind jedoch nicht sehr stark ausgeprägt, sodass solche Spiele insgesamt den Strategiespielen näherstehen. Andersherum werden Elemente aus den Konfliktsimulationen häufiger in anderen Rollenspielvarianten eingesetzt, um strategische Spielelemente abzubilden. Besonders in den amerikanischen Tischrollenspielen wie *D&D* spielt die Simulation von kämpferischen Konflikten mittels Miniaturen auf einem Spielplan eine wichtige Rolle im Spielgeschehen.

TCG/LCG/Brettspiele

Ähnliches gilt für die Unterkategorie der Trading Card Games wie *Magic: The Gathering*[286]. Hierbei wird mit auf Karten gedruckten Figuren ein Kampf zwischen zwei Feldherren ausgetragen. Diese Spiele folgen eher dem Schema des Duells und zeigen nur sehr schwach ausgeprägte Rollenspielaspekte. Auch hier gibt es Übertragungen zwischen den Genres. So gibt es sowohl Kartenspiele, die Rollenspiele oder die damit verbundenen Klischees thematisieren oder persiflieren wie etwa *Munchkin*[287], als auch Rollenspiele, die Karten mit in ihr Spielsystem integrieren, wie etwa das Spiel *Doctor Who: Adventures in Time and Space*[288].

Diese Spiele zielen in erster Linie auf das Akkumulieren von zum Spiel gehörigen Artefakten. Nach Baudrillard teilt sich der Gegenstand für den Sammler in zwei Aspekte: die praktische Anschauung und das reine »sich im Besitz zu befinden«[289]. Das Unikat ist die Krönung der Sammlung, die definitionsgemäß niemals abgeschlossen werden darf. Zu diesen Kartenspielen erscheinen stetig neue Editionen und Erweiterungen, um den Reiz der Sammlung am Leben

---

285 Gee, James Paul: *Learning, Design and Society* 2008.
286 Kartenspiel von Richard Garfield mit über 14.000 verschiedenen Karten und nach Herstellerangaben über 12 Millionen Spielern. Vgl.: Wizards of the Coast: *Magic: The Gathering*. http://company.wizards.com/content/magic-2014-duels-planeswalkers-expansion-announced.
287 Rollenspielpersiflage als Kartenspiel. Jackson, Steve: *Munchkin*. Pegasus Spiele Gmbh 2001.
288 Chapman, David F./Stuart, Alasdair: *Doctor Who: Adventures in Time And Space*. Cubicle 7 2009.
289 Die Sammlung. In: Baudrillard, Jean: *Das System der Dinge. Über unser Verhältnis zu den alltäglichen Gegenständen*. Campus-Verlag 2007. S. 111.

zu halten. Die Trading Card Games erscheinen zudem in sogenannten Blistern, Verpackungen, in denen einige Karten zu finden sind, deren Inhalt jedoch nicht bekannt ist. Es gibt hierbei weit verbreitete und äußerst seltene Karten. Diese künstliche Verknappung sorgt zum einen für einen erhöhten Profit der Herstellerfirmen, zum anderen auch für einen stärkeren Sammeltrieb und die Ermunterung zum Handeln auf Seiten der Spielenden. Anders funktionieren die Living Card Games, die zwar dem gleichen Spielprinzip folgen, jedoch in Einheiten verkauft werden, deren Inhalt klar vermittelt wird. Eines der prominentesten der TCG hat den Sammeltrieb sogar als Leitspruch des Spiels übernommen, der sich problemlos auf die Spielenden übertragen lässt: »got to catch them all«. Auch den Spielern von Konfliktsimulationen werden hierzu ständig neue Figuren angeboten, die mit einer Reihe von Variationsmöglichkeiten geliefert werden, die den Eindruck der individuellen Gestaltungsmöglichkeit vermitteln. Befördert wird diese Taktik durch die Verkaufspolitik der Hersteller, die mit zahlreichen Nebenprodukten, wie beispielsweise den zu allen Sparten erscheinenden Sammlerkompendien,[290] den Sammlergeist des Spielers anzufeuern versuchen. Klaudia Seibel untersucht unterschiedliche Formen von auf *Herr der Ringe* beruhende Kartenspiele und fragt nach den im Spielmechanismus eingebundenen Narrativen. Die meisten beschränken sich ihr zufolge auf die Übernahme von Setting und Charakteren[291], einige gehen allerdings bewusst darüber hinaus und erzählen Geschichten jenseits der bekannten Handlungsverlaufs.

Etwas anders gestaltet es sich bei den Brettspielen. Zwar sind auch hier meist Erweiterungen, Spezialeditionen oder besondere Einzelfiguren erhältlich, die Verknüpfung zum Rollenspiel erscheint jedoch enger. Zunächst gibt es auch hier Spielformen, die das Rollenspiel als Bezugsgröße zitieren, wie etwa *Dungeon Dice*[292]. Es gibt jedoch auch die sogenannten Dungeon Crawler. Diese Spielform ist eine Mischung aus einer Konfliktsimulation und einem in der amerikanischen Tradition stehenden Tischrollenspiel. Jeder Spielende kontrolliert eine Spielfigur, ein Spielender (in seltenen Fällen wie etwa bei *Die Legenden von Andor*[293] übernimmt dies auch das Spielsystem in Form eines Computers oder von Karten) vertritt den Dungeon mit all seinen Monstern und Herausforderungen. Die meist sehr linear aufgebauten Spiele formulieren eine klare Aufgabe

---

290 Aufwendig gestaltete Kataloge der verfügbaren Figuren.
291 Seibel, Claudia: Playable Stories or Narrative Games? The ludic transformations of The Lord oft he Rings in card games. In: Schallegger, René/Faller, Thomas (Hg.): *Fantastische Spiele. Imaginäre Spielwelten und ihre soziokulturelle Bedeutung.* LIT: Wien 2017.
292 Ein Dungeon-Crawler mit Würfeln. Die Spieler müssen Monster töten und Schätze erkämpfen. Dies geschieht jedoch ausschließlich durch das Werfen von Würfeln. Siehe: Coates, Sam: *Dungeon Dice Instruction Manual* 2014.
293 Ein kooperatives Brettspiel, in dem die Spieler einer vom Spiel vorgegebenen Narration folgen, die nach und nach enthüllt wird, und sich den entsprechenden Aufgaben stellen müssen. Siehe: Menzel, Michael: *Die Legenden von Andor.* Kosmos 2012.

an die Spielenden oder lassen sie ganz allgemein nach Monstern und Schätzen suchen. Die Interaktion der Spielenden beschränkt sich dabei meist auf das Abstimmen einer gemeinsamen Taktik oder Strategie. Es gibt Spiele, die an Rollenspiele angelehnt sind, wie etwa *Decent*[294], oder solche, die ganz explizit in einem Rollenspieluniversum angesiedelt sind, wie etwa das in der Welt des *Schwarzen Auges* spielende *Aventuria*[295]. Auch hierbei handelt es sich um eine Spielform, die den taktischen Komponenten des Rollenspiels ähnelt – jedoch zählen weder die Welt- und Figurengestaltung noch das Ausspielen einer Rolle hinzu.

Therapeutisches Rollenspiel

Auch in therapeutischen Zusammenhängen werden Rollenspiele eingesetzt. Das von dem österreichischen Arzt Jacob Levy Moreno entwickelte *Psychodrama*[296] verfolgt genau diesen Ansatz. Erste Formen tauchten 1919 auf und entwickelten sich bis in die 1940er-Jahre zu einem handlungszentrierten Gegenentwurf zur Psychoanalyse.[297] Die Sitzungen sind stets in drei Schritte aufgeteilt: den Einstieg, die eigentliche Handlung und schließlich den Abschluss. Durchgeführt werden diese Sitzungen in einer Gruppe, ein Patient wird zum Protagonisten eines von ihm gewählten Handlungszusammenhangs. Ziel ist es dabei stets, die Partizipierenden dazu zu bringen, neue Handlungsoptionen zu entdecken und auszuprobieren. Verbreitete Anordnungen sind der Rollentausch, das Doppeln von Handlungen und Positionen und das Spiegeln eines Protagonisten. Yablonsky beschreibt Morenos Haltung:

> [Moreno] hob hervor, für den Protagonisten sei es sinnvoller, seine Konflikte vorzuspielen, als über sie zu reden. Wenn die wichtigen anderen Personen im Leben des Protagonisten von Hilfs-Ichs dargestellt würden, bekäme die Szene mehr Wirklichkeitstreue. Bühne, Beleuchtung und Requisiten (Tische, Stühle usw.) könnten helfen, mehr Einheit und Eindringlichkeit zu schaffen als einfaches Reden in der ersten Person.[298]

---

294 Ein Dungeon-Crawler, also ein schlauchartig aufgebauter Spielplan, den die Spielenden durchqueren müssen, um im Spiel voran zu kommen. Einer der Spieler steuert die Gegner und hat entsprechend andere Siegbedingungen, die anderen spielen kooperativ. Kämpfe u. Ä. werden über Fertigkeiten, Aktionskarten und Würfel abgehandelt. Siehe Wilson, Kevin: *Descent. Journeys in the Dark*. Fantasy Flight Games 2005.
295 Ein Kartenspiel, in denen die Aktionsmöglichkeiten der Spielfiguren, welche die Spieler übernehmen durch jede Runde gezogene Spielkarten bestimmt werden. In diesem Spiel finden sich jenseits dieser Mechanik aber sehr viele Rollenspielelemente. Siehe: Palm, Michael/Zach, Lukas: *Aventuria. Abenteuerspiel-Box*. Ulisses Spiele 2015.
296 Yablonsky, Lewis: *Psychodrama. Die Lösung emotionaler Probleme durch Rollenspiel*. Klett-Cotta 1986.
297 Vgl.: Tauvon, Kate Bradshaw/Karp, Marcia/Holmes, Paul (Hg.): *The handbook of psychodrama*. Routledge 1998.
298 Yablonsky. S. 15.

Ganz ähnlich funktioniert auch die Familienaufstellung, hier positioniert ein Protagonist die anderen Sitzungsteilnehmer, die Rollen aus dem Problemfeld des Protagonisten übernehmen, um sich herum, und zwar nach dem Maßstab, wie er sie in diesen Rollen zu sich positionieren würde. Diese geben Rückmeldung über ihre Sicht auf ihre Position und das Gefüge. Der Protagonist könnte etwa seinen Onkel in einer dunklen Ecke des Zimmers positionieren, der Akteur, welcher den Onkel spielt, wird sicherlich etwas über die Entfernung zu seinem Neffen sagen. In der Familienaufstellung lassen sich fast keine Rollenspielmerkmale mehr ausmachen, da nicht im eigentlichen Sinn gespielt wird, die Ähnlichkeit zum Psychodrama rettet die spielerischen Reste nicht hinüber. Generell sind die Familienaufstellung und ihre mögliche psychologische Wirkung hoch umstritten.[299] Wie in den ›serious games‹ wird das Spielerische im therapeutischen Rollenspiel zugleich als Vehikel für therapeutische/pädagogische Ziele legitimiert und damit auch als eigenständige Kategorie diskreditiert.

Pädagogisches Rollenspiel

In etlichen pädagogischen Ratgebern werden Spielen beinahe magische Wirkungen zugeschrieben, beispielsweise in der Spielesammlung: *Spielend Wissen festigen: effektiv und nachhaltig*:

- Spielen ermöglicht notwendige Wiederholungen
- Spielen erlaubt einen abwechslungsreichen Unterricht
- Spielen aktiviert Teilnehmer
- Spielen ist gehirngerechtes Arbeiten
- Spielen macht munter
- Spielen kann Lernbarrieren beseitigen
- Spielen entlastet den Trainer
- Spielen fördert den Transfer in die Praxis
- Spielen fördert die Gruppendynamik und verändert den sozialen Umgang[300]

Die Essenz dieser Hoffnungen wird auf eine kurze Formel gebracht: »Spielen ist Lernen, das Spaß macht«[301]. Es vermittle dabei Wissen in unterschiedlichen Szenarien und Kontexten. Der Wissenserwerb sei zudem multisensorisch und ermögliche kognitive wie auch intuitive Kenntnisse. ›Spiel‹ meint in diesem Kontext eine Vielzahl an »Arbeitsformen«: »Textübungen, Lernspiele, Wissensspiele, Bewegungsspiele, Konzentrationsspiele, Assoziationsspiele, Koopera-

---

299 Zur Kritik an der Familienaufstellung und zur Methode an sich siehe: Mentzos, Stavros: Familienaufstellungen – Versuch einer Kritik, aber auch einer Würdigung vom psychoanalytischen Gesichtspunkt aus. München 2003.
300 Grötzebach, Claudia: *Spielend Wissen festigen: effektiv und nachhaltig; 66 Lern- und Wissensspiele für Training und Unterricht*. Beltz 2010. S. 181.
301 Ebd. S. 24.

tionsspiele, Denkspiele, Sprachspiele, Rollenspiele, Planspiele, Experimente, Wettbewerbe.«[302]

Rollenspiele finden sich in pädagogischen Kontexten meist in zwei Ausprägungen: als Lernstrategie für soziales Verhalten oder als Verhaltensmodifikation.[303]

Der UTB-Band zum *Rollenspiel als soziales Entscheidungstraining*[304] etwa versammelt diverse Spielvorschläge als theoretischen Überbau, der sich vor allem mit den pädagogischen Implikationen und der Rolle des Erziehers auseinandersetzt. Ziel ist hierbei das Erlernen von Verhaltensmustern, z. B. zur Konfliktbewältigung, Eigenverantwortung, Staatskunde etc. Es handelt sich um »Problemlösungsprozesse, die alle Techniken kritischen Urteilens, wie beispielsweise Zuhören, Diskutieren und Problemlösen erfordern.«[305] Wird dieses Handeln als Simulation verstanden, stellt sich eine Nähe zum sozialen Drama her, auf die an späterer Stelle noch eingegangen wird.[306]

Ein zweiter Band mit dem Titel *Rollenspiel in Erziehung und Unterricht*[307] fokussiert hingegen auf eine »systematische Bearbeitung kindlicher Verhaltensauffälligkeiten.«[308] Es wird eine Verhaltenstherapie auf pädagogische Kontexte abgebildet, konkret geht es um Angstabbau, Einstellungsänderung und den Erwerb vollständiger Handlungspläne. Diese Spiele haben nur wenig Spielerisches, da es eine Instanz (meistens den Erzieher) gibt, die mit außerspielerischen Interessen und Handlungsaktionen an dem Vorgang beteiligt ist.

Planspiele

Eines der zentralen analogen Beispiele für die *Serious Games* in den 2000er- und 2010er-Jahren ist das Planspiel. Trotz weitreichender Parallelen in Struktur und Ausrichtung muss diese pädagogisch orientierte Spielform vom Rollenspiel abgegrenzt werden. In der Regel wird in Kleingruppen agiert, im Gegensatz zu den Einzelrollen des Rollenspiels. Die Spiele sind handlungsorientiert, folgen dabei jedoch meist einer starren Dramaturgie und laufen auf ein klar formuliertes Ziel hinaus, bzw. sind in einem deutlich kommunizierten Rahmen angesiedelt. Diese Spielform ermöglicht trotz ihrer Komplexitätsreduktion eine direkte Erfahrung für ihre Teilnehmenden, was einer der zentralen Gründe sein mag, Planspiele in didaktischen Kontexten einzusetzen.

---

302 Vgl.: Ebd. S. 30.
303 Der Sonderfall des Planspiels wird im nachfolgenden Abschnitt erläutert.
304 Shaftel/Shaftel/Weinmann.
305 Ebd. S. 15.
306 Siehe Kapitel 6.2.2.
307 Wendlandt, Wolfgang/Heckmann, Wolfgang (Hg.): *Rollenspiel in Erziehung und Unterricht*. Reinhardt 1977.
308 Ebd. S. 15.

Auch der Ursprung der Planspiele liegt in den militärischen Spielen des 19. Jahrhunderts. Auf der Basis dieser Spiele entwickelte sich kurz nach dem Zweiten Weltkrieg in den USA diese Spielart der ›Serious Games‹ beispielsweise in der RAND Corporation oder an Universitäten wie Harvard oder dem MIT. »Eines der ersten Planspiele zur internationalen Politik war die Inter-Nation-Simulation (INS), in der die Lösung internationaler Krisen zwischen fiktiven Staaten im Vordergrund stand.«[309] In Deutschland wurde die Methode erst im Zuge der Umwälzungen nach dem Ende des Kalten Krieges breit eingesetzt.

Die Spiele werden vor allem in den Themenfeldern Politik und Wirtschaft angesiedelt und je nach Zielgruppe und geplanter Dauer angepasst. Eingesetzt werden diese Spiele neben schuldidaktischen Interessen[310] in den Bereichen politischer Bildung, Personalentwicklung und Persönlichkeitstrainings, interkulturellem und globalem Lernen, Optimierung von Handlungsabläufen.[311] Primär werden bei all diesen Spielen zwei unterschiedliche Lernziele formuliert: Kompetenz und Wissen.

Kompetenzen können sein:[312]

– Interaktion, Kommunikation (Argumentation, Rhetorik, Verhandlungsgeschick, Kompromissbereitschaft, Teamfähigkeit)
– systemische Kompetenz (komplexe Zusammenhänge, Perspektivwechsel, reflexives Lernen)
– Handlungskompetenz (Entscheidungen treffen und verantworten, Zeitdruck, Umgang mit Medien)

Wissen bezieht sich auf:

– institutionelle Abläufe
– Inhalte realer Konflikte
– Prozess und Dynamik eines Konflikts

In den meisten Planspielen werden mehrere Lernziele zugleich verfolgt. Es finden sich um Realismus bemühte Spiele ebenso wie stark fiktionalisierte, aktionsorientierte, wie auch solche, deren Schwerpunkt mehr in den Verhandlungen liegt.

Der Ablauf eines solchen Spiels ist ähnlich wie auch bei den Rollenspielen in sechs Phasen zu unterteilen. Zunächst die Vorbereitungen, dann eine Einführung ins Spiel, Lesen und Durchdenken der gegebenen Informationen, Mei-

---

309 Raiser, Simon/Warkalla, Björn: *Konflikte verstehen. Planspiele und ihr Potenzial in der Lehre der Friedens- und Konfliktforschung.* http://www.uni-marburg.de/konfliktforschung/pdf/working papers/ccswp13.pdf.
310 Das Portal der bpb sammelt eine Vielzahl von Spielanleitungen und Anregungen vor allem für den Geschichts- und Soziologieunterricht. Siehe Bundeszentrale für Politische Bildung: *Planspiele | bpb*. http://www.bpb.de/lernen/unterrichten/planspiele/.
311 Planpolitik, S. 6. Vgl.: Raiser, Simon/Warkalla, Björn: *Spielerisch lernen mit Planspielen. Ein Leitfaden für die Entwicklung und Durchführung (nicht nur) politischer Planspiele* 2013.
312 Vgl.: Planspiele.: Raiser/Warkalla.

nungsbildung und strategische Gespräche unter den Spielern, schließlich die Interaktion zwischen den Spielern oder Gruppen und abschließend eine Auswertung. Die Gewichtungen dieser Phasen sind je nach Spielform jedoch extrem unterschiedlich; wo das Rollenspiel den überwiegenden Anteil der Spielzeit in der Interaktion ansiedelt (höchstens noch die Vorbereitungen nehmen ähnlich viel Gewicht ein), ist das idealtypische Planspiel aufgebaut nach Einführung, Spiel, Auswertung gewichtet wie folgt: ¼, ½, ¼.[313]

Im pädagogischen Kontext sind Planspiele nach Klippert eine »relativ offene politische oder ökonomische Problemsituation, die pädagogisch-didaktisch vereinfacht ist und nach einer irgendwie gearteten Lösung verlangt.«[314] Es wird hierbei in der Regel von Akteuren gesprochen, die anders als im Rollenspiel keine individuellen Charaktere sind, sondern meistens Gruppen vertreten und auch in der überwiegenden Zahl der Beispiele als Gruppe auftreten. Die Spielstrukturen im Planspiel sind vorhanden und erinnern entfernt an die eines Liverollenspiels, allerdings wird durch die forcierte Zielsetzung und Strukturierung das spielerische Potenzial zur Gestaltung und Interaktion auf ein Minimum reduziert. Auch die Rollen sind stark vorgegeben und werden eher als Funktionsträger denn als Charaktere vorgestellt.

Eine andere Spielart sind Simulationen, die darauf abzielen, einer Personengruppe Erfahrungen mit Lerneffekten zu ermöglichen. Hierzu wird mit Schauspielern oder Darstellern eine Situation nachgestellt, in welcher sich eine Person oder eine Gruppe bewähren muss. Diese nicht in den Ablauf Eingeweihten spielen in der Regel sich selbst. Dies sind zum Beispiel Rettungskräfte bei einem Übungseinsatz[315], Ärzte, die das Überbringen von schlechten Nachrichten einüben[316] oder Soldaten im Zuge ihrer Ausbildung[317].

Stadtspiele

Stadtspiele (auch bekannt als Urban Gaming) erfreuen sich aktuell großer Beliebtheit, gerade auch bei Kulturveranstaltern. Anbindungen an Festivals, Feste oder Stadtteilarbeit scheinen naheliegend und ohne große Hürden möglich. Oft handelt es sich um Variationen einer Schnitzeljagd oder eines Agentenspiels mit entsprechend geringem Rollenspielanteil. Die Gruppe Invisible Playground etwa

---
313 Vgl.: Ebd.
314 Klippert, Heinz: *Planspiele. 10 Spielvorlagen zum sozialen, politischen und methodischen Lernen in Gruppen*. Planspiele 2008. S. 23.
315 Klöpper, Michael: *Feuerwehrübungen. Beispiele als Download*. http://www.feuerwehrmagazin.de/service/ausbildung/feuerwehruebungen-beispiele-feuerwehruebungen-vorschlaege-41809.
316 Peters, Tim: *Simulationspatienten. Handbuch für die Aus- und Weiterbildung in medizinischen Berufen*. Verlag Hans Huber 2017.
317 *Civilians on the Battlefield*. http://www.us-statisten.de.

gestaltete für den Ringlokschuppen Mülheim 2012 das Stadtspiel *Ruhrzilla*.[318] Für die Spieler wird hier die Fiktion einer Invasion durch Monster mit der Realität des Leerstands in der Stadt verquickt. Die Spieler schlüpfen in die Rollen von Forschern und agieren als solche, ohne dass die Rolle näher definiert wäre. Sie spüren (zum Teil selbst definierte) Monster in der Stadt auf, gehen auf die Jagd oder entwerfen eine Zukunftsvision des idealen Zusammenlebens. Die Spiele in der Innenstadt verändern sowohl den Blick der Partizipierenden, als auch den der irritierten Passanten – verdrängten Orten wird Aufmerksamkeit zugespielt.

Diese Spielform ist ein wichtiges Betätigungsfeld, um spielerische Strukturen in szenischen oder allgemein kulturellen Kontexten zu etablieren. Die Rollenspielaspekte kommen meist nur am Rande vor, selbst, wenn es klare Rollenzuschreibungen gibt, verschwimmen diese aufgrund der Dynamik des Spiels innerhalb kürzester Zeit mit der Alltagshaltung der Spielenden. Wichtig zu beachten ist die Situierung dieser Spiele, die nicht selten im Kontext von Theatern, Stadtfesten oder Festivals stattfinden. Die Nähe zur Kunst verstärkt eine – vielleicht auch erst nach dem Spielen einsetzende – Bereitschaft, dem Spiel eine tieferliegende Bedeutung beizumessen.

Historische Reenactments

Historische Reenactments stellen eine besondere Form des Liverollenspiels dar, in der konkrete historische Ereignisse oder Handlungshorizonte zur Darstellung gebracht werden. Über diesen spielerischen Zugang, der mit einem Bestreben nach Authentizität gekoppelt wird, soll Geschichte verständlich und erlebbar gemacht werden.

> [It's to] utilize, dramatize and revitalize selected events, episodes or even atmospheres of the past, whether those pasts concern illegal crossings of the US-Mexican border, the violent clashes of the UK miners' strike, the massacres of supposed communists in Indonesia during the 1960s or the arts and skills of pre-seventeenth-century Europe.[319]

Historiografische Praktiken dieser Art finden sich bereits im Römischen Reich oder im mittelalterlichen Passionsspiel. Häufig wurden diese Spiele durchgeführt zur Festigung eines Geschichtsbilds oder eines genealogischen Herrschaftsanspruchs. An dieser Stelle sei auch auf die vielen Historiendramen verwiesen – Shakespeares Rosenkriege nur als prominentestes Beispiel.[320] In beiden Fällen handelt es sich um kulturelle Erscheinungsformen eines Hegemonialanspruchs.

---

318 *Ruhrzilla.* http://www.ruhrzilla.de.
319 Daugbjerga, Mads/Syd Eisnera, Rivka/Timm Knudsen, Britta: *Re-enacting the past. Vivifying heritage again.* International Journal of Heritage Studies 2014. http://dx.doi.org/10.1080/13527258.2014.939426.
320 Zur Verbindung der Tudors mit Shakespeares Dramen siehe: Sullivan JR., Garrett A.: »*Recent Studies in Tudor and Stuart Drama*«. *SEL* 2013 (53, 2) 2013.

Die Abläufe sind in diesen Spielen nur zu einem gewissen Grad vordefiniert, da meist zwar Gegebenheiten wiederaufgeführt werden, diese jedoch nicht bis ins Detail determiniert sind (oder diese sich dem Wissen heutiger Akteure meist entziehen). Diese Paradoxie zieht sich auch durch andere Felder, etwa die Frage der Agency[321]: Gespielt werden Inhalte von Archiven im weitesten Sinne, die Spielenden orientieren sich an diesem (mehr oder weniger vorgegeben) Gerüst. Auf diesem Wege gelangt der Körper und alles Haptische als Größe in die historischen Betrachtungen. Dies ermöglicht zudem neuen Zielgruppen Zugang zum Umgang mit Geschichte und Kulturerbe – häufig wird dies auch von Museen oder Heimatvereinen als Medium der Vermittlung eingesetzt.

An dieser Stelle wird eine weitere Differenzierung notwendig: während das klassische ›Reenactment‹ das »Nachvollziehen eines konkreten historischen Ereignisses«[322] meint, bezeichnet das damit verwandte und häufig in Museen eingesetzte Konzept der ›Living History‹ »individuelle, eher am persönlichen Interesse orientierte Zugänge zu historischen Alltagswelten in unzähligen Varianten zwischen Geschichtsaneignung und Geschichtsvermittlung.«[323]

Zudem »wird unterschieden zwischen der ›first-person-interpretation‹, bei der der Akteur als (belegte oder fiktive) historische Person agiert, und der ›third-person-interpretation‹, bei der der Akteur deutlich macht, dass er nur zeigt, wie es gewesen sein könnte.«[324] In der überwiegenden Zahl der historischen ›Reenactments‹ findet eine deutliche Komplexitätsreduktion statt, um dem Unterhaltungscharakter, den viele dieser Veranstaltungen haben, gerecht zu werden. Jedoch sind einige Hürden nicht unterschreitbar, so entkommen die Spielenden weder der aktuellen Rechtsprechung noch ihrer Wahrnehmung der mythologischen Zeit[325] und auch die Sprache stellt in den meisten Fällen eine Hürde dar; die genaue Aussprache des Mittelhochdeutschen oder Althochdeutschen zum Beispiel ist nur bedingt rekonstruierbar, sodass in derartigen Fällen eher eine historisierende Kunstsprache genutzt wird, ein Vergangenheitseffekt.

Die Verbindung zum Liverollenspiel ist vielgestaltig. Reenactments fokussieren das Handeln und Darstellen, jedoch ohne eine agonale Grundstruktur wie etwa beim LARP. Dies gilt auch für die Living History, die ansonsten näher am Rollenspiel liegt, da hier freier mit dem Ausspielen der Rollen umgegangen wird.

---

321 Wirkungskraft, Ausgestaltung und subjektive Sinnstiftung von Handlungen.
322 Groschwitz, Helmut: *Authentizität, Unterhaltung, Sicherheit. Zum Umgang mit Geschichte in Living History und Reenactment. Bayerisches Jahrbuch für Volkskunde* 2010. S. 142.
323 Ebd. S. 142.
324 Ebd. S. 142.
325 Siehe hierzu Kapitel 6.1.2.

Erotisches Rollenspiel

Das erotische Rollenspiel ist eine Sexualpraktik mit verteilten Rollen und optionalen Kostümen. Je nach konkreter Spielform sind mehr oder weniger feste Rollenzuschreibungen zu beobachten, in der Tendenz sind diese Spiele jedoch eher am freien Rollenspiel orientiert. Vor dem Spiel werden die Positionen aufgeteilt und nach einem Set von Erwartungen durchgeführt, diese müssen nicht zwingend vorweg fixiert sein. Klar abgesprochen werden jedoch die Rahmenbedingungen wie Zeit, Raum und Sicherheitsabsprachen wie etwa ein ›Saveword‹[326].

Diese Praktik kann sowohl als Vorspiel des Geschlechtsverkehrs oder aber auch als Akt selbst (wie etwa beim BDSM[327]) eingesetzt werden. Im Diskurs über diese Praktiken wird das ›play‹ gegenüber dem ›game‹ stark betont, nach Caillois' Einteilung wäre es wohl eine Spielform, die primär in der Kategorie des ›Mimikry‹ zu finden ist und sehr stark auf der Seite des ›Ludos‹ steht.

Diese Spiele operieren mit zugespitzten Rollenmustern, oft sogar mit stark stereotypen Figuren. Ein Blick in die populäre Berichterstattung über diese Spiele macht dies deutlich. So listet etwa die BILD-Zeitung in »*Baby, mach mir den Vampir! 10 Ideen für scharfe Rollenspiele*« folgende Spielmöglichkeiten auf: Nachhilfeunterricht, Rohrverleger, Leibesvisitation, Rollentausch, Über den Wolken, Diktat, Überfall u. Ä.[328] Neben diesen Varianten gibt es jedoch auch strukturell funktionierende Rollenspiele, die meist auf einem Verhältnis zwischen einem dominanten und einem devoten Part aufbauen.

Um den Überblick zu erleichtern, erscheint folgende Einteilung sinnvoll:

– Erotisches Rollenspiel: im Privaten oder in Swinger-Clubs durchgeführt. Hierfür werden auch spezielle Hotels betrieben, in denen die Zimmer individuell gestaltet sind, um verschiedene Spielsettings anzubieten[329]. Die Teilnehmenden übernehmen simple Rollen, mit denen Handlungsmuster verbunden sind, jedoch eher keine identifizierbare Persona. Die Ärztin untersucht ihren Patienten, der Einbrecher überrascht ein Paar beim Liebesspiel etc., der konkrete Spielablauf wie auch die Grenzen des Spiels werden im Verlauf (oft auch nonverbal) ausgehandelt.
– Erotisches Machtspiel: im Privaten, in speziellen Clubs oder auch in der Öffentlichkeit durchgeführte Spiele, deren Kern in der Aufteilung zwischen einem dominanten und einem devoten Part besteht. Hier können Rollen

---

326 Auch im Nordic LARP wird diese Technik verwendet, um Probleme, die außerhalb des Spiels situiert sind, greifbar zu machen (realer Schmerz, Grenzerfahrungen etc.). Vgl.: Vorobyeva, Olga: *Ingame or offgame? Towards a typology of frame switching between in-character and out-of-character*. In: Nielsen, Charles Bo/Raasted, Claus (Hg.): *Knudepunkt 2015. Companion Book*. Rollespilsakademiet 2015.
327 »Bondage & Discipline, Dominance & Submission, Sadism & Masochism«
328 Vgl.: *Baby, mach mir den Vampir! 10 Ideen für scharfe Rollenspiele*. http://www.bild.de/unterhaltung/erotik/sex-fun/neue-leidenschaft-dank-rollenspiele-33201000.bild.html.
329 Heinle, Carola: *Woandersnacht*. http://www.woandersnacht.de/.

vergeben (z. B. Zeremonienmeister/Dienerin) oder – sehr abstrakt – aktive und passive Parts zugeteilt werden. Den Absprachen über persönliche Vorlieben und Grenzen wie auch über den Verlauf des Spiels wird im Vorfeld viel Zeit gewidmet, auch die Möglichkeit, aus dem Spiel auszusteigen, wird hier mehr als in allen anderen Spielformen thematisiert.
- Erotisches Cosplay: Ähnlich wie auch im klassischen Cosplay ahmen die beteiligten Personen hier Figuren aus anderen Medien nach; dies können Film-/Manga-Figuren ebenso wie Personen aus dem Zeitgeschehen oder der Historie sein. Diese Figuren werden sexualisiert dargestellt und/oder in sexuelle Handlungen verwickelt. In Japan ist diese Form als Cosplay institutionalisiert und schließt sogar spezielle Love Hotels ein, die erotische Rollenspiele anbieten. Der Spielcharakter tritt hier sehr stark zugunsten der Darstellung in den Hintergrund.
- Cybersex: Diese Form ist sowohl in Chatrooms als auch in Foren zu beobachten[330], es finden sich jedoch auch Beispiele innerhalb von Spieleplattformen wie *Second Life*. Hier handelt es sich um eine Mischung aus Programmierung, Sprache und emergent gameplay. Handlungen werden beschrieben oder umgedeutet, Bewegungsabläufe oder Skins (meist nackt) umprogrammiert oder es werden Animationen verwendet, die bereits Teil des Spiels sind (Hockt sich z. B. ein Charakter auf einen liegenden Charakter, kann der Eindruck eines sexuellen Akts entstehen). Rollenspiele finden hier statt, jedoch meist ohne zielgerichtete Handlungen; Forenrollenspiele bilden hier eine Ausnahme.
- Erotische Gesellschaftsspiele: Geläufig sind dabei Strip Poker und Wahrheit oder Pflicht. Es gibt jedoch auch kommerziell vertriebene Spiele wie etwa *Partner Link*[331]. Es existieren auch dezidiert erotische Pen & Paper-Rollenspiele. *S/Lay w/Me*[332] von Ron Edwards etwa bildet ein Regelwerk für zwei Spieler, die *Liebhaber* und *Monster* spielen. Das Spiel ist erst zu Ende, wenn es zu sexuellen Handlungen gekommen ist.[333]

Diese Spielformen eint, dass der Lustgewinn explizit nicht nur im spielerischen Ausüben, sondern in einem körperlichen/psychischen Erleben einer gemeinsamen Aktivität der Handelnden liegt, welche in direkter Verbindung mit den Handlungen auf der Spielebene liegt. Im narrativen Pen & Paper-Rollenspiel kann jenseits der Spielebene ein körperliches/psychisches Erleben von Ge-

---

330 Beispielsweise im Forum: »xobor«: *RGP Forum Portal*. http://rpg-forum-portal.xobor.de/.
331 Eine Sammlung von verschiedenen Aufgaben, welche durch Würfel ausgelöst werden, sich teils über mehrere Tage erstrecken können und immer wieder das Übernehmen einer vorgegebenen Rolle erfordern.
332 Edwards, Ron: *S/lay W/Me* 2009.
333 Weitere Beispiele finden sich auf: Richardson, Sarah: *Sexy Times with Dice: 10 RPGs That Deal with Sex and Sexuality*. http://womenwriteaboutcomics.com/2014/10/08/sexy-times-with-dice-10-rpgs-that-deal-with-sex-and-sexuality/.

meinschaft beobachtet werden, dieses speist sich jedoch aus dem außerspielerischen Gruppengefüge und steht in keinem direkten Zusammenhang mit den spielerischen Handlungen.

Im Folgenden geht es, ausgehend von den vorangegangenen Betrachtungen, um konkrete Spielformen und Beispiele der beiden dominanten analogen Formen des Rollenspiels.[334] Hierzu wird jeweils zunächst genauer auf die Besonderheiten der einzelnen Spielform eingegangen, um jeweils anschließend Beispiele für herausragende Kennzeichen des Spiels vorzustellen.

4.2   P & P-Rollenspiele

Die Spielform, die meist mit dem Rollenspiel identifiziert wird, ist das Pen & Paper-, oder Tischrollenspiel. Im Vergleich zu den meisten anderen Rollenspielformen sind diese ganz auf den Erzählvorgang in der Spielgruppe fokussiert. Spielgruppen bestehen meist aus 4–6 Spielern und einem Spielleiter. Jeder Spieler übernimmt die Rolle einer Spielfigur, welche er meist selbst entworfen hat (basierend auf Vorgaben des Spielmaterials). Der Spielleiter beschreibt die Spielwelt und alle in ihr vorkommenden Charaktere, die nicht von den Spielern gespielt werden. Prinzipiell ist jeder Charakter denkbar, einige werden jedoch vom Spielsystem vorgeschlagen und manch ein Spielsystem setzt (im Spiel) eine bestimmte Kombination von Charakteren voraus.

Vor dem Beginn der Spielhandlungen werden die Charaktere erstellt. Spieler können hier eigene Figuren entwickeln, zufällige Figuren erwürfeln oder vorgefertigte Figuren aus dem Regelwerk auswählen. Attribute und Fertigkeiten werden ausgewählt und auf einem Charakterblatt festgehalten. Attribute legen grundlegende Eigenschaften der Figur wie Stärke, Intelligenz oder Geschwindigkeit fest. Fertigkeiten sind konkrete Qualifikationen wie Schießen, Klettern oder Lesen. Zu Beginn des Spiels steht den Spielern eine gewisse Zahl an Punkten zur Verfügung, welche sie auf die Attribute und Fertigkeiten ihrer Spielfiguren aufteilen können. So werden Spezialisierungen möglich, wie das stereotype Beispiel des ›dummen Kriegers‹, eine Spielfigur, die ganz auf das Attribut Stärke baut und in erster Linie mit ihrem Schwert umgehen kann. Manche Spielregeln erlauben es ihren Spielern, zusätzliche Punkte für ihre Figur einzusetzen, wenn sie im Gegenzug negative Effekte in Kauf nehmen. Diese sind zum Beispiel Gier, Nachtblindheit oder ein fehlendes Bein. Mit fortschreitendem Spiel können die Spieler diese Werte zu ihren Gunsten erhöhen. Als Belohnung für entweder erfolgreich absolvierte Aufgaben oder ›gutes Rollenspiel‹ werden zusätzliche

---

334 Das digitale Rollenspiel wird in diesen detaillierten Betrachtungen bewusst außenvorgelassen, da es durch seine Bindung an den Algorithmus für diese Analyse zentrale Aspekte eher simuliert, als diese inkorporiert. Anzumerken ist, dass es durchaus möglich wäre, die Regelwerke selbst als Algorithmus zu verstehen. Eine Auseinandersetzung mit diesem Spannungsfeld muss jedoch auf einen anderen Zeitpunkt verschoben werden.

Punkte vergeben. Auch hier variieren die Spielsysteme: entweder werden nun alle Attribute und Fertigkeiten gleichmäßig gesteigert (Stufensysteme), oder die Punkte können von den Spielern eigenständig ausgegeben werden (Fertigkeitssysteme). In beiden Fällen verbessern sich die Spielfiguren, je mehr mit ihnen gespielt wird. All diese Werte werden eingesetzt, um Entscheidungen zu treffen. Dies betrifft sowohl die Kampfsysteme der Spiele als auch Tests auf Fertigkeiten und Fähigkeiten. Zufälle werden über den Einsatz von Würfeln in das Spiel mit eingebracht. So kann es etwa passieren, dass ein Spieler seine Spielfigur eine Mauer hochklettern lassen möchte, der Spielleiter kann dann verlangen, dass der Spieler hierfür eine Probe ablegt. Zum Beispiel müsste der Spieler auf die Fertigkeit ›klettern‹ würfeln. Hierfür würde er etwa einen 20-seitigen Würfel benutzen. Wenn die Zahl gleich hoch oder unter dem Wert liegt, welchen seine Figur in ›Klettern‹ hat, gelingt ihr Vorhaben. Wenn nicht, entscheidet oft der Spielleiter, was geschieht. All diese Bedingungen regeln die jeweiligen Spielregeln in sehr unterschiedlicher Form.

Die Spieler generieren mehr Material über die Welt, als in der Spielregel vorgegeben ist. Der konkrete Handlungsverlauf geht jedoch bereits von sich aus darüber hinaus. Die Spielgruppe fokussiert sich auf sich selbst und grenzt sich so vom Alltag zusätzlich ab und begünstigt über dieses exklusive Wissen das Entstehen einer eigenen Szene. Die Struktur dieser Spiele begünstigt soziale Kontakte; sei es in der eigenen Spielgruppe oder in losen Spielgruppen, in Spiele-Läden, Conventions oder dem Internet. Ziel des Rollenspiels ist es nicht, eine ›gute Geschichte‹ zu erzählen, sondern Teil einer guten Geschichtserzählung zu sein. Zu diesen für das Tischrollenspiel zentralen Elementen der sozialen Interaktionen gesellen sich jedoch noch materielle Bedingungen.[335] Die Spielumgebung und auch die Spielmittel spielen eine Rolle für das Erleben der Spieler: Das Licht im Raum, der Tisch, an dem das Spiel stattfindet, Landkarten von der Spielwelt, das Charakterblatt, Stifte und Papier zum Notieren und eventuell ein Spielleiterschirm[336] oder kleine Figurinen, um die Positionierung von Figuren etwa im Kampf zu visualisieren. Darüber hinaus spielen aber auch Musik sowie das Essen und Trinken eine Rolle. Wichtig sind zudem die Stimmung der Spielenden und soziale Dynamiken innerhalb der Spielgruppe. Aber auch die Tageszeit, zu der gespielt wird und das zur Verfügung stehende Zeitfenster haben Einfluss auf den Ablauf des Spiels.

Das Tischrollenspiel besteht also, entgegen dem ersten Eindruck, nicht nur aus der spielimmanenten Welt und ihren vom Regelsystem festgelegten Mechaniken, sondern auch aus dem Setting, in welchem das Spiel stattfindet. Es wird zwar immer wieder behauptet, im Spiel müsse alles, was nicht zum Spiel

---

335 Vgl.: Bienia. S. 138 ff.
336 Ein Sichtschutz, welcher von vielen Spieleherstellern angeboten wird, hinter dem der Spielleiter seine Dokumente und Würfel vor den Spielern geheim halten kann.

gehört, ausgeblendet werden,[337] dies ist jedoch weder möglich noch in letzter Konsequenz im Sinne des Spiels, da dieses von äußeren Einflüssen abhängig und zudem in einen größeren kulturellen Zusammenhang eingebettet ist.

Die meisten kommerziell vertriebenen Tischrollenspiele sind den Genres Fantasy, SF und Horror zuzuordnen, nur wenige Beispiele setzen auf andere Spielwelten.[338] Besonders die frühen Spielsysteme bauten primär auf die Simulation von Konflikten und Verhandlungen und viele Spielsysteme sind dieser Tradition bis heute treu geblieben. Storytelling-Games wie *Vampire the Masquerade*[339] hingegen verschieben den Fokus auf die Geschichte, die Spielmechanik kommt an zweiter Stelle. Dabei wird die Freiheit der Spieler zugunsten einer stringenten Narration eingeschränkt. Die Situation ist wichtiger als die Charaktere, schreibt Will Hindmarch in Anlehnung an Stephen King.[340] Dem Spielleiter kommt damit eine besondere Verantwortung zu, denn er muss zugleich das Spielsystem vertreten, eine glaubwürdige Atmosphäre mitsamt allerlei NSC schaffen, und die Spieler in die vorgesehene Richtung lenken. Die meisten Spielsysteme sehen ein Gleichgewicht zwischen Geschichte und Spielmechanik als Ideal an. Unabhängig davon müssen die Akteure kooperieren, gerade auch vor dem Hintergrund schier unendlicher Aktionsmöglichkeiten. Kommunikation ist das Schlüsselelement all dieser Spielformen. In der Regel sind die Spiele kooperativ. Die Konfliktsimulationen, in den frühen Tischrollenspielen noch Bestandteil, werden weggelassen und das Spiel fokussiert sich stärker auf die Geschehnisse um die Spielgruppe, jeder Charakter wird von einem Spieler gesteuert.

Das Spiel hat häufig kein abschließendes Ende, sondern nur Episoden, deren Handlung zu einem späteren Zeitpunkt wiederaufgenommen wird. Handlungsbögen kommen zu einem Abschluss, sodass ein ›Abenteuer‹ einer Spielgruppe sehr wohl Anfang, Mitte und Ende hat, es ist jedoch möglich, mehrere dieser Handlungsbögen, um das Erfüllen einer Quest z. B., zu einer Kampagne zusammenzufassen. Unabhängig davon erzählt jeder Spieler die Geschichte seines Charakters, die (in der Regel) erst mit dessen Tod ein endgültiges Ende findet. Eine Gruppe spielt demnach meistens eine chronologische Geschichte, die um ihre Figuren herumgestrickt wird und in einer konsistenten fiktiven Welt spielt. Dem Spielleiter kommt dabei die besondere Verantwortung zu, nicht nur das Regelwerk zu repräsentieren und durchzusetzen und die von ihm vorstrukturierte Geschichte voranzutreiben, sondern auch alle Figuren dieser Spielwelt,

---

337 Z. B.: »Die Regeln der Irrelevanz dienen also dazu, für das Spiel unwichtige oder gar störende Elemente der materiellen, sozialen und affektiven Umwelt aus dem Bewußtsein der Teilnehmer auszugrenzen.« http://www.rpgstudies.net/kathe/. S. 12.
338 Siehe Kapitel 3.2.
339 *Vampire: die Maskerade. Ein Erzählspiel um persönlichen Horror*. Feder und Schwert 1999.
340 Vgl.: Hindmarch, Will: Storytelling Games as a Creative Medium. In: Harrigan, Pat/Wardrip-Fruin, Noah (Hg.): *Second person. Role-playing and story in games and playable media*. MIT Press 2010. S. 53.

die nicht von den Spielern gespielt werden, darzustellen. Spieler reagieren nicht nur auf den Spielleiter, sie können direkte Fragen stellen oder über die NSCs in Interaktion treten. Mögliche Interaktionen wären zum Beispiel: ›Wie sieht die Unterseite dieses Tisches aus?‹ – ›Hey Taxifahrer, wohin fährt man, wenn man ein ungestörtes Frühstück genießen will?‹[341] Als erfolgreich wird das gemeinsame Spiel von Spielleiter und Spielern angesehen, wenn es intensiv genug ist, um eine persönliche Involvierung[342] der Spieler in das Geschehen zu erreichen.[343]

Die Plausibilität der Darstellung, insbesondere wenn Abweichungen zwischen Spieler und Spielfigur zu beobachten sind, etwa im Gender, Alter etc., wird deutlich vereinfacht durch Fantasyrassen oder Magie. Auch die Stereotype werden so akzeptabel: Wenn Inhalte oder Figuren gespielt werden, die nicht aus der Alltagsrealität der Spielgruppe stammen, kann sich diese leichter von den Darstellungen distanzieren. Die Vorstellung, etwas Fremdes zu spielen, gehört zur Rahmung vieler dieser Spiele, auch wenn die Trennung nicht aufrecht zu erhalten ist. »Keine Konstruktion fängt ganz von vorne an. Insoweit ist das Erfinden zugleich entdecken.«[344] Das Selbstverständnis vieler Spieler, sich als »Wanderer in vielen Welten«[345] zu begreifen, kann nicht darüber hinwegtäuschen, dass Spiele dieser Art einen Ursprung in der Vorstellungskraft der Beteiligten haben, welche wiederum nicht kontextlos ist. Auch Anleitungen zum Schaffen dieser Welten basieren folgerichtig häufig auf bekannten Narrativen oder Erfahrungen der Spielgruppe.

Richard Schechner beschreibt im Abgleich zwischen Ritual und Performance einen idealtypischen Ablauf, der beide Formen beschreiben kann.[346] Diese Unterteilung in sieben Phasen lässt sich als Raster auch auf das Rollenspiel übertragen. Das Tischrollenspiel kann somit wie folgt beschrieben werden:

- *Training* – Die Spielregeln werden gelernt.
- *Workshops* – Spielfiguren werden erstellt, eine Spielgruppe trifft taktische Entscheidungen und spricht sich ab, wer welche Aufgaben übernehmen soll.
- *Proben* – kommen im Tischrollenspiel fast nie vor.
- *Vorbereitung* – der Spielleiter strukturiert die Handlung des Spiels vor. Grobe Handlungsverläufe werden skizziert, meist mit verschiedenen Optionen. Beteiligte Figuren werden ausgearbeitet. Die Spieler vervollständigen ihre

---

341 Der Spielleiter würde in ersterem Fall den Tisch beschreiben und auf eventuelle Auffälligkeiten hinweisen. Im zweiten Fall würde er aus der Figur des Taxifahrers heraus eine Antwort geben.
342 Hier wird häufig auch von Immersion gesprochen, auch wenn dieses Konzept komplexer ist. Siehe etwa: Ammann, Daniel: *Eintauchen in die Anderswelt. Immersion und Virtualität.* http://www.dichtung-digital.org/2002/03-15-Ammann.htm.
343 Vgl.: Pappe. S. 13.
344 Reich, Kersten: Systematisch-konstruktivistische Pädagogik. Einführung in Grundlagen einer interaktivistisch-konstruktivistischen Pädagogik. Zitiert nach: Pappe. S. 19.
345 Scholes, Ken: In adoptierten Welten Verstecken spielen. In: Baur, Wolfgang/Cook, Monte/Baker, Keith (Hg.): *Des Kobolds Handbuch der Welterschaffung. (Des Kobolds Handbücher).* Ulisses Medien 2016. S. 9.
346 Sein Argument wird weitergehend hergeleitet und besprochen in Kapitel 7.1.1.

Spielfiguren. Pragmatische Vorbereitungen (wie das Treffen in einem Raum, oder eine technische Verbindung der Spielenden) werden vorgenommen. Das Spielmaterial und Dinge wie Essen und Trinken werden vorbereitet.
- *Veranstaltung* – das Spiel wird gespielt. Hauptsächlich über Sprache vermittelt bei gelegentlichem Einsatz von Würfeln und/oder Figurinen und gelegentlichem Blick in die Regelwerke. Für den Verlauf des Spiels bleiben die Spielenden weitgehend in ihren Rollen oder beschreiben Handlungen ihrer Figuren. Ab und an wird dies unterbrochen von taktischen Besprechungen oder privaten Gesprächen.
- *Ausklingen* – es wird über die Erfahrungen, Erfolge, Misserfolge des Spiels gesprochen. Regelfragen, die im Spielfluss ignoriert wurden, können nun diskutiert werden.
- *Nachbereitung* – Im Tischrollenspiel eher selten.

Im Tischrollenspiel erlauben flexible Spielsysteme ein unterhaltsames und spannendes Spiel, getragen von Interaktion und Kommunikation. Diese Form des Rollenspiels zeichnet sich besonders dadurch aus, dass sie möglichst viele Freiräume schafft und die Rollen von den Spielern definierbar sind; es ist variabel ortsgebunden, aber ohne nennenswerten materiellen Aufwand beliebig lange spielbar. Dabei aber jederzeit zu pausieren und später fortzusetzen. Es gibt kein von außen vorgegebenes Ziel und zwar fixierte Regeln, die jedoch von allen Beteiligten jederzeit angeglichen werden können.[347] Es zeigt sich eine klare Konsistenz im Spielsystem, bei einer gleichzeitigen Ambivalenz im Spielen desselben. Die Rollen sind fiktiv und fixiert und werden sprachlich dargestellt. Der Experimentalcharakter ist in diesen Spielen nur wenig ausgeprägt, allenfalls werden Identitäten ins Spiel gebracht. Das prozessuale Erzählen dieser Spielform produziert jedoch Zweideutigkeiten in der Rollenübernahme, nicht selten wechseln Beschreibungen der Aktionen der Spielfigur zwischen ›ich‹ und ›er/sie‹. Der Vorgang nimmt die Spielenden ganz in sich auf, der Spielcharakter bleibt jedoch immer ersichtlich.

4.2.1   DSA[348]

Das Schwarze Auge (DSA) ist eines der ältesten und umfangreichsten deutschsprachigen Rollenspielsysteme, dessen Setting als klassische Fantasy beschrieben werden kann. Es gibt ein eigenes Reich mit Sagengestalten, Mythen und Göttern. Dank andauernder Veränderungen und Ergänzungen[349] in den 30 Jahren seit Erfindung des Spiels bietet dieses heute eine sehr ausdifferenzierte Spielwelt mit einem zentralen Kontinent, an den sich andere Kulturen anschlie-

---
347 Vgl.: Pappe. S. 12.
348 Zur Geschichte des Spiels siehe Kapitel 3.1.
349 Die ursprüngliche Redaktion betreute das Spiel bis 2010.

ßen. Die Spielwelt ist voller Magie und Götterwirken. Drachen und Zauberer gehören zu ihrem ›natürlichen Personal‹. Nichtsdestotrotz finden sich bereits in der Anleitung des Spiels Bezüge zum Alltag der Spielenden. Ähnlichkeiten, die durch die Konstruktion der Welt entstehen, scheinen immer wieder durch die Fiktion hindurch; der Nullwelt-Bezug ist nicht alleine der SF vorbehalten.

Die Spielmechanik ist typisch für ein Fantasy-Tischrollenspiel. Ein Spielleiter koordiniert das Spiel und repräsentiert die Spielwelt und ihre Agenten. Eine Gruppe von meist 4–5 Spielern steuert Figuren in dieser Welt. Sie sind jeweils ausgestattet mit einem Dokument, in dem Attribute und Ausrüstungen der Spielfigur festgehalten werden, einem Bleistift und sechs- sowie zwanzigseitigen Würfeln. Die Fähigkeiten dieser Spielfiguren werden in Zahlenwerten festgelegt. Diese sind zunächst grundlegende Eigenschaften: Mut, Klugheit, Intuition, Charisma, Fingerfertigkeit, Gewandtheit, Konstitution und Körperkraft.[350] Je nachdem, welche Aktion ein Spieler seine Figur ausführen lassen will, wird auf diese Werte zurückgegriffen. Die Umstände, unter denen eine Aktion stattfinden soll, können diese Werte modifizieren. Hinzu kommen Fertigkeiten wie etwa ›Klettern‹ oder ›Überreden‹.

Will ein Spieler klettern, kann der Spielleiter verlangen, dass eine Probe abgelegt wird, die über das Gelingen entscheidet. Eine solche Probe wird mittels dreier Würfe mit einem zwanzigseitigen Würfel entschieden. Nacheinander wirft der Spieler die Würfel mit dem Ziel, den genauen oder einen Wert unterhalb des geforderten für die Attribute Mut, Gewandtheit und Körperkraft zu erwürfeln. Die Spielfigur Belima[351] zum Beispiel hat die entsprechenden Werte MU = 14, GE = 15 und KK = 9. Zeigt ein Wurf einen höheren Wert, kann man mit dem Zahlenwert, den die Figur für die entsprechende Aktion festgehalten hat, die Würfe verbessern. Belima hat einen ›Klettern‹-Wert von 8. Sie kann daher bei den drei Würfen insgesamt um 8 von den geforderten Zahlen abweichen. Die Spielregeln legen zudem fest, was geschieht, wenn diese Probe gelingt oder misslingt. Bei einer gelungenen Probe schafft die Spielfigur den vom Spieler beschriebenen Kletterakt, bei einer misslungenen Probe braucht sie viel länger als gewöhnlich und verletzt sich leicht. Wird ein Wurf bestmöglich bestanden (der Würfel zeigt eine 1) gelingt das Klettern ungewöhnlich schnell und imposant, beim schlechtmöglichsten Ergebnis (ein Würfel zeigt eine 20) stürzt die Figur ab und verletzt sich schwer. Die Umstände, unter denen dies stattfinden soll, haben zudem Einfluss auf die Probe, das Klettern auf eine kleine Mauer wird stark erleichtert (die Würfe dürfen schlechter sein), soll die Figur jedoch eine feuchte Burgmauer erklimmen, wird die Probe deutlich erschwert. Gleiches gilt auch für

---

350 Spohr, Alex/Ullrich, Jens/Junge, Tobias Rafael: *Das Schwarze Auge Regelwerk (Taschenbuch)*. 5. Edition. Ulisses Medien 2015. S. 18.
351 Die Spielregeln schlagen Spielcharaktere vor, mit denen sofort gespielt werden kann, ohne dass ein eigener Charakter geschaffen werden muss. Die hier als Beispiel herangezogene Figur ist eine »tulamidische Diebin«. Vgl.: Spohr/Ullrich/Junge. S. 71.

Zustände der Spielfigur; Attribute wie Nachtblindheit oder Krankheit können einen solchen Kletterversuch ebenfalls beeinflussen. Zu seltenen Gelegenheiten werden den Spielern ›Schicksalspunkte‹ zugesprochen, mit denen zum Beispiel ein Würfelwurf einmalig wiederholt werden könnte, um ein Misslingen zu verhindern. Andere Proben, auf Magie, Handwerk oder Kampf z. B., funktionieren ähnlich. Um Entscheidungen herbeizuführen, ob und wie eine von den Spielern beschriebene Aktion gelingt, kann vom Spielleiter eine Probe verlangt werden, die eine Kombination aus vom Spieler im Vorfeld festgelegten Zahlenwerten (Attribute, Fertigkeiten) und einem Zufallselement (Würfel) erfordert. Es bleibt dem Spielleiter beziehungsweise den Vorlieben der Spielgruppe überlassen, wie häufig und in welchen Situationen diese Proben durchgeführt werden. Weite Teile des Spiels kommen auch ohne dieses Element aus, nur in der Kampfsimulation ist es unumgänglich. Das Spiel besteht also aus einer gemeinsamen Erzählung von Spielleiter und Spielenden, die an diversen Punkten davon unterbrochen wird, dass mit einer Mischung aus Charakterattributen und Zufall überprüft wird, ob die soeben beschriebene Handlung in dieser Form durchgeführt werden kann. Da in dieser Spielform alles in den Köpfen der Spielgruppe passiert und dieser ›shared imaginative space‹ sprachlich vermittelt wird, sind der Imagination keine Grenzen gesetzt. Die Spielregeln schränken daher die Möglichkeiten ein und regulieren, wie diese ausgeschöpft werden können.

Wenn kein im Regelbuch vorgeschlagener vorgefertigter Charakter gespielt wird, muss ein neuer ›Held‹ erschaffen werden. Der Spieler bekommt hierzu eine Anzahl an Punkten, welche er nach bestimmten Regeln auf Attribute und Fertigkeiten verteilen kann. Hinzu kommen Vor- und Nachteile wie Hitzeresistenz oder Farbenblindheit, die ausgewogen vergeben werden müssen. Neben diesen numerischen Bestimmungen der Spielfigur muss sie mit einer Persönlichkeit und einer Geschichte ausgestattet werden. Die Spielregeln sehen hier eine eindeutige Psychologisierung vor, der Spieler soll eine Spielfigur erschaffen, die ›lebensecht‹ ist und in dieser Figur im Spiel voll aufgehen. Es werden daher Fragen zum Charakter nahegelegt, welcher der Spieler für sich selbst beantworten (und vielleicht schriftlich festhalten) soll, um seiner Spielfigur mehr Leben einzuhauchen. Beispielsweise stehen dort Fragen nach der Gesinnung, dem Glauben, Erlebnissen, der Familie, ihrer Wohnung, ihren Schwächen oder ihren Freizeitaktivitäten. Die Herkunft der Figuren soll thematisiert werden, dies betrifft sowohl die soziale als auch die geografische. Innerhalb des fiktiven Kontinents Aventurien, in welchem das Spiel angesiedelt ist, gibt es Länder, Gebiete und Fantasyrassen wie Elfen oder Zwerge. All diese Informationen sind jeweils mit einer Liste von für die jeweiligen Charaktere, Gebiete etc. geltenden Vor- und Nachteilen versehen. Zu den einzelnen Professionen (z. B. Magie oder Kampfkunst) und Herkünften werden spezielle Bände veröffentlicht, die Spielvorschläge und Hintergrundinformationen beinhalten. Solche Bände gibt es auch zu speziellen Regionen, zu Tieren und Monstern oder magischen Gegenständen.

Die Spielwelt wird innerhalb des Spiels von den Spielenden und dem Spielleiter zum Leben erweckt und weiterentwickelt. Dies betrifft nicht nur den konkreten Spielinhalt, der als Geschichte in die Spielwelt der Spielgruppe eingeht, sondern auch das Selbstverständnis über die bespielte Welt und deren Besonderheiten. Diese Gestaltungen werden von der Gruppe kollektiv vorgenommen, basieren jedoch auf der Spielwelt des Regelwerks und seinen Ergänzungen. Diverse Bücher beschreiben den Kontinent, seine Geschichte, seine Akteure und seine Gesetzmäßigkeiten, seien sie juristischer oder magischer Natur. Zuerst der Spielleiter in seinen Vorbereitungen und dann die Spielenden im gemeinsamen Spiel mit ihm entwickeln auf dieser Grundlage ihre individuelle Auslegung der Geschichten und spinnen sie fort. Als Inspirationsquelle dienen Filme, Bücher, Zeitungen, Comics, Computerspiele oder Träume. »Die Kunst liegt nicht in der Adaption, sondern in der Variation des Bekannten«[352] schreibt einer der Entwickler von *Das Schwarze Auge*. Auch historische Quellen gelten als geeignet zur Inspiration des Spiels: »Für Abenteuer in Aventurien sollte Ihr besonderes Augenmerk Büchern zum Hochmittelalter bis zur Frühen Neuzeit gelten (grob 1250–1700).«[353] Offizielle Abenteuerbände bieten Spielvorschläge, die neben einem vorskizzierten Handlungsverlauf auch detaillierte Beschreibungen des Umfelds und beteiligter Nichtspielerfiguren beinhalten. Die Spielwelt von *DSA* liegt jenseits des Realen und ermöglicht es somit leichter, abwegige Identitätskonzepte sowie unvertraute Taktiken und Strategien in Anwendung zu bringen. Die Sichtbarkeit der Verbindungslinien zwischen Spiel und Alltag, werden so jedoch zugleich übermalt.[354]

4.2.2 Degenesis

Degenesis ist ein Spiel mit postapokalyptischem Szenario, welches bisher in zwei Editionen erschienen ist. Das Spiel zeichnet sich durch eine eigenständige Spielwelt und einfache Regeln aus, die es erleichtern, den Fokus auf das Erzählen und Interagieren zu legen. Das Spiel ist ausgelegt auf einen Spielleiter und ca. 4–6 Spieler, die jeweils eine Spielfigur übernehmen. Das Spiel kommt in Form aufwendig gestalteter Bände in einem hochwertigen Schuber zu den Spielern und spricht explizit Sammler und Spieler an, die viele andere Rollenspiele kennen und den gestalterischen Aufwand angesichts des verhältnismäßig hohen Preises zu schätzen wissen.[355]

Die Spielregeln definieren die Möglichkeiten der Spielfiguren durch sechs Attribute: Körper, Geschicklichkeit, Charisma, Verstand, Psyche und Instinkt. Jedem Attribut sind zudem sechs Fertigkeiten zugeordnet, zum Beispiel Faustkampf,

---

352 Findeisen. S. 134.
353 Ebd. S. 135.
354 Vgl. hierzu auch den Begriff *Bleed* in Kapitel 4.3.3.
355 Die beiden Bücher werden für ca. 100 € verkauft.

Verhandlung oder Zähmen.[356] Die Würfelregeln sind möglichst einfach gehalten: die Zahlenwerte von der zu verwendenden Fertigkeit und dem entsprechenden Attribut werden zusammengezählt und gegebenenfalls durch die Umstände modifiziert.[357] Der Spieler wirft so viele Würfel wie dieser Wert angibt, Ergebnisse von 4 oder darüber werden als Erfolg gewertet. Der Spielleiter bestimmt aufgrund der Umstände und der Komplexität des Vorhabens, wie viele Erfolge benötigt werden, um die Aktion durchzuführen. Um festzustellen, ob eine Aktion, die ein Spieler beschreibt, auf seine geplante Weise funktioniert, kann der Spielleiter auf diese Weise durch eine Kombination aus Zufall und Figurenattributen eine Entscheidung herbeiführen. Diese Proben beziehen sich meist auf Handlungen, können aber auch Wissensproben sein (der Spielleiter gibt bei Erfolg Hinweise). Die Kampfsimulationen funktionieren nach dem gleichen Prinzip.

Bei der Erstellung von Charakteren für die Spieler helfen nicht nur die Hintergrundinformationen zur Spielwelt, sondern auch eine Reihe von Charakter- und Eigenschaftslisten. Am Tarot orientierte Konzepte stellen so etwa Leitlinien für die Spielfigur dar. Hier kann zwischen verschiedenen Archetypen gewählt werden, beispielsweise dem Heiler, dem Fanatiker oder dem Wanderer.[358] Zur Charakter-Erstellung gehört auch, das Verhältnis der Spielgruppe festzulegen. Mit fortscheitendem Spiel verbessern sich die Fähigkeiten der Spielfiguren. Ränge entwickeln die Spielfiguren weiter und erweitern Macht und Aktionsspielraum. Die Erfahrungen der Spielfiguren schlagen sich sowohl in einer pauschalen Erhöhung von Werten als auch in Punkten nieder, die der Spieler individuell auf Werte seiner Figur verteilen kann.

Die Geschichte im Spiel nimmt ihren Ausgangspunkt in der Zukunft unserer Alltagsrealität. Im Jahr 2073 wird die Erde durch Asteroiden zerstört, einige Menschen jedoch überleben. Ein Ascheregen sorgt für Dunkelheit und Kälte, die Zivilisation verfällt. Die Polkappen dehnen sich aus und in den Kratern der Asteroiden wachsen riesige Pilzkolonien. Allein in Zentralafrika ist noch problemlos menschliches Leben möglich. Die Geschichte spielt im Jahr 2595 und neue Spezies bevölkern die Welt. Es geht um den Wiederaufbau der Zivilisation. Auf den Asteroiden befanden sich beim Einschlag sogenannte »Primersporen«, die nun um die Welt wehen und Lebewesen mutieren lassen, zu angepassten Wesen mit außergewöhnlichen psychischen Fähigkeiten. Von den Myzelien in den großen Kratern gehen Evolutionsschübe aus, die die Menschen mutieren lassen. Verschiedene Klans und Kulte organisieren die Menschen mit je unterschiedlichen Zielen und Weltentwürfen. Die ›Spitaler‹ versuchen die Welt von den Primersporen zu befrei-

---

356 Günther, Christian: *Degenesis. Rebirth Edition,* hrsg. von Günther, Christian/Djurdjevic, Marko. SIXMOREVODKA 2014. S. 9 ff.
357 Besonders gute Waffen etwa können diesen Wert erhöhen, schlechte Sicht z. B. ihn verringern.
358 Ebd. S. 31 f.

en. Die ›Helvetiker‹ sind die Überbleibsel der Schweizer Armee und haben sich in den Alpen verschanzt. Der Homo Sapiens kämpft gegen den Homo Degenesis – die mutierten Lebewesen. Kulte und Klans streiten gegeneinander um die Vorherrschaft. Zu besiegende Gegner gibt es viele in dieser Welt, angefangen bei der toxischen Umwelt über mutierte Bestien bis zu verfeindeten Klans. Die Spielregeln schlagen zur Strukturierung eines Abenteuers eine dreiaktige Dramaturgie vor, es wird aber immer wieder betont, dass die Spieler möglichst ungehindert ihre Geschichte erzählen sollen, ohne zu häufig vom Spielleiter in eine Richtung gelenkt zu werden oder durch die Umsetzung von Spielregeln abgelenkt zu werden. Es wird auf die Kraft des Klischees hingewiesen:

> Klischees entstehen durch Erfahrung und helfen, komplexe Situationen in stereotype Elemente zu zergliedern und angemessen zu handeln. Daher sind sie ein mächtiges Werkzeug für den Spielleiter, um den Spielern eine für sie zuerst fremde Welt nahe zu bringen.[359]

Der Spielleiter wird ermutigt, die stereotypen Vorstellungen der Spieler zu bedienen und zu bekräftigen, da für ihn so die Möglichkeit entsteht, an bestimmten Punkten die Klischees zu zerbrechen und so besonders greifbare Figuren entstehen zu lassen. Die Spielentwickler formulieren die Hoffnung, dass ihr Spiel trotz der Darstellung von Gewalt und Grausamkeit einen positiven Effekt auf die Spielenden hat, betonen ihr Problembewusstsein und übertragen die Verantwortung damit auf die Spielenden:

> Degenesis tritt ein für Toleranz und Verständigung der Völker. Die Welt des Spiels Degenesis ist aus der heutigen hervorgegangen und verzerrt sie in eine fantastische Zukunft. Konflikte innerhalb der Spielwelt entsprechen natürlich nicht der Realität – auch sind sie von uns in der Realität nicht gewünscht, sondern dienen allein der Spannung. […] Den in Rollenspielen üblichen Begriff der »Rassen« haben wir bewusst vermieden, da wir ihn für diskriminierend halten. Gewalt und Rassismus werden von uns aufs Strengste abgelehnt. Illustrationen mit Kampfdarstellungen sind keine Aufforderung zur Gewalt, sondern bilden eine grausame Welt ab, die es zu überwinden gilt.[360]

Die großen Freiheiten des Spiels können allerdings auch problematisch werden, da die Geschichten schnell sehr komplex und die Dynamiken zwischen den sehr unterschiedlich ausgerichteten Spielfiguren unüberschaubar werden. *Degenesis* zeichnet sich vor allem durch eine eigenständige Spielwelt aus, zwar mit Anleihen, aber ohne direkte Adaption anderer Narrative. Es hat ein vergleichsweise einfaches Würfelsystem und konzentriert das Spiel so auf den Erzählvorgang und die Interaktion zwischen den Spielern. Cyberpunk wird hier als Antwort auf die Machbarkeitsmaxime der Alltagsrealität der Spielenden verstanden.

---

359 Ebd. S. 317.
360 Günther/Djurdjevic. S. 4.

4.3 LARP

Das Live-Rollenspiel, häufig auch LARP genannt (Live-Action-Role-Play) übersetzt die sprachlich vermittelten Inhalte des Tischrollenspiels in eine stoffliche Form. Eine Gruppe von Spielenden findet sich für einen längeren Zeitraum (für gewöhnlich ein Wochenende bis zu einer Woche), um zu spielen. Die Gruppengröße kann von 5–10 Personen bis zu mehreren Tausend variieren. In Zeitumfang und Spielerzahl werden die meisten anderen Rollenspielarten überstiegen. Häufig finden Veranstaltungen mit 40–100 Personen an abgelegenen Orten oder in Gastronomien statt. Liverollenspiele zeichnen sich durch eine vergleichsweise aufwendige Ausstattung des Spielortes und Gewandung aller beteiligten Spielenden aus. Die Spielfiguren der Spieler-Charaktere werden nicht zuletzt deshalb teilweise über Jahrzehnte gespielt. Spieler-Charaktere (SC) haben sich im Vorfeld einen Charakter erdacht, dessen Hintergrundgeschichte, Fähigkeiten und Fertigkeiten, Marotten und Aussehen bestimmt.[361] SCs bleiben für gewöhnlich das gesamte Spiel über in ihren Rollen und reagieren auf das Geschehen um sie herum oder initiieren Handlungen. Nichtspieler-Charaktere (NSC) haben meist nur kurze Auftritte im Spiel. Bei Spielveranstaltungen werden die Teilnehmer häufig in zwei Lager getrennt, die Spieler leben in ihrer Welt, die Nichtspieler haben einen eigenen Bereich, den sie nur verlassen, um mit den Spielern in Interaktion zu treten. Wenn vor dem Spiel ein grober Handlungsverlauf geplant wurde, sind die Nichtspieler in diesen Plan eingeweiht. Wenn es etwa vorgesehen ist, dass die Spieler am zweiten Tag von fünf Banditen überfallen werden, statten sich fünf Nichtspieler als Banditen aus und greifen die Spieler an. Die Rollen werden meist oft gewechselt, sodass dieselben Nichtspieler kurz nach dem Überfall als Angehörige einer friedlichen Handelskarawane wieder mit den Spielern zusammentreffen können.[362] Die NSC stehen in engem Austausch mit der Spielleitung (SL), welche nicht nur über Regelfragen entscheidet und auf die Sicherheit der Teilnehmenden achtet, sondern auch den vorstrukturierten Handlungsverlauf betreut und die dafür benötigten NSC koordiniert. Alle drei Gruppen von Akteuren sind am Spiel beteiligt, jedoch mit unterschiedlichem Grad an Agency und unterschiedlichen Interessen/Aufgaben. Die SC gehen voll in ihren Rollen auf und agieren über die Zeit des Spiels primär aus ihren Rollen heraus. Die NSC hingegen übernehmen meist nur passagenweise eine Rolle, dafür aber mehrere über den Verlauf des Spiels verteilt. Es können jedoch auch NSC-Figuren die SC über den gesamten Spielverlauf begleiten und die Hand-

---

361 Soweit dies möglich ist. Ein Spiel mit Masken ist eher selten, oft sind die Körper der Spielenden in den Körpern der Spieler-Charaktere eindeutig zu erkennen und die Verwandlung fokussiert sich auf die Gewandung und Ausstattung (Kleidung, Waffen etc.).
362 Hier wird dann häufig von ›Springer-NSC‹ gesprochen.

lung vorantreiben.³⁶³ Die SL steht außerhalb der Spielwelt und koordiniert und verwaltet das Spiel der Anderen. Sie haben das Spiel initiiert und vorstrukturiert, sind in der Spielwelt allerdings nicht anwesend.³⁶⁴

Auch im LARP ist die Unterscheidung zwischen In-Time (IT) und Out-Time (OT) essentiell für das Gelingen des Spiels.³⁶⁵ Diese klare Unterscheidung ist wichtig, um eine Grenze zwischen Alltag und Spiel zu ziehen – gerade weil diese an sich brüchig und durchlässig ist. Die Freiheit des Spiels entsteht in erster Linie durch seine Rahmung und die zeitliche Rahmung ist sicherlich eine der am klarsten wahrnehmbaren und am leichtesten zu koordinieren. Neben wechselseitigen Beeinflussungen von Alltag und Spielwelt sowie Kategoriefehlern der Spielenden³⁶⁶ sind auch innerhalb des Spielsystems Wege vorgesehen, die Trennung von IT und OT zu durchbrechen, meist um darauf zu reagieren, dass Faktoren der Spielerwelt auf die Spielwelt Einfluss zu nehmen drohen. Dies können Effekte sein wie ›Time-Freeze‹, um Dinge zu installieren, oder ›Halt‹ (IT) bzw. ›Stopp‹ (OT) um eine Handlung zu stoppen.³⁶⁷ Da im Nordic LARP tendenziell extreme Situationen gespielt werden, sind solche Sicherheitsvorkehrungen umso wichtiger und daher auch häufig ausgeprägter als in anderen LARPs.

Gespielt wird in großen Arealen, die mit Camps und Infrastruktur bebaut werden, beispielsweise in alten Schlössern, in Jugendherbergen im Wald oder auch einmal in einer Kneipe. Ort und Spielinhalt bedingen sich gegenseitig. Die Schlacht mit 4.500 Spielenden³⁶⁸ braucht mehr Platz als eine Intrige in einer Hafenschänke. Aber auch die Ausstattung der Räume und aller Beteiligten skaliert mit der Teilnehmendenzahl. Die materiellen Bedingungen formen das LARP entscheidend mit, wie Ralf Bienia³⁶⁹ gezeigt hat. Die Gewandung bestimmt nicht nur, wie die Person als Rolle wahrgenommen wird, sie bestimmt auch die Möglichkeiten zur physischen Interaktion – eine schwere Rüstung schützt vor Angriffen, erschwert jedoch die Bewegung, denn die meisten Regelsysteme bestehen auf

---

363 Vereinzelt sind informierte Personen in die Gruppe der SC integriert. Hier spricht man von geführten Spielcharakteren. Egal ob die Figur nun direkt in der Spielergruppe beheimatet ist, oder als Alliierter Hilfe anbietet, sie steht immer in einer besonderen Position. Als Teil der Spielleitung ist der geplante Plot diesen Spielern klar, dies schränkt die Freiheit ihres Spiels zwar drastisch ein, ermöglicht aber, die Handlung so zu beeinflussen, dass ein flüssiger Ablauf garantiert werden kann. Darüber hinaus ermöglichen diese Figuren, gescriptete Ereignisse in den Ablauf einzuflechten.
364 Höchstens als NSC auf Zeit oder in betreuender Funktion.
365 In-Time (IT) bezeichnet die fiktive Spielwelt, hier wird nur zwischen den Spielfiguren interagiert, alles andere wird ausgeblendet. Out-Time (OT) betrifft die Welt der Spielenden, hierauf wird innerhalb des Spiels z. B. zurückgegriffen, wenn Regelfragen zu klären sind, oder eine akute Gefahr droht.
366 Durcheinanderbringen von Spielerwissen, Figurenwissen oder das Ansprechen eines Spielers anstelle seines Charakters zum Beispiel.
367 Vgl.: Schlickmann. S. 46 f.
368 Eines der größten LARPs: *Conquest*. http://www.live-adventure.de/.
369 Bienia.

einer im korrekten Material ausgeführten Rüstung.[370] Die Waffen allerdings müssen ungefährliche Replikationen sein. Schwerter bestehen etwa aus einem mit Latexschichten überzogenen Karbonstab, Pfeile haben einen breiten Silikonkopf.

LARPs werden in den unterschiedlichsten Genres gespielt. Dominant sind dabei Fantasy, SF und historische Settings, aber auch Horror-Geschichten oder Anordnungen aus dem Alltag werden bespielt. Letzteres ist besonders stark im sogenannten Nordic LARP zu finden. Es werden zusammenhängende Geschichten gespielt, die sich über wenige Stunden oder auch mehrere Tage erstrecken können. Eine Spielgruppe kann mehrere solcher Cons[371] besuchen und damit für sich selbst eine serielle Erzählung bilden, welche die Abenteuer der Spielgruppe unabhängig von den Veranstaltern der Cons in eine lineare Abfolge bringt. Eine Möglichkeit sind sogenannte Kampagnen, in denen einzelne oder mehrere Veranstalter mehrere aneinander anschließende Veranstaltungen organisieren, die von einer fortlaufenden Narration zusammengebunden werden oder die in einer gemeinsamen, erzählten Welt spielen. Seit dem Jahr 1995 gibt es einen Zusammenschluss von Veranstaltern, die unter dem Namen *Mittellande* etwa 80 bespielte Länder zu einer gemeinsamen fiktiven Welt zusammengefasst haben. Um die Mittellande darzustellen, wurden eine entsprechende Karte gezeichnet, diplomatische Beziehungen fixiert, Handel oder auch Kriege simuliert und organisiert. Spielgruppen können so auch Veranstaltungen von anderen Ausrichtern besuchen, ohne ihre fiktive Welt und Charaktere abändern zu müssen.

> In den Mittellanden findet man ca. 80 Länder. In jedem steckt viel Blut und Schweiß von Organisatoren, Spielleitern, NSCs und vor allem Spielern. Denn nur die Charaktere der Spieler erfüllen ein Land mit Leben. Einige Länder sind groß und haben viele Spieler (vielleicht sogar über 100 Charaktere, die aus dem Land kommen), andere werden von nur 10 Leuten bespielt. Aber hinter jedem Land stecken eigene Ideen, die es interessant machen.[372]

Es gibt LARP-Zusammenkünfte mit folgenden Spielschwerpunkten:
- AbenteuerCon – die wohl häufigste Spielart, da hier alle Elemente gleichermaßen vorkommen. Es wird etwas Plot mit etwas Kampf vermischt. Die Handlung beinhaltet ein paar Rätsel und Rituale und viel sozialen Umgang.
- RätselCon – Hier werden in erster Linie Rätsel gelöst, Kämpfe kommen nur sehr selten vor.
- SchlachtenCon – Im Zentrum stehen hier eine oder mehrere Großschlachten, in denen die Spieler gegeneinander oder gegen eine Gruppe von NSC bestehen müssen.

---

370 Eine Plattenrüstung muss entsprechend aus Vollmetall sein, Kettenhemden werden vereinzelt jedoch auch in Plastikausführung akzeptiert.
371 Vom englischen Wort *convention*.
372 Deutscher Liverollenspiel-Verband e. V.: *Mittellande*. http://mittellande.de/. Zur Geschichte des Deutschen LARPs siehe auch: Harvianen, Bienia, Brind et. Al.: Live-Action Role-Playing Games. In: Zagal/Deterding. S. 103 f.

- AmbienteCon/Feier – hier wird die soziale Interaktion und das Erleben ins Zentrum des Spiels gerückt. Eine Narration oder Kämpfe müssen nicht vorkommen.
- Hofhaltung – Eine Spielart des AmbienteCons, in dem höfischer Umgang gepflegt wird. Kämpfe kommen selten vor, es geht eher um Intrigen, Bälle oder die ›große Politik‹.
- Taverne – Eine weitere Spielart, in der es mehr um Geselligkeit und den Austausch zwischen den Charakteren geht. Meist ohne Narration oder Impulse von der Spielleitung.

Mischformen sind eher die Regel als die Ausnahme und die Kategorien werden mehr dazu benutzt, den Spielern bei der Anmeldung eine Idee davon zu vermitteln, was sie erwartet, als die Spielformen klar voneinander abzugrenzen. Die Spielformen stehen in engem Zusammenhang mit dem Ort, die Schlacht stellt andere Anforderungen an den Raum als eine Hafenkneipe. So variieren mit den verschiedenen Spielprinzipien auch der Vorbereitungsaufwand und die damit verbundenen Kosten.

Sofern Regeln für das Spiel benötigt werden,[373] sind diese häufig inspiriert oder angelehnt an Regeln aus dem Tischrollenspiel. Frühe Liverollenspiele waren sogar Versinnlichungen von Konfliktsimulationen – indem die taktischen und diplomatischen Spielbestandteile ausagiert wurden. Die meisten Regelsysteme für Liverollenspiele lassen sich aufteilen in ›freies Spiel‹ oder ›punktebasiertes Spiel‹.[374] Bei *punktebasierten Spielen* können die Spieler Punkte in Fertigkeiten investieren. Dies können Fähigkeiten wie Heilkunde oder Schlosskunde sein. Die Spielfiguren starten mit einer bestimmten Punktzahl, welche sie auf Fähigkeiten verteilen können. Durch das Spielen erhalten sie weitere Erfahrungspunkte, mit welchen sie Fähigkeiten verbessern oder neue erwerben können. Kampffähigkeiten werden in der Regel nicht durch Punkte dargestellt, sondern entsprechen den Fähigkeiten des Spielers selbst. Im *freien Spiel* werden keine Fähigkeiten notiert oder durch Punkte ausgewiesen, sondern es kommt allein auf das Ausagieren jener Fähigkeiten an. Hier sind zwei Varianten zu unterscheiden: beim ›Du kannst, was du kannst‹-Prinzip (DKWDK) fallen die Fähigkeiten der Spielfigur mit denen des Spielenden zusammen. Im ›Du kannst, was du darstellen kannst‹-Prinzip (DKWDDK) wird das Repertoire um darstellbare Fähigkeiten ergänzt. So wird dann etwa auch das Praktizieren von Magie möglich. Ein Feuerball wird dargestellt durch einen präparierten Ball, Heiltränke können in aufwendigen alchimistischen Prozeduren hergestellt werden (ohne eine alltagstaugliche Wirkung haben zu müssen).

---

373 Spielformen, die ausschließlich Begegnungen ermöglichen, z. B. Hof-Con oder Tavernen-Con, kommen vereinzelt ohne Regeln aus.
374 Vgl.: Schlickmann. S. 27 f.

Wie schon bei den Tischrollenspielen kann, in Anlehnung an Schechner,[375] der Ablauf eines Live-Rollenspiels als Abfolge von sieben Phasen beschrieben werden:

- *Training* – Spielregeln werden gelernt. Kampftechniken und fiktive Rituale werden gelernt und geübt.
- *Workshops* – Spielfiguren werden erstellt, eine Spielgruppe trifft taktische Entscheidungen. Hier können auch Spielmechaniken erlernt werden. Im Nordic LARP wird an dieser Stelle zudem häufig über die Rollen und das Spielkonzept diskutiert.
- *Proben* – finden eher für die NSC statt, die besondere Szenen vorbereiten, die dann aber auch nur wenige spielerische Anteile aufweisen.
- *Vorbereitung* – die Spielhandlung wird von der Spielleitung vorstrukturiert, alle benötigten Requisiten müssen gebaut oder organisiert werden. Der Spielort wird hergerichtet. Die Spieler kümmern sich um Ausstattung und Gewandung.
- *Veranstaltung* – das Spiel wird gespielt. Die Spielenden bleiben größtenteils in ihren Rollen, nur in Ausnahmefällen treten sie aus ihren Rollen heraus.
- *Ausklingen* – es wird über die Erfahrungen, Erfolge, Misserfolge des Spiels gesprochen. Erfahrungspunkte werden gegebenenfalls vergeben und eingesetzt. Nun kann wieder freier auch außerhalb der Figurendiegese geredet werden. In manchen Spielformen, häufiger zum Beispiel im Nordic LARP, steht an der Stelle auch ein Debriefing, um potenziell traumatische Erlebnisse zu verarbeiten.[376]
- *Nachbereitung* – selten, aber manchmal in Foren der Spielgruppen anzufinden.

Auch wenn im LARP der Fokus häufig auf Konflikten liegt und damit auf taktischen und körperbetonten Aktivitäten, steht das Ausspielen fast immer im Vordergrund. Situationen sollen ausgespielt und nicht nur beschrieben werden. So ist im LARP z. B. eine Heilung nicht nur die Fertigkeit eines Charakters, sondern sie sollte auch in Form eines fiktiven Rituals durchgeführt werden. Auch Treffer im Kampf sollten ausgespielt werden. Caillois Mimikry-Spiel ist hier besonders repräsentiert; wenn ein Spieler von einem Schwert getroffen wird, ist es für den Schwertführer wie für den Geschlagenen wichtig, den Treffer auszuspielen und nicht bloß als Wert auf der vom Regelwerk festgelegten Liste zur Kenntnis zu nehmen (Trefferstärke – Rüstung = Wert, der von der Gesundheit des Getroffenen abgezogen wird.) »Es gibt also eine Klasse von Handlungen, deren Gelingen davon abhängt, ob die Mitspieler*innen sie als gelungen akzeptieren oder nicht. Erfolg oder Misserfolg unterliegt damit nicht allein der Kontrolle der

---

375 Vgl. Kapitel 7.1.1. Die analoge Beschreibung der Tischrollenspiele findet sich in Kapitel 4.2.
376 Auf solche Beispiele wird im Unterpunkt zum Nordic LARP näher eingegangen.

Handelnden und ihrem Können, sondern erweist sich erst durch Anerkennung anderer.«[377] Hier liegt also die offensichtlichste Verbindung nicht nur zu Caillois, sondern auch zu Austins Sprechakttheorie.

Während das klar umrissene Zeitfenster der Conventions deren Anfang und Ende eindeutig markiert, ist den teilnehmenden Spielfiguren und Spielgruppen sowie deren Welt kein definitives Ende gesetzt. Eine Spielfigur kann immer wieder gespielt werden,[378] bis zum (endgültigen) Tod der Figur. Die Gruppen nehmen häufig an verschiedenen Arten von Conventions teil und agieren auch in Onlineforen aus ihren Rollen heraus. Der Tod einer Spielfigur wird unterschiedlich geregelt; meist wird eine Gnadenfrist gewährt, während der der Charakter verblutet, es aber noch möglich ist, ihn zu heilen; wenn der Tod eintritt, ist dieser in der Regel jedoch endgültig. Manche Spielsysteme bauen eine Unterwelt auf, in die gestorbene Charaktere geschickt werden; hier kann es gegen Auflagen einmalig erlaubt werden, ins ›Reich der Lebenden‹ zurückzukehren. Besonders bei Charakteren, die lange Zeit gespielt wurden, ist der Tod daher häufig ein bewusst gesetzter und erzählter Schlusspunkt einer Narration und wird entsprechend aufwendig inszeniert, etwa in Form eines großen Begräbnisses.

Gerda Schlickmann[379] spricht von einer Performance/Aufführung im LARP, da hier Handlungen in Anwesenheit anderer vollzogen werden. Man kann diese Beobachtung weiterführen und präzisieren: Das Performative dieser Situation liegt darin, dass Situationen geschaffen werden, denen sich die Schaffenden und die sich Anschließenden gemeinsam aussetzen. Solche Situationen können zwar eindeutigen Aufführungscharakter haben,[380] meist ist jedoch ein ambivalentes Verhältnis und eine individuelle Auslegung in Bezug darauf zu beobachten, wie viel der Einzelne in einer spezifischen Situation zur Darstellung/Situation beiträgt.

Im Folgenden werden nun drei verschiedene Ausprägungen genauer betrachtet.

4.3.1 Reenactment

Zunächst zu einer Form, die viele Ähnlichkeiten mit den anderen LARP-Formen aufzuweisen hat, jedoch deutlich von diesen unterschieden werden muss. Das historische Reenactment hat sich der Neuinszenierung oder Nachstellung konkreter geschichtlicher Ereignisse verschrieben. Über das Erleben eines als authentisch verstandenen Handlungszusammenhangs soll Geschichte verständlich und erlebbar gemacht werden.

---

377 Schlickmann. S. 98.
378 Spielgruppen reisen häufig gemeinsam zu Veranstaltungen an und spielen immer wieder dieselben Charaktere, die sich mehr und mehr weiterentwickeln.
379 Schlickmann.
380 Vgl.: Ebd. S. 107 f.

Historiografien dieser Art haben eine lange Geschichte: schon im Römischen Reich wurde Geschichte nachgespielt, die der eigenen Familie wie die der res publica. Die mittelalterlichen Passionsspiele vollzogen dies mit als Geschichte verstandenen Geschichten. Häufig fungierten diese Historienspiele als Festigung eines Geschichtsbilds oder eines genealogischen Herrschaftsanspruchs, ein Vorgang, der auch in Dramentexten und ähnlichen Medien wiederzufinden ist.[381] Die dargestellten Handlungen sind zu einem gewissen Grad vordefiniert, da meist konkrete Abläufe wiederaufgeführt werden, sind dabei jedoch nie detailliert determiniert oder entziehen sich dem historischen Wissen sogar gänzlich. Diese Paradoxie zieht sich auch durch andere Felder, etwa durch die Frage der Agency: gespielt werden Inhalte von Archiven, an denen sich die Spielenden bei der Gestaltung ihrer Figuren orientieren. Der Körper und alles Haptische strömt somit aus dem Alltag in die historischen Betrachtungen mit ein. Hier liegt auch die größte Affinität zu Strukturen des Rollenspiels, denn die Spielenden gestalten ihre Handlung nach Maßgabe von Vorlagen, welche innerhalb eines festgelegten Rahmens von den Spielenden spontan ergänzt werden können. Die Darstellung steht in beiden Fällen in einem Spannungsverhältnis zwischen der Freiheit des Spiels und der Struktur, in einem Falle eines Regelwerks und im anderen einer konstruierten historischen Situation.

Historische Reenactments bieten neuen Zielgruppen einen Zugang zum Umgang mit Geschichte und Kulturerbe und werden daher unter anderem von Museen umgesetzt. Sie sind jedoch auch offen für politische Inanspruchnahme und einem Traditionalismus mit einer Agenda jenseits der Rekonstruktion von Vergangenem. Oftmals spielt der Aspekt der Unterhaltung eine gewisse Rolle und zwar sowohl für die Akteure selbst, als auch für eventuelle Zuschauer. Eskapismus und Exotismus werden angesprochen. Dadurch besteht die Gefahr, dass »die Nichtverortbarkeit des Dargestellten zu einer Beliebigkeit führt, in der dann alles zugelassen ist, was sich irgendwie historisierend gibt und den spekulativen Erwartungen der Besucher entgegenkommt«[382].

Man unterscheidet im historischen Reenactment gemeinhin zwischen ›first-person-interpretation‹, bei der der Akteur als (belegte oder fiktive) historische Person agiert, und der ›third-person-interpretation‹, bei welcher der Akteur deutlich macht, dass er nur zeigt, wie es gewesen sein könnte. Je nach Ausprägung des Events können unterschiedliche Schwerpunkte ausgemacht werden. Weit verbreitet ist die Konzentration auf die Darstellung von Schlachten. Die Kampfszenen stellen die Frage nach dem Konflikt als handlungstragendem Element in den Fokus. In diesen Fällen ist der Fokus der Handlung klar definiert und der Ausgang sowie häufig der Verlauf sind durch Dokumentationen der his-

---

[381] Shakespeares Historiendramen, die als Rosenkriege zusammengefasst werden, gelten als Legitimationshilfe für den Machtanspruch der Tudors.
[382] Groschwitz. S. 148.

torischen Begebenheiten überliefert und damit von vornherein festgelegt. Die Agency des Einzelnen ist somit sehr gering, weshalb dessen Befriedigung weniger im eigenen Erfolg als vielmehr an der Teilhabe an ›etwas Größerem‹ liegt. Die Authentizität gehört für erlebnisorientiere Ansätze mit zur Kernerzählung der Veranstaltung, auch wenn einige zentrale Punkte dem widersprechen. So können einige Elemente aus der Alltagswelt der Darsteller wie Rechtsprechung (Waffenrecht, Hygienevorschriften etc.), die Unverletzlichkeit des Körpers und die kulturelle Prägung der Akteure nicht ignoriert werden. Auch die Sprache funktioniert in den meisten Fällen nicht. Selbst wenn in einem mittelalterlichen Setting die korrekte Sprache Anwendung finden würde, ist die genaue Aussprache des Mittelhochdeutschen oder Althochdeutschen nur bedingt rekonstruierbar. Es wird daher zumeist auf eine historisierende Kunstsprache zurückgegriffen. Artefakte wie etwa Kleidungsstücke oder Waffen werden häufig sehr genau rekonstruiert, die Herstellungsprozesse werden hingegen nur selten berücksichtigt. Ein besonderes Problem ergibt sich aus der kulturellen Bindung an Narrative, die nur schwer abzulegen ist. Helmut Groschwitz stellt eine Liste von Strategien und Methoden auf, um die möglichen Probleme zu minimieren:

- eine Kontextualisierung, also das Kommunizieren von Daten, Wissen und Quellenbelegen;
- die Reproduktion beziehungsweise Wiederaufnahme historisch belegter Formen;
- die Verwendung historisch belegter Materialien und Arbeitstechniken;
- die Verwendung des kulturellen Gedächtnisses und der damit verbundenen Orte;
- die Nutzung der Aura des Ortes (z. B. Burgen für Mittelaltermärkte);
- die Ausblendung von modernen Gegenständen und die Stimmigkeit der Inszenierung, performativ auch die Distinktion gegenüber Nichtauthentischem, also Modernem und Erfundenem;
- die Brechung der Inszenierung mit Hinweis auf das Fehlen von Quellen und die Quellenkritik;
- das Anknüpfen an Vorwissen und populäre Geschichtsbilder;
- das Vermitteln von Narrativen, die den Kontext zur Vergangenheit herstellen, meist verbunden mit sprachlichen Historismen;
- die Verwendung von Historisierungen (imitiertes Pergament, Holzschnittstil etc.) oder die Verwendung von Originalen als Requisiten;
- die Verwendung von Szenecodes, z. B. spezieller Sprachregelungen.[383]

Es gibt auffällige Ähnlichkeiten zwischen dem historischen Reenactment und dem LARP, nicht zuletzt in dem ambivalenten Verhältnis von Rolle und Funktion der Spielenden. Der Rekonstruktionsaspekt überwiegt jedoch häufig vor dem

---

[383] Ebd. S. 152.

Spielaspekt und die Spielenden beteiligen sich eher an der Formung eines ›großen Ganzen‹, als sich als Helden der eigenen Geschichte zu erleben, sodass die Unterscheidung trotz aller Ähnlichkeiten aufrechterhalten werden muss.

4.3.2 Fantasy LARP

Viele dieser Spiele sind im Fantasy-Genre angesiedelt. Deren Spielwelten weisen häufig starke Bezüge zum Mittelalter auf. Ein übliches Setting vereint das Herrschaftssystem des Hochmittelalters mit dem Technikstand der Renaissance und wird mit Figuren und Kräften aus dem Reich der Sagen und Mythen angereichert. Die Ähnlichkeitsbeziehungen der Narrative dieser Spiele zu anderen Medien birgt die Gefahr von stereotypen Darstellungen. Wie später noch zu zeigen ist, haben solche Stereotypen aber auch eine stabilisierende Funktion.[384] Besonders dann, wenn es um die Darstellung von fantastischen Figuren geht, ist die Akzeptanz der Mitspieler in Caillois' Sinne essentiell: »Für die Mitspieler muss erkennbar sein, was ein Spieler darstellen will; wer einen nicht-menschlichen Charakter spielen möchte, muss das mit verschiedenen Hilfsmitteln anzeigen.«[385]

Im deutschsprachigen Raum wird häufig nach dem Regelsystem ›DragonSys‹[386] oder Abwandlungen davon gespielt. Das Regelwerk wurde Anfang der 1990er-Jahre federführend von Robert Weis entwickelt und unter anderem von Karsten Dombrowski weiterentwickelt.[387] Zunächst wird die Bedeutung von Rücksichtname und Achtsamkeit für Gefahren und Mitspieler im LARP betont. Bei allen Regelfragen entscheidet in letzter Instanz stets die Spielleitung. Schon die Spielanleitung legt ein Heldenprinzip nahe[388] und gibt Hinweise, wie Charaktere zu entwickeln sind: Eine grundlegende Idee zu einem Charakter wird mit einem Namen und einer Hintergrundgeschichte versehen, Elemente für die Umsetzbarkeit und die Darstellbarkeit der Figuren werden geübt und organisiert. Soll etwa ein Ritter gespielt werden, muss eine Rüstung geschmiedet oder gekauft und der Schwertkampf geübt werden. Hinzu kommt das Ausleben zwischenmenschlich orientierter Attribute wie Führungsstärke oder Täuschung – aber welche Art der Täuschung? Führungsstärke und Täuschung haben hier verschiedene Bedeutungsebenen, das eine ist eine Eigenschaft, das andere eine Handlung – die Spielanleitung rät daher unerfahrenen Spielern zu unerfahrenen Figuren.

DragonSys arbeitet mit einem Fertigkeitssystem. Jeder Spieler bekommt eine Anzahl an Erfahrungspunkten,[389] welche er für die Erschaffung seiner Figur einsetzen kann; mit jeder Con werden weitere Punkte hinzugefügt. Mit diesen

---

384 Vgl.: Kapitel 5.3.
385 Schlickmann. S. 31.
386 Weis 2001.
387 Dombrowski, Karsten: *DragonSys. Regelwerk für Fantasy-Live-Rollenspiele*. Zauberfeder 2009.
388 Vgl.: Dombrowski. S. 11.
389 50 für universelle Charaktere, 60 für spezialisierte Krieger oder Magier. Vgl.: Dombrowski. S. 13.

Punkten können Fertigkeiten mit der Spielfigur verknüpft werden; Beispiele hierfür sind Regeneration (schnelleres Heilen von Wunden) oder Trankkunde (mit dem richtigen Material können alchemistische Tränke zubereitet werden). Attribute wie Stärke, Geschwindigkeit oder Geschicklichkeit sind an die Fähigkeiten des Spielers gebunden.

Im Kampf werden keine echten Waffen verwendet, die Treffer müssen somit ausgespielt und gezählt werden. Die Figur eines Spielers kann in der Regel drei Treffer aushalten, bevor sie anfängt zu »verbluten« – Rüstung und spezielle Fertigkeiten können diesen Wert erhöhen. Zum Schutz der Spieler sind Schläge auf den Kopf oder in den Unterleib ebenso verboten wie das Stechen mit einer Waffe.

Übernatürliches wie Alchemie oder Magie muss dargestellt werden, damit es intradiegetisch »funktioniert«.[390] Diese Darstellungen sind nicht genauer festgelegt, lediglich Richtlinien geben eine Richtung vor. Zaubersprüche etwa sind im Wortlaut nicht vorgegeben, es wird jedoch bestimmt, wie lang ein Zauberspruch einer bestimmten Güte zu sein hat.[391]

Fantasy im LARP betont das Andere der Spielwelt und markiert es somit als vom Alltag abgehoben. Es vereint das Eintauchen in eine fremde Rolle in einer fremden Welt mit dem Ausagieren von aus anderen Medien bekannten Narrativen und Strukturen.

4.3.3 Nordic LARP

Nordic LARP ist als Begriff entstanden, um eine Spieltradition zu beschreiben, die in den 1990er-Jahren in den nordeuropäischen Ländern entstanden ist. Wie schon so häufig in diesem Buch ist eine genaue Definition schwierig, obschon auf den ersten Blick klar zu sein scheint, was gemeint ist. Die Auseinandersetzung mit dieser Spielform findet vor allem in den Wissenschaften Anklang. Jaakko Stenros und Markus Montola setzen sich seit vielen Jahren mit dieser Spielart des LARP auseinander, welches sie als vergängliche Kunstform verstehen. »Larps are ephemeral. They cease to exist the moment they become complete. They can only be perceived as wholes once they have already vanished.«[392] Die Ähnlichkeit dieser Beschreibung zum Happening schlägt sich auch in den Bezügen zu den Arbeiten von Allan Kaprow nieder; ohne die beiden Formen gleichsetzen zu wollen, werden doch Ähnlichkeiten thematisiert.[393]

Die LARP-Szene in Skandinavien und Norwegen entwickelte sich in den 1980er-Jahren, inspiriert von weltweiten Phänomenen wie *Dungeons & Dragons* und den damit verbundenen Diskursen. Das politische Verständnis von Öffentlichkeit

---

390 Zudem müssen die Charaktere Punkte in den entsprechenden Fertigkeiten notiert haben.
391 Vgl.: Dombrowski. S. 48.
392 Stenros, Jaakko/Montola, Markus: *The Paradox of Nordic Larp Culture*. In: Stenros, Jaakko/Montola, Markus (Hg.): *Nordic larp*. Fea Livia 2010. S. 10.
393 Vgl.: Ebd. S. 10.

verstärkte diese Tendenzen. Staatliche Einrichtungen und Jugendorganisationen stellten den Raum für solche Aktivitäten zu Verfügung.»A key ingredient is also the *freedom to roam*, the right of general public to access both privately and publicly owned land.«[394] Dem Spiel einen Platz einzuräumen kann als Grundvoraussetzung des raumgreifenden LARPs verstanden werden, passt jedoch auch in die erlebnisorientierte und freiheitliche Pädagogik der Zeit. Zunächst wurden ausschließlich Fantasy- oder Mittelaltergeschichten sowie Rollenspiel-Systeme wie *Vampires* gespielt. Schnell aber fand – auch auf universitärer Ebene – eine inhaltliche Auseinandersetzung mit dem Spielprinzip statt und eine Befragung der Potenziale. Das erste Treffen fand 1997 in Norwegen mit dem Titel *Knutepunkt* statt und pendelt seitdem mit variierendem Namen zwischen den nordeuropäischen Ländern.[395] Hier wird nicht nur über die neuesten Entwicklungen der Szene diskutiert, sondern es werden auch Manifeste und Theorien erstellt. Dokumentationen dieser Treffen sowie deren Ergebnisse erscheinen auch in Buchform. Diese Bände sind zumeist eher anwendungsorientiert, lassen aber Schlüsse auf mögliche theoretische Zugänge zu. Die Sprachbarriere stellt sich nicht nur bei diesen Treffen, sondern auch in den LARPs selbst als Problem dar, die daher häufig mit Rollen für ›Fremde‹ ausgeweitet oder gleich in englischer Sprache gespielt werden. Dies sorgt nicht nur für eine multikulturelle und multilinguale Spielerschaft, sondern thematisiert zudem das Spiel als Konstruktion.

Bei aller Vagheit des Begriffes werden doch immer wieder Definitionen vorgestellt. Für Stenros und Montola stellen Ambition, Einsatz, fehlende kommerzielle Interessen, minimale Spielmechaniken und hochwertige Produktionen die Kennzeichen des Nordic-LARP dar.[396] Geläufig ist auch die Definition als Kombination von Immersion, Kollaboration und künstlerischer Vision. Elemente, welche dieser Spielart zugeordnet werden, sind ihr jedoch nicht exklusiv vorbehalten:»There's certainly a lot of elements which are considered part of this tradition, but are they unique? Is ›bleed‹, ›immersion‹, ›alibi‹ really Nordic? Are pre-game workshops, 360°, black box and debriefings?«[397] Die Weiterentwicklungen lösen sich so von dem Ort ihres Entstehens:

> Nowadays, the truly new stuff comes from all those Italians, Germans and Americans who have taken some of the ideas of Nordic Larp and made them part of their own artistic practice. Thankfully, instead of just assimilating stuff from us, they're sending ideas back, becoming the new creative frontier of Nordic Larp.[398]

---

394 Ebd. S. 15.
395 Knutepunkt (Norwegen), Knutpunk (Schweden), Knudepunkt (Dänemark) und Solmukohta (Finnland).
396 Vgl.: Ebd. S. 20.
397 Deutsch, Stefan: *There is no Nordic larp. And yet we all know what it means*. In: Nielsen, Charles Bo/Raasted, Claus (Hg.): *Knudepunkt 2015. Companion Book*. Rollespilsakademiet 2015. S. 146.
398 Pettersson, Juhana: »Introduction«. In: Pettersson, Juhana (Hg.): *STATES OF PLAY. Nordic Larp Around the World*. Pohjoismaisen roolipelaamisen seura 2012. S. 8.

Der Begriff ›Nordic LARP‹ steht demnach für ein Spielprinzip, ein Bekenntnis zu Prinzipien wie Immersion, künstlerischem Anspruch oder hochwertigen Produktionen. Viele dieser Spiele finden in Skandinavien und Norwegen statt und auch die LARP-Forschung hat dort ihren Schwerpunkt, doch die Idee und die Beschäftigung mit ihr – sei es in Form von Spielen oder wissenschaftlichen Auseinandersetzungen – sind mittlerweile weltweit zu beobachten.

In den 2010er-Jahren ist eine zunehmende Professionalisierung der Spiele zu beobachten, teils mit einer einhergehenden Kommerzialisierung. Das Internet und vor allem das Crowdfunding erlauben es, Spieler gezielt zu adressieren und ihnen Erlebnisse zu verkaufen. So kommt eine Spielerschaft zusammen, die international, engagiert und gewillt ist, monetären und zeitlichen Aufwand auf sich zu nehmen. Hierdurch wird es möglich, auch aufwendigere Vorhaben zu realisieren. Das *College of Wizardry* bietet weltweit viertägige LARPs in einem umfangreich ausgestatteten Schloss in Polen an.[399] Ein anderes Beispiel für ein solches Großprojekt ist das LARP *Monitor Celestra*.

Monitor Celestra[400] spielt im Universum der Fernsehserie *Battlestar Galactica* und wurde als sogenanntes ›Pay and Play‹ Spiel im März 2013 insgesamt drei Mal gespielt. ›Pay and Play‹-LARPs erlauben es ihren Spielern, ohne eigene Vorbereitung am Spiel teilzunehmen. Spielfiguren und Gewandungen werden von den Veranstaltern gestellt. Alle spielrelevanten Informationen, seien es Hintergrundwissen zur Spielfigur und Spielwelt oder Kenntnisse in speziellen LARP-Techniken, werden im Voraus in Workshops vermittelt.

> »The ticket price includes the game, a written character, a uniform on loan if you play a uniformed character, food, off-game sleeping arrangements, character-specific props and a pre-game workshop as well as an afterparty.«[401]

Battlestar Galactica ist ein Universum, das in erster Linie von zwei Fernsehserien geprägt wurde. Eine Flottille von heimatlosen Raumschiffen durchkreuzt das Universum auf der Suche nach einer neuen Erde – eine klassische SF-Erkundungsgeschichte, die sich vor allem mit Fragen der Politik und der Religion beschäftigt. Das Live-Action-Rollenspiel findet auf einem dieser Schiffe statt, wobei ein Schlachtschiff so ausgestattet wird, dass es wie ein Raumschiff wirkt. Die Immersion soll möglichst weitgehend sein, daher wird die 360°-Regel weitestgehend umgesetzt[402] – nur extreme Erfahrungen werden durch ein Regel-

---

399 Adressiert wird hier im Speziellen das *Harry Potter*-Fandom. Entsprechende Angebote werden inzwischen auch in anderen Ländern realisiert. Siehe: COLLEGE OF WIZARDRY. https://www.cowlarp.com/.
400 Weiteres Material unter: the monitor celestra – battlestar galactica larp. https://petterkarlsson.se/2013/03/19/the-monitor-celestra-battlestar-galactica-larp/.
401 The Monitor Celestra Briefing. http://www.alternaliv.se/briefings/TheMonitorCelestraBriefing.pdf.
402 Die 360° Regel besagt, dass alles, was die Spieler umgibt, genau in dieser Form anwesend ist. Eine Kiste, auf der ›Bombe‹ steht, ist genau das: eine Kiste, auf der ›Bombe‹ steht. Diese ex-

system emuliert. Das Spiel legt großen Wert auf die Plausibilität seiner Welten. Zwei Dinge sind besonders auffällig: die elaborierte Narration und die implizite politische Botschaft. Wie auch das Remake der Fernsehserie gestaltet das LARP eine paranoide Welt, in welcher Themen wie Terrorismus, Othering, Normen, Politik und Religion verhandelt werden.

> A game about never being able to go back home. About escaping one kind of oppression just to run into another kind – dressed up in a different costume and in different words – in your adopted home. But also a game about the hope of a new life in a new environment. Of escaping stifling tradition and intolerance to reinvent yourself and society on the ashes of the old world.[403]

Wie so häufig in der SF wird im Raumschiff der Zukunft die Gegenwart verhandelt. *Monitor Celestra* gilt als erstes Spiel, welches über Crowdfunding finanziert wurde. Durch die Höhe des gesammelten Betrags (ca. 120.000 €) wurde ein beeindruckender Aufbau der Spielwelt ›Raumschiff‹ ermöglicht. Dabei bekamen Sponsoren Charaktere mit größerem Einfluss zugewiesen als die Spieler, die erst nach Beendigung der Finanzierung hinzukamen. Viele kritisierten im Nachgang jedoch die fehlende Motivation der Spieler, da diese sich nur unzureichend mit den nicht von ihnen selbst entwickelten Figuren identifizierten.[404]

Zurzeit verstärken sich Progressdiskurse und das LARP wird mehr und mehr in edukativen Zusammenhängen eingesetzt.[405] Die deutsche Version von *Monitor Celestra*, *Projekt Exodus* wurde von der Bundeszentrale für politische Bildung finanziell unterstützt. Das Spiel wurde in Anlehnung an das schwedische Original auf einem Museumsschiff in Wilhelmshafen umgesetzt. Als Modellprojekt der Bundeszentrale wurde in der Öffentlichkeitsarbeit betont, dass hier Verständnis für politische Sachverhalte und Dynamiken geschaffen werde.[406]

In den Beschreibungen von Nordic LARPs wird besonders hervorgehoben, dass diese Spiele außergewöhnliche Erfahrungen ermöglichen, die jedoch zunächst nicht rein positiv wahrgenommen werden müssen, denn auch als langweilig oder alltäglich eingestufte Inhalte können im Spiel thematisiert werden. Das Geschehen soll für die Spielenden von Bedeutung sein, dies schließt im Nordic LARP besonders auch extreme Erlebnisse mit ein. Das Spielen von negativen Erfahrungen in extremen Situationen, etwa einer Gruppenvergewaltigung[407],

---

treme ›Phänomenologie‹ ist jedoch nur schwer konsequent aufrechtzuerhalten und steht dem Spielerischen entgegen.
403 Ebd.
404 Montola, Markus: *Crowdfunding Celestra*. In: Back, Jon (Hg.): *The cutting edge of nordic larp*. Knutpunkt 2014.
405 Eine gute Übersicht bietet: Bowman, Sarah Lynne: Educational Live Action Role-playing Games: A Secondary Literature Review. In: Bowman, Sarah Lynne (Hg.): The Wyrd Con Companion Book 2014. Wyrd Con 2014.
406 Vgl.: Projekt Exodus. Ein Bildungsliverollenspiel. http://www.projekt-exodus.com/.
407 Ein durchaus umstrittener Spielvorgang, auf den später noch genauer eingegangen wird.

macht deutlich, dass es hier um eine extrem gerahmte Situation geht, innerhalb derer die Grenzen dieser Rahmung ausgetestet werden sollen. »These games can be seen as social *bungee jumping*, as simulations of extreme experiences that can elicit physiological stress responses in a gratifying manner. Like extreme sports, they can also promote fellowship among participants.«[408] Hier wird besonders deutlich, warum ein Debriefing in dieser Spielform so wichtig ist.

Ein prominentes Beispiel für eine solche Spielform ist das LARP *KAPO*, welches im Herbst 2011 in Kopenhagen durchgeführt wurde. Das Spiel spinnt sich um die entmenschlichenden Handlungszusammenhänge eines Camps für politische Gefangene. Das Lager, in dem Dissidenten gefangen gehalten werden, wird organisiert durch Kapos: Mitgefangene, denen die Verantwortung für den reibungslosen Ablauf übermittelt wird. Es geht dem Spiel bewusst nicht um große Narrative, sondern schlicht um Strategien zum Überleben in einer solchen extremen Umgebung. Es geht um Macht, Gewalt, Hilflosigkeit, Erniedrigung, Rache, Kollaboration. In einer etwa 1400 m^2 großen Halle wurde ein heruntergekommenes, dreckiges Camp aufgebaut, in dem die Spieler 48, 24 oder 12 Stunden verbringen können; es kommen also, während das Spiel seinen Lauf nimmt, immer mehr Mitspieler dazu. Teilnehmende beschreiben ihre Erfahrungen zugleich als negativ, extrem und wertvoll. »Pushed to the limit both physically and mentally, I learned a lot about myself and my own reactions to experiences, that I wouldn't meet otherwise.«[409] schreibt eine Spielerin in der ausführlichen Dokumentation.[410]

Die Spieler betreten die Halle mit einem Sack über dem Kopf und landen zunächst in einem zu kleinen Käfig, um von da aus von den bereits anwesenden Personen ins Spiel integriert zu werden. Sie beginnen dabei auf der niedrigsten Hierarchiestufe. Die NSC/SL spielen die Wärter. In zweitägigen Workshops wurden die verschiedenen Spielergruppen auf das Spiel vorbereitet und gemeinsam Dynamiken des Zusammenspiels entwickelt. Im gesamten Verlauf des LARP sind alle Gruppen durchgängig beschäftigt, vom Mülleinsammeln oder Bemalen der Wände mit den Gefangenennummern bis hin zur Organisation von Frischwasser und Nahrung. Phasen von absoluter Dunkelheit strukturieren die Tage. Dies ermöglicht es, innerhalb der 48 Stunden das Vergehen vieler Tage zu simulieren. In mehreren Verhörräumen werden die Gefangenen in die Enge getrieben, ihnen werden terroristische Umtriebe vorgeworfen (oder alltägliche Banalitäten), eine Begnadigung ist nicht vorgesehen. Das Spiel endet erst nach den 48 Stunden oder für einen Spieler individuell, wenn er sich entscheidet,

---

408 Montola, Markus: *The Positive Negative Experience in Extreme Role-Playing*. http://www.digra.org/wp-content/uploads/digital-library/10343.56524.pdf.
409 Sonderskov, Juul/Amalie, Louise: *Too close to reality*. In: Raasted, Claus (Hg.): *The book of Kapo*. Rollespilsakademiet 2012. S. 59.
410 Solche Dokumentationen sind typisch für das Nordic LARP. Die Dokumentation zu KAPO findet sich unter: Raasted, Claus (Hg.): *The book of Kapo*. Rollespilsakademiet 2012.

das Spielfeld zu verlassen (was eine endgültige Entscheidung ist). Eine Spielerin berichtet über die Verhöre:

> I was, together with my fellow apprentices, abused both verbally and physically, forced by the old prisoners to do hard, meaningless work. Whatever reply I gave to a question would be the wrong one. No work I did would satisfy my master. I would be punished for things he made up. And even though I soon realized that the easiest way was to try to obey, on the inside I was filled with hatred, spite and a sense of injustice that made me nauseous. But I learned. I learned the rituals, the cycle, the work, the dynamics in the camp.[411]

Die zentrale Anweisung zum Spielen in diesem LARP ist das »*Law of the two feet*«: den Spielenden wird nahegelegt, dass sie gehen können, wann immer sie wollen. Ansonsten wird das Spiel über persönliche Befindlichkeiten gestellt. Nur wenige Regeln strukturieren das Spiel. Hierzu gehören:

- ›Pre-LARP Workshop‹ – Im Vorfeld wird in einem mehrtägigen Workshop über Spielsystem und Methoden diskutiert. Es wird gemeinsam an der Spielwelt, vor allem aber an den Figuren und deren Dynamiken untereinander gearbeitet.
- ›Ars amandi‹ – Methode, um Sexualität und Intimität darzustellen. Berührungen werden auf Hände und Arme limitiert. Diese Methode wird in Workshops geübt und vermag es, ein großes Maß an Intimität aufkommen zu lassen. Mit der gleichen Methode lassen sich jedoch auch Vergewaltigungen spielen.
- ›Offgame Room‹ – ein Freiraum, in den sich Spieler zurückziehen können, um sich eine Pause vom Spiel zu nehmen oder Hilfe zu suchen. Hier kann jedoch auch über das Spiel gesprochen werden.
- ›Debriefing‹ – abschließendes Gespräch in kleineren Gruppen über die Erfahrungen im Spiel und die eigenen Gefühle dem gegenüber.

Hier wird eine Spielweise betont, die nicht der üblichen Immersion in einer handlungsmächtigen Rolle entspricht. Vielmehr werden Aspekte der eigenen Persönlichkeit erfahrbar, die sonst nur selten sichtbar werden. In der Dokumentation heißt es: »I experienced the way too short journey from being a victim to being an abuser. I know, not only with my intellect, but with my emotions, what Stockholm syndrome really is. But it was a safe way to learn.«[412] – genau darin liegt wohl der Reiz dieser Spielart: Erfahrungen zu machen, die einem im Alltag aus gutem Grund verschlossen bleiben, die im Spiel jedoch sicher abgeschlossen verhandelt werden können.

Die Sicherheit, die das Spiel bietet, ist jedoch brüchig, wie bereits an anderer Stelle gezeigt wurde. Nicht umsonst ist der Begriff des ›Bleed‹ im Kontext

---

411 Nilsen, Elin: »*High on Hell*«. In: Pettersson, Juhana (Hg.): STATES OF PLAY. Nordic Larp Around the World. Pohjoismaisen rooolipelaamisen seura 2012. S. 11.
412 Ebd. S. 11.

des Nordic LARP entstanden. Schon Huizinga[413] schreibt, dass es für das Spiel unumgänglich ist, eine Grenze zu übertreten und in einen Raum einzutreten, der losgelöst vom Alltag eigene Regeln etabliert. Huizinga spricht hierbei vom ›magic circle‹ – ein Begriff, der insbesondere in den frühen Game Studies aufgenommen wurde, etwa bei Katie Salen und Eric Zimmerman[414]. Dieser ›magische Kreis‹ steht für eine Vorstellung vom Spiel, das losgelöst von Raum, Zeit und Regeln des Alltags stattfindet. »The magic circle thus inscribes the boundary between order and chaos, between the idealized ritual of play and the mess of ordinary life.«[415] Diese Lesart ist nicht unumstritten. Die Realität beinhaltet nicht das Spiel, Spiel ist Bestandteil von Realität. Zudem ist der Alltag zunehmend von anderen virtuellen Realitäten durchsetzt. »Virtual environments are an important part of our everyday reality and should be seen as deeply interwoven with our sense of the real.«[416] Marinka Copier plädiert in ihrer Studie zum Digitalrollenspiel *World of Warcraft* dafür, über den Magic Circle hinauszugehen.[417] Onlinerollenspiele sind ihrer Studie nach Netzwerke, die mit dem Alltag interagieren. Sie verweist zudem darauf, dass die Welt des Spiels erst durch das Spielen entstehen kann, einem komplexen Geflecht von verschiedenen Vorstellungen von Regeln, Spiel und Kultur.[418]

Die Vorstellung des Magic Circle hat sich mit der Zeit geändert, der enge Kreis wurde nach und nach gelockert. Jede Form von Spiel braucht eine solche Grenzziehung, um als solches funktionieren zu können, die Grenze ist dabei jedoch je nach Spiel hochgradig durchlässig und selbst in den restriktivsten Konstellationen niemals ganz abschließbar. Montola ergänzt diesbezüglich:

> The magic circle of play is in no way a unique sociocultural boundary. Metacommunication, communication frames, regions, social institutions, constitutive rules and layered meanings are present in all human interaction. Our social reality is full of all kinds of layered meanings, and play and gaming are based on adding additional layers. Thus, when game scholars contrast play with ›ordinary life‹, it should not to be read to mean that there are only two types of activity in human life, and that game scholars study one half of it. Rather, ›ordinary life‹ is shorthand for all cultural contexts that are not flagged as playful.[419]

Die Teilnahme an Rollenspielen wird wie bei den meisten Spielen als konsequenzlos beschrieben. Wie gerade am Konzept des Magic Circle gezeigt, kann eine solche Grenze zwischen Spiel und Nichtspiel nicht aufrecht erhalten blei-

---

413 Siehe auch Kapitel 2.1.1.
414 Salen, Katie/Zimmerman, Eric: *Rules of play. Game design fundamentals*. The MIT Press 2010.
415 Calleja, Gordon: Ludic identities and the magic circle. In: Frissen, Valerie et al. (Hg.): *Playful Identities. The Ludification of Digital Media Cultures*. Amsterdam University Press 2015. S. 213.
416 Ebd. S. 219.
417 Vgl.: Copier.
418 Vgl.: Ebd. S. 139.
419 Montola 2012. S. 54 f.

ben. In Rollenspielen beeinflussen sich Spieler und Spielfigur gegenseitig. Gefühle, Instinkte oder Gedanken aus dem Alltag halten Einzug in das Spiel und umgekehrt. Die Rollenspielforschung, etwa die Sarah Lynn Bowmans, nennt das Phänomen ›bleed‹.[420] Der Effekt wird von manchen Spielenden und Spielen aktiv gesucht und von anderen aktiv unterdrückt. In anderen Fällen geschieht dies entweder aus Zufall oder schlicht folgerichtig.

Bleed ist ein Vorgang, der in erster Linie mit Emotionen zusammenhängt: »Bleed is most often described in terms of emotional experiences, as emotions are the least conscious and most spontaneous aspects of enactment.«[421] Aber auch der physische und/oder psychische Zustand der Spielenden kann übertragen werden, genauso wie unbewusste oder vorbewusste Vorstellungen über das Funktionieren von Welt. Bleed kann weitreichende Folgen haben, für den Alltag mehr als für das Spiel.[422]

Letzten Endes gehört die Erzählung der gegenseitigen Beeinflussung von Alltag und Spiel auch zum Selbstbild des politisch, persönlich und ästhetisch wirkmächtigen Nordic LARP. Stenros versucht sich an einer Definition, die zumindest das Themenfeld umreißt:

> »A tradition that views larp as a valid form of expression, worthy of debate, analysis and continuous experimentation, which emerged around the Knutepunkt convention. It typically values thematic coherence, continuous illusion, action and immersion, while keeping the larp co-creative and its production uncommercial. Workshops and debriefs are common.«[423]

Bei der Bestimmung, was diese Spielform ausmacht, kommt es weniger auf die Inhalte als auf die Art, wie gespielt wird, und das Meta-Spiel an. Und so bleibt am Ende nur eine recht lose Definition, die zwar geknüpft an konkrete Traditionen, heute aber eher als Label einer Absichtserklärung verstanden werden kann.

---

420   Vgl.: Bowman, Sarah Lynne: *Bleed: The Spillover Between Player and Character*. https://nordiclarp.org/2015/03/02/bleed-the-spillover-between-player-and-character/.
421   Ebd.
422   Siehe hierzu auch: Flöter. S. 172 ff.
423   Stenros, Jaakko: *What Does »Nordic Larp« Mean?*. In: Back, Jon (Hg.): *The cutting edge of nordic larp*. Knutpunkt 2014. S. 152.

5 Rollen im Rollenspiel

Nachdem es bisher in erster Linie um die Geschichte und Funktionsweise der Rollenspiele ging, sollen im Folgenden die Inhalte dieser Spiele untersucht werden. Von besonderem Interesse sind dabei der Stellenwert von Narration und Identität im Rollenspiel und die Frage nach der Rolle selbst.

5.1 Narrative

Viele Spiele und Rollenspiele im Speziellen werden intuitiv als Erzählung verstanden, da sie in ihrem Aufbau anderen narrativen Medien stark ähneln. Es finden sich hier – wie zum Beispiel auch bei Filmen oder der erzählenden Literatur – Expositionen, Einführungen von Figuren und Aufgaben oder Spannungsdramaturgien. Spiele stehen in einem engen Verhältnis zu Erzählungen mit wechselseitigen Beziehungen, wie im weiteren Verlauf zu zeigen ist. Insbesondere die sprachliche Vermittlung und Fundierung von Erzählung, Identität und Geschichte wird im Folgenden näher beleuchtet.

5.1.1 Geschichten erzählen

Erzählende Spiele und Erzählspiele profitieren von der allgemeinen Vertrautheit mit Erzählungen: »[…] everybody has certain intuitions – or has internalized certain rules – about what constitutes a story and what does not.«[424] Ohne große Erklärungen oder die Notwendigkeit, Regelsysteme zu etablieren, können weite Teile der Kulturpraktik des Erzählens bei den Spielenden als bekannt vorausgesetzt werden.[425] Erzählungen gelten als tief verwurzelter Bestandteil unserer Kultur wie auch die Möglichkeit, uns selbst zu erzählen und zu verstehen. Sarah Bowman etwa beschreibt die Wirkkraft der Erzählungen:

> These narratives aid us in making meaning of our own lives and instruct us on the complexities and potentialities of life. They also provide models for us to either embody or avoid, depending on our reaction to the personalities and events presented by the storyline.[426]

Das Verhältnis von Spielen zu ihrem Erzählcharakter ist jedoch komplizierter, als es zunächst zu sein scheint. Weite Teile der Spielwissenschaft wie der Erzählforschung stellen fest, dass Spiele keine Erzählung seien, sondern eine Form von Handlung. So schreibt etwa Britta Neitzel in ihrer Dissertation über Narrative in Computerspielen:

---

424 Prince, Gerald: *Grammar of stories*. Mouton 1973. S. 9.
425 Konkret betrifft dies natürlich sehr unterschiedliche Erzähltraditionen, sodass auch auf dieser Ebene Ambivalenzen entstehen können, die jedoch zu Gunsten des Spiels meist ignoriert werden.
426 Bowman 2010. S. 13.

Wo erzählt wird, wird nicht gespielt, und wo gespielt wird, wird nicht erzählt, oder anders gesagt: Eine Erzählung erzählt von Handlungen, im Spiel jedoch werden Handlungen ausgeführt. Erst wenn das Spiel zu Ende ist, kann von ihm erzählt werden.[427]

Im Spiel wechseln sich demnach Momente des Spielens mit Elementen der Erzählung ab, oder etwas vorsichtiger ausgedrückt: Phasen, in denen die Geschichte und Phasen, in denen das Gameplay dominant ist. Schon diese Aussage scheint im Blick auf das Rollenspiel nicht ganz plausibel. Im Liverollenspiel und im digitalen Rollenspiel lässt sich diese Beobachtung in vielen Fällen abbilden. Das Tischrollenspiel jedoch, welches ganz in der Sprache existiert, lässt diese Unterscheidung schon auf den ersten Blick verschwimmen. Im Liverollenspiel und im digitalen Rollenspiel ist es durchaus üblich, verschiedene Phasen mit unterschiedlichen Medialitäten zu verbinden. Im digitalen Spiel etwa können Phasen, in denen der Spielende agiert, sich mit erzählenden Phasen ohne Interaktion oder mit minimaler Interaktion[428] abwechseln. Auch in Liverollenspielen kann dies vorkommen, wenn die NSC vorbereitete Passagen spielen oder die Spielenden, als Spiel im Spiel, Rätsel oder Geschicklichkeitsaufgaben lösen müssen. Im Tischrollenspiel gibt es auch rein erzählende Passagen, in denen etwa der Spielleiter aus dem Quellbuch oder eigenen Aufzeichnungen vorliest; diese Spielphasen bleiben jedoch im gleichen Medium beheimatet und sind niemals hermetisch-autonom, sondern immer durchlässig und für Spielimpulse offen. Im Liverollenspiel und ganz besonders im Tischrollenspiel gibt es zwischen spielenden und erzählenden Passagen nur schwer feststellbare Grenzen, die zudem immer verhandelbar und durchlässig bleiben. Außerdem ist in beiden Spielformen meist eine Mischung der beiden Prinzipien zu beobachten, in denen dann eines der beiden dominieren kann.

In der Forschungsliteratur wird mit Blick auf die Performancekunst des frühen 21. Jahrhunderts vereinzelt die Frage gestellt, ob Narration der richtige Begriff für Projekte sei, die sich erst im Verlauf erfinden. Nina Tecklenburg bejaht dies ganz ausdrücklich.[429] Ausgehend von einem Zitat von Peggy Phelan – »performance lives in the now, while narrative histories describe it later«[430] – entwickelt sie eine Argumentation gegen die Trennung von ›Showing‹ und ›Telling‹. Das Spielen (sowohl im ludischen wie auch im performativen Sinne) als erzähleri-

---

427 Neitzel, Britta: *Gespielte Geschichten. Struktur- und prozessanalytische Untersuchungen der Narrativität von Videospielen*. http://e-pub.uni-weimar.de/opus4/frontdoor/index/index/docId/69. S. 9.
428 Beispielhaft zu nennen sind hier die Click-Time-Events, zeitkritische Eingaben durch den User innerhalb eines festen Gefüges. Hier läuft zum Beispiel ein Film ab und zu vordefinierten Punkten werden Aufforderungen an die Spieler eingeblendet, wie z. B. »Drücke Leertaste«, das schnelle Drücken garantiert den optimalen Fortgang der Geschichte.
429 Vgl.: Tecklenburg, Nina: *Performing Stories. Erzählen in Theater und Performance*. transcript 2014. S. 41 f.
430 Phelan, Peggy: *Shards of a history of performance art*. S. 500. Zitiert nach Tecklenburg. S. 311.

sche Praktik muss den Prozess und die Performativität der eigenen Arbeit betonen. Es geht darum, einen »narrativen Prozess in Szene zu setzen«,[431] in dessen Verlauf in Echtzeit Geschichten konstruiert und geteilt werden. Tecklenburg verweist im Kontext der von ihr diskutierten Performances auf die »spezifisch kommunikativen und materiellen Bedingungen einer Aufführung«[432], welche in Abgrenzung zu rein textbasiertem Erzählen mit der Narration verknüpft werden. Diese Beobachtung lässt sich nahezu nahtlos auch auf spielerische Anordnungen übertragen. Die verschiedenen Rollenspielformen sind von unterschiedlichen medialen Bedingungen geprägt, vom rein sprachbasierten Tischrollenspiel bis hin zu den sehr stark visuell funktionierenden Digitalrollenspielen. In allen Formaten ist jedoch zu beobachten, wie stark sich diese Bedingungen in die Form des Erzählens einschreiben.[433]

Erzählen ist Repräsentation von Ereignissen – eine »Praktik, mittels derer Menschen versuchen, vergangene, zukünftige und potentielle Handlungen und Ereignisse fassbar zu machen.«[434] Diese Praktik strukturiert Zeit und bringt somit Geschehnisse in einen Zusammenhang. Die Narration als prozessuale Handlung entwickelt die Geschichtenwerdung im Vollzug des Erzählaktes.

Nun ist es so, dass nicht nur Spiele mit sprachlichen Mitteln operieren, sondern auch Sprache spielerische Elemente aufweist. Primär kann hierbei auf Wittgensteins Sprachspiele verwiesen werden. Exemplarisch für solche Spiele kann die Erzählung eines Witzes oder das Erfinden einer Geschichte angeführt werden. Nina Tecklenburg fasst zusammen: »Sprachspielen bedeutet […], eine kontextabhängige und zweckgebundene Regelanwendung und -setzung zu vollziehen.«[435] Das Erzählen kann in diesem Sinne als ein im Alltagshandeln tief verwurzelter Prozess verstanden werden. Lyotard spinnt diese Analogie noch weiter und attestiert dem Erzählen einen agonalen, spielerischen Charakter. Dies zeigt sich vor allem durch ein kontinuierliches Reagieren und Bezugnehmen innerhalb des Sprechens.[436] Die durch das Erzählen entstehende Welt ist nichts von der Gegenwart Getrenntes, sondern die Verwirklichung einer Erzählsituation, deren Teil der Erzählende schon immer war.

Die Narrative Psychologie orientiert sich in ihrer Methodik stark an geisteswissenschaftlichen Traditionen. Sie geht davon aus, dass Menschen zur Sinnstiftung Erlebnisse als Narrative wiedergeben. Die erzählerischen Strukturen sind dabei so tief verwurzelt, dass selbst das Ich als Narrativ verstanden und

---

431 Tecklenburg. S. 75.
432 Ebd. S. 75.
433 Siehe hierzu auch Kapitel 5.1.
434 Tecklenburg. S. 37.
435 Ebd. S. 126.
436 Vgl.: Ebd. S. 139.

vermittelt wird.[437] Im Rollenspiel wird dieser Vorgang zum Mittel des Spiels. Die Spielenden konstruieren sich eine Figur mit einer (meist) kausalen Geschichte und agieren mittels dieser innerhalb der fiktionalen Welt. Diese Figuren werden stetig weiterentwickelt[438] und unterliegen in allen Stadien den (impliziten) Regeln der Narration. Im Rollenspiel konzentrieren sich die Erzählungen der Spielenden in besonderem Maße auf die Beschreibung der von ihnen dargestellten Figur, ihrer Handlungen und ihrer Umgebung. Diese Geschichten sind in weiten Teilen improvisiert. Allein der Spielleiter folgt einem (geheimen) Plan und versucht die im Moment entstehende Geschichte dahingehend zu beeinflussen. Insbesondere das Tischrollenspiel kann auf abrupte Veränderungen des Spielverlaufs spontan reagieren, da in dieser Spielform nur wenige Parameter im Vorhinein endgültig festgelegt wurden. Gemeinsam werden Welten erschaffen, in welchen die Handlung stattfindet und die stillschweigend von allen Beteiligten als die momentan zu beachtende Realität akzeptiert werden. Diese notwendige Welt wird auch in den Spielsystemen hervorgehoben, beispielsweise im Regelwerk zu dem Spiel *Degenesis:*

> Jeder Spielleiter erschafft aus dem Material in diesem Buch seine eigene Welt, setzt Schwerpunkte, ignoriert, was ihn nur am Rande interessiert und erfindet Geschehnisse, Orte und Personen.[439]

So entstehen Spielwelten, die hochgradig individualisiert und an die Imaginationskraft der jeweils Spielenden geknüpft sind. Dies vergrößert die Einzigartigkeit der Gruppe und somit auch ihren Zusammenhalt nach außen.[440]

Die Aktionen der Spielenden sind dabei von besonderer Bedeutung; es geht hier um mehr als nur eine interaktive Geschichte (wie beispielsweise beim Vorleseakt für Kinder, bei dem die Geschichte nach den Wünschen des zuhörenden Kindes modifiziert wird). Der Unterschied liegt in dem Grad der Einflussnahme; das Rollenspiel unterscheidet sich von anderen Erzählformen durch die umfassende Aktivierung der Spielenden. Im Regelwerk zu *Das Schwarze Auge* heißt es:»Machen Sie niemals den Fehler, die Helden zu reinen Zuschauern zu degradieren.«[441] Das Gefühl von Verursachung ist eine zentrale Motivation des Rollenspielers. Im Idealfall erlebt sich der Spieler als Initiator seiner Geschichte, als Verursacher seiner Handlungen.

Um Erfolgserlebnisse solcher Art zu ermöglichen, steuern die meisten Spiele und Spielleiter bis zu einem gewissen Grad die Handlung, welche die Spieler

---
437 Auf den Begriff der Narrativen Identität wird später noch genauer eingegangen. Kapitel 5.2.1.
438 Siehe hierzu Bowman 2010. S. 156.
439 Günther, Christian/Djurdjevic, Marko: *Degenesis.* Six more vodka 2006. S. 20.
440 Vergleiche hierzu: Assmann, Jan: *Das kulturelle Gedächtnis. Schrift, Erinnerung und politische Identität in frühen Hochkulturen.* Beck 2013.
441 *Das Schwarze Auge. Basisregelwerk.* Fantasy Productions 2006. S. 271.

durchleben. Um dies zu erreichen, gibt es unterschiedliche Strategien, ein Beispiel hierfür ist die von Martin Sallege beschriebene probabilistische Narration: Es geht darum, einen ›Flaschenhals‹ in die Handlung einzubauen, welchen die Spieler passieren müssen, um im Spiel voranzukommen. Dies kann eine bestimmte Passage sein oder aber auch eine spezifische Aufgabe wie etwa das Bekämpfen eines Gegners oder ein Rätsel.[442]

> Wichtige Plot Points […] werden mit einer sehr hohen Wahrscheinlichkeit wahrgenommen, weil sie an prominenter Stelle und mit einem engeren Flaschenhals implementiert werden, weniger wichtige Details der Narration […] werden von einem geringeren Prozentsatz der Spieler wahrgenommen. […] Der Spieler hat zwar die Möglichkeit, die Handlungen des Avatars zu bestimmen, aber nur eine bestimmte Handlungsweise lässt ihn im Spiel fortfahren.[443]

Zugunsten der Binnenerzählung werden erzählerische Freiheiten der Spielenden beschnitten, möglichst, ohne dass es ihnen auffällt. Das Rollenspiel tendiert dazu, ein Gleichgewicht zwischen Elementen der Erzählung und Elementen des Erzählens zu schaffen. Spielmechanik und Narration wechseln sich teilweise episodisch ab und werden durch die Spielenden zu einem Erlebnis verwoben, welches in einer idealtypisch konsistenten Welt und einer sinnvollen, kollektiven Erzählung mündet. Es durchmischen sich hierbei Erlebnisse der Figur innerhalb der Erzählung mit den Erlebnissen des Spielers beim Erzählen. Die Grenzen sowohl zwischen Spielen und Erzählen als auch zwischen Spieler und Figur tendieren dazu, zu verwischen, und auch die Übergänge zwischen eher erzählenden und eher mechanischen Episoden verschwimmen im konkreten Spielgeschehen.

Die Strategie, alle Beteiligten in die Erzählung und den Erzählprozess einzugliedern, ist, wie Tecklenburg argumentiert, für viele Performances des frühen 21. Jahrhunderts kennzeichnend, aber auch schon in früheren Theateransätzen zu entdecken. Namentlich Brechts Lehrstücke müssen hier Erwähnung finden, aber auch in den 1970er-Jahren sind in Performances Ansätze eines »partizipatorisch-immersiven Erzählens«[444] zu finden.

Interessant für eine Auseinandersetzung mit dem Narrationsbegriff in den Spielen ist die Diskussion zwischen Narratologen und Ludologen[445] und mög-

---

[442] Vgl.: Sallege, Martin: *Interaktive Narration im Computerspiel*. In: Thimm, Caja (Hg.): *Das Spiel – Medium und Metapher der Mediengesellschaft?* VS Verlag für Sozialwissenschaften 2009. S. 96 f.
[443] Ebd. S. 96.
[444] Tecklenburg. S. 32.
[445] In der Anfangszeit der Game Studies entbrannte ein Streit zwischen einigen Literatur- und Medienwissenschaftlern wie Janet Murray und Celia Pearce, die Spiele wie Texte behandeln wollten, und sich um Espen Aarseth gruppierenden Ludologen, die sich auf den simulativen Anteil des Spiels konzentrierten. Inzwischen sind sich weite Teile der Forschungsgemeinschaft einig, dass Narration und spielerisches Verhalten zu vereinbaren sind.

liche Lösungen aus diesem Streit. Wo Gonzalo Frasca[446] Simulation und Narrativ gegenüberstellt und aufgrund einer angenommenen fehlenden narrativen Geschlossenheit der Spiele konstatiert, Videospiele seien Simulationen und Erzählungen Repräsentationen und diese Punkte schlössen einander aus, plädiert Ryan für eine Synthese. Grundlage hierfür bildet die Gleichzeitigkeit von Immersion und Interaktion und dem so entstehenden partizipatorischen und emergenten Erzählmodus: »In the participatory mode the plot is not completely pre-scripted. The recipient becomes an active character in the story and through her agency she contributes to the production of the plot.«[447] Spiele, und dies gilt für Rollenspiele ganz besonders, schaffen durch die Involvierung der Spielenden in Handlungen und Erzählungen eine Brücke, indem das Erzählen Teil der Welt und ihrer Handlungsoptionen und diese Welt in all ihren Einzelheiten Teil des Erzählens wird. Nina Tecklenburg fasst ihr diesbezügliches Argument folgendermaßen zusammen:

> Das Erzählen als prozessual zu denken, bedeutet sich von der Vorstellung einer Erzählung als fester Struktur zu lösen und stattdessen die Erzählung in einem konstitutiven Wechselverhältnis zum Erzählakt zu begreifen. Es gibt keine Erzählung, keine narrative Aussage jenseits des Erzählaktes. Die narrative Aussage ›schreibt sich‹ im Erzählvollzug. In dieses Wechselverhältnis mit eingeschlossen ist ebenso die Geschichte, der narrative Inhalt. Die Geschichte bildet das Ergebnis eines Erzählaktes, das jedoch nie unabhängig vom Erzählen existieren kann.[448]

Für Rollenspiele beschreibt dies den Kern aller Aktivitäten. Speziell am Rollenspiel, insbesondere dem Tischrollenspiel, ist die pluralisierte Position derer, die den Erzählakt und damit auch die Erzählung gestalten. Das Wechselverhältnis besteht hier also nicht nur zwischen Erzählung und Erzählakt, sondern auch zwischen den verschiedenen Erzählungen und potenziellen Erzählungen der Spielenden, welche durch den Erzählakt synchronisiert werden.

Der historische Strang des Erzählens, welcher bereits erläutert wurde, bildet den Kern des performativen Erzählens im Rollenspiel. Die Vertrautheit im Umgang mit Geschichten und dem Erzählen, sowohl von tradierten Geschichten als auch von spontan Erfundenem, macht die Erzählung zum Inhalt diverser Spiele, vom Kinderspiel bis hin zu komplexen reglementierten Rollenspielen. Im Zentrum der Weltengestaltung des Rollenspiels, so ein vorläufiges Fazit, steht die Emergenz und das prozessuale Erzählen.

---

446 Vgl.: Frasca, Gonzalo: *SIMULATION 101: Simulation versus Representation*. http://www.ludology.org/articles/sim1/simulation101.html.
447 *Ryan Foundation* zitiert nach Tecklenburg. S. 85.
448 Tecklenburg. S. 98.

5.1.2 Geschichte erzählen[449]

All die Freiheiten, welche den Spielenden von Rollenspielen offenstehen, kulminieren nur in wenigen Fällen in absurden Spielwelten (wie z. B. *Bunnies & Burrows*[450]), meist lehnen sie sich an den Spielenden Bekanntes an. Als Quellen für die Spiele werden sowohl andere Medien wie Filme oder Bücher empfohlen als auch historische Quellen, für *DSA* z. b. solche aus der Zeit vom »Hochmittelalter bis zur Frühen Neuzeit.«[451] Diese Verbindung zur Alltagsrealität ist jedoch nicht zwingend notwendig, vielleicht sogar in vielen Fällen hinderlich. Die Regelwerke des *Schwarzen Auges* etablieren daher den fantastischen Realismus, ein Begriff, der vorübergehend[452] übernommen werden soll, um jene in sich konsistent erzählte Welten beschreiben zu können.

> Phantastischer Realismus heißt, dass es auch für das Phantastische und Wunderbare Erklärungen und Gesetzmäßigkeiten innerhalb der Welt gibt und dass die phantastischen und die realistischen Elemente der Welt miteinander verzahnt sind.[453]

Spiele können weit über ihre Grenzen hinaus Wirkung zeigen, sie sind Medien der Weltaneignung und ein Ort, an dem soziale Regeln erlernt und erprobt werden können. Andersherum zeigt auch die Kultur ihre Spuren im Spiel: »[…] games are largely dependent upon the cultures in which they are practiced. They affect their preferences, prolong their customs, and reflect their beliefs.«[454] Oder wie Huizinga es fasst: »In […] Spielen bringt die Gemeinschaft ihre Deutung des Lebens und der Welt zum Ausdruck.«[455] Spiele können, wie beschrieben, zur Einübung von Techniken verwendet werden oder nicht. Die Einübung von Verhaltensweisen hinterlässt auf jeden Fall Spuren im Alltag der Spielenden: »Games lead to habits and create reflexes. They cause certain kinds of reactions to be anticipated […]«[456] Es lässt sich also eine in beide Richtungen durchlässige Beziehung zwischen Spiel und Außenwelt attestieren. Gerade im Rollenspiel bedingen sich so Spielcharakter und Spielercharakter gegenseitig.

Spiele können auf zwei sehr unterschiedlichen Ebenen historische Elemente beinhalten. Geschichte kann einerseits aus edukativen Gründen heraus ein-

---

449 Zum Reenactment siehe auch Kapitel 4.3.1.
450 Sustare, B. Dennis u. Robinson, Scott: *Bunnies & Burrows*. Gilbert 1976. Hier nehmen die Spielenden die Rollen von wehrhaften Hasen an. Vorlage ist der Roman *Watership Down* von Richard Adams (1972).
451 Findeisen, Marco: *Wege des Meisters. Ein Handbuch für Spielleiter; eine DSA-Spielhilfe*. Ullisses Spiele 2009. S. 135.
452 Eine genauere Auseinandersetzung mit der Frage des Fantastischen findet sich in Kapitel 3.2.1.
453 Römer, Thomas; Don-Schauen, Florian: *Das Schwarze Auge. Basisregelwerk*. S. 11.
454 Caillois 2001. S. 82.
455 Huizinga. S. 57.
456 Caillois 2001. S. 83.

geflochten werden wie es in den *Serious Games* umgesetzt wird.[457] Die andere Möglichkeit besteht in der Einbindung von historischen Elementen als Versatzstücke der Alltagsrealität, um den Spielenden etwas Bekanntes an die Hand zu geben und zudem den Eindruck von Authentizität zu erwecken. Ein Großteil der Rezeptionshaltungen solcher Spiele orientiert sich an diesen beiden Lesarten. Die einen loben das immersive Potenzial des Mediums, welches als Vehikel Inhalte wie z. B. geografische Kenntnisse oder ein Geschichtsbewusstsein vermitteln könne.[458] Andere wiederum verweisen auf die Gemachtheit dieser Geschichtsdarstellungen und problematisieren das hochgradig teleologische Geschichtsbild einer Mehrzahl dieser Spiele.[459]

Geschichte wird von den meisten theoretischen Schulen als Konstruktion verstanden und auch im Rollenspiel ist die Gemachtheit unumstritten. In den Spielen finden sich jedoch auch Geschichtsschreibungen, welche diverse Vermittlungsvorgänge durchlaufen haben. So können auch Geschichtsschreibungen aus der Alltagsrealität der Spielenden zu Geschichtsschreibungen der Spielwelt werden. Diese sind jedoch immer durch das Spiel beeinflusst, sei es, dass die Elemente aus dem Zusammenhang genommen und frei und neu arrangiert werden,[460] dass Geschichte ab einem bestimmten Punkt von der Alltagsrealität abweicht[461] oder schlicht, dass Geschichte zum Spielzeug wird, und damit einer Komplexitätsreduktion und Einpassung in ein Regelwerk unterliegt.

Bei der Genese der Geschichte im Rollenspiel spielen Fakten generell nur eine untergeordnete Rolle, sie dienen als Setzkasten für die zu erzählende Geschichte, als Bausteine, aus denen Neues erschaffen wird. Es kann hier auch von ›Bricolage‹ gesprochen werden: also die zuvor nicht festgelegte Neuanordnung von unmittelbar zur Verfügung stehendem Material.[462] Die Spielenden können also spielerisch und kreativ mit Elementen der sie umgebenden Welt umgehen und diese neu gestalten. Historisch inspirierte Spiele lassen die Veränderbarkeit

---

457 Siehe: Raczkowski, Felix: *Digitalisierung des Spiels. Games, Gamification und Serious Games.* Berlin, Kadmos 2019.
458 Squire, Kurt/Barab, Sasha: *Replaying History: Engaging Urban Underserved Students in Learning World History Through Computer Simulation Games.* http://website.education.wisc.edu/kdsquire/manuscripts/icls2004/icls-civ3.doc.
459 Sigl, Rainer: *Geschichte live erleben | Telepolis.* http://www.heise.de/tp/artikel/21/21361/1.html.
460 Es wird zum Beispiel ein höfischer Ball oder eine Kriegstechnologie in ein Fantasysetting übernommen.
461 Das als ›Alternate History‹ bekannte Genre konstruiert Gedankenexperimente, in denen ab einem fixen Punkt in der Geschichte etwas geschieht, das deren Verlauf verändert. *The Man in the High Castle* von Philip K. Dick beschreibt das Jahr 1963 in den USA. Diese haben den Krieg gegen Deutschland und Japan verloren und stehen unter Okkupation. Der Roman thematisiert den Einfluss von Propaganda und Lüge auf die Wirklichkeit – und dies in einer verschobenen, verfremdeten Wirklichkeit.
462 Vgl.: Lévi-Strauss, Claude: *Das wilde Denken.* Suhrkamp Taschenbuch Verlag 1973. Ebenso Kapitel 6.1.1.

von Geschichte sichtbar werden oder schmücken sich mit den Federn des ›Edutainments‹ oder der ›Serious Games‹. Ähnlich wie schon bei den Narrativen beschrieben, hat auch Geschichte (sofern sie denn bekannt ist) die Tendenz, sofort sichtbar zu werden, wenn Elemente auftauchen, mit denen sie in Beziehung steht. Schapp schreibt: »Wir meinen, daß die bekannte Geschichte sich gleichsam selbst erzählt, wenn im Zusammenhang der Geschichten ihr Stichwort auftaucht.«[463] Im Spiel kann Geschichte gespielt werden, dies vollzieht sich als Genese einer eigenen Geschichtlichkeit innerhalb der Spielgruppe, die zugleich die Geschichte der Kultur spiegelt, in welcher gespielt wird.

›Geschichte‹ ist ein vielschichtiger Begriff. Er bezeichnet zugleich das in der Vergangenheit Geschehene und das Geschriebene über diese Geschehnisse.[464] Beide Auslegungen sind dabei höchst ambivalent. Eine Geschichte im Sinne der *res gestae* (das, was sich ereignet hat) wird dem Wissenschaftler wohl niemals gänzlich zugänglich sein und auch Geschichte als *historia rerum gestarum* (Wiedergabe oder Analyse des Geschehens) wird nicht rekonstruiert, sondern konstruiert. »Die Geschichte ist nicht einfach ›da‹. Sie wird von den Historikern auf je verschiedene Weise hergestellt.«[465] In diesem ›Geschichte-Schreiben‹ ähnelt die Tätigkeit der Historiker dabei sehr der literarischer Autoren. Die Realität der Geschichte erschöpft sich in ihrer sprachlichen Vermittlung. Dies ist zwingend eine Vermittlung im Nachhinein.

> […] die Wahrheit einer Geschichte ist immer eine Wahrheit *ex post*. Sie wird überhaupt erst gegenwärtig, wenn sie nicht mehr existent ist. Die Vergangenheit muß also für uns erst vergangen sein, bevor sie ihre historische Wahrheit zu erkennen geben kann.[466]

Vergangenes wird dann von den Historikern arrangiert und zu einer Geschichte geformt, der Gültigkeit beigemessen wird. Hierbei wird die Entropie der Ereignisse strukturiert und in eine Abfolge gebracht. Der Historiker wählt aus, was wichtig ist und was nicht, und in welcher Reihenfolge er davon berichten will. Die Entscheidung für eine solche Strukturierung aber auch für einen bestimmten Stil fällt der Historiker, »[…] die Anordnung der Ereignisse hängt davon ab, welche Geschichte der Historiker erzählen möchte: ein Drama oder eine Entwicklungsgeschichte […].«[467]

---

463 Schapp, Wilhelm: *In Geschichten verstrickt*. S. 101 f. Zitiert nach Tecklenburg. S. 134 f.
464 Siehe hierzu etwa: Assmann, Aleida: *Der lange Schatten der Vergangenheit. Erinnerungskultur und Geschichtspolitik*. C. H. Beck 2014.
465 Baberowski, Jörg: *Der Sinn der Geschichte. Geschichtstheorien von Hegel bis Foucault*. Beck 2005. S. 10.
466 Koselleck, Reinhart: »Vom Sinn und Unsinn der Geschichte«. In: Dutt, Carsten/Koselleck, Reinhart (Hg.): *Vom Sinn und Unsinn der Geschichte. Aufsätze und Vorträge aus vier Jahrzehnten*. Suhrkamp: Berlin 2010. S. 19
467 Baberowski. S. 28

Das, was wir Geschichte nennen, wird also aus vielen individuellen Perspektiven zusammengesetzt. Dieses ›Kollektivsingular Geschichte‹, wie Koselleck es nennt, nimmt auch die Historie mit in sich auf. Nur eine Deutung, die der Geschichte einen teleologischen Sinn gibt, ist in gegenwärtigen Theorien nicht mehr vorgesehen.

> Der Geschichte eine Zwangsläufigkeit zu unterstellen bedeutet nichts anderes als sich ihr zu unterwerfen, sich ihr zu fügen, um eine vermeintliche Notwendigkeit zu befördern. Die unterstellte Notwendigkeit injiziert der Geschichte einen Sinn, der die Menschen entmündigt.[468]

Warum also Geschichte? Sie erfüllt neben der archivarischen und identitätsstiftenden auch noch eine soziale Funktion. Ideen, die Jürgen Kocka in diesem Zusammenhang in den 1970er-Jahren festhielt, wie etwa, dass gegenwärtige Probleme durch die Aufdeckung ihrer Ursachen und Entwicklungsschritte historisch erklärbar seien, werden gegenwärtig nur noch selten in Anwendung gebracht. Der Gedanke, mittels des historischen Vergleichens ein Möglichkeitsbewusstsein zu schaffen, um die Gegenwart als veränderbar darzustellen und Alternativen zulassen zu können, erscheint an dieser Stelle jedoch überaus reizvoll.[469] Im Rollenspiel wird diese Möglichkeit häufig genutzt, wenngleich es sich hierbei natürlich nicht um eine Auseinandersetzung mit der Vergangenheit, sondern mit einer fiktiven Welt handelt (die sich wiederum der Vergangenheit der Alltagsrealität der Spielenden nicht entziehen kann).

In der Geschichtsschreibung geht es um mehr als das Sammeln von Quellen: »Geschichtsschreibung ist nicht bloße Nacherzählung toter Fakten und Geschehnisse. [Sie ist ein] unabdingbares Werkzeug für den Aufbau des menschlichen Universums.«[470] Es kommen somit ganz ähnliche Mechanismen zum Tragen wie in der Literatur oder der Mythologie, wenngleich den Geschichtsschreibern weniger Einfluss auf ihr Werk zugestanden wird. Noch in der Aufklärung wurde eine klare Grenze zwischen dem Dichter und dem Historiker gezogen. Der Dichter sei im Gegensatz zum Historiker »Herr über die Geschichte; und er kann die Begebenheiten so nahe zusammenrücken als er will.«[471] In der Mitte des 18. Jahrhunderts schwand diese klare Trennung und es rückte die Frage ins Bewusstsein:

---

468 Koselleck 2010. S. 25.
469 Vgl.: Kocka, Jürgen: »*Geschichte wozu?*«. In: Wolfgang Hardtwig/Hardtwig, Wolfgang (Hg.): *Über das Studium der Geschichte*. Dt. Taschenbuch-Verlag 1990.
470 Cassirer, Ernst: *Versuch über den Menschen*. 1990. Zitiert nach: Baberowski. S. 9.
471 Lessing, Gotthold Ephraim/Albrecht, Wolfgang: *Briefe, die neueste Literatur betreffend. Mit e. Dokumentation zur Entstehungs- u. Wirkungsgeschichte*. Reclam 1987. S. 207 f. Weiterführend siehe: Koselleck, Reinhart: »Fiktion und geschichtliche Wirklichkeit«. In: Dutt, Carsten/Koselleck, Reinhart (Hg.): *Vom Sinn und Unsinn der Geschichte. Aufsätze und Vorträge aus vier Jahrzehnten*. Suhrkamp 2010. S. 83 f.

> Wie verhält sich die sprachliche Konstitution einer Geschichte, sei es die Geschichte eines historischen, eines poetischen oder sonst eines Schriftstellers, zu dem, was nunmehr als geschichtliche Wirklichkeit erfahren und bezeichnet wird?[472]

Die Strategien, welche hierzu in den unterschiedlichen Disziplinen gefunden werden, ähneln sich sehr, insbesondere wenn es darum geht, außersprachliche Faktoren zu formulieren. Insofern verwundert es nicht, dass Rollenspiele im Umgang mit Geschichte ganz ähnlich verfahren wie andere narrative Kunstformen, wie etwa die Literatur oder der Film.

Das Rollenspiel wird nicht automatisch zu Geschichte, da das Spielen selbst nur im Vollzug Bestand hat. So wie Geschehnisse im Nachhinein zu Geschichte geformt werden, kann auch das Rollenspiel zu Geschichte werden, wenn das Spielen abgeschlossen ist. Dies geht häufig mit einem Medienwechsel einher, zum Beispiel in Internet-Foren, kann aber auch in ruhigen Kneipengesprächen stattfinden.[473] Viele dieser Spiele basieren jedoch bereits auf existierender Geschichte. Diese wird im Rollenspiel, anders als im Reenactment, ab einem fixen Startpunkt im Rahmen des vom Spielsystem Zugelassenen beliebig verändert. Die Freiheiten dieser Spielform ermöglichen es, historische Alternativen zu spielen und somit, ganz ähnlich, wie es Kocka für den historischen Vergleich beschreibt, Geschichte als veränderbar wahrzunehmen.

In fast allen Formen des Rollenspiels[474] kommt dem Miteinander eine besondere Bedeutung zu. Zwar existieren auch Formen für Einzelspieler,[475] der besondere Reiz dieser Spiele liegt jedoch im gemeinsamen Erleben und Erschaffen einer Welt, die nur für ihre Mitspieler existiert. Der Spieler erlebt sich nicht nur als Handelnder, sondern auch als Teil einer Gruppe, die sich über einen komplexen gemeinsamen Erzählhorizont und gemeinsame Erlebnisse nach außen abgrenzt und so eine verschworene Gemeinschaft hervorbringt und ihren Mitgliedern Identität und Halt bieten kann. Diese Entwicklung innerhalb vieler Spielergruppen ist bereits in der Struktur dieser Spiele angelegt und wird vom Regelwerk befördert. Hinweise in den Spielerhandbüchern, die die Spieler ermutigen, sich vom Regelwerk zu lösen und eigene Hausregeln zu entwickeln, zielen darauf, die Einzigartigkeit der einzelnen Gruppe und die Bande zwischen den Mitspielern zu verstärken.

> Viele Spieler lieben es geradezu, sich ihre eigenen Regeln auszudenken, besondere Charaktermodelle zu erfinden und sich spezielle Szenarios einfallen zu lassen. [...] Warhammer eignet sich sehr gut für Änderungen und Variationen, und jeder Spieler sollte sich durchaus ermutigt fühlen, die Regeln zu verändern, zu modifizieren

---

472 Ebd. S. 85.
473 Dies reicht vom Smalltalk über das soeben Erlebte bis hin zu einer dezidierten Geschichtsschreibung.
474 Ausnahmen bilden Singleplayer-Varianten, die häufig im digitalen Rollenspiel, vereinzelt jedoch auch in analogen vorkommen, zum Beispiel in Soloabenteuern im Tischrollenspiel.
475 Meistens in Form eines Romans oder als Digitalrollenspiel.

und allgemein mit ihnen zu experimentieren. […] Es gibt viele erfahrene Spieler, die noch einen Schritt weiter gehen und die Spielregeln selbst verändern, so dass sie zu ihrem Spielstil passen. Und warum auch nicht![476]

Ihre Geschichte – in der Ambivalenz der Doppeldeutigkeit des Begriffs – wird somit zum individuellen Gut der Spielgruppe, die Konstruktion und Pflege dieser Geschichte zur Aufgabe der Spielenden und der Gruppe als ganzer. Es handelt sich dabei um einen steten Verhandlungs- und Versicherungsprozess, der zugleich die Gruppe als Einheit stärkt und nach außen abgrenzt.

5.2 Identitäten

»Der Erzähler nimmt, was er erzählt, aus der Erfahrung derer, die seiner Geschichte zuhören«,[477] schreibt Walter Benjamin und im Hinblick auf einen vielfach attestierten steigenden Identitätszwang in der Gesellschaft[478] werden diese Erfahrungen mehr und mehr eingefordert und funktionalisiert. Menschen erzählen sich selbst in immer neuer Form. Diese Selbstnarrationen stehen in stetem Austausch mit den uns im Alltag umgebenden Narrativen.

5.2.1 Identitätstheorie

In der Psychologie bezeichnet der Begriff ›Identität‹ die den einzelnen Menschen kennzeichnenden und als Individuum von anderen unterscheidenden Eigenheiten. Der bewusste Umgang damit ist eine Erfindung des späten 19. Jahrhunderts: »Der Identitätsbegriff hat zwar eine lange geistesgeschichtliche Tradition, die allgemeine Idee der Konstruierbarkeit der eigenen Identität ist allerdings noch relativ neu.«[479] Erst mit der Moderne wird die Identität zu einem Feld, welches vom Subjekt bearbeitet werden kann. Zuvor wurde sie festgelegt von Traditionen, Mythen oder Ähnlichem, jetzt wird sie zu einer wiederkehrenden Aufgabe, die nicht immer leicht zu bewältigen ist.

Identität kann verstanden werden »als (kognitives) Selbstbild, als habituelle Prägung, als soziale Rolle oder Zuschreibung, als performative Leistung, als konstruierte Erzählung usw.«[480] Erik H. Erikson führt den Begriff der Ich-Identität ein, ein Gefühl der persönlichen Einheit, alle Stufen und Entwicklungen der bisherigen Entwicklung vereinend. Das Kind identifiziert sich mit Personen, Rollen oder Fertigkeiten, die es in seinem Umfeld beobachten kann, aber erst mit der

---

476 Priestley/Prienen. S. 279.
477 Benjamin, Walter: *Illuminationen*. Suhrkamp 1980. S. 443. Siehe auch: Tecklenburg. S. 58.
478 Müller-Funk, Wolfgang: Die Kultur und ihre Narrative. Eine Einführung. Springer 2008.
479 Kraus, Wolfgang: *Identität als Narration,* zuletzt geprüft am: 03.03.2013. http://web.fu-berlin.de/postmoderne-psych/berichte3/kraus.htm.
480 Zierfas, Jörg: *Identität der Moderne*. In: Jörissen, Benjamin/Zirfas, Jörg (Hg.): *Schlüsselwerke der Identitätsforschung*. VS Verlag für Sozialwissenschaften 2008. S. 9.

Identitätsentwicklung wird es ihm möglich, all diese Identifikationen zu vereinen, abzuändern und zu einem Ganzen zu formen. Die Umwelt ist einem steten Wandel unterlegen, auf die ein Individuum reagieren muss. Um dem Rechnung zu tragen, führt Erikson den Begriff der proteischen Persönlichkeit ein. Der gestaltwandlerische Meeresgott Proteus steht hier Pate für die Beschreibung einer Persönlichkeit, die in verschiedenen Gestalten auftreten kann und sich stetig wandelt. Zentral für diese Argumentation ist dabei: »Was heute als proteische Persönlichkeit gilt, scheint ein Versuch adoleszenter Persönlichkeiten […] zu sein, durch eine Haltung bewußter Veränderlichkeit mit dem ungeheuren Wandel fertig zu werden, ein Versuch, durch Spielen mit der Veränderung die Initiative zu behalten.«[481] Erikson versteht Identität in Folge dieser Logik explizit als Prozess.[482] Ein Prozess, mit dem gespielt werden kann, ein Prozess, in dem Meisterschaft erworben werden kann. Das Spiel als etwas, das mit Identitäten verknüpft ist, wird schon an dieser Stelle erahnbar. Nicht nur in der von Sutton-Smith als dominant beschriebenen Rhetorik des Progresses wird Identität zum Spielzeug, auch die Identität weist eindeutig spielerische Merkmale auf.

Als erster Schritt zu einer solchen Identität tritt das Individuum mit anderen Personen mithilfe von Symbolen in Verbindung. Diese Verbindungen werden in sozialen Handlungszusammenhängen eingeübt. »Diesen Vorgang der Rollenübernahme praktiziert das Kind beispielsweise im Rollenspiel […]. Das Kind spielt dabei aber nicht nur eine gesellschaftliche Rolle; es lernt auch, seine eigene soziale Position aus dieser gespielten Perspektive der anderen zu betrachten.«[483] Kinder eignen sich in diesen Spielen mimetisch Sinn an. Derselbe Mechanismus kann selbstredend auch bei erwachsenen Spielenden entdeckt werden, auch wenn die Inhalte komplexer werden. Mit der bereits angesprochenen Anforderung an die Individuen, verschiedene Rollen zugleich ausfüllen und repräsentieren zu können, ist das Spielen von Rollen zugleich eine mögliche Strategie der Rolleneinübung und ein Weg, die Identitätsaufgabe zum Spielzeug zu machen und spielerisch zu entlasten. Zudem müssen wir, einem Gedanken von Mead folgend, »Andere sein, um wir selbst sein zu können«[484]. Im performativen Rollenspiel kann dies erprobt werden. Mit einem Blick auf die aktuell vorherrschende Progressrhetorik des Spiels muss dies nicht einmal die konkreten Rolleninhalte betreffen, sondern kann vielmehr die Haltung, eine Rolle zu übernehmen, selbst reflektieren.

---

[481] Erikson, Erik: *Dimensionen einer neuen Identität*. S. 122. Zitiert nach: Noak, Juliane: *Identität und Lebenszyklus*. In: Ebd. S. 47.
[482] Vgl. auch Noak, Juliane: *Identität und Lebenszyklus*. In: Ebd. S. 47.
[483] Jörissen, Benjamin: *Geist, Identität und Gesellschaft aus der Perspektive des Sozialbehaviorismus*. In: Ebd. S. 97.
[484] Mead, George Herbert/Morris, Charles W. (Hg.): *Geist, Identität und Gesellschaft. Aus der Sicht des Sozialbehaviorismus*. (Suhrkamp Taschenbuch Wissenschaft 28). Suhrkamp 2013. S. 327.

Junge Kinder spielen noch im reinen Moment, ihre Spielfiguren sind relativ losgelöst von Erfahrung und Referenz. Ältere Kinder und Erwachsene synthetisieren im Spiel Erfahrungen aus dem Alltagsleben in Bezug auf sich selbst. Dies wird auch durch den Gebrauch reglementierter Spiele markiert.

Erving Goffman etabliert die Unterscheidung zwischen sozialer und persönlicher Identität. Die soziale Identität fußt auf der Zugehörigkeit zu verschiedenen Gruppen oder sozialen Rollen und den damit verbundenen Attributen. Die persönliche Identität zielt auf Unverwechselbarkeit anhand von Namen, körperlichen Merkmalen oder individuellen Biografien und vereinigt dabei die Pluralität der sozialen Identitäten. Beide Formen sind eng miteinander verbunden und werden im Alltag verschiedentlich, durchaus auch fehlerhaft, adressiert. Rollenspiele simulieren persönliche Identitäten im Modus der sozialen Identität der Spielenden. Habermas verweist im Rückgriff auf Goffman auf die oftmals widersprüchlichen Erwartungen, welche mit den pluralen sozialen Identitäten einhergehen.[485] Ein spielerischer Umgang vermag es, allzu fest gefügte Erwartungsbündel zu lockern und teilweise zu relativieren. Identität kann immer nur als Fiktion in Erscheinung treten, nie als empirisch festzustellender Sachverhalt. Diese Fiktionen zu bilden, ist Aufgabe und Bedingung des Individuums, welches nur durch diese Konstruktionen entstehen kann. »Identität ist eine Fiktion, weil mein Verhältnis zu meinem Selbstbild in die Zukunft hinein offen, weil das Selbstbild ein riskanter Entwurf meiner selbst ist.«[486] So wird Identität zu etwas Prozessualem, das stetem Wandel und einer andauernden Auseinandersetzung unterworfen ist.

Die Aufgabe, sich stetig neu zu erschaffen und zu definieren, ist im Internet exponentiell angestiegen. Sherry Turkle sieht im Internet ein »wichtiges Soziallabor für Experimente mit jenen Ich-Konstruktionen und -Rekonstruktionen [...], die für das postmoderne Leben charakteristisch sind. In seiner virtuellen Realität stilisieren und erschaffen wir uns selber.«[487] Im Virtuellen entstehe langsam ein neuer und vielschichtiger Persönlichkeitsbegriff. Exemplarisch ist diese Bewegung in MUDs[488] zu beobachten, welche mit ihrer Kontinuität, Anonymität und Pluralität ein ideales Experimentierfeld bilden. Hier können oftmals unbekannte oder unerprobte Aspekte des Ichs erforscht und zur Darstel-

---

[485] Vgl.: Heuring, Monika/Petzold, H. G.: *Rollentheorien, Rollenkonflikte, Identität, Attributionen. Integrative und differentielle Perspektiven zur Bedeutung sozialpsychologischer Konzepte für die Praxis der Supervision.* http://www.fpi-publikation.de/supervision/alle-ausgaben/12-2005-heuring-monika-petzold-h-g-rollentheorien-rollenkonflikte-identitaet-attributionen.html.
[486] Möllenhauer, Klaus: *Vergessene Zusammenhänge. Über Kultur und Erziehung.* S. 158 f. Zitiert nach Klepacki, Leopold: *Schwierigkeiten mit Identität.* In: Jörissen/Zirfas. S. 265.
[487] Turkle, Sherry: *Leben im Netz. Identität in Zeiten des Internet.* Rowohlt 1998. S. 289 f.
[488] *Multi User Dungeons* sind frühe textbasierte Online-Rollenspiele. Das Textrollenspiel läuft auf einem (meist privaten) Server, auf den sich andere Spieler einloggen können. Roy Trubshaw und Richard Bartle entwickelten 1979 eine erste Version, die zunächst jedoch nur auf den Universitätsrechnern in Essex spielbar war.

lung gebracht werden.»Die Mitspieler sind [...] Schöpfer ihrer Identität. [...] MUDs sind Welten [...], in denen man eine Rolle spielen kann, die dem ›wahren Selbst‹ so nah oder fern ist, wie man es möchte.«[489] Diese Möglichkeit in den Rollenspielen geht über die Alltagserfahrung hinaus. Möglichkeiten, Identitäten zu erschaffen und auszuagieren, die sich deutlich von den sonstigen Identitäten unterscheiden, sind überaus selten.[490]

Im Rollenspiel kann eine Verstärkung allgemeiner Tendenzen im Umgang mit Identitäten beobachtet werden, hier wird spielerisch damit umgegangen. Dieser spielerische Umgang kann sehr produktiv sein, sodass Rollenspiele auch im Kontext einer Technologieeinübung betrachtet werden können:

> Spiele und populäres Entertainment [sind] seit dem ausgehenden 19. Jahrhundert entscheidende Medien für die Durchsetzung neuer Technologien und die Verbreitung gesellschaftlicher Technikakzeptanz.[491]

Diese Korrelation findet sich in vielen Spielzeugen und Spielpraktiken – in besonders eindeutiger Form seit der einsetzenden Industrialisierung. Techniken oder Technologien haben die Tendenz, nach ihrer Einführung Unsicherheiten zu produzieren. Dies schließt Ängste ökonomischer wie sozialer Art ebenso mit ein wie ein Gefühl der Überforderung oder Übervorteilung. Mit einer spielerischen Haltung kann man sich gefahrlos den Technologien nähern, vielleicht sogar das Machtverhältnis umdrehen und für den Moment die Herrschaft über die Technik erlangen. Nachdem sich beispielsweise die Eisenbahn in der zweiten Hälfte des 19. Jahrhunderts durchsetzte, eröffnete bereits 1898 die erste Achterbahn als spielerische Variante im Vergnügungspark *Coney Island*.[492] Eine andere Korrelation wäre die zwischen Produktionsautomation und Spielautomaten.»Mit Eisenbahn, Auto, Flugzeug und Computer wurden Schlüsseltechnologien des 19. und 20. Jahrhunderts in ihrer Einführungsphase zum Thema und zur Grundlage von Spielen.«[493] Das Spiel wird im Zuge der Industrialisierung funktionalisiert und dient nicht nur zur Erschließung von Welt, sondern auch zur Einübung von Technologie und wird zur Erholung von der Arbeit eingesetzt.

---

489 Turkle. S. 13.
490 Von Fähigkeiten von Trickbetrügern oder psychisch Instabilen einmal abgesehen, lassen sich nur wenige Situationen konstruieren, in denen dies möglich ist. In fast allen Fällen handelt es sich dann um liminoide Situationen.
491 Poser, Stefan: *Einleitung*. In: Gebauer, Gunter (Hrsg.): *Kalkuliertes Risiko. Technik, Spiel und Sport an der Grenze*. Zitiert nach: Neitzel, Britta: »Spielerische Aspekte digitaler Medien – Rollen, Regeln, Interaktionen«. In: Thimm, Caja (Hg.): *Das Spiel – Medium und Metapher der Mediengesellschaft?* VS Verlag für Sozialwissenschaften 2009. S. 107.
492 Mehr zu dieser Form der Enkulturation im Kontext der Computerspiele bei: Neitzel, Britta: *Gespielte Geschichten. Struktur- und prozessanalytische Untersuchungen der Narrativität von Videospielen*. http://e-pub.uni-weimar.de/opus4/frontdoor/index/index/docId/69. S. 112.
493 Poser, Stefan: *Glücksmaschinen und Maschinenglück. Grundlagen einer Technik- und Kulturgeschichte des technisierten Spiels*. transcript 2017. S. 313.

> Play in most societies throughout most of history has been a collective activity. But in modern societies, which require massive amounts of individualized symbolic skill from their members, habituating children to solitary preoccupations has been a primary function of toys.[494]

Beim Blick auf das Individuum als Prozess, welcher in Kommunikation mit anderen verhandelt und verhärtet wird, kommt Gruppenspielen wieder eine größere Bedeutung zu und sie positionieren sich in Abgrenzung zum Spielzeug bewusst als soziales Spiel. Das Rollenspiel erlaubt es seinen Nutzern, Identitäten zu konstruieren und diese auszuagieren. Das Spielen einer Rolle erlaubt es dem Individuum, sei es einem Kind oder einem Erwachsenen, Selbsttechnologien einzuüben und sich mit dieser Kulturtechnik vertraut zu machen. Beim kindlichen Rollenspiel betrifft dies in erster Linie grundlegende Verortungen und Umgangsformen und die versuchsweise Übernahme von Rollen aus der direkten Umgebung. Die reglementierten Rollenspiele der Adoleszenz (und darüber hinaus) hingegen legen komplexere Herausforderungen zugrunde und ermöglichen weitergehende und mit anderen Erfahrungen weitaus stärker verwobene Experimentierfelder und Erfahrungsmöglichkeiten.

Als Gegenentwurf zur klassischen Psychologie wurde in den 80er-Jahren des 20. Jahrhunderts die Narrative Psychologie begründet. Sie prägte den Begriff der *Narrativen Identität,* um Prozesse der bewussten Identitätsbildung zu beschreiben. Narrative Identität kann definiert werden als »die Einheit des Lebens einer Person, so wie diese Person sie in den Geschichten erfährt und artikuliert, mit denen sie ihre Erfahrung ausdrückt.«[495] Dies kann, wenn der Gegenstand ausgeweitet wird, eben nicht nur für die Erfindung des Selbst gelten, sondern ebenso die eines fiktionalen Selbst beschreiben. So werden Prozesse der Charaktererstellung und des Ausspielens der Figur erzählbar. Elemente der Steuerung wie die probabilistische Narration[496] können jedoch niemals Teil der narrativen Identität sein, da sie auf einer anderen Ebene stattfinden. Vielmehr liefern sie die Anlässe für jene Biografiebrüche, welche in der Erzählung des Selbst aufgefangen werden und diese zur persönlichen Identität machen. »Die narrative Konstruktion von Identität(en) wird hierbei weniger als Mangel, als Ich-Verlust oder Entwurzelung betrauert, sondern zunehmend als ein positiv besetztes, Ich-ermöglichendes Text- und Experimentierfeld ausgespielt.«[497] Narrative Identitäten sind, wie auch schon für die Identität beschrieben, niemals stabil oder bruchlos, sondern können und müssen immer wieder neu aufgebaut und in verschiedenen Kontexten parallel anders ausgeprägt sein.

---
494 Sutton-Smith. S. 155.
495 Widdershoven, Guy A. M.: *The Story of Life. Hermeneutic Perspectives on the Relationship between Narrative and Life History*. In: Josselson, R. u. Lieblich, A. (Hrsg.): *The Narrative Study of Lives*. S. 7. Zitiert nach: Kraus. http://web.fu-berlin.de/postmoderne-psych/berichte3/kraus.htm.
496 Siehe 5.1.1.
497 Tecklenburg. S. 169.

Im Alltag wie im Spiel müssen alle Beteiligten, um sich selbst erzählen zu können, bereit sein, die implizit oder explizit vereinbarte Konstellation mitzutragen. Die Beschreibungen der Spielenden und des Spielleiters müssen als Beschreibungen der bespielten Welt akzeptiert und Aktionen innerhalb der impliziten und expliziten Regeln zugelassen werden, damit das Spiel funktioniert. Egal, welche Systematisierung hierzu auch gewählt wird, sie muss durchgängig und für alle Beteiligten gelten. Die Spielgemeinschaft kann sich so auf eine konsistente Logik festlegen – die verschiedenen Identitätsprojekte werden so zulässig. Die Regeln der Spielwelt müssen nicht mit den aus der Alltagsrealität bekannten oder mit denen des gedruckten Regelwerks übereinstimmen, solange sich die Spielgruppe darauf einigt. Sogar grundlegende Regeln wie die der Physik oder der Kausalität können ausgesetzt werden. Die Episodenhaftigkeit der Spiele setzt eine konsistente Welt voraus, über deren Setting die Spiele sich weitgehend selbst definieren.[498] Auch bei Abweichungen von Alltagserfahrung oder Regelwerk ist die Verbindlichkeit der gemeinsamen Regeln grundlegend. Die Spielenden sind auf kontinuierliche, aristotelisch tradierte Narrative konditioniert,[499] auch wenn sich Narrative immer mehr in der Zeit ausdehnen. Die Serialität gewinnt in Fernsehen (und Streaming), Filmen oder Comics zusehends an Bedeutung und nimmt auch andere Medien mit. Das episodenhafte Erzählen vieler Rollenspiele aller Formen wird somit auch im sonstigen Medienkonsum der Spielenden wiedergefunden. Solche seriellen Erzählformen müssen sich besonders bemühen, die Aufmerksamkeit zu halten und Figuren und Welten konsistent zu stabilisieren. Dies korrespondiert mit Anforderungen an das plurale Rollenverhalten des modernen Menschen. Im Weiteren sollen daher die Rollenentwürfe in Theater und Alltag untersucht werden.

5.2.2   Die Rolle im Theater

Der Begriff der Rolle leitet sich aus seinem Gebrauch im Theater ab. Die Rolle im Theater bezieht sich auf das mittellateinische Wort ›rotula‹, die Schriftrolle, und meint hier ganz konkret den Text des Schauspielers. Textfassungen wurden häufig für jeden Schauspieler einzeln angefertigt und beinhalteten jeweils nur seinen Text, ergänzt um Stichwörter zum Finden des richtigen Einsatzes. Rollen sind Handlungsanweisungen an einen Schauspieler, wie er eine fiktive Figur zu spielen hat (je nach Ausprägung Inhalt und/oder Form). Figuren sind nicht aus ihrem Kontext lösbar, stehen in Beziehung zueinander und in wechselseitiger Abhängigkeit von der Handlung. Figuren sind immer etwas Artifizielles – Der Begriff, verstanden als ›Kunstperson‹, dient als terminologische Möglichkeit dem Zweck, Figur und private Alltagsperson sicher voneinander zu trennen.

---

498 Mackay. S. 29.
499 Vgl.: Ebd. S. 133.

Im Mittelalter wurden Rollen häufig aus Allegorien konstruiert, etwa Heuchelei oder Tod. Hieraus entwickelte sich in der englischen Renaissance die Vice-Figur, die alles Negative in sich vereinigt,[500] ohne eine konkret greifbare Person zu werden. Aber auch die Commedia dell'arte operierte mit diesen extrem eng und eindeutig gefassten Rollen.

Eine zunehmende Psychologisierung führte zu den modernen Charakterrollen.[501] Im expressionistischen Drama werden diese Identitäten jedoch gleich wieder destabilisiert. Bertolt Brecht forderte von seinen Schauspielern Distanz zu den von ihnen gespielten Rollen, Craig gar die Abschaffung aller Schauspieler. Im Zuge der Historischen Avantgarde lösten sich die Akteure schließlich ganz von der Reproduktion vorgefertigter Texte, der wortwörtlichen Rolle. Das Postdramatische schließlich versteht den Text als ein Element von vielen, nicht mehr jedoch als das einzig formgebende. Dies löst aber auch die Rolle des Schauspielers von der Rolle des Textes. Das Postdramatische meint aber eben nicht nur, dass der Text in den Hintergrund tritt, mit ihm schwindet auch die Zurichtung der Schauspieler durch Text und Rolle.

Rollen und die damit verbundenen Figuren stehen dabei, egal, wie allegorisch, psychologisch oder abstrakt sie gestaltet sind, immer im Zusammenhang mit einer künstlerischen Agenda, um etwas zu erzählen, darzustellen oder zu präsentieren.

> Die Tatsache, daß eine fiktive dramatische Figur im Gegensatz zu einem realen Charakter ein intentionales Konstrukt ist, wird dadurch deutlich, daß der Satz von Informationen, durch den eine Figur in einem dramatischen Text bestimmt wird, ein endlicher und abgeschlossener ist […].[502]

Diese Figuren unterliegen in ihrer Umsetzung meistens Regelsystemen, welche die Möglichkeiten, aber auch das Selbstverständnis der sie einsetzenden Ästhetik dokumentieren. Dies lässt sich etwa an der Geschichte der Schauspieltheorien ablesen. Die historischen Positionierungen und Anleitungen reichen vom vernunftbegabten Schauspieler, der seiner Rolle mit Verstand begegnet – bei Denis Diderot über das immersive Erleben und Verkörpern fremder (fiktiver) Biografien bei Konstantin S. Stanislawski bis hin zur Rollendistanz bei Bertolt Brecht. Auch die Versuche der Abschaffung des Schauspielers bei Edward Gordon Craig oder die persönlichen Grenzerfahrungen des Performers bei Marina Abramović bilden solche Systeme und definieren sowohl die Möglichkeiten der Figuren als auch den Spielraum, welche eine Rolle zulässt.

---

500 Vgl.: Fielitz, Sonja: *Drama: Text & Theater*. Illusion, Mimesis. Cornelsen 1999.
501 Vgl.: Pfister, Manfred: *Das Drama. Theorie und Analyse*. Fink 2001. S. 244.
502 Pfister. S. 221.

5.2.3 Die Rolle in der Gesellschaft

Die Soziologie übernimmt den hergeleiteten Begriff der Rolle und etabliert 1936 durch den Anthropologen Ralph Linton den Terminus der sozialen Rolle, um Modelle zu schaffen, die spezifische Qualitäten von Identitäten beschreiben. Nach Linton beschreibt der Begriff »die Gesamtheit der kulturellen Muster [...], die mit einem bestimmten Status verbunden sind.«[503] Der Status ist mit jeweils unterschiedlichen Rollen verknüpft, welche zugewiesen und erlernt werden. Hier wird zwischen normativen und behavioralen Konzepten unterschieden. Normative Konzepte definieren die Rolle als Bündel von konkretem Verhalten und Verhaltensnormen. Die Rolle wird definiert als »Teilklasse von Erwartungen, die gegenüber dem Inhaber bestimmter sozialer Positionen bestehen.«[504] Das behaviorale Konzept hingegen fokussiert sich auf Verhalten innerhalb eines Sozialgefüges.[505] Die beiden Konzepte verdeutlichen die Streitfrage, ob Rollen fest vorgegebene/erlernte Verhaltensmuster sind oder erst in der Situation interaktiv entwickelt werden. Turner und später Mead vertreten daher einen interpretativen Rollenansatz, der das improvisatorische Erbe des Begriffs aus dem Theaterkontext stark macht.[506]

Talcott Parsons schließlich spricht von Sozialsystemen, um Handlungen aufeinander bezogener Personen zu beschreiben. Durch gegenseitige Vergewisserung bei Wiederholungen solcher Interaktionen verfestigen sich Abläufe und Muster. Dieser Vorgang wird von Parsons Institutionalisierung genannt.[507] Den Begriff der Rolle fasst er als »Komplex von Verhaltenserwartungen, die von komplementären Interaktionspartnern an das jeweilige Gegenüber gestellt und von diesem zunehmend bereitwilliger, zum Schluss sogar nahtlos eingelöst werden.«[508] Also ein Verhaltenskatalog, welcher in Interaktion mit der Umwelt entsteht und stetig abgeglichen und verändert wird.

Rollen lassen unterschiedliche Freiheitsgrade bei der Ausübung zu, nicht jede Rolle kann improvisierend ausgelegt werden. Hans Peter Dreitzel unterscheidet hierbei drei Normen:

---

503 Linton, Ralph: *The Study of Man.* S. 252. Zitiert nach: Röhl, Klaus F.: *Rechtssoziologie. Ein Lehrbuch.* Heymanns 2006. S. 334.
504 Heuring/Petzold.
505 Vgl.: Ebd.
506 Vgl.: Ebd.
507 Parsons, Talcott: *The social system.* Routledge 1991. Zusammengefasst bei: Heuring/Petzold. S. 11.
508 Parsons. S. 260. Zitiert nach: Heuring/Petzold. S. 11.

- Vollzugsnormen: Die Rollen bieten nur einen sehr engen Gestaltungsspielraum (z. B. Soldaten, Fließbandarbeiter).
- Qualitätsnormen: Individualisierte Leistungen und regulierte Tätigkeiten werden von der Rolle gleichermaßen gefordert (z. B. Angestellte, Handwerker).
- Gestaltungsnormen: Individuelle und innovative Lösungen und Ideen werden von der Rolle erwartet (z. B. Wissenschaftler, Künstler).[509]

Aus diesen Normierungen und den bereits angesprochenen Überlagerungen diverser Rollen in einer Person entwickeln sich fast zwangsläufig Rollenkonflikte. Situationen sind tendenziell überdeterminiert, woraus sich für den Einzelnen das Dilemma ergibt, entscheiden zu müssen, nach welchen Rollenerwartungen er sein Handeln ausrichtet. Diese Entscheidung kann nicht abschließend getroffen werden, da zum einen die davon betroffenen Identitäten gefährdet sind, und zum anderen die ignorierten Rollenerwartungen Sanktionen nach sich ziehen können. »Das handelnde Subjekt entschließt sich daher zu differentieller Konformität.«[510] Das Individuum ist bemüht, einen Ausgleich zwischen den verschiedenen Rollenerwartungen herzustellen und den teilweise widersprüchlichen Anforderungen bestmöglich zu entsprechen.[511]

Entwickelt das Individuum die Fähigkeit, auch Rollen eines anderen zu übernehmen, ergeben sich hieraus nicht nur neue Perspektiven, sondern auch die Möglichkeit, sich selbst aus der Perspektive eines anderen wahrzunehmen und sich somit selbst als Objekt zu verstehen. Diese Praktik wird, wie im zweiten Kapitel gezeigt, schon im frühen Kindesalter spielerisch erprobt und erfahren. Unterscheidet die Entwicklungspsychologie, vertreten durch Oerter, zwischen freien und reglementierten Rollenspielen, so unterscheidet die Soziologie, vertreten durch Mead, zwischen dem kindlichen Spiel und dem Wettkampf. Das Kind spielt zunächst Rollen von Personen, Funktionen oder Tieren, welche es aus seiner Umgebung kennt. Im Wettkampf jedoch muss die Identifikation des Spielenden alle an der Handlung Beteiligten miteinschließen. »Man muss die ganze organisierte Tätigkeit in der eigenen Identität haben, um die eigene Rolle erfolgreich ausfüllen zu können.«[512] Die Haltung der verallgemeinerten Anderen wird mit in die eigene Identität integriert.

Menschen verfügen in der Regel über die nötigen Qualifikationen, eine Rolle darzustellen. Bei speziellen Rollen, welche Erfahrung oder Wissen voraussetzen, kann dies jedoch schwieriger werden. Auch kann es passieren, dass ein Rollenkonflikt auftaucht, der nicht immer leicht zu lösen ist. Rollendistanz kann beispielsweise beobachtet werden, wenn die Rollenerwartung mit einer eingebau-

---

509 Vgl.: Röhl.
510 Ebd.
511 Zu den Rollenkonflikten vgl.: Röhl.
512 Mead, George Herbert: *Geist, Identität und Gesellschaft*. Zitiert nach: Heuring/Petzold. S. 14.

ten Metaebene, wie z. B. Ironie, bedient wird. Veith Hermann stellt einen Katalog mit vier Voraussetzungen für ein erfolgreiches Rollenhandeln auf:
- Die Überzeugungen und Intentionen des Individuums müssen mit den gesellschaftlichen Normen und Werten übereinstimmen.
- Die normativen Rechte und Pflichten, die mit einer Rolle verknüpft sind, müssen miteinander und mit den anderen Rollen der betroffenen Person kompatibel sein.
- Rollen und deren Implikationen müssen allen an einer Situation Beteiligten bekannt sein.
- Jeder Beteiligte muss seine individuellen Bedürfnisse befriedigen können.[513]

Lothar Krappmann schließt hieran an und erörtert, welche Fähigkeiten identitätsfördernde Auswirkungen haben. Er aktualisiert die aufgeführten Fähigkeiten bei Hermann:
- Aus der Rollenübernahme wird die Ko-Konstruktion sozialer Praktiken.
- Die Rollendistanz wird zur reflexiven Normbegründung.
- Empathie wird neugefasst als emotionale Kompetenz.
- Aus der Ambiguitäts- und Frustrationstoleranz wird ein Kontingenzmanagement.
- Kommunikative Kompetenzen bleiben erhalten.
- Aus der Identitätsdarstellung wird die performative Selbstkreation.[514]

Rollen sind idealerweise passend in eine Gesellschaft zu integrieren und klar und eindeutig zu verstehen. Die Fertigkeiten zielen in erster Linie auf den Umgang mit und die Vermittlung der Rolle. Die Verschiebung macht deutlich, wie sich der Fokus immer stärker auf die aktive Gestaltung der Rolle verlagert. Dies zieht eine weitere Verschärfung der Progresslogik nach sich, da dem Individuum weitere Kompetenzen abverlangt werden (und sei es nur in der Betrachtungsweise, dass alles faktisch beim Alten bliebe), die selbstredend entwickelt, gefestigt und gestärkt werden müssen.

Menschen tendieren dazu, Erfolge ihrem eigenen Können und der gelungenen Rollenausübung zuzuschreiben, während sie Misserfolge eher externen Ursachen zuordnen. »Diese Verzerrung scheint auf kognitive und motivationale Faktoren zurückzugehen und je nachdem, ob es sich um eine öffentliche oder um eine private Situation handelt, anders auszufallen.«[515] Im Rollenspiel ist dieses Verhalten höchst ambivalent: Erfolgserlebnisse können auch auf die Gruppe ausgeweitet werden und Misserfolge wahlweise dem Zufall, dem Spielleiter

---

513 Vgl.: Veith, Hermann: *Das Konzept der balancierten Identität*. In: Jörissen/Zirfas. S. 185
514 Vgl.: Krappmann, Lothar: *Soziologische Dimensionen der Identität. Strukturelle Bedingungen für die Teilnahme an Interaktionsprozessen*. Klett-Cotta 2010.
515 Fincham, Hewstone: *Introduction to Social Psychology*. S. 235. Zitiert nach: Heuring/Petzold. S. 48.

oder dem Spielsystem zur Last gelegt werden. Es herrscht ein gegenseitiges Kontrollsystem, welches je nach Spielgruppe höchst unterschiedlich ausgeprägt sein kann.

Die Gruppe ist diversen Dynamiken unterworfen und steht in Wechselwirkung mit der Rollenausübung des Individuums. Eine Gruppe ist in der Soziologie definiert als Mehrzahl von Menschen, die sich in ihrem Verhalten wechselseitig beeinflussen und jeweils auf die Gruppe als Ganzes und ihr Verhalten Auswirkungen hat.[516] Gruppen können nach Primärgruppen und Sekundärgruppen differenziert werden. Primärgruppen basieren auf engen persönlichen Bindungen zwischen den einzelnen Mitgliedern. Dies kann für die Familie ebenso gelten wie für eine Spielgruppe oder einen Freundeskreis. Sie bieten Nähe und Anerkennung und sind entsprechend wichtig für das Selbstbild und die emotionale Ausgewogenheit ihrer Mitglieder. Neben diesen starken Belohnungsmechanismen existieren jedoch auch ebensolche Sanktionsmittel. Sekundärgruppen bezeichnen all jene Gruppierungen, die sich nicht als Primärgruppe verstehen lassen. Diese sind häufig größer und unpersönlicher. Der Eintritt in sie beruht auf einem freiwilligen Entschluss und die Gruppierung beinhaltet eine formellere Organisationsform. Beispiele können Schulklassen oder Vereine sein. Sekundärgruppen sind meist zielorientiert.[517] In beiden Gruppenformen gibt es eine Tendenz, Normen zu etablieren und feste Rollen in eindeutigen Hierarchien zu verteilen. Diese gemeinsamen Strukturen und Normen stabilisieren das Gruppengefüge nach innen und außen und stellen ein wichtiges Merkmal für Gruppen an sich dar.

Die Frage nach der Rolle schärft den Blick auf Kompetenzen und Praktiken des sozialen Miteinanders. Fokussiert sich die Identität auf ein Erleben von Einheit, ist die Rolle verschiedenen Konzepten innerhalb eines sozialen Gefüges zuzuschreiben. Dies ist jedoch oft verbunden mit Stereotypen und Vorurteilen über das Funktionieren von Welt und Gesellschaft.

5.3 Stereotype

Bei allen Freiheiten und Potenzialen in Narration und Dramaturgie der Rollenspiele bleibt jedoch anzumerken, dass die Spielrealität häufig weitaus profaner aussieht. Hier werden Muster reproduziert, die auf den ersten Blick den Vorurteilen[518], welche über die Rollenspiele und ihre Akteure kursieren, verdächtig ähnlich sehen. Dies findet in den unterschiedlichsten Feldern statt, im Gameplay wie in

---

516 Vgl.: Röhl.
517 Zu Primär- und Sekundärgruppen siehe: Röhl.
518 Aktuell ist hier in erster Linie der Eskapismus in die fantastischen Welten zu nennen, mitsamt all seinen übermächtigen Helden und simplen Schematiken. Aber auch die Gewaltdarstellung wird immer wieder als problematisch beschrieben. In den 1980ern war vor allem der Vorwurf des Okkultismus relevant und wurde medienwirksam vorgetragen.

der Diegese, bei Genderfragen, Hintergrundgeschichten oder der Sprechweise. Kaum ein Feld bleibt ausgelassen, wenn es um das ›Beschriften von Schubladen‹ geht. Dies zeigt schon ein vorsichtiger Blick in die Selbstreflexionen der Spieler-Community; mit einer ironischen Konnotation zwar, aber dennoch ernsthaften Blickes werden hier Schematisierungen vorgenommen. *Robin's Laws of Good Game Mastering* beispielsweise kategorisiert verschiedene Spielertypen: Powergamer, Butt-Kicker, Method Actor und weitere. Andere beziehen sich stärker auf die Spielfiguren, so gibt es etwa eine Liste des Nutzers *Leer*,[519] der verschiedene Spielertypen katalogisiert. Beispiele der dort aufgeführten Typen sind:
- »Das Schnuffelchen/Mary Sue (süß, hilflos, freundlich, naiv)
- Der/die Wahnsinnige (möglichst auffallen, ADHS, Antiheld)
- Voll Normaaal (Durchschnitt, aber geheimnisvoller Hintergrund)«.[520]

Es stellt sich also die Frage: Warum wird so häufig in ›ausgetretenen Pfaden‹ gespielt? Angesichts des spielerischen und kognitiven Variationspotenzials, bei allen inhaltlichen Möglichkeiten, warum entscheiden sich die Spielenden für altbekannte Typologien? Ist es die Tradition, gehört es mit zum Spiel? Oder hat es vielleicht doch viel mehr mit uns Spielenden zu tun als mit dem Spiel an sich? Das Festhalten an vertrauten Typen hängt zunächst stark mit den Narrativen zusammen. Die Spiele reproduzieren narrative Strukturen, welche aus anderen Medien bekannt und geläufig sind. Die Narrative Identität hat auch Einflüsse auf das Spielverhalten und so wird ein Blick auf die Funktion von Stereotypen relevant, um den Bezugspunkt für die Rollenkonstruktion besser zu verstehen.

Das Denken über Rollenspiele fokussiert sich meist auf Interaktion und Handlung, Handlung verstanden als willentliche Überführung eines Zustands in einen anderen. Bedenkt man die eben angedeutete Tendenz, sich trotz aller beschworenen Freiheiten in bekannten Mustern wiederzufinden, schließt sich die Frage nach der Determiniertheit von Willenshandlungen an.

Der Neurophysiologe Wolf Singer schreibt zu unserer Wahrnehmung der Welt: »Wir können nur erkennen, was wir beobachten, denkend ordnen und uns vorstellen können.«[521] Wir können uns jedoch auch fragen, ob diese Aussage auch andersherum zutrifft. Dass unser Konzept von Welt an Bedingungen geknüpft ist, zeigte beispielsweise Schopenhauers *Welt als Wille und Vorstellung*. Willensfreiheit kommt bei Schopenhauer nur in eingeschränktem Umfang vor; die allgemein geläufige These hierzu lautet: »Der Mensch kann zwar tun, was er will,

---
519 Im Rollenspielforum *rp.drakkarsee.de* aktiv. *RP.Drakkarsee. Die Drakkar See Rollenspiel Plattform*. http://rp.drakkarsee.de/.
520 *Teil 1: »Rollenspiel-Klischees: Typische Typisierung«*. http://rp.drakkarsee.de/wiki/index.php?page=UserBlogEntry&entryID=488&commentID=710.
521 Singer, Wolf: Über Bewusstsein und unsere Grenzen. In: Grundmann, Matthias: *Subjekttheorien interdisziplinär. Diskussionsbeiträge aus Sozialwissenschaften*, Philosophie und Neurowissenschaften. LIT-Verlag 2004. S. 104.

aber er kann nicht wollen, was er will.« Genauer gesagt lautet das korrekte Zitat: »Du kannst thun was du willst: aber du kannst, in jedem gegebenen Augenblick deines Lebens, nur ein Bestimmtes wollen und schlechterdings nicht Anderes, als dieses Eine.«[522] Jedem Handeln liegt demzufolge der Wille zugrunde, welcher durch den Charakter des Menschen, der hier als unveränderlich entworfen wird, bestimmt ist. Dennoch gesteht auch Schopenhauer den Menschen eine Willensfreiheit zu, in Momenten der Kontemplation, beispielsweise in der Kunst, kann dieser dem Subjekt zugrunde liegende Wille verneint werden.

> Zum reinen willenlosen Erkennen kommt es also, indem das Bewußtseyn anderer Dinge sich so hoch potenzirt, daß das Bewußtseyn vom eigenen Selbst verschwindet. Denn nur dann faßt man die Welt rein objektiv auf, wann man nicht mehr weiß, daß man dazu gehört; und alle Dinge stellen sich um so schöner dar, je mehr man sich bloß ihrer und je weniger man sich seiner selbst bewußt ist.[523]

In der Konzentration auf einen anderen Gegenstand, im Zustand der Melancholie oder des Kunstgenusses wäre es demnach möglich, sich der Subjektivität und Determiniertheit zu entziehen. Man kann sich natürlich bereits an dieser Stelle fragen, ob dies auch im Rollenspiel möglich ist, ob unser Gegenstand ein Beispiel für jene Kontemplation sein kann.

Das Stereotyp bezieht sich zumeist auf eine Person oder Gruppe und vereinfacht diese auf eine einprägsame und bildhafte Beschreibung. Durch eine starke Kategorienbildung wird es zudem möglich, mithilfe einer kurzen Verbalisierung auch komplexe Zusammenhänge schnell präsent werden zu lassen. Derartige Kategorienbildungen sind alltäglich und können nur schwer willentlich geändert werden, sind zugleich jedoch einem stetigen Wandel unterworfen. Stereotype sind abhängig von ihrer historischen Situiertheit und ihrem sozialen Umfeld. Sie haben eine ordnende, aber auch eine kreative Funktion.

Der Stereotypen-Begriff zirkuliert bereits seit dem 1922 erschienenen Werk von Walter Lippmann. Er definierte das Stereotyp als: »eine erkenntnis-ökonomische Abwehreinrichtung gegen die notwendigen Aufwendungen einer umfassenden Detailerfahrung.«[524] Jörg Schweinitz definiert es als Bündel festgefahrener Meinungen und Einstellungen, die Weltwissen kanalisieren und ökonomisieren, sich aber auch immer wieder von der Wirklichkeit entfernen und zu verzerrenden Vorurteilen werden. Medien sind dabei wesentliche Kommunikationsträger solcher Stereotype.[525]

Stereotype sind niemals als Teil eines einzelnen Gegenstands zu verstehen, sie entstehen erst im Dazwischen eines breiteren Medienverbundes, in dem sie

---

522 Schopenhauer, Arthur: *Preisschrift über die Freiheit des Willens*. S. 58–59. Zitiert nach: Schopenhauer, Arthur: *Zitate*. https://de.wikiquote.org/wiki/Arthur_Schopenhauer.
523 Schopenhauer, Arthur: *Hauptwerke*. GLB Parkland 2000. S. 436.
524 Lippmann, Walter: *Die öffentliche Meinung*. Free Press Paperbacks 1997.
525 Vgl.: Schweinitz, Jörg: »›Genre‹ und lebendiges Genrebewußtsein«. *Montage AV (2/94)* 1994.

in ähnlicher Form immer und immer wieder auftauchen. Es wird so eine Struktur geschaffen, die auf der einen Seite vereinfacht und Figuren zu einer Schablone werden lässt, auf der anderen Seite aber auch dazu beiträgt, Identitäten zu bestätigen und zu festigen. Genau wie im Mythos gilt dies sowohl für Fremdbilder als auch für Selbstbilder:

> Stereotype Vorstellungen sind immer Vorstellungen von ›etwas‹ und unabhängig davon, ob sie ›Invarianten der Realität‹ oder schlicht Ideologeme spiegeln, wirken sie, indem sie ein Ordnungsraster auf die Realität projizieren, auf diese Realität zurück.[526]

Besonders deutlich wird dies in mythologischen Strukturen, wie etwa in Religionen. Die alternativlose Erklärung der Welt erschafft deren Regeln und auch deren Regelhaftigkeit. Die Freiheit des Handelns ist höchstens so groß wie die der Vorstellung. Dabei spielt auch die Kultur eine große Rolle. Das mag banal erscheinen, ist für die Überlegung, wie im Rollenspiel Charaktere und Handlungen entworfen werden können, jedoch von nicht zu unterschätzender Bedeutung. Die Kreativität der Spielenden begrenzt die zunächst unendlich scheinenden Möglichkeiten des Rollenspiels ebenso wie Restriktionen des Spielsystems. Im Idealfall können Spielende jedoch einen weitgehenden Freiheitsgrad genießen, wenn sie ihre Charaktere und deren Umwelt und gemeinsam die Narration entwickeln.

Ein wichtiges Instrument für diese Entwürfe ist die Improvisation. Improvisation heißt, ohne Vorbereitung spontan eine kreative Problemlösung zu finden. In allen Formen der künstlerischen Komplizenschaft finden sich Elemente der Improvisation, und das nicht erst seit der Commedia dell'arte. Improvisation geistert als Schlagwort durch verschiedene Bereiche und wird im Zuge eines Kreativitätsimpetus hochgehalten. »Kreativitätsmythen betonen zumeist das Alleinsein des schöpferischen Individuums.«[527] Dies findet sich in der Wissenschaft wie in der Kunst. Dass dieses Verständnis nicht oder zumindest nicht mehr haltbar ist, scheint evident, ganz anders als die Kollaborationen der schon angesprochenen Komplizen es erahnen lassen.

Bourdieu betonte stets die Kreativität des Habitus, da die Akteure zwar innerhalb der Grenzen der gegebenen Disposition agieren, diese Handlungen jedoch spontan und situationsbezogen sind.[528] Hilmar Schäfer merkt in diesem Zusammenhang an:

> In ihrer Funktion, angemessene Praktiken zu generieren, sind die Schemata des Habitus stets auf konkrete Situationen ausgerichtet und müssen daher als Neigungen

---

526 Winkler, Hartmut: »Stereotypen – ein neues Raster intertextueller Relationen?«. In: Heß, Klaus-Peter/Wulff, Hans J. (Hg.): *Film- und Fernsehwissenschaftliche Arbeiten*. 1993. S. 14.
527 Göttlich, Udo/Kurt, Ronald (Hg.): *Kreativität und Improvisation. Soziologische Positionen.* Springer VS 2012. S. 10.
528 Vgl.: Ebd.

verstanden werden. […] Die Wahrnehmungs-, Denk- und Handlungsschemata sind also praktisches Wissen nur, insofern der Habitus eines Akteurs und die soziale Welt, in der er sich bewegt, im Einklang sind. Nur in diesem Fall sind sie in der Lage, angemessene Praktiken zu erzeugen, und die Welt wird als sich von selbst Verstehende erfahren.[529]

Dies betrifft im Rollenspiel eben nicht nur Regelwerk und Diegese, sondern auch anderweitig verinnerlichte Strukturen und Regeln. Kreativität und Gewohnheit sind keineswegs als Gegensätze zu verstehen, sondern stehen zueinander in Bezug. Jan-Hendrik Passoth empfiehlt, »Kreativität, Spontaneität und Improvisation nicht zu einem handlungstheoretischen Problem zu machen, sondern als Effekt bestimmter Arrangements sozialer Praxis zu verstehen.«[530] Und so liegt für ihn besonders in dieser spontanen und kreativen Abweichung von kulturell geprägten Verhaltensformen und tradierten Regeln die Qualität menschlichen Handelns.

Kreativität wird, egal ob nun im Diskurs über den Genius oder in kooperativeren Konstellationen, als gesellschaftlich relevant und förderungswürdig angesehen. Die im Verlauf des 20. Jahrhunderts verfestigte Ansicht, Kreativität und Improvisation seien system- und prozessabhängig, werfen jenseits des Geniusdiskurses ein anderes Licht auch auf Felder wie das Rollenspiel oder viele an die Serious Games geknüpfte Hoffnungen.

5.4 Die Rolle im Rollenspiel

Viele Spiele und Rollenspiele im Speziellen werden dank der allgemeinen Vertrautheit mit Narrativen intuitiv als Erzählung gelesen. Erzählen kann im Sinne der Repräsentation von Ereignissen im Rollenspiel als Mittel des Spiels aufgegriffen werden. Hierbei muss das Spielen als erzählerische Praxis und als performativer Akt verstanden werden. Die Vorstellung eines prozessualen Erzählens verabschiedet sich von festen Strukturen und schreibt die Geschichte im Moment des Erzählens. Im Rollenspiel kann dies exemplarisch beobachtet werden. Zugunsten der Binnenerzählung werden zumeist erzählerische Freiheiten der Spielenden beschnitten und Komplexität eingeschränkt, dies ermöglicht nicht nur eine klarere Struktur der vom Spielleiter geplanten Erzählung, welche als Grundlage der Erzählung der Spielgruppe dient,[531] sondern zudem einfache-

---

529 Schäfer, Hilmar: »Kreativität und Gewohnheit. Ein Vergleich zwischen Praxistheorie und Pragmatismus«. In: Göttlich, Udo/Kurt, Ronald (Hg.): *Kreativität und Improvisation. Soziologische Positionen.* Springer VS 2012. S. 25.
530 Göttlich/Kurt. S. 13.
531 Nochmals auf den Punkt gebracht: Der Spielleiter plant (manchmal aufgrund einer Vorlage, etwa vom Spielhersteller) einen groben Handlungsverlauf und/oder ein Spielziel. Die Spielenden erzählen ihre eigene Geschichte, der Spielleiter greift über das Genehmigen/Nichtgenehmigen von Spieleraktionen und über das Ausagieren von Nichtspielercharakteren in den Spielverlauf

re Erfolgserlebnisse für die Spielenden. Das freie Erzählen findet seine Grenze in der Phantasie der Spielenden. So kommt es, dass stereotype Figuren oder Handlungsstränge weite Teile der Spielpraxis prägen. »Die Kunst liegt nicht in der Adaption, sondern in der Variation des Bekannten.«[532] So sind auch Stereotype Teil vieler dieser Spielwelten. Manche Spiele wie etwa *Degenesis* nutzen dies, um Spannungsmomente und Wendungen ins Spiel zu bringen,[533] andere ignorieren diese Verengung oder nehmen sie als Vereinfachung des Spiels billigend in Kauf. Nicht alles muss immer neu erfunden werden.

Häufiger Inhalt der Spiele sind historische Versatzstücke, entweder um Akkuranz bemüht, als Bildungsbeiwerk oder zur schnellen Vertrautmachung oder Authentifizierung einer Spielwelt/eines Charakters. Geschichte als Überlieferung von Geschehnissen ist stets eine Konstruktion, die sich aus vielen individuellen Perspektiven zusammensetzt. Das Rollenspiel spitzt dies zu, indem es die Geschichte in einer extrem kleinen Gruppe zirkulieren lässt und die Gruppenmitglieder damit stärker aneinander bindet.

Mit dem Begriff der Narrativen Identität lässt sich der Prozess beschreiben, in dem sich der Mensch selbst erzählt und damit seine Identität konstruiert und festigt. Dieser Prozess hat starke spielerische Merkmale und kann wie im Rollenspiel selbst zum Mittel eines Spiels werden.

Fokussiert sich die Identität auf ein Erleben von Einheit, ist die Rolle verschiedenen Konzepten innerhalb eines sozialen Gefüges zuzuschreiben. Der Begriff der Rolle wird aus der Theaterpraxis abgeleitet. Dort meint er die für einen Schauspieler vorbereiteten Identitätsfragmente einer künstlichen Figur. Wie diese Figur entworfen wurde, lässt unterschiedliche Freiheitsgrade in der Umsetzung offen und verlangt nach verschiedenen Schauspielerhaltungen. Die Soziologie übernimmt den Begriff und macht damit Sozialsysteme und Handlungen aufeinander bezogener Personen beschreibbar. Rollen sind meist von außen definiert und häufig sogar vergeben. Sie können unterschiedliche Freiheitsgrade aufweisen. Die Rolle des Rollenspielers überträgt weite Teile dieses Freiheitsgrades auch auf die Freiheit seiner gespielten Rolle.[534] Die Gestaltungsnorm verlangt individuelle und innovative Lösungen von Problemen und Aufgaben, dies betrifft innerhalb des Spiels den Handlungsraum der Spielfigur und außerhalb des Spiels den Handlungsraum des Spielers. Rollenerwartungen sind vielgestaltig, überschneiden sich fast immer und widersprechen sich oft. Das Individuum ist gefordert, diesen dennoch zu entsprechen und einen bestmöglichen Ausgleich zu schaffen.

---

aktiv ein. Auf diese Weise entsteht das fragile Gleichgewicht zwischen freiem Erzählen der Spielenden und der strukturierenden Erzähltechnik des Spielleiters.
532 Findeisen. S. 134.
533 Siehe hierzu Kapitel 4.2.2.
534 Wenn das Spielsystem dies nicht aktiv unterbindet oder die Kreativität des Spielers anderweitig stark eingeschränkt ist.

Erfolgserlebnisse werden, wie weiter oben ausgeführt, dem eigenen Können zugeordnet und Misserfolge dem Spielsystem angelastet. Es herrscht jedoch ein gegenseitiges Kontrollsystem, welches je nach Spielgruppe höchst unterschiedlich ausgeprägt sein kann. Gruppen bilden unterschiedliche Dynamiken heraus und stehen immer in Wechselwirkung mit der Rollenausübung des Individuums. Rollenspiele sind fast immer Primärgruppen. Allein in sehr ausgefallenen Gruppierungen oder in extrem großen Liverollenspielen sind Sekundärgruppen denkbar, auch wenn sich selbst in diesem Fall wieder Primärgruppen als Untergruppen bilden werden. Gruppen haben eine Tendenz, Normen zu etablieren und diese auch durchzusetzen. Diese Normen und Strukturen stabilisieren das Gruppengefüge nach innen und außen und stellen ein wichtiges Merkmal für Gruppen an sich dar.

Im Rollenspiel wird mit Identitäten und Narrativen gespielt, aber eben auch mit einem Konzept von Welt. Ganz im Sinne der Postmoderne wird aus Bestandteilen des Bekannten und des Vorstellbaren unsere Welt neu zusammengesetzt. In der Mythentheorie von Lévi-Strauss fällt der Begriff der Bricolage, einer nicht vordefinierten Reorganisation von Elementen zu einem neuen System. Eben dieses geschieht im Rollenspiel. Aus bekannten Elementen werden Charaktere, eine Handlung und schlussendlich eine Geschichte gebaut. Die Bekanntheit vieler der Elemente vereinfacht den Umgang mit diesem Werk, bedeutet jedoch auch einen Drang hin zu bekannten Versatzstücken. Zumindest auf diese Weise halten Alltagserfahrungen Einzug ins Spiel und können dort entsprechend auch beeinflusst werden.

Im Rollenspiel wird eine fiktive Identität zum Objekt einer performativen Erzählung. Identität und Geschichte werden hierin als veränderbar wahrgenommen. Das Rollenspiel als Zerrspiegel der Alltagsrealität fungiert als Medium der Weltaneignung und als ein Ort, wo soziale Regeln erlernt und erprobt werden können. Im Zentrum der Weltengestaltung des Rollenspiels, so ein vorläufiges Fazit, stehen die Emergenz und das prozessuale Erzählen. Die Rolle wird zum Spielobjekt und somit als veränderbar wahrgenommen.

Womit diese Welten bevölkert werden und woher die Geschichten kommen, die hier gespielt werden, wird im folgenden Kapitel zum Mythos, dem Fantastischen und dem Ritual näher untersucht.

6 Mythos und Ritual im Rollenspiel

6.1 Mythos

Identifikationspunkte zwischen Spiel und Mythos finden sich nicht nur auf der Ebene der Inhalte (die mannigfaltig vorhanden sind, da einer Großzahl von Spielen mythische Elemente zugrunde liegen), sondern auch innerhalb der Strukturen des Spiels selbst und im Nutzungsverhalten der Spieler. Mythische Figuren wie Trolle, Zyklopen, Basilisken oder Drachen finden sich in den meisten Fantasy-Rollenspielen.[535] Diese Figuren stehen teilweise noch in den Handlungszusammenhängen, aus denen sie stammen, aber auch Welten, in denen Drachen die Kontrolle über Großkonzerne übernommen haben kommen vor. All diesen in verschiedenen Spielen »realisierten« Wesen ist eines gemein: Es sind Figuren, die den Spielenden vertraut sind.

Der Mythos verwandelt Geschichten in Geschichte und Geschichte in Natur[536] – der im Mythos lebende Mensch vertraut auf das ihn umgebende Weltbild. Er reduziert die Komplexität des Lebens und reichert es um eine ästhetische Dimension an. Mit dem Mythos befasste Theoretiker wie Theo Girshausen weisen immer wieder darauf hin, dass Mythen Gemeinschaft konstituieren und bewahren.[537] Künstliche Mythen haben nicht mehr die Verbindlichkeit, die sie für die im Mythos Lebenden hatten. So kann ein Rollenspiel zwar mythologisch die Welt erklären und fundieren, muss von den Spielenden jedoch nicht als alleinige Wahrheit akzeptiert werden, um ihren Zwecken zu dienen. Mythen finden sinnliche Bilder für abstrakte Denkfiguren. Guido Hiß schreibt: »Wer Phänomene mythischer Wiederkehr in Theater, Film oder Rollenspiel nur inhaltlich denkt, ignoriert den Mythos als ›Matrix des Weltbildes‹.«[538] Mythen dienen der sozialen Verständigung, indem sie den sozialen Kontakt etablieren und stärken.

In religiösen Kontexten werden auch profane Gegenstände und Handlungen mit der Aura des Numinosen aufgeladen. Dabei wird die Unterscheidung zwischen Akteur und Figur hinfällig: »[…] wer den Satyr tanzt, wird zum Satyr und seine alltägliche Existenz belanglos. Der magischen Mimesis fehlt das Bewusstsein der Distanz. Magische Mimesis meint restlose Verwandlung, nicht Repräsentation.«[539] Das Theater kann als Abschied vom Ritus dieser Art verstanden werden, der Akteur auf der Bühne wird nicht mehr zum Satyr, er tut nur noch so. Das Theater wird so zum Medium der Aufklärung. Indem der Mensch zum Maß aller Dinge erhoben wird, schwindet die Macht der Götter. Rituelle

---

535 Siehe hierzu etwa: *Aventurisches Bestiarium. Monsterbuch DSA5*. Ulisses Medien 2015.
536 Vgl.: Barthes, Roland: *Mythen des Alltags*. Suhrkamp (1964).
537 Vgl.: Girshausen, Theo: *Ursprungszeiten des Theaters. Das Theater der Antike*. Vorwerk 8 1999.
538 Hiß, Guido: *Theater, Mythen, Medien. Ein Versuch*. epodium 2013. S. 22. Hiß zitiert hier Marshall McLuhan: *Myth and Mass Media*.
539 Ebd. S. 30.

Elemente schwinden jedoch nie ganz, sie bleiben als Substanz vorhanden, die jedoch keine absolute mythische Wahrheit beansprucht, sondern die wie in der Bricolage zum Basteln freigegeben ist.[540] »Das Mythische begegnet uns in griechischen Dramen nach Maßgaben einer doppelten Bricolage, bei der das ursprünglich mythisch Gebastelte mythologisch fortgesponnen wird.«[541] Dies muss auch für die Spiele geltend gemacht werden. »Die medientechnisch bedingte Regression zur oral condition begünstigt die Wiederkehr des Mythos.«[542] Dies bedeutet jedoch keine bedingungslose Rückkehr zur alternativlosen Mythologie, die neuen Mythologien stehen offen nebeneinander bereit. Das Rollenspiel operiert mit solchen Mythen, die selbstverständlich künstliche sind. Gerade in den 80er-Jahren wendeten sich evangelikale Rollenspielgegner[543] genau gegen diesen Punkt mit der Annahme, das Rollenspiel transzendiere die Grenze zwischen Figur und Akteur.

Der Vorwurf lautet hier nicht – wie sonst häufig zu registrieren – auf Eskapismus, der bewirke, dass sich die Spielenden in eine fiktive Welt flüchten. Hier wird vielmehr postuliert, dass sich die Rollenspieler mit dem Spiel als Brückenkopf in den Satanismus und reale Magie hineinbegeben. Wenn die Spielfigur gemäß der Spielregeln eine ausreichende Stufe in ihren Magiefähigkeiten erreicht, befürchten die Evangelikalen, dass die *Spieler selbst* diese Fähigkeiten und auch die entsprechenden Praktiken übernehmen. Diese Weltsicht widerspricht ganz offensichtlich dem spielerischen Moment des ambivalenten ›Als ob‹ und der modernen künstlichen Mythologie. Das magische Denken, die Vorstellung also, man habe einen Einfluss auf die Welt, ohne auf normale Zusammenhänge von Ursache und Wirkung Rücksicht nehmen zu müssen, ist dennoch zumindest als Keim auch im Rollenspiel enthalten.

6.1.1 Claude Lévi-Strauss

Claude Lévi-Strauss entwickelt seine Mythentheorie im Zuge einer ethnologischen Betrachtung. Er beschäftigt sich mit Kulturen, welche auf einer ganzheitlichen Weltanschauung beruhen, schließt aus seinen Beobachtungen jedoch auch, dass kein wesentlicher oder qualitativer Unterschied zwischen der logischen Struktur von modernem und (vermeintlich) primitivem Denken bestünde. Das wilde Denken ist nicht das Denken der Wilden, sondern »das Denken im wilden Zustand, das sich von dem zwecks Erreichung eines Ertrages kultivierten oder domestizierten Denken unterscheidet«[544] und weist besondere Ähnlich-

---

540 Vgl.: Ebd. S. 87.
541 Ebd. S. 88.
542 Ebd. S. 47.
543 Z. B.: Chick, Jack T.: *Dark Dungeons*. http://www.chick.com/reading/tracts/0046/0046_01.asp. Einen Überblick hierzu bietet: Pappe. S. 72 f.
544 Lévi-Strauss. S. 253.

keiten zu Praktiken von Kunst und Wissenschaft auf. Als eine erste Form der Wissenschaft beschreibt Lévi-Strauss folglich die Tätigkeit, welche er als Bricolage (Bastelei) bezeichnet. Hierbei handelt es sich um eine spezielle Art der Problemlösung, die sich besonderer Mittel bedient, welche außerhalb ihrer vorgesehenen Nutzung eingesetzt werden.

Der Bastler wird von Lévi-Strauss als Handwerker beschrieben, der Mittel und Methoden anwendet, die von einem ausgewiesenen Fachmann nicht genutzt würden. »Die Eigenart des mythischen Denkens besteht nun aber darin, sich mithilfe von Mitteln auszudrücken, deren Zusammensetzung merkwürdig ist und die, obwohl vielumfassend, begrenzt bleiben.«[545] Aus Mangel an Alternativen müsse er sich aber dennoch dieser Mittel bedienen. Das Basteln auf technischer Ebene wird so auf das mythische Denken in intellektuellen Problemstellungen übertragen.[546]

Die mythologischen Welten werden immer wieder zerstört und aus ihren Fragmenten neu aufgebaut. Diese »unaufhörliche Rekonstruktion« geschieht dabei immer mit Hilfe der gleichen Materialien, mit denen »immer vergangene Zwecke berufen sind, die Rolle von Mitteln zu spielen: die Signifikate werden zu Signifikanten und umgekehrt.«[547] Dieser Kernsatz über das Basteln beschreibt, wie das mythische Denken die Gesamtheit der Mittel mit bedenken und einschließen muss, um zu einem Ergebnis zu gelangen, welches »immer ein Kompromiß zwischen der Struktur des instrumentalen Ganzen und der des Projektes sein wird.«[548] Projekte sind somit nie durchführbar ohne Einflüsse des Zufalls oder, wie Lévi-Strauss es in Anschluss an die Surrealisten genannt hat: »objektiven Zufall«. Er sagt im Hinblick auf die Schöpfungstätigkeit:

> […] das Poetische der Bastelei kommt auch und besonders daher, daß sie sich nicht darauf beschränkt, etwas zu vollenden oder auszuführen; sie ›spricht‹ nicht nur mit den Dingen, wie wir schon gezeigt haben, sondern auch mittels der Dinge: indem sie durch die Auswahl, die sie zwischen begrenzten Möglichkeiten trifft, über den Charakter und das Leben ihres Urhebers Aussagen macht. Der Bastler legt, ohne sein Projekt jemals auszufüllen, immer etwas von sich hinein.[549]

Guido Hiß zieht eine Verbindungslinie zur Mythentheorie von Barthes: »Entsprechend der von Roland Barthes beschriebenen semantischen Dopplungen, wird das je Vorgefundene mit neuer Bedeutung besetzt: ›Was im ersten System Zeichen ist (das heißt assoziatives Ganzes eines Begriffs und eines Bildes), ist einfaches Bedeutendes im zweiten.‹«[550] Die Elemente ändern Bedeutung und

---

545 Ebd. S. 29.
546 Vgl.: Ebd. S. 29 f.
547 Ebd. S. 34.
548 Ebd. S. 34.
549 Ebd. S. 35.
550 Hiß 2013. S. 87. Siehe auch: Barthes.

Funktion im Neuarrangieren. Und in eben diesem Prozess der Umdeutung oder Transformation schreiben sich nicht nur die Akteure mit ein, er bietet auch dem Zufall und dem Unvorhergesehenen ein Einfallstor.

Bei der Betrachtung im kleineren Modell, ob dies nun eine Form von Wissenschaft betrifft, eine künstlerische Praxis oder etwas anderes wie etwa ein Spiel, ist der Überblick über das Ganze dem Teilbereich vorgelagert.[551] Dies muss nicht einmal einer wie auch immer gearteten Realität entsprechen, denn »selbst wenn das eine Illusion ist, liegt der Sinn dieses Vorgangs darin, diese Illusion zu schaffen oder aufrechtzuerhalten, die sowohl dem Verstand wie den Sinnen ein Vergnügen bietet, das schon auf dieser Basis allein ästhetisch genannt werden kann.«[552]

Es fließt dabei immer eine Erfahrung mit dem Objekt dieses Modells mit ein. Über dessen Künstlichkeit wird die Gemachtheit und die Herstellungsart sichtbar. Es ist immer nur eine mögliche Lösung, die Betrachter können auch die anderen Lösungen sehen. Das Kunstwerk verleiht anhand eines Objekts oder Ereignisses einer übergeordneten Struktur Sichtbarkeit, der Mythos hingegen »verwendet eine Struktur, um ein absolutes Objekt herzustellen, das den Aspekt der Gesamtheit von Ereignissen bietet.«[553] Hiß spricht im Anschluss an diese Thesen von der doppelten Bricolage der Dramen der griechischen Antike, in welcher »das ursprünglich mythisch Gebastelte mythologisch fortgesponnen wird.«[554] Eine solche Bewegung lässt sich auch in den mythologischen Feldern des Spiels beobachten. Spielwelten und Spielinhalte orientieren sich teils direkt an griechischer Mythologie, nordischer Mythologie oder Ähnlichem und verfahren im Spielverlauf ähnlich »bastelnd«.

Darüber hinaus ist das Spiel bei Lévi-Strauss jedoch auch direkt thematisiert. Er versteht das Spiel als regelhaftes Sozialgefüge: »Jedes Spiel ist durch die Gesamtheit seiner Regeln bestimmt, die eine praktisch unbegrenzte Zahl von Partien ermöglichen; aber der Ritus, der auch ein ›Spiel‹ ist, ähnelt vielmehr einer bevorzugten, aus allen möglichen herausgehobenen Partie, denn nur diese ergibt eine bestimmte Art von Gleichgewicht zwischen den beiden Partnern.«[555] Als Beispiel wird hier das Fußballspiel der Gahuku-Gama aus Neuguinea genannt, die die Spielform von westeuropäischen Siedlern übernehmen, jedoch eine zusätzliche Regel einführen, die besagt, dass die Spiele so lange wiederholt werden, bis beide Mannschaften gleich oft gewonnen haben. So wird das Spiel zum Ritus.[556] Im Kern dieses Spielverständnisses steht das, was Caillois als

---

551 Vgl.: Lévi-Strauss. S. 37.
552 Ebd. S. 37.
553 Ebd. S. 40.
554 Hiß 2013. S. 88.
555 Lévi-Strauss. S. 45.
556 Vgl.: Ebd. S. 45.

Agonale Spielstruktur beschrieben hat: eine Struktur, die die Kontrahenten auf Augenhöhe bringt.

> Beim Spiel ist die Symmetrie […] prästabilisiert; und sie ist struktural, da sie sich aus dem Prinzip ableitet, daß die Regeln für beide Lager die gleichen sind. Die Asymmetrie dagegen wird erzeugt; sie entsteht unvermeidlich aus der Kontingenz der Ereignisse, ob diese nun der Absicht, dem Zufall oder dem Talent unterliegen.[557]

Beim Ritual verhalte es sich umgekehrt, die Asymmetrie sei in die Struktur eingeschrieben, etwa in die Unterscheidung von Sakralem und Profanem. Das ›Spiel‹ bestünde im Ritual nun darin, eine Symmetrie herzustellen, in der alle Beteiligten zu den ›Gewinnern‹ zählen – zum Beispiel damit, alle Menschen in den Himmel zu bringen, wie in der christlichen Erlösungsgeschichte.[558] Das Spiel bringt wie die Wissenschaft, ausgehend von einer Struktur, Ergebnisse hervor, »während die Riten und die Mythen, nach Art der Bastelei […] ereignishafte Gesamtheiten auseinandernehmen und wieder zusammensetzen […] und sich ihrer als unzerstörbarer Bausteine für strukturale Arrangements bedienen, die abwechselnd für Zwecke und für Mittel stehen.«[559] Das Rollenspiel stünde demnach zwischen dem Spiel im Sinne Lévi-Strauss' (vergleichbar mit dem Agonalen bei Caillois) und dem Ritus als Asymmetrie, bei welchem beide Pole wieder zusammengeführt werden müssen. Spiel und Ritual brauchen nicht zwingend über den Raum des Spiels hinausgehende Konsequenzen. Wenn kein Ochse zum Opfern vorhanden ist, kann auch eine Gurke als Ochse geopfert werden. Ohne diese gleichzusetzen, sind sie für den Opfervorgang doch gleichwertig.[560]

Das Gegenstück zum improvisierenden Bricoleur ist bei Lévi-Strauss der rational entwickelnde Ingenieur. Die Begriffe werden teils metaphorisch und teils als Klassifikationen gebraucht, sind jedoch auch hier schon als graduell zu verstehen. Diese Denkrichtung wird von anderen Theoretikern weiter ausgearbeitet. So fasst etwa Ted Baker mit seinem DPE-Model (Design Precides Execution) einen Gegenentwurf zur Figur des Ingenieurs, welcher so als der Vorausschauende in Abgrenzung zum Ausführung und Konstruktion gleichzeitig durchführenden Bricoleur entworfen wird. Genauer differenzierend muss jedoch eingewendet werden, dass auch die Bricolage in DPE-Ansätzen eingeplant werden kann, dabei dann jedoch ihren Improvisationscharakter tendenziell verliert.[561]

---

557 Ebd. S. 47 f.
558 Vgl.: Ebd. S. 47 f.
559 Ebd. S. 48.
560 Vgl.: Ebd. S. 259.
561 Vgl.: Baker, Ted/Miner, Anne S./Eesley, Dale T.: *Improvising firms: bricolage, account giving and improvisational competencies in the founding process*. http://citeseerx.ist.psu.edu/viewdoc/download?doi=10.1.1.513.273&rep=rep1&type=pdf.

6.1.2 Jan Assmann

Jan und Aleida Assmann beschäftigen sich mit Mythologien im Rahmen ihrer Theorie des kulturellen Gedächtnisses. Der Mythos etabliere demnach mit einer Ursprungsbeziehung eine zweite, zyklische Zeitebene über den linearen Abläufen des Alltags. Auch wer in den Simulationsraum eines Spieles eintaucht, erfährt eine andere Zeit. Das Gedächtnis des Menschen ist außerhalb der Kulturtechnik des Menschen nicht zu denken, dies ist eng an Bezugsrahmen geknüpft, welche Menschen verwenden, um Erinnerungen zu fixieren und abzurufen.[562] Es gibt demnach immer eine Verbindungslinie in die Vergangenheit. Das historische Bewusstsein kennt somit zwei Dimensionen von Vergangenheit: eine diffuse Vorstellung des Ursprungs und die jüngste Vergangenheit.[563]

Jan Assmann verknüpft diese beiden Zeitebenen mit zwei Gedächtnisrahmen. Das kommunikative Gedächtnis beinhaltet persönlich kommunizierbare und bezeugbare Erzählungen und somit einen rezenten Zeitraum von etwa 80 bis 100 Jahren. Dabei spielt es keine Rolle, ob diese Erzählungen mündlich oder schriftlich weitergegeben werden; entscheidend ist die relative Nähe und Greifbarkeit der Zeitzeugen. Das kulturelle Gedächtnis hingegen kondensiert an Fixpunkten der Vergangenheit und konzentriert sich zumeist auf wenige, symbolische Figuren. Dies bedeutet jedoch nicht zwingend, dass hier nur Geschehnisse aus der Ursprungszeit Einzug finden, denn »[…] im kulturellen Gedächtnis der Gruppe stoßen die beiden Ebenen der Vergangenheit vielmehr nahtlos aufeinander.«[564] Um die Unterscheidung etwas genauer zu fassen:

- Das *kommunikative Gedächtnis* schließt Erinnerungen der rezenten Vergangenheit ein und basiert primär auf persönlich verbürgter oder kommunizierter Erfahrung. Es hängt somit vor allem mit der ›oral history‹ zusammen, ist aber auch in der unmittelbaren Vergangenheit literaler Gesellschaften zu finden.[565]
- Das *kulturelle Gedächtnis* hingegen fußt auf Fixpunkten der Vergangenheit. Es geht hier um die erinnerte Geschichte, Fakten spielen dabei nur eine untergeordnete Rolle; die Unterscheidung von Mythos und Geschichte verschwimmt. Diese Form vermag es, in einer Gruppe eine Identität zu fundieren. Dieses Gedächtnis hat immer spezifische Personen, die mit ihm verknüpft sind, ob dies nun Barden oder Priester sind.[566]

Geht es im kommunikativen Gedächtnis darum, individuelle Geschichtserfahrungen ohne weitreichende Verarbeitung möglichst direkt zu vermitteln, kreist

---

562 Vgl.: Assmann. S. 35.
563 Vgl.: Ebd. S. 48.
564 Ebd. S. 49.
565 Vgl.: Ebd. S. 50 f.
566 Vgl.: Ebd. S. 52 ff.

das kulturelle Gedächtnis um die mythische Urgeschichte einer absoluten Vergangenheit, die in hochgradig gestalteten Traditionen inszeniert werden. Zur Weitergabe von Erinnerung im kulturellen Gedächtnis bedarf es einer persönlichen Anwesenheit der Teilhabenden, diese sind jedoch nicht beliebig oder austauschbar. »Das Kollektivgedächtnis haftet an seinen Trägern und ist nicht beliebig übertragbar. Wer an ihm teilhat, bezeugt damit seine Gruppenzugehörigkeit. Es ist deshalb nicht nur raum- und zeit-, sondern auch, wie wir sagen würden: identitätskonkret.«[567] Feste und Riten bieten den idealen Rahmen für solche Zusammenkünfte.

Der Mythos lässt Geschichten zu Geschichte werden und sichert so vage Vorstellungen als faktische Basis. »Vergangenheit, die zur fundierenden Geschichte verfestigt und verinnerlicht wird, ist Mythos, völlig unabhängig davon, ob sie fiktiv oder faktisch ist.«[568] So kann eine Gemeinschaft eine gemeinsame Grundlage geben, mit einem gemeinsamen Ursprung und einer alles einenden Welterklärung. Der Mythos als Geschichte schafft eine Orientierung in der Welt und stellt Wahrheiten und Normen auf, welche für die Menschen, die im Mythos leben, alternativlos und bindend sind.[569] Mythen haben zwei Funktionen: sie sind fundierend und kontrapräsentisch,[570] erstere Funktion kann jederzeit zu zweiterer Funktion werden. Sie begründen einen Ursprung der Gesellschaft und meist der Welt als solcher und überhöhen diesen Anfang als glorreiche, bessere Ursprungszeit.

Das Ritual folgt strengen Vorschriften, auch wenn diese nicht schriftlich fixiert sind.[571] Wie auch die Mythen sind sie essentielle Mittel zur Fundierung und Stärkung der kulturellen Identität.

> Feste und Riten sorgen im Regelmaß ihrer Wiederkehr für die Vermittlung und Weitergabe des identitätssichernden Wissens und damit für die Reproduktion der kulturellen Identität [...] Die Riten und Mythen umschreiben den Sinn der Wirklichkeit. Ihre sorgfältige Beachtung, Bewahrung und Weitergabe hält – zugleich mit der Identität der Gruppe – die Welt in Gang.[572]

In schriftlosen Kulturen kann dieses Gedächtnis an den unterschiedlichsten Formen hängen; Riten, Musik, Trachten, Tänze oder auch Spiele.[573] Das Rollenspiel kann in dieser Tradition betrachtet werden, auch wenn es nicht ganz schriftlos organisiert und mehr als Subkultur zu beschreiben ist.

---

567 Ebd. S. 39.
568 Ebd. S. 76.
569 Vgl.: Ebd. S. 76.
570 Vgl.: Ebd. S. 79.
571 Vgl.: Ebd. S. 54.
572 Ebd. S. 57.
573 Vgl.: Ebd. S. 59.

Assmann unterscheidet zwischen drei Formen von Identität, die stärker auf das soziale Gefüge konzentriert sind als die im vorausgegangenen Kapitel vorgestellten Rollenkonzepte. Die *Individuelle Identität* ist dadurch definiert, dass sie alles, was der Einzelne zu sich selbst zählt, miteinschließt. Die *Personale Identität* zeichnet sich dadurch aus, dass sie das, was den Einzelnen in Gruppen und Sozialgefüge eingliedert, in den Fokus nimmt. Die *Kollektive Identität* schließlich fußt auf der Identifikation seitens der beteiligten Individuen.[574] »Eine kollektive Identität ist nach unserem Verständnis reflexiv gewordene gesellschaftliche Zugehörigkeit. Kulturelle Identität ist entsprechend die reflexiv gewordene Teilhabe an bzw. das Bekenntnis zu einer Kultur.«[575] Diese interaktive Zirkulation von Werten, Erfahrungen und Welterklärungen ist es dann schließlich, was eine Gesellschaft fundiert und aufrechterhält.[576]

Der Begriff der Kulturellen Identität ist jedoch nicht unumstritten. So verweist etwa Wolfgang Luutz anschließend an einen Ausspruch von Habermas darauf, dass in der Moderne immer mehr und komplexere Rollenanforderungen an das Individuum gestellt werden, an deren Ende höchstens noch eine hochgradig abstrakte Identität stehen könne.[577] Im weiteren Verlauf nimmt Luutz den Begriff jedoch wieder in Schutz und etabliert ihn im Kontext aktueller soziologischer Studien[578].

6.2 Ritual

Das Mythische findet im Ritual seine Vollzugsform. »Mythen erzählen, Rituale vergegenwärtigen: zwei Seiten einer Medaille.«[579] Häufig wird das Ritual in der Art und Weise beschrieben, dass es als gemeinsamer Ursprung des Theaters und des Spiels gesehen werden kann. Ritual und Nicht-Ritual sind jedoch nicht klar voneinander zu unterscheiden. Zudem ergibt sich ein Problem durch die Perspektive: Außenstehende können das Ritual oft nur als Darstellung einer Religion wahrnehmen. Für die Teilnehmenden auf der anderen Seite ist es nicht nur Ausdruck, sondern auch Fundierung ihrer Gemeinschaft.[580] Es finden sich

---

574 Vgl.: Ebd. S. 132.
575 Ebd. S. 134.
576 Vgl.: Ebd. S. 140.
577 Vgl.: Luutz, Wolfgang: »*Kollektive Identität*«. *Karriereende eines folgenreichen Konzepts?*. www.uni-leipzig.de/~sfb417/Kollektiveldentität.doc. Zur Komplexität von Rolle und Identität sei an dieser Stelle nochmals auf die Kapitel 5.2 verwiesen, wo diese Punkte auch im Hinblick auf Spiel und Rollenspiel auseinandergesetzt werden.
578 Besonders in der Regionalforschung, in deren Kontext der Text als Einleitung in einen Sonderforschungsbereich dient. Stark macht er in diesem Zusammenhang den Begriff der Identifikation. Vgl.: Ebd. S. 10 f.
579 Hiß 2013. S. 32.
580 Vgl.: Bell, Catherine: *Ritualkonstruktion*. In: Belliger, Andréa/Krieger, David J. (Hg.): *Ritualtheorien. Ein einführendes Handbuch*. Springer VS 2013. S. 45.

die verschiedensten, teils widersprüchlichen Auffassungen darüber, was ein Ritual sein, wie es wirken und welche Relevanz es besitzen könne. ›Ritual‹ ist ein vielfältig genutzter und breit diskutierter Begriff. Gerade Diskurse im Gefolge des Internets verwenden den Begriff dabei jenseits seiner sakralen Bedeutung. Teils wird er synonym mit Spiel, Zeremonie oder Feier verwendet, teils stark von diesen Feldern abgegrenzt.

Historisch ist die Entdeckung des Rituals als Forschungsgegenstand mit der Kolonialisierung der Welt in Zusammenhang zu bringen, da aus den damit verbundenen Erfahrungen und Perspektiven ein Bedürfnis nach einer vergleichenden Ritual- und Religionsforschung entstand.[581] Diese war natürlich bedingt durch die Forschungsperspektive, kann aber trotzdem als Ausgangspunkt einer offeneren Beschäftigung, und zwar besonders im 20. Jahrhundert, verstanden werden.

6.2.1 Ritualtheorie

Rituale müssen von routinisierten Alltagshandlungen, auch Ritualisierungen genannt, unterschieden werden, denn den routinisierten Alltagshandlungen fehlt es an kultureller Erhöhung. Rituale hingegen sind vor allem bewusst durchgeführte Handlungen. Sie sind zudem deutlich gerahmt und formalisiert und können sowohl eine ästhetische Funktion besitzen als auch eine gemeinschaftsstifte – das heißt, sie können Sozialkontakte fundieren und stärken. »Rituale werden zunehmend als Angebote von Alternativen und Handlungen verstanden, denen symbolische Bedeutungen zugeschrieben werden. Sie gelten somit als höchst kreative und produktive Elemente der sozialen Interaktion und Sinnstiftung.«[582] In ihrer Beständigkeit vermitteln Rituale Sicherheit und Vertrauen in die Gesellschaft und die Beschaffenheit der Welt. Dennoch sind Rituale prinzipiell offen für Interpretationen und Veränderungen, entsprechend »reibt sich der Hang zur Bewahrung am Drang zur Veränderung«.[583]

Im Ritual verschmelzen Ordnungen und Handlungsoptionen. »Im Ritual sind gelebte und vorgestellte Welt ein und dasselbe, sie sind in einem einzigen System symbolischer Formen verschmolzen.«[584] Denken und Handeln fallen zusammen und schaffen so Bedeutung für den Handelnden.

In Form etwa von Sport, Tanz, Gesang oder Gebet wurde bereits in der griechischen Antike Apollo geehrt[585] und damit eine Verbindung von Erinnerung und

---

581 Vgl.: Brosius, Christiane/Michaels, Axel/Schrode, Paua: *Ritualforschung heute – ein Überblick*. In: Brosius, Christiane/Michaels, Axel/Schrode, Paula (Hg.): *Ritual und Ritualdynamik. Schlüsselbegriffe, Theorien, Diskussionen*. Vandenhoeck & Ruprecht 2013. S. 11.
582 Ebd. S. 15.
583 Ebd. S. 17.
584 Geertz nach Bell. S. 44.
585 Vgl.: Taddei, Andrea: *Memory, Performance, and Pleasure in Greek Rituals*. In: Chaniotis, Angelos/Michaels, Axel (Hg.): *Body, performance, agency, and experience*. Harrassowitz 2010. S. 91.

Vergnügen geschaffen. Dieses Vergnügen wird in der Feier des Gottes durch Poesie und eine komplexe Ritualstruktur generiert. Im Anschluss an Humphrey und Laidlaw postuliert Brosius, dass Rituale an sich keine Bedeutung tragen, sondern diese erst in dem Engagement ihrer Teilnehmer entsteht.[586] Rituale sind somit nicht nur an die Aufführung, sondern auch an die Teilhabe gebunden. Der kollektive Akt der Verknüpfung von Vergnügen und Erinnerung zieht sich durch die Rituale der Jahrhunderte und bleibt selbst dann noch als Rest erhalten, als die Rituale zu einer Kunstform gefrieren. Der kreative Umgang mit dem Ritual in der ästhetischen Umsetzung scheint dabei nur im Hinblick auf die Ästhetisierung und Umsetzung unproblematisch zu sein. Weitergehende Umarbeitungen rufen Widerspruch hervor oder greifen bereits schon existierende Widersprüche auf.

Stanley Tambiah konzentriert seine Ritualforschung auf soziale Interaktionen. Hierzu wird das Ritual als »kulturell konstruiertes System symbolischer Kommunikation«[587] definiert. Hauptrituale einer Gesellschaft sind häufig mit kosmologischen Ideen verknüpft, die auch in Mythen oder Gesetzen zu finden sind. Kosmologie meint hier: »die Gesamtheit der Ideen, welche die Phänomene des Universums als geordnetes Ganzes spezifizieren und klassifizieren, und die Normen und Prozesse, welche dem Universum zugrunde liegen.«[588] Wichtige Merkmale sind:

- blinde Akzeptanz von Ideen
- Versprechen einer größeren Wahrheit, die Zweifel auslöscht
- Beziehung zwischen Leben und Tod
- moralisch bewertete Hierarchie
- Bezug auf eine Ursprungszeit[589]

Diese Liste entspricht weitgehend dem Verständnis von Mythen, wie es einleitend in diesem Kapitel vorgestellt wurde. Das Ritual erweitert dieses Feld nun um eine Handlungsoption: »[…] das rituelle Handeln zielt darauf, zwischen diesen kulturell differenzierten Instanzen, Ebenen, Bereichen und Ereignissen, aus denen die Kosmologie besteht, zu kommunizieren und zu vermitteln.«[590] In der rituellen Kommunikation werden Einstellungen öffentlich zum Ausdruck gebracht. Es liegt somit auch nicht im Interesse des Rituals, eine direkte Psychologisierung zu erreichen, vielmehr geht es um die Artikulation von Gefühlen,[591] so können Einstellungen dargestellt, kommuniziert und schließlich auch fundiert

---

586 Vgl.: Brosius/Michaels/Schrode. S. 49.
587 Tambiah, Stanley: *Eine performative Theorie des Rituals*. In: Belliger, Andréa/Krieger, David J. (Hg.): *Ritualtheorien. Ein einführendes Handbuch*. Springer VS 2013. S. 225.
588 Ebd. S. 227.
589 Vgl.: Ebd. S. 228.
590 Ebd. S. 228.
591 Vgl.: Ebd. S. 231. Hier wird Langer paraphrasiert und erweitert.

werden. »Das Ritual ist nicht ein ›freier Ausdruck von Gefühlen‹, sondern eine disziplinierte Wiederholung der ›richtigen Einstellung‹.«[592]

6.2.2 Victor Turner

Turner arbeitet in der Betrachtung des Rituals mit den von Van Gennep ausgeführten Übergangsriten und führt diese weiter. Der Übergangsritus ist hier in drei Phasen aufgeteilt: Trennungsphase/Schwellen- oder Umwandlungsphase/ Angliederungsphase. Besonders ausführlich wird von Turner die Schwellenphase behandelt, er stellt mit dem ›sozialen Drama‹ aber auch eine Profanisierung des Übergangsritus vor. Ausgangspunkt bildet ein Bezug auf die fünf Momente des Erlebens nach Dilthey.[593] Im Ritual findet dieses Erleben eine strukturierte Vollzugform. Und mitten in vielen dieser Rituale steht eben jener Schwebezustand, welcher sich im Übergangsritual so gut beobachten lässt. Was hier entsteht, ist ein Zustand des Dazwischen, der Passage, welchen Victor Turner je nach Ausprägung als »liminal«, oder als »liminoid« bezeichnet. Turners Ritualtheorie basiert auf einer grundlegenden Beobachtung: Rituale haben immer einen prozesshaften Charakter und müssen somit unter einer zeitlichen Perspektive untersucht werden.[594]

> Rituale […] sind vom Nützlichkeitsprinzip des sozialen Lebens abgehoben. Sie sind symbolisch-expressive, kultische Handlungssequenzen, sakrale Zwischenphasen im Kontinuum des Alltagslebens oder mit kultureller Symbolik aufgeladene konventionalisierte symbolische Handlungsweisen.[595]

Das Liminale wird als Schwelle des sakralen bzw. des obligatorischen Rituals entworfen. Dieser stellt Turner den Begriff des Liminoiden gegenüber, welcher die Sphäre des Profanen, oder schlicht des nicht Obligatorischen beschreibt. »Liminoide Phänomene sind also durch Freiwilligkeit, liminale durch Pflicht gekennzeichnet. Das eine ist Spiel, Unterhaltung, das andere eine tief ernste, selbst furchterregende Sache.«[596] Die liminale Phase steht innerhalb eines klar strukturierten Rituals, löst sich jedoch vom Alltag und bietet so nicht nur eine gewisse Freiheit, sondern auch ein kreatives Potenzial. Regeln und Hierarchien sind durch die Spielregeln des Rituals ersetzt, die des Alltags haben keinerlei Bestand für die Zeit auf der Schwelle. Auch im Liminoiden wirken die gleichen Mechanismen. Das Liminoide steht außerhalb der Verbindlichkeit so-

---

592 Ebd. S. 231.
593 Alle Zitate in der folgenden Auflistung: Turner 2009. S. 18.
594 Vgl.: Turner, Victor: Betwixt and Between: The Liminal Period in Rites de Passage. In: Helm, June (Hg.): Symposium on New Approaches to the Study of Religion. Proceedings of the 1964 Annual Spring Meeting of the American Ethnological Association. University of Washington Press 1964.
595 Bachmann-Medick, Doris: Cultural turns. Neuorientierungen in den Kulturwissenschaften. Rowohlt-Taschenbuch-Verlag 2014. S. 112.
596 Turner 2009. S. 66.

zialer Strukturen und setzt für die Dauer dieser Phase politische, soziale und ökonomische Zwänge außer Kraft. Diese Phasen eröffnen somit die Möglichkeit, die Alltagsrealität und ihre Regeln neu zu bewerten. Frei nach McLuhan könnte man sagen, sie ermöglicht dem Fisch, die Oberfläche zu durchbrechen und zum ersten Mal das Wasser zu sehen, ein quasi mythen- und/oder medienkritisches Unterfangen. In der liminalen Phase ist das freie Spiel mit den Zeichen eine Subversion ohne weitreichende Folgen – in liminoiden Zusammenhängen jedoch kann daraus eine Keimzelle des Umbruchs werden, die Saat des Zweifels in der Gewissheit des Alltags. »Das Liminale kann daher, so exotisch es auch erscheinen mag, nie mehr sein als ein kurzes, subversives Aufflackern. Sobald es auftritt, wird es in den Dienst der Narrativität gestellt.«[597] Im Zentrum aller Riten steht unabhängig von ihrem Einfluss, durch eben jenen freien Umgang mit den Symbolen, eine Form von Kreativität im Bewerten der eigenen Umwelt und im Handeln nach den neuen Regeln. Turner verweist an dieser Stelle auf Sutton-Smith, der in den liminalen oder liminoiden Phasen eine Rahmung ausmacht, in welcher kreativ neue Modelle oder Bedeutungen geschaffen werden können. Sie können so auch jenseits der Schwelle Wirkung entfalten und Ziele, Ambitionen, Antriebe oder Strukturmodelle in eine Gesellschaft einbringen.[598] Till Förster fasst es folgendermaßen zusammen:

> Als eigentliche Schlüssel zu deren im Alltag verborgener Kreativität fungieren wieder die in den Riten verwendeten Symbole. Mit ihnen spielt der Mensch während der liminalen Phase von Passagenriten, aber eben auch in den liminoiden Zeiten der modernen Industriegesellschaft. Das Spiel und das Erleben der freien Kombinierbarkeit der Zeichen, die nicht länger an die Strukturen des Alltags gebunden sind, eröffnet dem Menschen Einsicht in mögliche Alternativen zu den normativen Zwängen der gesellschaftlichen Strukturen.[599]

Ein mögliches Ergebnis ist das Entstehen von *Communitas*, einer akuten Form von Gemeinschaft. Sie entwickelt diese weiter, indem sie über das Ritual allen Beteiligten eine gemeinsame Erfahrung ermöglicht. Dies negiert bis zu einem gewissen Punkt Hierarchien, da sich alle unter den gleichen Voraussetzungen auf Augenhöhe begegnen müssen. Turner schreibt: »Communitas, wie ich sie verstehe, erhält […] individuelle Verschiedenartigkeit aufrecht – sie ist weder Regression zur Kindheit, noch ist sie emotional oder ein ›Aufgehen‹ in Phantasie.«[600] Diese Utopie des Zusammenlebens ist eng verknüpft mit der Erfahrung von Freiheit innerhalb der liminalen/liminoiden Phase des Rituals und knüpft aus den gemeinschaftlichen Erfahrungen einer anderen Struktur eine neue Gemeinschaft.

---

597 Ebd. S. 69.
598 Vgl.: Ebd. S. 41.
599 Förster, Till: *Victor Turners Ritualtheorie. Eine ethnologische Lektüre.* Theologische Literaturzeitung 2003(Juli/August/2003) 2003. http://www.thlz.com/artikel/13689/?inhalt=heft%3D2003%23r343. S. 12
600 Turner 2009. S. 71.

Turner konstruiert mit dem Begriff des ›sozialen Dramas‹ eine Struktur von Gesellschaft nicht als geschlossenem System, sondern als Strategie, um Widersprüche und Konflikte rituell agierend zu bearbeiten. Analog zum Liminoiden beinhalten soziale Dramen nach Turner vier Phasen: Bruch, Krise, Bewältigung und Reintegration/Anerkennung der Spaltung.»Hauptakteure im sozialen Drama sind Personen, die in der Gruppe, dem Feld der dramatischen Handlung, hohe Wertschätzung genießen.«[601] Es gibt jedoch keine objektive Rangordnung innerhalb dieser Gruppen. Man gehört meist mehreren solcher Gruppen an, wie Familie, Firma, etc. Sogenannte ›Star-Gruppen‹ sind selbst gewählt und generieren mehr Achtung und Selbstachtung aus dem Zugehörigkeitsgefühl. Turner sieht das soziale Drama als »Grundsubstanz der Erfahrung«[602] bei kulturellen Darstellungen zur Krisenbewältigung, vom Ritual bis hin zum Gerichtsverfahren. Die Darstellung ist dabei Kern der Entwicklung. Erst durch den Vollzug kann die Schwellenphase ihre Wirkung entfalten. »Zwischen Darstellung und Lernen muß eine dialektische Beziehung bestehen. Man lernt durch die Darstellung und stellt dann das so Gelernte wieder dar.«[603] Die Reflexivität der Situation verlangt von den Akteuren, zugleich Subjekt und Objekt zu sein und macht so »Intersubjektivität zur charakteristischen postmodernen Seinsweise«[604]. Bei einer erfolgreichen Darstellung verschwimmen so die Grenzen zwischen spontanen und fest strukturierten Handlungen[605] ebenso wie die zwischen Publikum und Darstellern.[606] Die aus der Interaktion der Akteure hervorgehende Communitas-Erfahrung wird anschließend zur Communitas-Erinnerung. In der Reproduktion verfestigen sich nun paradoxerweise die frei improvisierten Beziehungen zu normgeleiteten Sozialstrukturen.[607] Wenn die Freiheit der Form wiederholbar wird, kristallisiert sich eine Struktur, die normativen Gesetzen in punkto Beständigkeit in nichts nachsteht.

6.2.3 Ritual und Identität

Die Zugehörigkeit zu einer Gruppe kann in Form von Ritualen persönliche, soziale und kulturelle Identität ausdrücken und zugleich verwirklichen.[608] Die Akteure eines Rituals akzeptieren die Ordnung der Handlungen, wenn sie diese vollziehen und stellen sie zugleich dar. Die öffentliche Akzeptanz ist wichtig, wie auch Caillois' Mimikry-Spiel illustriert.[609] Das Ritual etabliert Konventionen und

---

601 Ebd. 2009. S. 108.
602 Ebd. S. 124.
603 Ebd. S. 148.
604 Ebd. S. 159.
605 Vgl.: Ebd. S. 160.
606 Vgl.: Ebd. S. 178.
607 Vgl.: Ebd. S. 73.
608 Vgl.: Belliger/Krieger 2013. S. 31.
609 Die Hauptregel des Spiels besteht darin, die Illusion der Anderen nicht in Frage zu stellen. Siehe Kapitel 2.1.2.

verleiht ihnen zugleich Akzeptanz und Sicherheit.»Durch das Aussprechen und die Akzeptanz von Konventionen beinhaltet das Ritual nicht bloß eine symbolische Repräsentation eines Sozialvertrages, sondern auch den Vollzug dieses Sozialvertrages.«[610] Die Redundanz, die sich durch die Wiederholungen des Rituals ergibt, verstärkt diese Sicherheit noch.

Seit den 1980er-Jahren wird der Begriff der ›Agency‹ in den Sozialwissenschaften diskutiert. Es ist schwierig, eine deutsche Übersetzung zu finden, am ehesten ist er mit ›Handlungsmacht‹ übersetzbar. Im Zentrum steht die Frage, wie Menschen ihre Interessen und Projekte innerhalb von gesellschaftlichen Strukturen durchsetzen. Agency wird dabei meist nur dem Individuum zugeschrieben. Sax jedoch macht eine Lesart stark, die auch auf Gruppen anwendbar ist. Bei ihm heißt es:»Agency ist die Fähigkeit, Veränderungen in der Welt zu bewirken/herbeizuführen (materiell und sozial).«[611] Im Ritual geht es um Transformationen, deren Agency nicht immer klar zu bestimmen ist.[612] Individuum, Kollektiv und Traditionen streiten hier um die Vorherrschaft.»Es gibt keine Gesellschaft, die nicht das Bedürfnis fühlte, die Kollektivgefühle und die Kollektivideen in regelmäßigen Abständen zum Leben zu erwecken und zu festigen.«[613] Das Ritual kann diesem Bedürfnis eine Vollzugsform geben. Agency muss nicht zwingend ausgeübt werden, sie kann auch unangetastetes Potenzial bleiben. Dies betrifft im Spiel den an anderer Stelle bereits thematisierten Komplex der Erfolgserlebnisse und die Möglichkeit, sich selbst als Verursacher der eigenen Handlungen zu erleben. Dem Rollenspiel kommt somit eine Zwischenposition zu, zum einen ermöglicht sie Agency in spielerisch konnotierten Räumen – Machtübernahmen, die ohne Folgen bleiben. Zum anderen produziert sie Erfahrungen von Handlungsmacht, die eben jene Barriere von der potenziellen Agency zur ausagierten Agency aufweichen, wenn nicht sogar durchbrechen kann. Agency beschreibt Potenziale und die Verteilung von Handlungsoptionen innerhalb einer Gruppe, wohingegen die Frage der Wirksamkeit auf ›Gelingen‹ oder ›Nichtgelingen‹ basiert.[614]

> Es scheint, dass die immer verteilte Ritual-Agency oft durch öffentliche Rituale artikuliert wird, in denen sich diejenigen, die Teil des Netzwerks sind, der übergeordneten Autorität der Gruppe fügen. Demzufolge sind öffentliche Rituale genau der Punkt, an dem Agency verteilt, ausgehandelt, artikuliert und bestätigt wird.[615]

---

610 Rappaport. S. 199.
611 Sax, William S.: *Agency*. In: Brosius, Christiane/Michaels, Axel/Schrode, Paula (Hg.): *Ritual und Ritualdynamik. Schlüsselbegriffe, Theorien, Diskussionen*. Vandenhoeck & Ruprecht 2013. S. 26.
612 Vgl.: Ebd. S. 26.
613 Durkheim, Émile: *The Elementary Forms of the Religious Life*. Zitiert nach: Ebd. S. 26.
614 Vgl.: Ebd. S. 27.
615 Ebd. S. 30.

Das Rollenspiel ist ein Ort, an dem dies spielerisch geprobt werden kann. Die Agency der Spieler und vor allem des Spielleiters geht sehr weit, über das Geschehen haben sie volle Kontrolle und sogar die Regeln selbst können transzendiert werden (innerhalb des Rahmens ihrer Vorstellungskraft und Kreativität). Wichtiger ist aber noch das Erleben. Denn Rollenspiele ermöglichen es, Handlungsmacht zu erfahren. So wird das Erfahren und Übernehmen von Agency zu einer sichtbaren Option und zu einer Handlung, die sofortige Belohnung (oder Sanktion) nach sich zieht.

6.2.4 Ritualtheorien zum Spiel

Jeremy Benthams Konzept des ›Deep Play‹ beschreibt Spiele mit derartig hohem Einsatz und Risiko, dass sie als unvernünftig gelten müssen. Deep Play ist eine extatische Form des Spiels und kann etwa das beinhalten, was Caillois mit seiner Illinx-Form beschrieb. Primär geht es hier aber darum, wie etwas gespielt wird und nicht, was gespielt wird. Häufig findet Deep Play in religiösen oder sakralen Zusammenhängen statt. Clifford Geertz etwa beschreibt damit balinesische Hahnenkämpfe. Die Hähne werden liebevoll gepflegt, aufwendig hergerichtet, mit Klingen bewaffnet und dann aufeinander losgelassen. Die Zuschauer wetten teils absurde Summen auf den Ausgang der Kämpfe. Alltagserfahrungen werden durch die Darstellung und Überspitzung verständlich. Der Hahnenkampf ist nicht dadurch vom Alltag getrennt, dass er Statusunterschiede verstärkt, sondern indem hierin Hierarchien eine Darstellungsform finden. »Es handelt sich um eine balinesische Lesart balinesischer Erfahrung, eine Geschichte, die man einander über sich selbst erzählt.«[616] Für die Teilnehmenden bedeutet dieses Ereignis eine Gefühlsschulung.[617] Ähnliche Mechanismen können für neu erschaffene Rituale geltend gemacht werden, auch in fiktionalisierten oder fiktionalen Zusammenhängen. Innerdiegetisch können solche neu erdachten Rituale sogar als bekannt vorausgesetzt werden. Harry Potter beinhaltet einige dieser Rituale, welche von der Narration als alt und tradiert vorgestellt werden. Ahn argumentiert, es handele sich je nach Perspektive um eine Ritualerfindung oder eine Ritualgestaltung.[618] Genauer müsste man aber wohl sagen, dass es sich höchstens um die Erfindung einer Ritualgestaltung handeln kann. Zumindest in extremen Formen scheinen sich Spiel und Ritual anzunähern.

Der eben bereits vorgestellte Victor Turner befasst sich mit dem Spiel vor allem unter dem Aspekt der Freiheit. Er bezieht sich hierbei direkt auf den Flow-

---

616 Geertz, Clifford: »Deep play«. Ritual als kulturelle Performance. In: Belliger, Andréa/Krieger, David J. (Hg.): Ritualtheorien. Ein einführendes Handbuch. Springer VS 2013. S. 110.
617 Vgl.: Ebd. S. 112.
618 Vgl.: Ahn, Gregor: The Re-Embodiment of Mr. Spock and the Re-Incarnation of Voldemort. Two Examples of Ritual Design in Contemporary Fiction. In: Michaels, Axel (Hg.): Reflexivity, media, and visuality. Harrassowitz 2011.

Begriff von Csíkszentmihályi: »Bei Spielen wird Intensivierung durch formale Regeln und motivationale Mittel wie Konkurrenz erzielt. […] Die innere Struktur des Spiels motiviert uns dazu, gut, oft sogar besser als die denselben Regeln folgenden Mitspieler zu spielen.«[619] Wichtig scheint ihm vor allem die Flexibilität und die Phantasie, die das Spiel ermöglicht.[620] Turner nimmt etwas idealistisch noch die didaktische Dimension mit in die Rechnung: »Wir können aus den Erfahrungen Anderer lernen, indem wir die kulturell überlieferten Erlebnisse anderer Völker spielend und darstellend nacherleben.«[621] Wirklich entscheidend ist hier der erste Satzteil, denn dass Spielen die Erfahrungen Anderer erfahrbar macht, gilt nicht nur für andere Völker, sondern im Zweifelsfall auch für die eigene Person in anderen Umständen; mit Sicherheit aber bereits für den Nachbarn gegenüber. Verbindung zu den erlebten Gefühlen Anderer herzustellen, ist jedoch hoch komplex und kann durchaus scheitern. Die Vergleichende Symbologie, in deren Tradition sich Turner verortet, bringt genau in diesem Sinne das Spielerische mit ein, nämlich als Öffnung und Offenhalten von Bedeutungsmöglichkeiten im Handeln und Interagieren von »lebendigen Menschen«.[622]

Eine Variation dieser Perspektive findet sich auch in der von Turner zitierten Auseinandersetzung von Sutton-Smith mit dem Verhältnis von Ordnung und Unordnung im kindlichen Spiel:

> In Spielen (und, wie ich ergänzen würde, in der Schwellenphase der Rituale ebenso wie im Zusammenhang mit solchen ›liminoiden‹ Phänomenen wie Charivaris, Fiestas, Halloween-Maskeraden, Vermummungsspielen usw.) dürfen wir aus zwei Gründen unordentlich sein, entweder weil wir ein Zuviel an Ordnung besitzen und Dampf ablassen wollen (das könnte man die ›konservative Interpretation‹ ritueller Unordnung nennen, wie sie in Umkehrungsritualen, Saturnalien u. ä. vorkommt) oder weil wir durch das Unordentlichsein etwas lernen sollen.[623]

In der Unordnung vieler Rituale und Spiele zeigt sich der Wunsch, einen Überschuss zu regulieren, oder aber die implizierte Freiheit für etwas Kreatives/Prozessives nutzbar zu machen. Eine klare Entscheidung zugunsten einer Lesart ist praktisch nicht sinnvoll und so scheint es plausibel, in der Unordnung des Spiels eine Ambivalenz zwischen einer Befreiung von äußeren Regularien und der Freiheit des kreativen Agierens zu sehen. In Gesellschaften, in denen Arbeit und Freizeit strikt voneinander getrennt sind, gewinnt die Sphäre der Freizeit zusätzliche Freiheiten. Hier können nicht allein neue Elemente erfunden, son-

---

619 Turner 2009. S. 89.
620 Vgl.: Ebd. S. 71.
621 Ebd. S. 27.
622 Ebd. S. 33.
623 Sutton-Smith, Brian: *Games and Disorder*. Vortrag auf dem Symposium über *Forms of Symbolic Inversion*. American Anthropological Association, Toronto, 01.12.1972. Zitiert nach: Turner. S. 41. Anmerkungen in Klammern: Turner.

dern auch alte Elemente und Regeln neu gruppiert und formiert werden.[624] Solchen »ludischen‹ Erfindungen«,[625] wie Turner es nennt, eignen sich die Schwellenphasen besonders gut an – es sei nochmals an die Bricolage erinnert. Rituale und Mythen können so als kulturelle Aktivitäten verstanden werden, »in denen Arbeit und Spiel eng miteinander verwoben sind.«[626] Während der liminalen Phasen, auch beispielsweise in Gerichtsverfahren, ließen sich Arbeit und Spiel meist nicht sicher unterscheiden: »Das Ritual ist ernst und spielerisch zugleich.«[627] Erst die Erfindung der Arbeit gebiert die Freizeit und die klare Unterscheidung zwischen diesen Sphären.

> Freizeit ist mit zwei Arten von Freiheit verknüpft, ›Freiheit von‹ und ›Freiheit zu‹, um Isaiah Berlins berühmte Unterscheidung zu verwenden. 1. Freizeit bedeutet Freiheit von einer ganzen Menge institutioneller, aus den Grundformen sozialer, besonders technologischer und bürokratischer Organisation resultierender Verpflichtungen. 2. Für jeden einzelnen bedeutet Freizeit Freiheit von den erzwungenen, geregelten Fabrik- und Bürozeiten und die Möglichkeit, die natürlichen, biologischen Rhythmen wiederzuerlangen und zu genießen. Freizeit bedeutet auch: 1. Freiheit zum Betreten, ja Hervorbringen neuer symbolischer Welten der Unterhaltung, des Sports, des Spiels und der Zerstreuung jeglicher Art; 2. Freiheit zur Transzendierung sozialstruktureller Grenzen, Freiheit zu spielen ... mit Ideen, Phantasien, mit Worten (von Rabelais bis Joyce und Samuel Beckett), mit Farbe (von den Impressionisten bis Action Painting und Art Nouveau) und mit sozialen Beziehungen – z. B. im Rahmen von Freundschaftsbeziehungen, Sensitivitätstraining, Psychodramen oder auf andere Art.[628]

Die Freizeit ermöglicht demnach Freiräume, die ohne sie nicht möglich gewesen wären. Diese Freiheiten kommen erst durch klare Trennung von Zweckmäßigkeit und Zweckfreiheit zustande. Die Unterhaltungsindustrie professionalisiert und monetarisiert diese Aktivitäten in Theater, Literatur oder Freizeitparks, um nur einige Felder zu nennen. Paradoxerweise wird dieser zweckfreie Raum im Kapitalismus wieder mit einem Zweck belegt, nämlich mit der Wiederherstellung der Arbeitskräfte. Eine Parallele zur Übertragung der Ritualhandlung an professionelle Ritualisten liegt nahe. Die ›Aufgabe‹, in der Freizeit Entspannung zu finden – um in der Arbeitsphase wieder belastbar zu sein etwa – wird an Professionalisierte übergeben. In der Analogie zum professionellen Ritualisten könnte man kritisch anmerken, dass so ein mächtiger Komplex entsteht, der Abhängigkeiten und politische Einflussnahmen ermöglicht und bestärkt – Adorno und Horkheimer würden dem wohl zustimmen.[629]

---

624 Vgl.: Turner. S. 42.
625 Ebd. S. 47.
626 Ebd. S. 47.
627 Danielou, Alain: *Hindu Polytheism*. Zitiert nach: Turner. S. 52.
628 Turner. S. 55.
629 Siehe Horkheimer, Max/Adorno, Theodor W.: *Dialektik der Aufklärung. Philosophische Fragmente*. Fischer Taschenbuch Verlag 1995, c1969.

6.3 Mythos und Ritual im Rollenspiel

Lévi-Strauss' Bricolage-Begriff kann nicht nur herangezogen werden, um mythisches Denken zu erklären, sondern auch einen Einblick in die Wirkungsweise der Rollenspiele bieten. Der Bastler bedient sich Mittel und Methoden, die vom Fachmann/Ingenieur nicht benutzt würden und arbeitet damit an Dingen, für die sie nicht vorgesehen waren. Der Rollenspieler bastelt mit Identitäten und Weltentwürfen und schafft so Modelle, wie es auch die Wissenschaft oder die Kunst tut. Der Sinn des Vorgangs liegt hier primär im Gestalten einer Illusion und nicht so sehr auf einem nachgelagerten Ergebnis, dies kann jedoch nach Lévi-Strauss schon an sich Vergnügen bereiten und muss als ästhetisch bezeichnet werden. Das Spiel versteht er als regelhaftes Sozialgefüge, welches eine strukturgebende Symmetrie innehat, die im Verlauf des Spiels durch die Kontingenz der Ereignisse in eine Asymmetrie überführt wird.

Nach Jan Assmann etabliert der Mythos mittels einer Ursprungsbeziehung eine zweite, zyklische Zeitebene über den linearen Abläufen des Alltags. Diese Zeitebenen sind verknüpft mit zwei Gedächtnisrahmen. Das kommunikative Gedächtnis umfasst in etwa die rezenten Erinnerungen der jeweils vergangenen 80 Jahre, Erinnerungen, die noch direkt bezeugt oder übermittelt werden können. Das kulturelle Gedächtnis auf der anderen Seite bezieht sich auf die Großereignisse in der Vergangenheit und basiert allein auf Erzählungen ohne eine direkte Zeugenschaft. Unterschiede zwischen Geschichte und Mythos spielen keine Rolle. Diese Gedächtnisform ist immer an spezifische Personen geknüpft, die mit der Weitergabe und Pflege der Erinnerungen betraut sind und damit Gemeinschaften fundieren und ihnen einen Ursprung zuschreiben.

Will man eine etwas gewagte Analogie ziehen, könnte man das Rollenspiel anhand dieser beiden Gedächtnisrahmen beschreiben. Das kommunikative Gedächtnis bleibt der Spielgruppe vorbehalten, diese lässt die Ereignisse zunächst entstehen, kümmert sich weiterhin jedoch auch darum, die Geschichten zu pflegen und weiterzutragen. Das Regelwerk hingegen simuliert die Seite des kollektiven Gedächtnisses, es steht außerhalb der Erfahrungsmöglichkeiten der Spielgruppe, fundiert die Welt und erklärt sie zugleich, und hat im Spielleiter einen willigen Vollstrecker. Beim Rollenspiel könnte man in Analogie hierzu auch von einem subkulturellen Gedächtnis sprechen.

Hiß beschreibt den Mythos anhand dreier maßgeblicher Faktoren:
- Erklärung der Welt anhand von Sinn-Erzählungen, deren Komplexität reduziert ist.
- Begründung der Gegenwart aus der generativen Vergangenheit.
- Beheimatung des Individuums in der Gemeinschaft.[630]

---

630 Vgl.: Hiß 2013 oder auch: Hiß 2016. S. 31 f.

Künstliche Mythen orientieren sich an diesen Strukturen, verlieren jedoch ihre Verbindlichkeit und Alternativlosigkeit. Sie können so zu einem Experimentierfeld oder einer Ausnahme werden. Im Rollenspiel können die Mythen als absolut genommen oder es kann mit ihnen gebastelt werden, in jedem Fall jedoch beanspruchen sie nur Geltung für den Zeitraum und den Ort des Spiels selbst. Übertretungen dieses Raums werden als pathologisch betrachtet. Das Rollenspiel kann anhand der mythologischen Faktoren beschrieben werden. Spiele reduzieren Komplexität und versinnlichen Erfahrung. Das Rollenspiel erklärt die Spielwelt und fundiert sie – in diesem Zuge stellt es für die Spielerschaft eine fiktive Welt und Gemeinschaft zur Verfügung. Rollenspiele beruhen fast immer auf gesellschaftlich relevanten Konflikten, die in den vom Spiel geschaffenen Freiräumen ausgefochten und verhandelt werden können. Die Heimat liegt nicht allein in der Spielwelt, sondern zugleich auch in der der Spieler. Diese Ambivalenz verortet das Rollenspiel eindeutig im Reich der künstlichen Mythen.

Das Rollenspiel operiert in den meisten Fällen weit jenseits des Realen. Hierzu werden Topoi und Techniken des Fantastischen (in einem sehr weiten Verständnis) und des Mythischen angewandt, ohne damit jedoch ohne Weiteres selbst als Mythos oder Fantastik gelten zu können. Die Spiele sprechen diese Wahrnehmungserfahrungen und Medienkompetenzen der Spielenden an, bauen Weltentwürfe, Figuren und Handlungsstränge nach ihrem Muster und halten sich doch immer die Tür offen, widersprüchliche Elemente einzubringen oder mit den Konventionen zu brechen.

Rollenspiele lassen sich wie Rituale auch nur bis zu einem gewissen Grad von außen beobachten, entscheidend ist das Erleben. Das Erleben hat nach Dilthey einen Wahrnehmungskern, der jedoch unterschiedlich wahrgenommen werden kann. Auch kann sich der jeweilige Fokus verschieben, im Rollenspiel etwa wechseln sich häufig Spannung und Freude an der Immersion als primärem Wahrnehmungskern ab. Bedeutung entsteht durch das Ins-Verhältnis-Setzen von Vergangenheit und Gegenwart. Dies muss hierfür jedoch nicht nur in irgendeiner Form ausgedrückt werden, es muss auch an vergangene Gefühle anknüpfen. Das Rollenspiel funktioniert genau über diesen Mechanismus. Vergangene Erlebnisse[631] kontextualisieren aktuelle Erfahrungen und verleihen ihnen Bedeutung. Ob ein Charakter nun nach seinem Kodex handelt oder von alten Mustern abweicht, die Bedeutung des Erlebten ergibt sich aus dem Kontext und den abgerufenen Gefühlen. Turner sieht das Ritual als eine Vollzugsform dieses Erlebens, ähnliches kann auch für das Rollenspiel beansprucht werden. Rituale des Benehmens versichern dem Empfänger, ein bestimmtes Handlungsreper-

---

631 Diese Erlebnisse sind in unterschiedlichem Grad virtuell. Sie können als nie ausgespielte Vorgeschichte des Charakters rein literarisch sein, sie können sprachlich im Tischrollenspiel Ausdruck gefunden haben oder im Liverollenspiel ausagiert worden sein, letztlich haben sie immer einen fiktiven Kern.

toire erwarten zu dürfen, auch im Spiel vermitteln ritualisierte Handlungen den Mitspielenden, dass die Regeln eingehalten werden.[632] All dies sorgt mehr und mehr dafür, dass die Spielgruppe als Einheit gestärkt und zugleich nach außen abgeschlossen wird. Viele der ritualisierten Handlungen kommen aus dem Regelwerk und werden entsprechend von allen geteilt, die das Regelwerk kennen oder mit darauf aufbauenden Praxen vertraut sind. Das Erlebnis jedoch ist an die Gruppe gebunden und zu eng mit der individuell erzählten Geschichte verwoben, um diese verlustfrei in eine vermittelte Form bringen zu können.

Im Ritual wird die Zugehörigkeit zu einer Gruppe und die damit verbundene ›richtige Einstellung‹ zum Ausdruck gebracht. Caillois' Mimikry-Spiel[633] ist eine passive Entsprechung dieser Dynamik. Wird im Ritual aktiv darauf hingewiesen, dass man zur gleichen Interessens- oder Wertegruppe gehört, basiert das Spiel darauf, dass die Darstellung des Anderen nicht hinterfragt oder gestört werden soll. Durchführbar wird beides im Feld des Liminalen/Liminoiden. Auf der Schwelle wird es möglich, neue Regeln zu etablieren oder zumindest in einem vom Alltag strikt getrennten Regel-Set zu agieren. Das Liminale steht für das obligatorische und sakrale Ritual, liminoide Phänomene wie beispielsweise Spiele sind hingegen durch Freiheit des Zugangs und der Auswahl bestimmt. »Charakteristisch für diese liminale Zeit ist die ausgeprägte Ambiguität und Inkonsistenz von Bedeutungen […].«[634] Interessant ist das Rollenspiel an dieser Stelle besonders, da es auf formaler Ebene eindeutig liminoid ist, innerdiegetisch jedoch immer wieder Geschichten von liminalen Ereignissen thematisiert und ausagiert. Aus dem Erleben der Freiheit in solchen Schwellenphasen, vom Initiationsritus bis hin zum Rollenspiel, kann eine Form der Communitas erwachsen.

Das Rollenspiel kann Freiheiten für Phantasie und Handlungen sicherstellen und die Erfahrungen anderer erfahrbar machen. In der Unordnung des Spiels zeigt sich eine ambivalente Haltung zwischen der Befreiung von äußeren Regeln und dem kreativen Umgang mit Systemen. Es ermöglicht den Spielenden Agency, die Spielenden werden zu Akteuren und den Verursachern ihrer eigenen Handlungen. Zwischen Rollenspiel und Ritual lassen sich strukturelle Ähnlichkeiten beobachten, liminoide Alltagsrituale können das Rollenspiel gut erfassen. Es bleibt jedoch eine Ambivalenz zwischen Handeln und Denken, zwischen Formalität und Freiheit, was das Rollenspiel ausmacht.

---

632 Beispielsweise bietet ein kartenmischender Spieler dem Mitspieler eher an, das Deck abzuheben, als an zufälliger Stelle zu teilen, um einen Betrug auszuschließen. Als Geste des Vertrauens wird dies oft ausgeschlagen.
633 Siehe Kapitel 2.1.2.
634 Turner 2009. S. 180.

7 Das Verhältnis von Performance und Rollenspiel

Der Begriff der Performativität zirkuliert seit der Mitte des 20. Jahrhunderts durch wissenschaftliche und künstlerische Diskurse, namentlich vertreten beispielsweise durch Erika Fischer-Lichte oder Uwe Wirth. Der Begriff leitet sich ab von ›performance‹, dem englischen Wort für ›Durchführung‹, ›Aufführung‹, ›Darstellung‹, ›Leistung‹. Im Risikomanagement wird mit diesem Begriff das Verhältnis von Ertrag und Risiko bei Kapitalanlagen bezeichnet, in der Kunst eine bestimmte Form von Aktionen, um die es im Folgenden gehen soll.

7.1 Performancetheorien

Die Performance folgt einer Tradition von Meyerhold und Grotowski über Duchamp und Nitsch bis hin zu theatralen Formaten wie denen von *Forced Entertainment* oder *She She Pop*. Alles zielt auf den Bruch mit alten Formen; bei den frühen Avantgarden wie in den verschwimmenden Grenzen der bildenden Kunst der 1960er-Jahre in den USA, in der Fluxusbewegung wie im postdramatischen Theater der 1990er. Es geht um die Öffnung hin zu Formaten, welche sich von tradierten Regeln absetzen. Hans-Thies Lehmann beschreibt das performative Theater als »Prozess und nicht als fertiges Resultat, als Tätigkeit des Hervorbringens und Handelns statt als Produkt, als wirkende Kraft (energeia), nicht als Werk (ergon).«[635] Die allumfassende Nutzung und der Generalitätsanspruch des Begriffs haben nicht eben zu dessen Trennschärfe beigetragen. »Das Signal ›Performance‹ […] ist diffus und suggeriert nicht mehr als: etwas geschieht«[636], so Andreas Kotte. Performativitäts-Konstrukte seien somit vorrangig am Vollzug von Handlungen interessiert. So fällt es schwer, eine allgemeine Definition zu finden. Unstrittig scheint es jedoch zu sein, dass eine Performance häufig ortsgebunden ist, jedoch überall, zu jeder Zeit und ohne zeitliche Begrenzung stattfinden kann. Nicht selten sind Performances zudem offene künstlerische Versuchsanordnungen ohne Ablaufkonzept.

Der Performative Turn markiert einen Perspektivwechsel, der den Prozess über die Struktur erhebt. Nicht das ›Was‹, sondern das ›Ob‹ und das ›Wie‹ werden entscheidend. Das Paradigma der Performance ist der Prozess.[637] Entsprechend gewinnen die Begriffe ›Aufführung‹ und ›Ereignis‹ an Relevanz und werden vermehrt gebraucht. »Den Blick der Kulturwissenschaften, die sich so lange am Text-Paradigma orientiert haben, auf die Theatralität von Kultur zu

---

635 Lehmann, Hans-Thies: *Postdramatisches Theater*. Verlag der Autoren 2015. S. 179. Diese Bestimmung wird inzwischen allerdings durchaus hinterfragt. Siehe etwa: Eiermann, André: *Postpektakuläres Theater*.
636 Kotte, Andreas: *Theaterwissenschaft. Eine Einführung*. Böhlau 2005. S. 149.
637 Vgl.: Bachmann-Medick. S. 104.

lenken, heißt, sie für den Aufführungscharakter von Kultur zu sensibilisieren.«[638] Die Herleitung dieses Paradigmenwechsels speist sich nach Bachmann-Medick aus drei Feldern: der Sprechakttheorie, der Performing Art und dem Ritual. Die Sprechakttheorie nach Austin oder auch Searle beschreibt Handlungen, die durch Sprache vollzogen werden, wie etwa die Eröffnung eines Baumarkts oder eine Kriegserklärung. Das Feld der Performing Art wird primär auf die Performance-Kunst der 1960er-Jahre bezogen, auf Aktionskunst, Happenings und experimentelles Theater, kurz, auf alle künstlerischen Ereignisse, die den Aufführungscharakter in den Vordergrund stellen und keine andauernden Werke mehr produzieren. Auch die Herstellung von Bedeutung wandert von einer Textebene in die Handlungen der Akteure.[639] Als dritte Quelle wird das Ritual herangezogen, welches hier über das Sakrale hinaus erweitert wird. Goffman nennt es Alltagsritual, Turner soziales Drama.

Erika Fischer-Lichte versucht in einer erneuten Gründungsgeste Semiotik und Phänomenologie zu versöhnen und ihre Theorien zum Theater an den aktuellen Diskurs anzuschließen. Ausgehend von Abramovićs *Thomas Lips*[640] entwirft sie eine Perspektive auf die Performance, die das Ereignis und die leibliche Anwesenheit von Akteuren und Zuschauern zum Thema macht. Abramović produzierte nun kein Werk mehr, kein von ihrer Person und ihrem Körper losgelöstes Artefakt, sondern ein Ereignis in einer radikal zugespitzten Präsenz. In Hinblick auf das Rollenspiel ist hier vor allem eine Frage relevant: Welchen Regeln sollen sich die Zuschauer unterwerfen? Sind sie hier dazu angehalten, die Kunst gewähren lassen oder die Unverletzlichkeit des Körpers schützen? In der tradierten Haltung des Kunstbetrachters verweilen oder die unausgesprochene Einladung des Performativen zur Partizipation annehmen? Es entstehen so neue Relationen zwischen Subjekt (Betrachter, Zuschauer) und Objekt (Betrachteter, Darsteller), aber auch zwischen Material- und Zeichenhaftigkeit der beteiligten Elemente. Neben Abramović sind vor allem Künstlern wie Beuys, der Fluxus-Gruppe oder dem sogenannten Wiener Aktionismus performative Strategien inhärent. Fischer-Lichte ergänzend kann man allerdings hinzufügen, dass sich bereits in der Avantgarde performative Elemente ausmachen lassen. In der Musik ist vor allem Cage zu nennen. Aber auch die Literatur und das Theater reagierten auf die Performativität in den anderen Künsten. Allen Formen ist gemein, dass keine Herstellung einer fiktiven Welt versucht wird, keine psychologischen Figuren, sondern ein besonderes Verhältnis von Zuschauern und Akteuren.»Ob bildende Kunst, Musik, Literatur oder Theater – alle tendieren

---

[638] Bachmann-Medick. S. 106.
[639] Vgl.: Ebd. S. 110.
[640] Innsbruck 1975. Interessanterweise ist ausgerechnet eine Performance, die kaum ein Zuschauer gesehen hat und von der nur wenige Fotos als Dokumentation existieren, zu einer der emblematischen Beispiele einer ganzen Gattung geworden.

dazu, sich in und als Aufführungen zu realisieren. Statt Werke zu schaffen, bringen Künstler zunehmend Ereignisse hervor, in die Hörer, Zuschauer involviert sind.«[641] Der Performative Turn bietet einen kulturwissenschaftlichen Schlüssel zum Verständnis des Ereignischarakters von Kultur.

7.1.1 Richard Schechner

Richard Schechner beschreibt den Zustand innerhalb einer Performance oder eines Rituals als Transformation des Seins und/oder des Bewusstseins. »Die Performer selbst und manchmal auch die Zuschauer werden entweder dauerhaft wie durch Initiationsriten oder zeitweilig wie im ästhetischen Theater oder im Trancetanz durch den Akt der Aufführung verändert.«[642] Im Moment der Aufführung geht es dabei um eine doppelte Verneinung, der rituelle Tänzer ist beispielsweise zugleich Nicht-Mensch und Nicht-Hirsch, einem afrikanischen Beispiel von Schechner folgend. Im Rollenspiel, um diese Parallele vorwegzunehmen, ist der Spielende also zur gleichen Zeit Nicht-Spieler und Nicht-Spielfigur. Es sei für den Performer unmöglich zu bestimmen, wer er ist, dies zeichnet den Menschen vor dem Tier aus, nämlich, dass es ihm möglich ist, verschiedene Identitäten zugleich zu haben und diese auch darzustellen.

Als Hauptmerkmal von Aufführungen wie Theater, Exorzismus oder Schamanentum kann eine Verhaltensform angesehen werden, die Schechner ›Rekodiertes Verhalten‹ nennt. Es kann unabhängig von sozialen oder technischen Kausalitäten beliebig auseinandergenommen und neuarrangiert oder rekonstruiert werden.[643] Ganz nach dem Muster der Bricolage. Die an einer solchen Handlung beteiligten Akteure können auf ein Verhaltensmuster oder, wie Schechner es nennt, einen Verhaltensstreifen[644] zugreifen oder es aus ihr entwickeln und sich dementsprechend verhalten, indem sie entweder ganz in der so entstehenden Rolle aufgehen, wie dies etwa im ›method acting‹ oder in der Trance geschieht, oder quasi neben der von ihnen gespielten Figur stehen, wie es etwa von Brecht formuliert wird.[645] »Rekodiertes Verhalten ist symbolisch und reflexiv zugleich. Es ist nicht leeres, sondern aufgeladenes Verhalten, das vielstimmige Signifikanzen ausstrahlt. […] Aufführung bedeutet: nie zum ersten Mal. Es heißt: Vom zweiten bis zum x-ten Mal, heißt Verdoppelungen von Verhalten.«[646]

---

641 Fischer-Lichte, Erika: *Ästhetik des Performativen.* Suhrkamp 2004. S. 29.
642 Schechner, Richard: *Theater-Anthropologie. Spiel und Ritual im Kulturvergleich.* Rowohlts Taschenbuch 1990. S. 10
643 Vgl.: Schechner, Richard: *Performance theory.* Routledge 2009a. S. 411.
644 Schechner nimmt hier den Begriff des Streifens als Bezug zum Film, in dem Filmstreifen auseinandergeschnitten und aus den unterschiedlichsten Quellen kompiliert werden können, um anschließend zu einem Film und einer kohärenten Geschichte zusammengeklebt zu werden.
645 Vgl.: Schechner. S. 411.
646 Ebd. S. 412.

Schechner stellt sechs Berührungspunkte des Theaters mit der Anthropologie vor und vollzieht so die Einigung der drei eben aufgestellten Bestandteile des Performativen zu einer großen Gründungsgeste der Performance Studies.

I   Transformation des Seins und/oder des Bewusstseins

Zu Beginn steht die eingangs bereits erwähnte Transformation der Beteiligten. Hierin besteht eine der deutlichsten Überschneidungen von Ritual und darstellenden Künsten. Die Transformationen können kurzzeitig wie im Theater sein oder andauernd wie etwa in Initiationsritualen – die Performance hat das Potenzial, aus beiden Transformations-möglichkeiten zu schöpfen.[647] Schechner unterscheidet zwischen ›Transformationen‹ und ›Transporten‹. Aufführungen oder Rituale, in denen sich die Akteure dauerhaft verändern, werden als Transformationen bezeichnet, solche, die nach der Aufführung »abgekühlt« und wieder zum Ausgangspunkt zurückgebracht werden, heißen »Transporte«.

Die Transformation im rituellen Tanz etwa vollzieht sich in dem Moment, in dem der Tänzer »»nicht er selbst‹ und ›noch nicht er selbst‹ ist«.[648] Im Zentrum steht die Unmöglichkeit einer eindeutigen Bestimmung, zwar zeichnet es den Menschen vor dem Tier aus, dass er nicht nur verschiedene Identitäten besitzt, sondern diese auch parallel ausdrücken kann, dies hilft jedoch nicht dabei, eine eindeutige Zuordnung zu vollziehen. Es geht um eine doppelte Verneinung, der Tänzer ist zugleich Nicht-Mensch und Nicht-Hirsch. Diese negative Bestimmung lässt sich auf die Bereiche der Performance und des Spiels ausweiten, auf der Bühne sehen wir weder Hamlet, noch den Schauspieler XY, im Rollenspiel weder den Spieler noch die Spielfigur. Fred Botting beschreibt das Feld des Fantastischen als ›un-real‹ und insistiert darauf, dass im ›Un-‹ das Reale nur umso stärker sichtbar wird, da sich so das Fantastische negativ auf das Reale bezieht.[649] Ähnlich verweist auch die doppelte Verneinung der Ritualisten und der Performer mit ihrer Deutungsambivalenz auf die abwesenden Bezugsgrößen. Verunsichert das Rollenspiel, ob gerade der Spieler oder die Spielfigur spricht, werden eben durch genau diese Ambivalenz sowohl der Spieler als auch die Spielfigur als beteiligte Elemente besonders sichtbar.

---

647   Vgl.: Ebd. 1990b. S. 10.
648   Ebd. S. 11.
649   Vgl.: Botting, Fred: *The Un-Real*. 2016.

II   Die Intensität der Aufführung

In Schechners Augen wird – in Abhängigkeit von der Reaktion des Publikums – in einer gelungenen Aufführung immer ein Grenzbereich berührt und überschritten.[650] Die Zuschauer sind sich des Moments, in dem eine solche ›Präsenz‹ produziert wird, durchaus bewusst und erleben somit das Gelingen einer Aufführung direkt.

Im Spiel ist dies eine zentrale Frage, die konkrete Spiele unterschiedlich beantworten. So ist die Intensität im Dominospiel[651] durch seine Monotonie bewusst geringgehalten und auf Kontemplation ausgelegt, wohingegen etwa das Fangenspielen[652] auf maximale Aktivierung ausgelegt ist. Die meisten Rollenspiele folgen einer Dramaturgie[653], die Momente unterschiedlicher Intensität aneinanderreiht. In konfliktzentrierten Rollenspielen etwa wechseln sich Vorbereitungen und Planungen mit Kampfszenen ab, die wiederum immer wieder von Wegen oder Rätseln unterbrochen werden.[654] Momente der Anspannung, der Aktion oder der ruhigen Planung wechseln sich ab.

III   Interaktion zwischen Publikum und Darsteller

Alle Formen von möglicher Interaktion zwischen Publikum und Darstellern spielen mit in den Prozess ›Aufführung‹ hinein und sind es wert, betrachtet zu werden. Wiederholungen sind für beide Seiten dafür tendenziell problematisch, da sie die Reaktionen automatisieren. Ein wechselndes Publikum kann eine Veranstaltung entsprechend mit immer neuen Impulsen lebendig halten, dem ist jedoch eine natürliche Grenze gesetzt.

---

650 Vgl.: Schechner. S. 18.
651 Jeder Spieler bekommt zum Beginn des Spiels sieben Spielsteine, auf denen zwei Zahlenwerte abgebildet sind. Abwechselnd müssen diese an die bereits in einer Reihe ausliegenden Steine angelegt werden, die Zahlenwerte an den Schnittstellen müssen übereinstimmen. Wer zuerst alle Steine losgeworden ist, hat gewonnen.
652 Einer fängt, alle anderen laufen vor ihm weg. Je nach Absprache ist der Spielraum begrenzt. Meist ist der erste Gefangene der nächste Fänger.
653 Dramaturgie wird hier im Sinne Gottfried Fischborns als Handlungen und kommunikative Akte strukturierende Tätigkeit verwendet.
654 So kann es zum Beispiel im Rollenspiel *Shadowrun* zu folgendem Handlungsablauf kommen: Die Spielgruppe bekommt den Auftrag, einen Prototyp aus einem Forschungslabor zu stehlen. Sie packen ihre Taschen, versuchen herauszubekommen, wie das Gebäude aufgebaut ist und welche Sicherheitsmaßnahmen zu erwarten sind. Sie nähern sich langsam dem Labor und schalten eine Überwachungskamera aus, hacken danach das digitale Schloss der Hintertür. Sie suchen den entsprechenden Raum und entwenden den Prototypen aus seiner Kiste. Einer der Gruppe stolpert im Flur auf dem Weg aus dem Gebäude heraus, ein Wachmann wird aufmerksam, ruft Verstärkung und eröffnet das Feuer. Der Wachmann kann ausgeschaltet werden und die Spielgruppe arbeitet sich vorsichtig den Weg nach draußen. Dort auf dem Parkplatz jedoch wartet bereits der Wachdienst und nimmt die Gruppe ins Sperrfeuer, welche es nur mit Einsatz ihrer Drohnen und all ihrer Feuerkraft und Magie schafft, zu entkommen.

IV   Der Gesamtprozess einer Aufführung

Die Aufführung ist ein komplexes System, zu dem viel mehr gehört, als die gemeinsame Zeit von Akteuren und Publikum. Das System hat sieben verschiedene Phasen:

- Training
- Workshops
- Proben
- Vorbereitung
- Veranstaltung
- Ausklingen
- Nachbereitung[655]

Je nach Kultur liegen dabei die Schwerpunkte in verschiedenen Teilen. Anzumerken wäre, dass diese Phasen stark auf die öffentlich Agierenden zugeschnitten sind. Zur Aufführung könnten zusätzlich noch die weiteren Aspekte, z. B. die Techniker, das Vorderhaus oder das Publikum mit hinzugenommen werden. Nach Van Gennep wären Training, Warm-up und Proben Teil des Trennungsritus – die Vorstellung könnte mit dem Übergangsritus gleichgesetzt werden – und alles Nachgelagerte entspräche der Wiedereingliederung bzw. den Riten der Verkörperung. Dies lässt sich bei der Performance aber auch anders denken: hier können die Proben und Workshops als Prozesse der rituellen Überschreitung verstanden werden.

Im Rollenspiel ist es ebenso hilfreich, nicht nur die eigentliche Spielhandlung zu betrachten, sondern alle Phasen mit in den Blick zu nehmen.[656] Dies könnte analog zu Schechner so formuliert werden:

- *Training* – Spielregeln werden gelernt.
- *Workshops* – Spielfiguren werden erstellt, eine Spielgruppe trifft taktische Entscheidungen.[657] Hier können auch Spielmechaniken erlernt werden, wie etwa die Ars amandi.[658]
- *Proben* – sind eher selten. Im LARP zuweilen bei den Nichtspielercharakteren anzutreffen, in speziellen Settings auch einmal für die Spieler, dies geschieht üblicherweise jedoch eher in Workshops.

---

655 Vgl.: Schechner. S. 26 ff.
656 Ausführlicher wird der Bezug im Kapitel 4.2 und 4.3 hergestellt.
657 Häufig ist es möglich, seinen Charakter zu spezialisieren. Für die Spielgruppe ist es entsprechend wichtig, eine ausgewogene Gruppe zu kreieren. Es ist zum Beispiel weniger sinnvoll, mit fünf heilbegabten Priestern in den Kampf zu ziehen, auch wenn dies natürlich dennoch möglich und vielleicht sogar reizvoll sein könnte.
658 Eine spezielle Form zur Darstellung von Sexualität und Intimität. Nur Hände und Unterarme dürfen berührt werden, dennoch kann ein hoher Grad and Intimität und Intensität erreicht werden. Vgl.: Wieslander, Emma/MacDonald, Johanna/Lundby, Johan: *Ars amandi*. http://www.ars-amandi.se/. Siehe hierzu auch: Brown, Ashley ML u. Stenros, Jaako: Sexuality and the Erotic in Role-Play. In: In: Zagal/Deterding.

- *Vorbereitung* – die Vorbereitung im Tischrollenspiel schließt pragmatische Dinge wie Essen, Trinken und Spielmaterial ebenso ein wie die Erstellung eines Plots durch den Spielleiter. Im LARP kommen teils aufwendigste Gewandungen hinzu. Beide Spielformen arbeiten ihre Spielfiguren weiter aus.
- *Veranstaltung* – das Spiel wird gespielt.
- *Ausklingen* – es wird über die Erfahrungen, Erfolge, Misserfolge des Spiels gesprochen. Erfahrungspunkte werden gegebenenfalls vergeben und eingesetzt. Nun kann wieder freier auch außerhalb der Spielfiguren geredet werden. In manchen Spielformen, häufiger zum Beispiel im Nordic LARP, steht an der Stelle auch ein Debriefing, um potenziell traumatische Erlebnisse zu verarbeiten.
- *Nachbereitung* – im Tischrollenspiel eher selten und wenn, im persönlichen Gespräch zwischen den Beteiligten. Im LARP kann dies insbesondere in den zu den Gruppen gehörenden Internetforen geschehen.

V   Weitergabe von performativem Wissen

»Performatives Wissen gehört in das Zeitalter der mündlichen Überlieferungen«[659], es ist jedoch wichtig anzumerken, dass dieses Wissen auch ein Aufführungswissen oder ein Körperwissen im Allgemeinen miteinschließen oder auch ausschließlich meinen kann.[660]

Es geht dabei nicht um ein Wissen als Text, »es geht in einer performativen Perspektive eher um ein Fragen mit, ein Vermuten dass, ein Erfahren von, kurz um ein Verständnis davon, dass sich Erkennen auch anders vollzieht als im Herstellen von zeitlicher, räumlicher und medialer Distanz und Übersetzen in Sprache.«[661]

VI   Wie entstehen Aufführungen und ihre Bewertungszusammenhänge?

Unter ›Bewertungen‹ fasst Schechner Meinungsäußerungen einfachster Art genauso wie fundierte Kritiken. Ein Vorwissen kann sehr hilfreich oder sogar nötig sein, um eine Performance verstehen zu können, muss es jedoch nicht. Brechts Wunsch nach einem Theaterbesucher, der eine ähnliche Haltung mitbringt wie ein Besucher einer Sportveranstaltung, wird reaktiviert.

Schechner versteht ›Theater‹ als Vorgang, in dem eine Trennung zwischen Zuschauern und Darstellern stattfindet und den Zuschauern das Erscheinen zu einer Vorstellung freisteht.[662] Theater stellt sich dabei immer als eine Verflechtung

---

659 Schechner 1990b. S. 34.
660 Vgl.: Schechner. S. 35.
661 Schittler, Susanne: Performance, Spiel und Bildung. Exkursionen in Mögliches und Unbestimmtes. In: Blohm, Manfred/Mark, Elke (Hg.): *Formen der Wissensgenerierung. Practices in Performance Art*. ATHENA 2015. S. 151.
662 Vgl.: Schechner 1990b. S. 76.

von Ritual und Unterhaltung dar,[663] bleibt jedoch in eindeutigen Aufteilungen von Agierenden und Schauenden. Die Performance hingegen ist durch Unsicherheiten gekennzeichnet:

> Das Phänomen Performance entsteht aus dem Willen, gleichzeitig etwas geschehen zu lassen und zu unterhalten; Ergebnisse zu erzielen und herumzualbern; Meinungen zu sammeln und die Zeit zu vertun; verwandelt zu werden in jemand anderen und das eigene Ego zu zelebrieren; zu verschwinden und sich zu präsentieren in eins, der Sehnsucht, an einem besonderen Ort ein transzendentes Anderes zu besitzen, das hier und jetzt und später und jetzt existiert, in Trance zu sein und im Zustand größter Bewußtheit; einer ausgewählten kleinen Gruppe anzugehören, die eine geheime Sprache spricht und gleichzeitig die größtmögliche Anzahl einander völlig fremder Menschen zu erreichen; zu spielen, um einer Besessenheit zu folgen und einfach gegen Geld.«[664]

Die Ambivalenz der Performance liegt demnach nicht nur in der Form begründet, sondern auch in der Herstellung von Bedeutung. Schechner referiert ein Beispiel von Lévi-Strauss, der einen kanadischen Schamanen beobachtete: »Quesalid wurde nicht deshalb ein so guter Zauberer, weil er seine Patienten heilte, sondern er heilt sie, weil er ein großer Zauberer wurde.«[665] Quesalid hatte sich in die Gruppe der Schamanen und Quacksalber eingeschlichen, um deren Machenschaften offenzulegen und sie zu stoppen. Hierzu lernte er ihre Rituale und wurde nach einiger Zeit in ihre Geheimnisse eingeweiht. Nun wurde er aber so gut in dem, was er zu offenbaren suchte, dass er nicht nur die anderen als Scharlatane bloßstellte, sondern entgegen seines Planes selbst zu einem großen und erfolgreichen Zauberer wurde. Er wurde zum Teil seiner eigenen Performance. Die enge Verbindung von Kunst und Wirklichkeit liegt nicht allein in der Wirksamkeit des Placebos begründet, sondern auch in der gegenseitigen Anziehungskraft der beiden Sphären. Auch wenn Plato das Theater aus dem Staat vertreiben wollte, hat es immer überlebt, teils staatstragend, teils subversiv, in sozialen Dramen wie in der Kunst. Auch im Spiel sind Reflexe der gemeinsamen Vorfahren wie auch Praktiken des Theaters zu finden, Narration im Spiel etwa. »So besteht dann die Wirklichkeit des wahrgenommenen Ereignisses, ob Kunst, ob Leben, immer in dem, was gesehen wird, und dem, wie es gesehen wird.«[666] Schechner verweist auf die SM-Show *Belle de Jour*, die Zuschauer mit der Wirklichkeit konfrontiert, indem SM-Handlungen an und von Laien und Darstellern vor zahlendem Publikum vollzogen werden.[667] Ähnliche Grenzgänge sind auch im Nordic LARP zu beobachten. Nicht umsonst übernimmt die Nordic

---

663 Vgl.: Schechner. S. 102.
664 Ebd. S. 96 f.
665 Lévi-Strauss, Claude: *Structural Anthropology*. Zitiert nach: Schechner. S. 232.
666 Schechner. S. 256.
667 Vgl.: Ebd. S. 258 ff.

LARP-Szene Elemente aus der SM-Szene[668] wie etwa das ›Safeword‹, um eine Aktion außerspielerisch zu unterbrechen.[669] Wird eine Folterszene gespielt, mag der Gefolterte innerspielerisch um Gnade flehen; es ist entsprechend wichtig, Möglichkeiten zu etablieren, Wünsche, Ängste und Probleme außerhalb des Spiels zu kommunizieren, obwohl sich alle Spielenden in der Diegese der Spielwelt und ihrer Charaktere befinden. Formen, die dies nicht anbieten, verlassen schnell das Feld der Unterhaltung und werden zurecht offen kritisiert. Ein Beispiel wäre das *McKamey Manor.*[670]

Die Performance erscheint in der Definition von Schechner in erster Linie als ambivalenter und verspielter Nachfolger des Rituals. So definiert er die Performance als:»Ritualized behavior conditioned/permeated by play.«[671]

7.1.2 Das Spiel in der Performance-Theorie

Schechner entwickelt seine Theorie in Richtung einer »talmudischen Komplexität und Vielstimmigkeit. Wir akzeptieren unsere eigene Spezies als sapiens und als Fabrikanten: als diejenigen, die denken und handeln. Wir sind im Begriff zu lernen, daß Menschen auch ludens sind: diejenigen, die spielen und aufführen.«[672] Es ist Teil des Spiels, dass Handlungen, die vom Regelwerk implizit oder explizit gedeckt werden, keinerlei Folgen außerhalb des Spiels haben.[673] »Diese Handlungen, in die wir verwickelt sind, bezeichnen nicht, was jene Handlungen, die sie bezeichnen, bezeichnen würden. Das spielerische Zwicken bezeichnet den Biß, aber es bezeichnet nicht, was durch den Biß bezeichnet würde.«[674] Spiel ist als fester Bestandteil in Performance involviert. Um die eben bereits zitierte Definition Schechners nochmals zu wiederholen: Performance

---

668 Dieser Ursprung wird angenommen und in der Szene erzählt. Trotz einer gewissen Plausibilität ist die Herkunft jedoch nicht zweifelsfrei zu klären.
669 Wenn es etwa zum Spiel gehört, dass einer der Akteure um Hilfe schreit, wird ein anderes Wort als ›Hilfe‹ benötigt um zu signalisieren, wenn er tatsächlich Hilfe benötigt.
670 *McKamey Manor.* http://www.mckameymanor.com/. In diesem Horrorhaus gehen die Besucher durch einen labyrinthischen Aufbau und werden immer wieder von Schauspielern erschreckt, aber auch körperlich wie psychisch angegangen. Einige Szenen sind nur als Folter zu beschreiben. Die Besucher müssen vorher Belehrungen unterschreiben, welche die Akteure ihre Handlungen straffrei durchführen lassen. Ein Safeword wurde jedoch nicht vereinbart, weshalb die Attraktion immer wieder heftig kritisiert wurde.
671 Schechner 2009a. S. 99.
672 Schechner 1990b. S. 45.
673 Es sei denn, die Regeln sehen Handlungen vor, die sie nicht hätten erlauben dürfen. Auch wenn ein Spiel einen echten Mord legitimiert, spricht es die Spieler nicht von der Strafe frei. Beispiele hierfür finden sich jedoch eher in der Fiktion geschlossener Narrative, wie etwa Stephen Kings Kurzgeschichte *Running Man* 1982, 1987 mit Arnold Schwarzenegger verfilmt. Themengleich ist der Roman *Das Millionenspiel* von Wolfgang Menge, 1970 verfilmt.
674 Bateson, Gregory: *Die logischen Kategorien von Lernen und Kommunikation.* Zitiert nach Schechner. S. 260 f.

ist: »Ritualized behavior conditioned/permeated by play.«[675] Spiel organisiert die Performance und macht sie verständlich. Spiel stellt ein Gleichgewicht zwischen Improvisation und Planmäßigkeit her; »play is the improvisational imposition of order, a way of making order out of disorder.«[676] Zudem ist es Ausdruck einer speziellen Kommunikationsform: »Nun konnte dieses Phänomen Spiel nur auftreten, wenn die beteiligten Organismen in gewissem Maße der Metakommunikation fähig waren, d. h. Signale austauschen konnten, mit denen die Mitteilung ›das ist Spiel‹ übertragen wurde.«[677] Die Gemeinschaft vergewissert sich im Sprechen ihrer selbst, in der Kommunikation vermittelt das Sprechen unabhängig von Inhalt einen Kontakt zwischen den Beteiligten. Das Gleiche würde ich auch für Spiele ins Feld führen, denn ganz egal, ob diese kompetetiv oder kooperativ angelegt sind, versichert das gemeinsame Agieren die Existenz einer Gemeinschaft. Die phatische Funktion der Sprache findet ihre Entsprechung in der phatischen Funktion des Gesellschaftsspiels.[678]

Auch Tiere spielen Kämpfe, dies haben auch schon Bateson und Groos beschrieben. Bateson berichtet dies in der Beobachtung zweier Otter, die einen spielerischen Kampf aufnehmen. »Es liegt eine Umsetzung vor [...,] die ein Stück Kampfverhalten in ein Stück Spiel verwandelt.«[679] Dieser Übertragung liegt ein Verwandtschaftsverhältnis zugrunde, welches das Spiel zu einem so besonderen, ambivalenten Unterfangen macht. Spiel wird unmittelbar als solches wahrgenommen, birgt jedoch die Gefahr, jederzeit zu kippen. Aus Spiel kann sprichwörtlich Ernst werden und umgekehrt, und doch wird die Opposition Spiel – Ernst beidem nicht gerecht. Das Spiel schließt den Ernst mit ein. Wie kann nun aber jene Unterscheidung, die wir so unmittelbar ausmachen können, auch wenn sie so komplex und irreführend ist, gefasst werden? Um ›wirkliches‹ Handeln in spielerisches zu überführen, stellt Goffman eine Reihe von Voraussetzungen auf:

a. Die spielerische Handlung wird so aufgeführt, daß ihre gewöhnliche Funktion nicht verwirklicht wird. Der stärkere und geschicktere Beteiligte hält sich so weit zurück, daß ihm der schwächere und weniger geschickte gewachsen ist.
b. Die Expansivität mancher Handlungen wird übertrieben.
c. Die Handlungsabfolge, die als Vorbild dient, wird weder genau befolgt noch vollständig ausgeführt, sondern wird angefangen und abgebrochen,

---

675 Schechner 2009a. S. 99.
676 Ebd. S. 104.
677 Bateson, Gregory: *Die logischen Kategorien von Lernen und Kommunikation*. Zitiert nach: Schechner 1990b. S. 257.
678 Einer Definition von Bronisław Malinowski folgend.
679 Goffman, Erving: Moduln und Modulationen. In: Wirth, Uwe (Hg.): *Performanz. Zwischen Sprachphilosophie und Kulturwissenschaften*. Suhrkamp 2011. S. 185.

neu begonnen, kurz unterbrochen und mit Abfolgen aus anderen Zusammenhängen vermischt.
d. Es kommen viele Wiederholungen vor.
e. Wenn mehrere teilnehmen sollen, müssen alle freiwillig zum Spiel bereit sein, und jeder kann eine Aufforderung zum Mitspielen ablehnen oder (wenn er schon Mitspieler ist) aus dem Spiel wieder ausscheiden.
f. Im Verlauf des Spiels kommt es häufig zu Rollenwechseln, was zu einer Auflösung der Hierarchie führt, die zwischen den Beteiligten beim nichtspielerischen Verhalten besteht.
g. Das Spiel scheint von allen äußeren Bedürfnissen der Teilnehmer unabhängig zu sein und dauert oft länger, als es bei seinem nichtspielerischen Vorbild der Fall wäre.
h. Zwar kann sich ohne Zweifel ein einzelnes Wesen auch gegenüber irgendeinem Partnerersatz spielerisch verhalten, doch es kommt sofort zu sozialem Spielverhalten, wenn ein geeigneter Partner auftaucht, der nicht selten einer anderen Art angehört.
i. Es gibt vermutlich Zeichen für den Beginn und das Ende des Spiels.[680]

Das spielerische Handeln zeichnet sich demnach besonders dadurch aus, dass es, ob nun übertrieben dargestellt oder nicht, nicht die eigentlich damit verbundene Wirkung erzielt. Der gespielte Biss verletzt nicht, er ruft nur ein gespieltes Verletztsein hervor. Trotz einer eventuell agonalen Konstellation wird Rücksicht geübt (oder das Verhalten sanktioniert). Das Spiel ist zudem weitgehend frei von Zwängen und Bedürfnissen, die außerhalb des Spiels liegen. Diese These ist am ehesten zu hinterfragen, da außerspielerische Dynamiken und Wünsche durchaus großen Einfluss auf das Handeln im Spiel nehmen können. Zum Beispiel ist ein Spieler mit dem Bedürfnis, ein Erfolgserlebnis zu produzieren, eventuell geneigter ein Risiko einzugehen, als dies sonst der Fall wäre. Die spielerische Haltung, welche in Kapitel 2.3 bereits hergeleitet wurde, bringt diesen Katalog auf einen Begriff.

Die Performances und Happenings der Neo-Avantgarde tragen viele spielerische Elemente in sich. Allan Kaprow zum Beispiel arbeitete collagenhaft an Ereignissen, welche er als ›Happening‹ bezeichnete. Mit Alltagsobjekten sollten Ereignisse geschaffen werden, die ein Bewusstsein für die Kunst im Alltag schaffen sollten, die im Bewusstsein für den Alltag liegen kann.[681] Kaprow selbst beschreibt das ›Happening‹ wie folgt:

> A Happening is an assemblage of events performed or perceived in more than one time and place. Its material environments may be constructed, taken over directly from what is available, or altered slightly; just as its activities may be invented or

---
680 Ebd. S. 186 f.
681 Vgl.: Kaprow, Allan: Art Which Can't Be Art, zuletzt geprüft am: 09.04.2017. http://readingbetween.org/artwhichcantbeart.pdf.

commonplace. A Happening, unlike a stage play, may occur at a supermarket, driving along a highway, under a pile of rags, and in a friend's kitchen, either at once or sequentially. If sequentially, time may extend to more than a year. The Happening is performed according to plan but without rehearsal, audience, or repetition. It is art but seems closer to life.[682]

Für die Konstruktion solcher Ereignisse stellt er elf »Spielregeln« auf:

1. Forget all the standard art forms.
2. You can steer clear of art by mixing up your happening by mixing it with life situations. Make it unsure even to yourself if the happening is life or art.
3. The situations for a happening should come from what you see in the real world, from real places and people rather than from the head.
4. Break up your spaces.
5. Break up your time and let it be real time.
6. Arrange all your events in the happening in the same practical way. Not in an arty way.
7. Since you're in the world now and not in art, play the game by real rules.
8. Work with the power around you, not against it.
9. Don't rehearse the happening.
10. Perform the happening once only.
11. Give up the whole idea of putting on a show for audiences. A happening is not a show. Leave the shows to the theatre people and discotheques. A happening is a game with a high, a ritual that no church would want because there's no religion for sale.[683]

Die Teilnahme an einem solchen Happening schließt immer eine gewisse Form von Anarchie mit ein. Entschließt sich der Zuschauer zum Akteur zu werden, verändert er die Arbeit, als Objekt, als Subjekt oder in seiner Bedeutung.[684] Ein passiver Zuschauer ist nicht vorgesehen. Guy Debord formuliert im Manifest der Situationistischen Internationale: »The situation is thus designed to be lived by its constructors. The role played by a passive or merely bit-part playing ›public‹ must constantly diminish, while that played by those who cannot be called actors, but rather, in a new sense of the term, ›livers‹, must steadily increase.«[685]

Ein deutliches Beispiel für den brüchigen Spielcharakter der Performancekunst ist Yoko Onos *Play it by Trust*, auch genannt *White Chess Set*, aus dem Jahr 1966. Es handelt sich hierbei um ein vollständig weißes Schachspiel, welches

---

682 Kaprow, Allan: *Some Recent Happenings*. A Great Bear Pamphlet 1966. S. 5.
683 Gekürzte Version von: Kaprow, Allan: *How to Make a Happening*. http://primaryinformation.org/files/allan-kaprow-how-to-make-a-happening.pdf. Siehe auch: Kaprow, Allan: *Assemblages, Environments and Happenings*. Harry n Abrams INC 1965.
684 Vgl.: Kaprow, Allan/Kelley, Jeff (Hg.): *Essays on the blurring of art and life*. (Lannan series of contemporary art criticism 3). University of California Press: Berkeley 1993. S. xviii.
685 Debord, Guy-Ernest: *The Situationist International*. https://www.spacehijackers.org/html/ideas/bookclub/situationist.html.

mit der Anweisung: »Play it for as long as you can remember who is your opponent and who is your own self« ausgestellt wird.[686]

Es zeigt sich sowohl eine Affinität zum Spiel als solchem, nicht zuletzt zur Loslösung und gleichzeitigen Einbettung in den Alltag. Dieses ambivalente Verhältnis zur ›Wirklichkeit‹ zeigt sich besonders in der Nordic LARP-Bewegung, welche sich folgerichtig in ihren Selbstverortungen auf das Happening und Allan Kaprow bezieht.[687]

7.1.3 Performance im Spiel

Allen Rollenspielarten ist gemein, dass sie in einem sehr geschützten Rahmen stattfinden; in privaten Räumen, Nebenzimmern von Gaststätten, speziell eingerichteten Tavernen[688] bis hin zum Freizeitpark.[689] Die Ausstattung dieser Lokalitäten folgt keinen festen Regeln und hängt in erster Linie von den Vorlieben des Gastgebers ab. Im Liverollenspiel ist der Ort an die Präsenz des Spielers gebunden. Gerade durch die besondere Verbindung zwischen Spielwelt und Alltagsrealität bzw. zwischen Spieler und Rolle zeigt sich eine intensive Wechselwirkung von Spiel und Umwelt. Der Spieler steht im Zentrum des Geschehens und erlebt sich als Initiator und Ausgangspunkt der Handlung.

Performativität ist ein hochgradig unscharfer Begriff. Als ›Vollzug von Handlungen‹ kann sowohl eine Qualität als auch eine Struktur beschrieben werden. So differieren auch die Beschreibungen der Performativität im Rollenspiel. Es heißt zum Beispiel: »In the role-playing game the rules are but a framework that facilitates the performance of the players and gamemaster.«[690] Eine Formulierung, die auf die darstellerische Tätigkeit der Akteure abzielt. Hier soll dagegen eine andere Lesart stark gemacht werden, die sich an den Performance Studies orientiert. Mit dem Performative Turn ist eine Lesart des Performativen etabliert, die sich nicht mehr für das ›Was‹, sondern für das ›Ob‹ und das ›Wie‹ interessiert und dafür Sprechakttheorie, Performing Art und Ritual verquickt.

Die spielerische Handlung wird performt, ohne dass die Funktion erfüllt wird, auf die sie verweist. Es wird auf Wiederholung und Vergemeinschaftung

---

686 Vgl.: Kennedy, Sarah: *Notes on Yoko Ono's White Chess Set*. https://www.moma.org/learn/moma_learning/blog/notes-on-yoko-onos-white-chess-set. Oder auch: Stenros, Jaakko: »Nordic Larp: Theatre, Art and Game«. In: Stenros, Jaakko/Montola, Markus (Hg.): *Nordic larp*. Fea Livia: Stockholm 2010. S. 305.
687 Z. B. in: Ebd.
688 Beispielsweise die Taverne *Zu den Vier Winden* in Bochum. Siehe *Zu den Vier Winden*. http://www.zu-den-vier-winden.de/
689 Der erste Themenpark *Weltentor* musste 2009 Insolvenz anmelden (siehe: Tulipan/Leonard: *Themenpark Weltentor – Die Ganze Wahrheit*, zuletzt geprüft am: 11.01.2017. http://weltentor.wordpress.com/), jedoch existiert eine Fülle von Örtlichkeiten, die zum Rollenspielen genutzt werden wie der *Histotainment Park Avalon* in Osterburken (siehe: *histotainment Park Avalon. Museumspark für lebendige Geschichtsdarstellung*. http://mittelalterpark.de/).
690 Mackay. S. 2.

hingearbeitet, auch über eine spielerische Gleichbehandlung. Das Spiel bietet Freiräume, strukturiert diesen jedoch zugleich. »Der Reiz des Spiels, die Faszination, die es ausübt, besteht eben darin, dass das Spiel über den Spielenden Herr wird.«[691] Zugleich geht der Spielende ganz in seinem Tun auf und erlebt sich als Initiator seines Tuns. Das Spiel als Performance oder die spielerischen Performances zeichnen sich durch eine ambivalente Unschärfe in ihren Kernbereichen aus. Die im Feld der ästhetisch angelegten, spielerisch operierenden Performances sind jedoch nicht mit den performativ funktionierenden Spielen gleichzusetzen, letztlich bieten sie nicht nur andere Erfahrungsräume und stehen in einer anderen Rahmung, sondern differieren auch in Ausgangspunkt und Zielsetzung. Beide Formen sind jedoch stark aufeinander bezogen und können im Einzelfall in einer ambivalenten Schnittmenge der beiden Bereiche arbeiten, was sicherlich die spannenderen Arbeiten hervorbringt. Das Spiel situiert sich zwischen gesteigertem Erleben und ästhetischer Produktion – Intellekt und Sinnlichkeit – Unbestimmtheit und Ordnung. Es lässt gleichzeitig die Befragung der eigenen Form zu und vermittelt Vertrauen in die Beständigkeit der Form, welche es vermag, Unbeständigkeiten zu rahmen und somit zu ermöglichen.

7.2 Spielerische Performance

Spiele in künstlerischen Praxen können weit über spielerisches Verhalten oder spielerisch konnotierte Techniken hinausgehen und die unterschiedlichsten Formen und Formate annehmen. Um die Ähnlichkeiten und Unterschiede zum performativen Spiel aufzuzeigen, sollen diese nun schematisch vorgestellt werden. Nicht nur im Improvisationstheater des Theatersports werden Spiele auf die Bühne transferiert: Arbeiten auf der Grenze zwischen Performance und Spiel, die man auch performative Spiele nennen könnte, finden sich in unterschiedlichsten Ausprägungen. Es findet sich eine kaum überschaubare Fülle an unterschiedlichen Spielformen, in denen dennoch grob vereinfachend drei Formen von Spiel in szenischen und performativen Zusammenhängen auszumachen sind:

- *Spiel der Performer:* Szenische oder performative Spielanordnungen, welche das Bühnengeschehen einer spielerischen Regellogik unterwerfen.
- *Spiel der Zuschauer:* Installationen, welche den Zuschauer in die Position eines Spielenden setzen und das Geschehen eigenständig entfalten lassen.
- *Gemeinsames Spiel:* Spielerische Anordnungen in szenisch konnotierten Räumen (beispielsweise einem Theater-Spielplan), welche primär durch die Interaktion zwischen spielenden/schauenden und schauspielenden/strukturierenden Teilnehmenden agiert werden.

---

691 Gadamer, Hans-Georg: *Wahrheit und Methode.* Zitiert nach: Mersch. S. 20.

Gemeinsam haben die drei Formen die spielerische Haltung,[692] die allen an der szenischen/performativen Situation Beteiligten eine zumindest partielle Befreiung von Regelsystemen und Produktionszwängen der Alltagsrealität verspricht. Diese wird durch dem Spiel eigene Regeln ersetzt, die jedoch durchlässiger sind und den Akteuren mehr Agency zusprechen. Die Anordnungen sind meist niederschwellig und bieten ambivalente Haltungen und Beziehungen, die in Fällen liminoider Erfahrungen sogar zu einer Communitas führen können.

7.2.1 Spiel der Performer

Beim *Spiel der Performer* bleibt die Rollenverteilung der Akteure erhalten; auf der Bühne wird gespielt, im Zuschauerraum wird geschaut. Zwar gibt es Formen, in denen eine Interaktion etabliert wird, etwa durch Abstimmverfahren oder Befragungen, die grundsätzliche Aufteilung bleibt davon jedoch unberührt. Formen der Improvisation können hier ebenso angeführt werden wie das *Teatr Laboratorium* von Grotowski. Im Grunde können hier alle Performances eingereiht werden, die nach einem spielerischen Prinzip funktionieren, dieses jedoch nicht auf die Zuschauer ausweiten. In gewisser Weise können auch alle Formen der Spielshows mit aufgenommen werden, denn auch wenn Zuschauer auf der Bühne erlaubt sind, steht diesen immer eine Sonderrolle zu. Der Kandidat verlässt die Rolle des Zuschauers und wird selbst zum Performer, das Spiel betrifft nur in Alea-Momenten die Zuschauerschaft, etwa, wenn der Kandidat aus der Reihe der Zuschauer ausgewählt wird.

Forced Entertainment

Eine Performance-Gruppe, die sowohl Produktionen durch spielerische Improvisationen erarbeitet als auch auf der Bühne spielt, ist die 1984 von Studenten aus Exeter in Sheffield gegründete Gruppe Forced Entertainment. Häufig erarbeiten sie Durational Performances, oft in spielerischen Formaten, nur selten basieren die Arbeiten auf einem fixen Text, auch wenn oft ein im Probenprozess erspielter Text auf der Bühne reproduziert wird.[693] »Die spielerische Improvisation in den Proben Forced Entertainments lässt sich insofern als komplexes und vielfach perspektivierendes Spiel beschreiben.«[694] Dabei spielen alle Formen von Materialien eine zentrale Rolle, ob dies nun Objekte, Erinnerungen oder Geschichten sind. »Die (im mehrfachen Wortsinn) ›gebrauchten‹ oder schon ›vor-modulierten‹ Materialien, mit denen Forced Entertainment das improvisierende Spiel beginnen, ›schleppen‹ zahlreiche Assoziationen mit sich, tragen eine Fülle möglicher Spielimpulse in die Improvisationssituation der Kompanie

---

692 Vgl.: Kapitel 2.5.1.
693 Vgl.: Malzacher, Florian/Helmer, Judith: *Plenty of Leads to Follow*. In: Malzacher, Florian et al. (Hg.): »*Not even a game anymore*«. The Theatre of Forced Entertainment. Alexander-Verlag 2004.
694 Husel. S. 285.

hinein [...].«[695] Besonders interessant sind jedoch die von der Gruppe entwickelten Spiele, die häufig fragil und herausfordernd gebaut sind, jedoch leicht und spielerisch wirken. »Das Spiel spielt mit dem Risiko, versucht es zu bannen und fordert es zugleich heraus.«[696] Tim Etchells spricht davon, dass in vielen der Arbeiten ein Performer als Showmaster ins Zentrum tritt und dem Stück so eine Rahmung gibt, die Aufmerksamkeit fokussiert und eine klare Adressierung in der Ansprache des Publikums sichtbar werden lässt. So werden auch Dynamiken auf der Bühne möglich, die zwischen aktiven und passiven Spielern unterscheiden lassen. Besonders bei langen Stücken oder Stücken, die einen hohen kreativen Einsatz fordern, kann der hintere Bühnenbereich so zur Vorbereitungszone werden, beschützt durch den Akteur an der Rampe.[697]

Annemarie Matzke listet sieben Qualifikationen auf, die es bräuchte, um bei Forced Entertainment mitmachen zu können und liefert so eine anschauliche Beschreibung der Vielschichtigkeit des Spiels innerhalb der Kompanie: »Organisiere, arrangiere, teste [...] Handle nach Regeln [...] Wiederhole und improvisiere [...] Setz deine Selbst-Inszenierungsstrategien ein/Scheitere gekonnt und lasse scheitern [...] Sei ein guter Dramaturg [...] Dein Ziel: eine ›Spiel-Biografie‹ für den Abend.«[698] Die Strategien zur Materialproduktion im Probenprozess sind also selbst spielerisch strukturiert, auch wenn das Bühnengeschehen später kein Spiel, sondern eine durchgetaktete Performance sein soll. Das ambivalente Verhältnis zwischen Struktur und Freiheit wird so besonders deutlich.

Ein Beispiel für ein Spiel von Forced Enterteinment ist *And on the Thousandth Night* aus dem Jahr 2000, eine ausgekoppelte Passage aus der 24 Stunden Performance *Who Can Sing A Song to Unfrighten Me?* (1999). Die Regeln sind recht einfach, es gibt ein basales Setting, eine Reihe von Stühlen, die Spieler tragen selbstgebastelte rote Capes und Kronen. Ein Spieler tritt nach vorne und beginnt eine Geschichte zu erzählen, bis er unterbrochen wird. Jede Geschichte beginnt mit »Once upon a time« und wird von »Stop« unterbrochen. Derjenige, der unterbrochen hat, beginnt dann seine eigene Geschichte. Interessant sind zum einen natürlich die unterschiedlichen Erzählhaltungen und Geschichten, die erzählt werden. Zum anderen die Dauer der Performance – sechs Stunden – wichtiger jedoch: Strategien und Taktiken, wie die eigene Geschichte ohne Unterbrechung erzählt werden kann oder welche Auswirkungen es hat, eine Geschichte an einem frühen Zeitpunkt, kurz vor dem Höhepunkt oder erst zehn Minuten, nachdem sie eigentlich zu Ende erzählt wäre, abbricht. Wenn etwa die

---

695 Ebd. S. 281.
696 Malzacher/Helmer. S. 19.
697 Vgl.: Etchells, Tim: A Text on 20 Years with 66 Footnotes. In: Malzacher, Florian et al. (Hg.): »Not even a game anymore«. The Theatre of Forced Entertainment. Alexander-Verlag 2004. S. 278.
698 Vgl.: Matzke 2004. S. 171–181.

Geschichte von Dornröschen erzählt würde,⁶⁹⁹ wäre es vermutlich eher uninteressant, den jeweiligen Performer die Geschichte zu Ende erzählen zu lassen,⁷⁰⁰ viel wahrscheinlicher wäre es entweder direkt vor dem weckenden Kuss abzubrechen oder ihn auch noch die nächsten Minuten weitererzählen zu lassen und die Erzählung so über die Handlung des Märchens hinaus zu erweitern. Dieses Spiel funktioniert so gut als Spiel, dass es vereinzelt auch außerhalb der Bühnen gespielt wird. Es gibt Berichte von Durchführungen in Wohnzimmern, Zügen und sogar in einem Gefängnis in Beirut.⁷⁰¹

Ein vielleicht noch deutlicheres Beispiel ist die Arbeit *Quizoola!*. Im Jahr 1996 noch in einer Kurzversion aufgeführt, wird sie inzwischen sowohl in einer 6-Stunden-Variante als auch zu besonderen Anlässen in einer 24-Stunden-Variante präsentiert. Jeweils zwei Performer*innen sitzen dem Publikum gegenüber, leicht zueinander gedreht, Clownsmasken auf das Gesicht geschminkt. Um sie herum liegt eine Lichterkette, über ihnen eine Neonreklame mit dem Stücktitel: »QUIZOOLA«. Ansonsten wirkt allein der vorgefundene Raum. Oftmals sind es Zwischenräume oder Foyers, Kellertheater oder Galerien – Räume, die jenseits der Theatermaschinerie liegen und einen einfachen Zugang für die Zuschauer gewährleisten können. Je nach Länge der Performance warten weitere Performer außerhalb der Spielfläche, um eingewechselt zu werden: 24 Stunden Performance, keine Pause, die Zuschauer werden zur Selbstsorge gedrängt. Wie so oft bei Durational Performances kommt und geht das Publikum, beschäftigt sich mit anderen Dingen, vertieft sich in Gespräche oder konsumiert alkoholische Getränke. Die Performer*innen jedoch bleiben in ihrer Position gefangen. Das Spiel mit all seinen Regeln reguliert und reglementiert die Performer*innen, den Zuschauenden bleiben alle Freiheiten.

»Quizoola! is a performance of questions and answers, a strange yet structured game that has got badly out of hand.«⁷⁰² Die Regeln sind denkbar einfach: Es gibt einen Stapel Papiere, auf ihnen stehen Fragen unterschiedlichster Natur. Weit über 1000 davon:

Have you ever thrown a message into the sea?
Have you written your name in the sand at the beach?
Do you know how to change your identity or how to disappear at will?
When did you last say sorry to someone?
Do you think you are clever?
Do you think I'm clever?
Do you think a lot about love?

---

699 Denkbar wäre aber auch die Geschichte einer Mülltonne an der Straßenecke oder die Geschichte des Kapitals – Die Form ist allein der Sprechhaltung des Märchens verpflichtet.
700 Es sei denn, dies geschähe zu einem Zeitpunkt, in dem niemand damit rechnet.
701 Vgl.: Etchells. S. 283.
702 Forced Entertainment: *Quizoola!* forcedentertainment 1999. S. 3.

Have you ever been in love?
What does it feel like?
When did you last hide something so that other people would not find it?
What is considered to be the world's most valuable painting?
Have you been to the Bahamas?
Who wrote Das Kapital?
How many scars do you have?[703]

Eine stellt die Fragen, der Andere antwortet. Die Reihenfolge bleibt dem Fragenden überlassen, auch eventuelle Wiederholungen, Ergänzungen, Nachfragen. Der Antwortende ist zum Antworten gezwungen; wie diese Antwort ausfällt, wie sachlich, persönlich, ausführlich oder fiktiv sie ist, steht der spontanen Entscheidung offen. Nur muss sie mit der Frage in Verbindung stehen. Alles Weitere passiert im Dazwischen: Zwischen Frage und Antwort eröffnet sich der Spielraum für die Zuschauer. »The lack of written answers to any of the questions in the piece, and indeed the lack of a fixed order or temporal structure is something that arose initially from the confidence and understanding present in the Forced Entertainment ensemble where improvisation and loose rule-structures are often employed as means to a creative end.«[704] Zwischen den Performern entspinnen sich Dynamiken, persönliche Geschichten schimmern durch, Narrative tun sich auf in der Abfolge, Figuren entstehen. Frage- und Antwortstrategien werden sichtbar und lassen Rückschlüsse zu auf persönliche Haltungen zu den Inhalten, wie auch zu den Haltungen dem Performativen und der Spielsituation selbst gegenüber. Zum Beispiel wird zum Spiel vorgeschlagen: »Long answers are a good way of shifting the ground of the thing – of going deeper, or off into little side alleys of narrative or philosophy or anecdote. A long answer can really get you into trouble (and is therefore a good idea!).«[705] Auch diese Performance funktioniert auf den ersten Blick als Spiel ohne Spielziel und ohne Gewinner. Besonders die Vielseitigkeit des Settings legt diese Beobachtung nahe. »At it's simplest one could say that the text of questions for Quizoola! May be used to make a performance piece of any duration, in any setting and for any number of possible performers.«[706] Das Geschehen geht jedoch darüber hinaus und richtet sich an eine Zuschauerschaft, die ihrerseits still mitantworten und fragen kann und über das, was Feedbackschleife genannt wird, Einfluss auf die Dynamik der Performance nimmt. Das Spiel liegt in der Realisation und Variation eines wieder und wieder durchgeführten Aufbaus. Fragen, Antwortmög-

---

703 Ebd. S. 15.
704 Ebd. S. 3.
705 Ebd. S. 10.
706 Ebd. S. 3.

lichkeiten und die Strategien der Anderen sind bekannt und doch ist der Aufbau ambivalent genug, dass mit jeder Performance ein einmaliges Ereignis entsteht.

7.2.2 Spiel der Zuschauer

Das *Spiel der Zuschauer* kann sich in unterschiedlichen Formen manifestieren, kennzeichnend ist jedoch, dass es weitestgehend ohne Kontakt zu denjenigen, die die Arbeit eingerichtet haben, abläuft. Besonders trifft dies auf Formen partizipativer Kunst, Walks und Stadt-Spiele zu. Judith Ackermann beschreibt die Stadt als Spielplatz: »[…] as a space that enables, and perhaps inherently calls for, playful and often creative encounters among inhabitants, visitors, and the urban environment itself.«[707] Partizipative Kunst ist die Kunst der Teilhabe oder Mitgestaltung durch die Rezipienten an einem Kunstwerk. Sobald es zu einer Interaktion kommt, werden meist Hierarchien in der Partizipation sichtbar, es gibt eine tendenziell aktive und tendenziell passive Seite.

Es muss in dieser Spielform besonders zwischen Teilhabe und Teilnahme unterschieden werden: Teilhabe meint den passiven ›Akteur‹, Teilnahme den aktiven. »Kulturelle Partizipation wird meist als ›soziale Teilhabe‹ (Lösch) verstanden, da sie aus sozialwissenschaftlicher Perspektive der ›machtlosen Sphäre‹ zugerechnet wird.«[708] Dabei ist nicht nur die Partizipation der Zuschauer von Interesse, sondern auch die der Produktionsbeteiligten innerhalb des Produktionsprozesses. Wie viel Agency erhält ein Schauspieler und wie viel ein Requisiteur? Im performativen Theater sind diese Positionen meist offener gestaltet, im dramatischen aber ist dies durchaus eine relevante Frage. Hoffnungen und Erwartungen, die an den Begriff geknüpft werden, kommen damit auch in allen Bereichen zu Anwendung. Der gerade in der Theaterpädagogik explizit verbreitete Partizipationsimpetus verlangt, dass man möglichst nicht teilnehmen, sondern sich auch selbst mit einbringen soll – das gesellschaftliche Bedürfnis nach Authentizität kommt hier voll zur Geltung. Partizipation wird so zum zentralen Bestandteil von Theater als sozialer Praxis. Aber auch im Performativen ist die Partizipation ein weit verbreitetes Prinzip, das den Traum der Historischen Avantgarde, die Grenze zwischen Kunst und Leben einzureißen, zumindest teilweise einzulösen scheint. Adorno würde widersprechen. In Performances und Happenings wird der Zuschauer aktiv in die Kunstproduktion miteingeschlossen. Für die performativen Spiele hat dies in zwei Aspekten Relevanz, in dem gerade zu beschreibenden Fall, dass die Zuschauer relativ autonom ein Spiel

---

707 Ackermann, Judith/Rauscher, Andreas/Stein, Daniel: Introduction: Playin' the City. In: Ackermann, Judith/Rauscher, Andreas/Stein, Daniel (Hg.): PLAYIN' THE CITY. Artistic and Scientific Approaches to Playful Urban Arts. (NAVIGATIONEN). Zeitschrift für Medien- und Kulturwissenschaften Jg. 16 H. 1). universi 2016. S. 7.
708 Fachhochschule Dortmund: *Partizipation: teilhaben/teilnehmen.* http://partizipation-teilhaben-teilnehmen.de/.

durchführen, oder aber für den anschließend beschriebenen Fall des gemeinsamen Spielens aller Beteiligten. Die Frage, die hier gestellt werden muss, ist, ob die Teilnehmenden dem Kunstwerk etwas hinzufügen können, ob sie in der Lage sind, die Situation zu verändern oder ob sie interaktiv den vorproduzierten Inhalt erfahren. Dies ist auch der Dreh- und Angelpunkt des Spielerischen in dieser Kunstform. Walks erfreuen sich zunehmender Beliebtheit, hier werden Objekte oder Situationen platziert, die von den Zuschauern gefunden und erlebt werden sollen. Dies kann individuell oder in der Gruppe, in geschlossenen Gebäuden oder im öffentlichen Raum geschehen. Spiele dieser Art sind meist sehr nah an der Schnitzeljagd. Dort werden etwa Aufgaben gestellt, die gelöst werden müssen, bevor das nächste Ereignis stattfindet. Diese Arbeiten tendieren dazu, interaktive Konstellationen zu konstruieren, die den Teilnehmenden nur wenig Einflussmöglichkeiten auf das Geschehen einräumen – mehr Teilnahme als Teilhabe. Stadt-Spiele sind ähnlich aufgebaut, jedoch häufiger weniger rigide gestaltet. Meist nehmen sie urbane Lebenswelt und soziale Interaktionen im Umfeld in den Blick und zum Ausgangspunkt der Arbeit. Stadt-Spiele können jenseits des rein Spielerischen[709] wie bei *Ingress*[710], auch eine künstlerische Agenda haben. Zu nennen wäre hier etwa *Ruhrzilla,* eine Arbeit der Gruppe Invisible Playground für den Ringlokschuppen Ruhr[711] im Jahr 2012. Die Teilnehmer waren aufgefordert, an Aktionen und Veranstaltungen teilzunehmen, aber auch eigenständig das Stadtgebiet zu erkunden und Spuren von »Monstern« zu finden, um damit Punkte zu sammeln, mit denen sie an größeren Entscheidungen mitwirken konnten.[712]

7.2.2.1 Rimini Protokoll

Die Gruppe Rimini Protokoll entwickelt häufiger partizipative Installationen oder Anordnungen, in denen die Teilnehmenden das Geschehen interaktiv erfahren oder beeinflussen können. *Situation Rooms* aus dem Jahr 2013 zitiert eine Spielhandlung auf der Ebene der Zuschauenden. In einem vielgestaltigen, begehbaren Bühnenbild eröffnen sich die unterschiedlichsten Räume. Konkrete Orte aus der ganzen Welt werden hier ineinander geschachtelt. Die bei den Arbeiten von Rimini Protokoll sogenannten »Alltagsexperten« (oder: »Experten des Alltags«) betreten dieses Set als erstes. In einer ausgeklügelten Choreografie bewegen sie sich durch Teile dieses Sets und erzählen ihre persönliche Ge-

---

709 Bzw. ökonomischer Interessen; bei *Ingress* etwa fallen Bewegungsdaten an, die *google maps* nutzen kann, um seine Fußgängernavigation zu verbessern.
710 Ein ›*Augmented Reality Game*‹ im öffentlichen Raum, welches mit dem Smartphone gespielt wird. Zwei Teams spielen gegeneinander. Jeder Spieler affiliiert sich mit einer Fraktion und erobert für diese Orte im öffentlichen Raum, indem vor Ort mit dem Smartphone eine Aktion ausgeführt wird. Vgl.: *Ingress.* https://www.ingress.com/
711 Zu dem Zeitpunkt noch »Ringlokschuppen Mülheim«
712 Vgl.: *Ruhrzilla.* http://www.ruhrzilla.de/.

schichte. Es kommt so die Lebensrealität des Kindersoldaten ebenso zu Gehör wie die des Waffeningenieurs oder des Politikers. Alle folgen ihrem Pfad durch das labyrinthische Bühnenbild und treten vereinzelt in Interaktion. Der Clou dieser Arbeit besteht nun darin, dass die Experten jeweils mit einer Kamera ausgestattet ihre Begehung vollziehen.

Im nächsten Schritt betreten die Zuschauer das Bühnenbild. Jeder Zuschauende bekommt hierbei einen kleinen Monitor in die Hand gedrückt, auf dem der Film eines der Alltagsexperten zu sehen ist. Aufgabe der Zuschauer ist es, dem Weg des Experten durch das Labyrinth zu folgen und kleinere Aufgaben zu erledigen (etwa: sich hinlegen, eine Jacke anziehen, eine Suppe essen). Die Perspektiven wechseln über den Abend verteilt mehrfach, diese Sprünge, wie auch alle Anweisungen für die Zuschaueraktionen, werden auf dem Screen kommuniziert. Die Perspektivwechsel sind zusätzlich mit einem Lichtwechsel im Set markiert.

Es handelt sich bei dieser Arbeit um einen interaktiven Film mit ausgeklügelter Technik in einem imposanten Set, gespickt mit Aufgaben, deren Erfüllung oder Nichterfüllung jedoch folgenlos bleibt und auch keinerlei Auswirkungen auf das Narrativ oder den Ablauf hat. Hier wird in letzter Konsequenz also eine Simulation simuliert.

Ähnlich verhält es sich auch mit anderen Arbeiten der Gruppe, etwa der *Welt-Klimakonferenz* aus dem Jahr 2014, welche auf den ersten Blick als Planspiel[713] organisiert ist. Bei genauerer Betrachtung finden sich jedoch nur wenige wirklich interaktive Momente und ein davon unabhängiger szenischer Verlauf. Das Spielerische dieser Arbeiten ist auf einer anderen Ebene zu suchen. Es bildet vielmehr einen Schlüssel zu einer offeneren Rezeptionshaltung. Das Spielerische vermittelt sich meist sehr schnell und erregt den Eindruck der Teilhabe am Geschehen. Die Abgrenzung zur partizipativen Kunst ist kaum festzustellen.

Beim Spiel der Zuschauer ist der spielerische Modus stark spürbar, er wird jedoch stets durch die Rahmung kontextualisiert. Die Organisation und Vermarktung durch eine Galerie oder ein Theater verändert zudem die Rezeptionshaltung. Die Teilnehmenden sind geneigter, im Spiel eine ›tiefere‹ Bedeutung zu erkennen. Ebenso sind sie jedoch auch geneigter, sich auf die partizipative Kunst einzulassen, wenn diese als Spiel bezeichnet wird.

---

713 Siehe Kapitel 4.1.4.5.

7.2.3 Gemeinsames Spiel

Das *Gemeinsame Spiel* schließlich ermöglicht es Künstlern, sich und die Zuschauer einer spielerischen Situation auszusetzen und in ihr gemeinsam zu agieren. Immer häufiger wird diese Form auch ›stage games‹ genannt, es spricht jedoch einiges dafür, stattdessen von performativen Spielen zu sprechen, da so der Bühnenbegriff umgangen werden kann und zudem auch statt des ›games‹ der ambivalentere Begriff des Spiels zum Tragen käme – der auch das ›play‹ mitbedenkt. Die Gefahr liegt darin, dass so die Grenzen zu anderen Spielformen, explizit zum Nordic LARP, sehr ins Schwimmen geraten. Im englischsprachigen Bereich wird hier häufig von ›immersive theater‹ gesprochen.[714]

machina eX

Die Hildesheimer Gruppe machina eX entwickelt Spiele in Theaterräumen in Form begehbarer Point-and-Click-Adventures.[715] Typisch für diese – eigentlich digitalen – Spiele sind Tableaus, in denen die Spieler Dinge und Personen entdecken und mit ihnen interagieren müssen. Dieser Aufbau wird als Installation mit szenischen Elementen in den Theaterraum integriert. Im Computerspiel interagiert der Spieler mittels Mauszeiger mit der Umwelt, es gibt keinen anwesenden Avatar.[716] In den meisten Arbeiten von machina eX übernehmen die Spieler die Funktion dieses Mauszeigers, sie interagieren mit ihrer Umwelt, sind in der Narration jedoch nicht vorhanden und werden von den Schau-Spielern ignoriert. In kleinen Gruppen begehen die Zuschauer so diese Installationen und erspielen sich nach und nach durch das Finden von Hinweisen und das Lösen von Rätseln die Narration, welche sonst nicht mit ihnen in Beziehung tritt. Das Interesse der Gruppe waren von Anfang an »Computerspiele, aber in echten Räumen, mit echten Gegenständen und echten Menschen.«[717]

Die Gruppe entstand an der Universität Hildesheim aus einem Zusammenschluss interessierter Studierender. Im Wintersemester 2009/2010 fanden erste Versuche auf der Probebühne statt, im Jahr 2010 wurde die erste Arbeit realisiert. Testen und Ausprobieren stellte sich schnell als essentieller Bestandteil der Proben an solchen Arbeiten heraus, da hier stets konkrete Problemlösungen nötig

---

[714] Einen Überblick über Beispiele aus dem englischsprachigen Raum bietet: Manson, Caden: *10 Immersive Theater Companies To Discover*.

[715] Hierzu siehe auch: Junicke, Robin: »Ausweitung der Spielzone«. In: FFT Düsseldorf (Hg.): *GAME ON STAGE*. (2014). Düsseldorf 2014.

[716] Eine Figur, die den Spieler in der Spielwelt repräsentiert. Im digitalen Point-and-Click existiert diese Figur, auch dort geht die Reichweite des Mauszeigers aber meist über die dieser Figur hinaus, sodass sich ein Interface einstellt, in dem sich der Spielende sowohl selbst als Akteur sieht, der direkt mit Objekten interagiert, als auch als steuernde Kraft hinter einem Avatar, der mit seiner Umwelt interagiert.

[717] Steinmel, Philip/Schäffer, Laura: *Die Realität hat die geilste Grafik*. In: Rüssel, Marcus (Hg.): *Phase 0. How to make some action*. Fruehwerk-Verl 2012. S. 66.

werden: »Es gilt stets herauszufinden, welcher der unzähligen Stellschrauben von den Regeln bis zur Ausgestaltung der Rätselobjekte oder des akustischen Feedbacks die Spielsituation in die gewünschte Richtung verändert.«[718] Entwickelt werden diese Spiele im Medium Theater, die Flexibilität dieses Veranstaltungsortes wird dabei bewusst genutzt.[719] Die Spiele schwanken so zwischen dem Anspruch, funktionierende Spiele oder spannende Kunst zu machen. Dieses Schwanken wird von den unterschiedlich motivierten Zuschauern noch unterstützt, denn es gibt erfahrene Spieler, die zuvor keinerlei Berührungspunkte mit dem Theater hatten, ebenso wie Theatergänger, die zum erstem Mal mit komplexeren Spielen konfrontiert werden. Hier ein Gleichgewicht zu finden ist überaus schwierig. machina eX bezeichnen sich selbst als ›Game-Theater‹ und beschrieben ihre Arbeit wie folgt:

> Unter »Game-Theater« verstehe ich Theaterformen, die sich explizit auf Computerspiele als Inspirationsquelle des Theaters berufen. Im Kern zeichnet sich diese Kunstform durch Interaktivität aus, das heißt in ihr wird das Kunstwerk durch den Eingriff des Rezipienten (des Spielers) mitgestaltet, auf Grundlage eines Sets von Spielregeln. Die Entscheidungen der Spieler bestimmen dabei über den Verlauf des ästhetischen Vorgangs.[720]

Dieser Vorgang hat in den meisten Fällen eine klar vorgezeichnete Narration, die von den anwesenden Figuren ausagiert wird. Den Zuschauern kommt somit die Aufgabe zu, thematisch passende Aufgaben und Rätsel zu lösen und so die unterbrochene Handlung weiterlaufen zu lassen. An einigen Stellen werden zudem moralische Entscheidungen eingefordert. An diesen Punkten verästelt sich die Narration. Um sie trotzdem überschaubar zu halten, dürfen diese Möglichkeiten entweder nur selten auftauchen oder es muss Momente geben, an denen die narrativen Stränge wieder zusammengeführt werden.[721] Die Schauspieler und die Zuschauer agieren in weiten Teilen abwechselnd, man könnte von einem rundenbasierten Spiel sprechen. Diese Grenzen können jedoch schnell brüchig werden. So können die Schauspieler, die sich in den Phasen, in denen die Zuschauer ein Problem lösen sollen, wie im Computerspiel in einer Schleife befinden, durchaus Hinweise darauf in die Schleife einbauen, wie das Rätsel zu lösen ist. Beispielsweise stehen die Zuschauer zu Beginn von *15.000 Grey*[722] vor einer verschlossenen Tür, über der eine Uhr hängt, die 13:05 anzeigt. Neben

---

[718] Krause, Robin: Wie macht man sich und Anderen das Leben schwer?. In: Rüssel, Marcus (Hg.): *Phase 0. How to make some action*. Fruehwerk-Verl 2012. S. 82.
[719] Vgl.: Grawinkel, Katja/Zehetner, Lisa: EIN HAUS ZUM SPIELEN. Ein Gespräch zwischen Katja Grawinkel und Lisa Zehetner (FFT) und Laura Schäffer und Philip Steimel (machina eX). In: FFT Düsseldorf (Hg.): *GAME ON STAGE*. (2014). Düsseldorf 2014. S. 6.
[720] Rankow, Christian: Playing Democracy. Über das neue Game-Theater und seine politische Relevanz. In: FFT Düsseldorf (Hg.): *GAME ON STAGE*. (2014). Düsseldorf 2014. S. 56.
[721] Etwa die in 5.1.1 beschriebene Flaschenhalsnarration.
[722] HAU, 2011. Finanziert durch Crowdfunding, danach viele Gastspiele.

der Tür steht eine Schauspielerin, die wieder und wieder den folgenden Ablauf wiederholt: Sie schaut auf die Uhr, dann zu den Zuschauern und sagt: »So, um 14:30 geht's dann auch los.« Brauchen die Zuschauer zu lange für die Lösung, könnte sie einfließen lassen: »Wenn die Zeit doch nur schneller vergehen würde …«. Erst wenn die Zuschauer die Uhr auf die gewünschte Uhrzeit vorstellen, verlässt die Schauspielerin ihre Schleife, öffnet die Tür und die Narration kann voranschreiten. Die Gruppe ist im besonderen Maße davon abhängig, in welchem Maße sich die Zuschauer beteiligen, können dies, da sie im Moment der Performance mit den Zuschauern anwesend sind, aber durchaus beeinflussen. Zu der gegenseitigen Beeinflussung von Schauspielern und Zuschauern merkt eine der Schauspielerinnen an:

> Antonia: Man merkt, wie abhängig beide Gruppen, Spieler und Charaktere, voneinander sind und wie sehr das Spiel der einen das Spiel der anderen beeinflusst. Wenn eine Gruppe nicht so lustig oder unsicher ist, dann fällt man auch automatisch in das eigene Spiel zurück oder versucht dagegen zu gehen, man merkt, wie das eine Symbiose wird.[723]

Das Computerspielgenre des Point-and-Click erlaubt den Spielen von machina eX sehr installative Aufbauten, welche die Zuschauer zum Umherschweifen und Erkunden einladen. Wie eingangs beschrieben wird der Zuschauer in Analogie zum Mauszeiger angesprochen, er ist nicht ganz anwesend, aber auch nicht abwesend, um auf Richard Schechner Bezug zu nehmen. Der für seine Point-and-Click-Abenteuer bekannte Spieldesigner Martin Ganteföhr formuliert eine Kritik zu einem frühen Spiel von machina eX:

> »15.000 Gray« ist im Kern ein reines Rätselspiel, eine interaktive Schnitzeljagd mit Zeitlimit. Es funktioniert qua Design ausschließlich über Objektmanipulation. […] Zöge man die Figuren komplett aus dem Stück ab, platzierte an den Gameplay-Stationen aufgabenbezogene Hinweiszettel und stellte eine Bombe in die Mitte: das Spiel bliebe – mitsamt seiner zeitlimitierenden Bedrohung – als Spiel völlig intakt. Es geht auch ohne sie.[724]

Erklärtes Ziel ist es zudem, dass sich die Mechanik während des Spiels selbst erklären soll. Die Gruppendynamik der Spieler/Zuschauer entzieht sich der Kontrolle durch die Entwickler, die sich darauf konzentrieren müssen, eine Masse an Spielanlässen zu schaffen. Freiheiten der Spieler und vor allem Freiheiten der Interaktion zwischen Spielern und Schauspielern werden zugunsten einer stringenten Narration hintenangestellt.

---

[723] Tiedemann, Kathrin/Grawinkel, Katja: SCHAUSPIELER ALS LEBENDIGE SCHNITTSTELLEN. Die Right Of Passage-Darsteller*innen Antonia Tittel, Jan Jaroszek und Florian Stamm im Gespräch mit Kathrin Tiedemann und Katja Grawinkel (FFT). In: FFT Düsseldorf (Hg.): *GAME ON STAGE*. (2014). 2014. S. 53 f.
[724] Ganteföhr, Martin: UNTER SPRACHMASCHINEN. In: FFT Düsseldorf (Hg.): *GAME ON STAGE*. (2014). 2014. S. 13.

Ein besonderes Beispiel für den Versuch eines freieren Spielaufbaus ist daher das das Spiel *Right of Passage*[725], welches am Ende einer *Doppelpass*-Förderung von 2012–2014 am FFT in Düsseldorf als Abschlussprojekt präsentiert wurde. In den zwei Jahren standen meist Auseinandersetzungen mit der eigenen Form in Workshops und Versuchsaufbauten im Zentrum. Die Spielzone wird hier deutlich erweitert, es ist der Versuch, das Prinzip der ›open world‹ mit in die Spielaufbauten einfließen zu lassen.

Die Spieler werden in Gruppen eingelassen und begeben sich zunächst in einen Wartebereich. An den Wänden hängen ein paar Karten und Informationsblätter zu den fiktiven Ländern, in welchem die bevorstehende Handlung stattfinden wird. Nachdem ein Spieler aufgerufen wurde, werden einige Fragen an ihn gestellt und ein Foto für die eigene Akte geschossen. Jedem Spieler wird eine rudimentäre Identität zugewiesen, mit spezifischen Attributen wie der (fiktiven) Religionszugehörigkeit, der (fiktiven) Ethnie oder dem Alter. Ein Name wird nicht gegeben. In manchen der Ausweise stecken ein paar Geldscheine. So werden den Spielenden Rollenattribute zugewiesen, mit denen diese jedoch frei umgehen können, sie interpretieren oder auch ignorieren. In kleineren Gruppen werden sie dann in den hergerichteten Bühnenraum geführt, dabei werden gemeinsam angereiste Zuschauer bewusst voneinander getrennt. Auf der Bühne ist ein Auffanglager angedeutet. Einfach zusammengebauten Hütten sind Funktionen zuzuordnen[726], erzeugen jedoch auch eine beklemmende Atmosphäre. Im Lager irren gehetzt wirkende Menschen umher, die Situation ist unübersichtlich und wirkt tendenziell bedrohlich. Die Zuschauer werden von Beginn an überfordert, im ersten Schritt werden sie zu einem Grenzschalter gedrängt, an dem der eben ausgehändigte Ausweis kontrolliert wird und der Grenzbeamte Dokumente ausgibt, die für den Grenzübertritt zusätzlich benötigt werden. Das Ziel des Spiels wird in dem Moment formuliert: Jeder Spieler muss für sich die geforderten Dokumente/Stempel organisieren, um aus dem Lager entkommen zu können. Das Spiel scheint zunächst auf eine Vereinzelung der Spielenden ausgelegt zu sein. In den meisten Durchgängen entstehen jedoch bereits nach kurzer Spielzeit Kooperationen zwischen den Spielenden. Die verteilten Laufzettel müssen zunächst mit Sinn gefüllt und konkreten Aufgaben zugeordnet werden, es müssen Strukturen gesucht und Lösungsstrategien gefunden werden. Hierbei arbeiten die Spieler zusammen und geben Informationen weiter, sind dabei allerdings oft darauf bedacht, durch die Zusammenarbeit nicht in ihrem individuellen Fortschritt behindert zu werden. Das Spiel simuliert durch Licht und Ton einen Tag-Nacht-Rhythmus, der jedoch deutlich beschleunigt ist; ein Tag dauert etwa eine Stunde. Diese Taktung strukturiert die Narration. Viele der NSC sind nur zu Tageszeiten ansprechbar. Die Stationen ha-

---

725 Im Titel steckt bereits die Anspielung auf den Passagenritus.
726 Z. B. Arzt, Kiosk, Casino oder Fabrik.

ben Öffnungszeiten, die mit dem Bestreben der Spielenden, ihre Aufgaben zu lösen, kollidieren. In dem Spiel lösen sich individuelle und kollektive Aufgaben ab. Dies geschieht in unregelmäßigen und gegen Ende vermehrt auftretenden Ereignissen, deren Eintreten von dem Fortschritt der Spieler unabhängig ist. Die Besitzerin des Kiosks etwa verlässt zu einem Moment des Spiels ihr Geschäft und kehrt erst zu ihrer gewohnten Tätigkeit zurück, wenn die Spieler für sie ein Großpuzzle aus Paketen auf einem Transportwagen sortiert haben. Zum einen wird hier die Geschichte (Narration) des Lagers und ihrer Bewohner selbst erzählt, zum anderen stehen die Figuren für die individuellen Aufgaben solange nicht zur Verfügung, wie sie eine Funktion in den Kollektivaufgaben erfüllen. Mit fortschreitender Narration fallen nach und nach Figuren außerdem ganz aus.[727] Die Zeitökonomie ist ein wichtiges Element im Erleben dieses Spiels: Aufgaben konkurrieren um die Zeit der Spielenden, Spielende um die Aufmerksamkeit der Nichtspielerfiguren (Schauspieler). Die Schauspieler sind in ihre Rollen eingetaucht – teils in Form eines Rollenspiels mit einer interaktiven Beziehung zu den Spielenden, teils in den oben beschriebenen Schleifen des klassischen, digitalen Point-and-Click-Adventures. Die Aufgaben der Spielenden sind mit Minigames verbunden – Geschicklichkeitsspiele, Logikrätsel, Kombinationsaufgaben.[728]

In *Right of Passage* überlagern sich spielerische Momente mit einer dichten Atmosphäre, einer übergreifenden Narration sowie der Vermittlung einer situativen Kenntnis. Je nach Involvierung der Spielenden haben diese Elemente eine unterschiedliche Gewichtung für den einzelnen Spieler, die je nach eingenommener Perspektive stark differiert. Die Angebote zum Spielen oder zur Interaktion im Allgemeinen können von den Zuschauern angenommen oder ignoriert werden.

Diese Anordnung weicht von anderen Spielen von machina eX ab. Die Spieler werden in ihrer Rolle als Flüchtende angesprochen und sind eindeutig anwesend, auch wenn die Tiefe ihrer Rolle nicht hinterfragt wird. Dennoch existiert ein narratives Sicherheitsnetz: wer die Rolle des Fliehenden nicht ausagieren möchte und sich einer Interaktion mit den Schauspielern verwehrt, kann dennoch die anderen Angebote in Anspruch nehmen, das Setting erkunden und der übergreifenden Narration folgen und sogar den anderen Zuschauern beim Spielen zuschauen. Trifft ein Spielender diese Wahl, kann er das Spiel nicht gewinnen, das Ereignis aber trotzdem weiterverfolgen. Eine der Schauspielerinnen beschreibt die verschiedenen Spielertypen so:

> Da gibt es einerseits ein paar Gamer, die einfach total Bock haben, in diese Welt einzusteigen, und andererseits gibt es das normale Theaterpublikum, das sich nach

---

727 Z. B., weil sie selbst den Grenzübergang überwinden konnten.
728 Vgl.: Junicke 2014a.

einer Weile traut, aus der Zuschauerposition herauszutreten, um zu sagen »Okay, ich mach jetzt nicht nur brav die Rätsel, ich versuch jetzt auch mal mitzuspielen.«[729]

Die Position kann durchaus ambivalent sein oder zwischen verschiedenen Aktivierungsgraden wechseln. Aber auch die Schauspieler nehmen im Verlauf des Spiels unterschiedliche Haltungen ein. In den Cut-Scenes (durchinszenierten Passagen, die die Story vorantreiben) sind sie nicht ansprechbar und folgen einem starren Skript, in den anderen Passagen des Abends tauchen sie in unterschiedlichem Ausmaß in das Rollenspiel mit ein. Gespielt werden eindeutige Charaktere, die jedoch auf nicht viel mehr als kurzen biografischen Skizzen basieren. Das Spiel selbst wird in erster Linie durch seine Mechanik bestimmt.

Die Grenzen des Spiels bei machina eX sind offen, aber stets als solche markiert. Fehlverhalten der Spielenden wird nicht unterbunden, aber sanktioniert durch eine sichtbare Fehleranzeige oder Kommentare der Schauspieler. Die Arbeiten erzählen sich dabei immer wieder als Spiel. Auch *Right of Passage* präsentiert sich als Spiel, selbst in den Momenten, in denen die Spielmechanik zum Erzählen der Unmöglichkeit des bürokratischen Apparats eingesetzt wird und vor allem das Erleben von Frustration im Vordergrund steht. Die Konstruktion der Spiele ist dabei immer auch ein Experimentieren mit Medienformaten und ihren Nutzungen. Das feste Regelsystem begünstigt bestimmte Rezeptionshaltungen.

Die performativen Spiele von machina eX sind technisch aufwendige, interaktive Umgebungen, in denen die Zuschauer zusammen mit Darstellern, welche ganz wie Computerspielfiguren reagieren, eine Geschichte erspielen und in einer gemeinsamen Situation Ereignisse herstellen und erleben. Am Ende von *Right of Passage* haben die meisten Zuschauer das Spiel verloren, die Simulation wird abgebrochen, eine Audiodatei wird abgespielt, in der zu hören ist, wie das Camp geräumt wird. Andere haben es durch geschicktes Spiel, Bestechung, Schummeln oder einen kollektiven Sturm auf die Grenze geschafft. Zentral scheint jedoch weniger der Ausgang des Spiels als vielmehr das durch das ästhetische System der Performance vermittelte Erleben von Frustration und Hilflosigkeit.

Anna Kpok

Anna Kpok realisieren seit 2009 in wechselnden Zusammensetzungen szenische Arbeiten. Die Gruppe entstand im Umfeld der Bochumer Theaterwissenschaft. Unter anderem haben sie ein Spielsystem entwickelt, welches als theatrales ›Jump and Run‹ betitelt wird. Die Spieler sind durch einen Avatar in der Spielwelt vertreten, gleichzeitig im realen Raum aber mit anwesend. Eine Performerin agiert als Avatar, die Zuschauer begleiten sie innerhalb der Spielwelt

---

729 Tiedemann/Grawinkel. S. 49.

und steuern ihre Aktionen. Hierzu wird die Steuerung zwischen den Zuschauern aufgeteilt. Einer erhält die Befehle ›rechts/links‹, ein anderer ›springen/ducken‹. Falsch gegebene Befehle werden sanktioniert, die meisten Spieler finden jedoch einen Weg, sich gegenseitig Hinweise zu geben, ohne gegen die Regeln zu verstoßen, beispielsweise, indem sie in eine Richtung zeigen, statt ›rechts‹ zu sagen, und somit dem Spieler mit dem Befehlspaar ›rechts/links‹ signalisieren, wie dieser agieren soll.

Mit anwesend ist eine Performerin, die das Menü spielt.[730] Sie visualisiert die verbleibenden »Leben« des Avatars und eventuelle Bonusgegenstände. Sie repräsentiert außerdem das Regelwerk und achtet darauf, dass die Spieler sich an die Limitierungen ihrer Befehlspaare halten und nicht eigenhändig mit der Spielwelt interagieren. Im Hintergrund befindet sich ein Musiker, der das Geschehen live begleitet. Er kann so nicht nur auf die jeweilige Spielsituation reagieren, sondern den Spielenden gegebenenfalls auch Hinweise geben. Befinden sich diese beispielsweise auf dem richtigen Weg, haben ihr Ziel aber noch nicht ganz erreicht, kann er ihnen mit ›*try again*‹ aushelfen.

Die Räume sind klassischen Levels nachempfunden. So befindet sich z. B. in *Anna Kpok und der letzte Zombie: Level II – Gegen die Bürokratie* in einer Etage ein Großraumbüro mit einem schlauchartig angelegten Weg, den der Avatar abschreiten muss. Auf diesem Weg befinden sich Hindernisse und Gegner, die überwunden werden und Hinweise und Rätsel, die gefunden und gelöst werden müssen, um im Spiel voranzukommen. Dieser Aufbau ist genretypisch. Es gibt beispielsweise einen Raum, der vollständig mit Spiegelfolien ausgelegt ist. Über einen verästelten Pfad muss der Avatar zu einem Gegenstand geleitet werden und mit diesem den Raum wieder verlassen. Auf halbem Wege drehen sich jedoch die Befehle um, statt ›springen‹ muss nun ›ducken‹ oder statt ›links‹ ›rechts‹ angesagt werden. Ähnlich funktionieren auch die anderen Aufgaben, es muss ein Prinzip verstanden oder eine Strategie gefunden werden, um Hindernisse zu umgehen oder Reaktionen auszulösen. Um den ›Endgegner‹ zu besiegen, müssen zeitkritisch die korrekten Befehle in einer bestimmten Reihenfolge erteilt werden, damit der Avatar den Attacken des Gegners ausweichen und seine eigenen platzieren kann.

Das Setting, die Musik und die Schauspieler dienen nicht nur als Spielträger und Motivation für die Spielenden, sondern auch der künstlerischen Brechung. Das Spiel ist jederzeit als Spiel und als Kunstwerk erkennbar. Die besondere Art der Steuerung, die es nötig macht, dass die Spielenden mit ihrem Avatar durch die Spielwelt navigieren, spiegelt die Zuschauerposition in einer Installation, macht sie jedoch zum Ausgangspunkt der Handlung.

Bei machina eX wie bei Anna Kpok werden bekannte Spielsysteme der Digitalspiele in den Theaterraum übertragen und dort mit Elementen angereichert,

---

730 In manchen Versionen wird auf dieses Element verzichtet.

deren Darstellungskonventionen aus dem Bereich der darstellenden Künste stammen. So entstehen performative Spiele, die als Spielangebot für Theatergänger ebenso funktionieren wie als Theaterangebot für Spieler. Meistens sind an diesen Abenden entweder das Spielsystem oder die Immersion in die Spielwelt dominant, ein Gleichgewicht ist in dieser stark formalisierten Spielform nur schwer zu erreichen.

SIGNA

Anders funktionieren die Entwürfe des in Kopenhagen angesiedelten Kunst-Kollektiv SIGNA. Seit dem Jahr 2001 entwickeln Signa & Arthur Köstler Konzepte, welche sie als »performance installation«[731] bezeichnen. Die Gruppe arbeitet mit ungewöhnlichen Orten, die eine wichtige Rolle in den Projekten einnehmen. Darüber hinaus ist für die Arbeiten von SIGNA besonders die Funktion des Zuschauers kennzeichnend, die jene Installationen nicht nur besuchen und erkunden können, sondern in eine direkte Beziehung mit der Umgebung und den Akteuren treten und vereinzelt Einfluss nehmen können. Die Performances entwickeln über ihre teils ungewöhnliche Länge und ihren stark immersiven Charakter eine enorme Sogkraft, welche durch (scheinbar) fehlende körperliche und moralische Barrieren noch verstärkt wird. Nina Tecklenburg spricht bei dieser Gruppe von »Rollenspiel-Installation«[732], es lassen sich auf der anderen Seite aber auch Linien zur Performancekunst ziehen. In manchen Arbeiten scheint etwa die performative Haltung Marina Abramovićs durch. Das Geschehen und die Umgebung sind offensichtlich konstruiert, durch die Intensität und die Herausforderung an Zuschauer wie Spieler kann dieses Wissen jedoch ausgeblendet werden. Die Performanceräume von SIGNA haben ein großes Potenzial zur Immersion, mit allen positiven wie negativen Nebeneffekten. Das Nicht-Wissen zirkuliert auf allen Ebenen. Pamela Geldmacher spricht in diesem Zusammenhang von einer Utopie, im Sinne der Vergegenwärtigung einer zukünftigen Realität. Dies ist hilfreich, um den Bezug der Performance zur Avantgarde zu verdeutlichen, kann jedoch auf der Ebene von Inhalt und Struktur zu Missverständnissen führen. Wichtig ist jedoch, dass hier eine »Alternative zum gegenwärtigen gesellschaftlichen Entwurf«[733] erlebbar wird. Dies ist anschlussfähig an die Ambivalenzen, die bisher vorgestellt wurden, und verdeutlicht Ähnlichkeiten von Performances von SIGNA mit Strukturen und Möglichkeiten des Rollenspiels.

Im Zusammenspiel der Einrichtenden, Spielenden und Zuschauenden werden Räume geschaffen, die Regeln zwar behaupten, aber nicht klarstellen. Regelbrüche scheinen zum Spiel zu gehören, das Verlassen der Alltagsregeln ist

---
731 SIGNA: *SIGNA*. http://signa.dk/about.
732 Tecklenburg. S. 162.
733 Geldmacher. S. 155.

evident. Den Zuschauern wird angeboten, eine Rolle zu spielen und sich in die Fiktion einzubringen, die Atmosphäre ist dabei durch einen Grad von »Abnormität« und Verruchtheit gekennzeichnet.[734]

> Dieser Grad aber ist es, der die Zuschauer die Unabwägbarkeit der Performance hinterfragen lässt: Wie weit kann ich gehen und wie weit gehen die anderen? Diese Auseinandersetzung mit real erfahrbarer Macht und Abhängigkeit in einer fiktionalen Rahmung führt zu der Grenzlosigkeit, die die Atmosphäre mit Spannung und Fragezeichen auflädt. Das eigene Handeln und die damit einhergehenden Sicherheiten werden prekär und doch potenziert die Ebene des ›Nicht-Wissens‹ die Auseinandersetzung mit diesem.[735]

Verschiedene Machtgefüge und die Hilflosigkeit des Einzelnen in deren Angesicht ziehen sich als Thema durch alle Arbeiten von SIGNA.

Besonders deutlich wird dies am Beispiel der Arbeit *Die Hundsprozesse*, welche als Auftragswerk für das Schauspielhaus Köln im Jahr 2011 realisiert wurde. Signa und Arthur Köstler erschaffen gemeinsam mit dem oft eingesetzten Set- und Kostüm-Designer Thomas Bo Nilsson das »Neue Basalgericht der Stadt Köln«, in dem den Zuschauern der Prozess gemacht werden soll: eine begehbare Installation basierend auf Kafkas Text *Der Prozess*.

Wie noch zu zeigen ist, arbeiten SIGNA auf einer vordergründig personalisierten Rezeptionsebene, von der die Immersion ausgeht. Ihre ästhetische Arbeit basiert auf scheinbar individuellen Erfahrungen und immersiven Erlebnissen; um eine von vielen möglichen Verlaufsvarianten eines *Hundsprozesse*-Besuchs adäquat zu vermitteln, bietet sich daher als Form – abweichend vom rein wissenschaftlich orientierten Text – ein individueller Erlebnisbericht an, von dem aus anschließend eine vergleichende und systematisierende Analyse der künstlerischen Methode SIGNAs geleistet werden kann.[736]

Der »Prozesstag« beginnt auf dem Gehsteig der ehemaligen KFZ-Zulassungsstelle der Stadt Köln. Es ist heiß und eine Gruppe von etwa 100 Personen versammelt sich auf dem Gehweg zwischen dem Funktionsbau und einer angrenzenden Schnellstraße. Die Karten wurden über das Schauspiel Köln gebucht, der Ort jedoch entzieht sich dieser Zuordnung. Zum Zeitpunkt des Einlasses werden Namen abgefragt und Akten ausgegeben, in denen sich Unterlagen, Fragebögen und ein persönlicher Ablaufplan mit Termin und Aufgaben wie Verhören, Gerichtsetikette und Schauprozessen befinden. Ich soll ein Gespräch mit meinem Anwalt führen, mich für die Gerichtsakte fotografieren lassen und an einigen Lehrgängen teilnehmen.

---

734 Vgl.: Ebd. S. 155.
735 Ebd. S. 155.
736 Entsprechend der Berichtform und entsprechend des Ausgangspunktes des Rezeptionsprozesses von SIGNA-Arbeiten wird hier abweichend Gebrauch von der 1. Person Singular gemacht. Geschildert wird der Ablauf der *Hundsprozesse*-Aufführung vom 11. Mai 2011.

Im Inneren des Gebäudes herrscht eine andere Atmosphäre, es ist spürbar kälter, kein Tageslicht dringt ein, sodass alles in ein fahles Neonlicht gehüllt ist. Überhaupt kommt die szenografische Gestaltung mit sehr wenigen Farben aus, alles ist in Schattierungen von Grau gehalten. Auch die Räume, die nicht aktiv bespielt werden, sind hergerichtet und szenografiert. Hier wird der installative Teil der Arbeit besonders deutlich. Die Zuschauer werden schnell voneinander getrennt und in neuen Gruppen durch das weitläufige Gebäude geschickt, die Termine tun ihr Übriges, um eine gehetzte und vereinzelte Stimmung aufkommen zu lassen. Etwa 60 Performer sind im Gebäude unterwegs und spielen in den von ihnen erarbeiteten Rollen. Die Maschinerie läuft. Jeder kennt die Aufgaben und Kompetenzen seiner Rolle, die Technik funktioniert. So können Telefonate geführt und Angaben von Zuschauern überprüft werden. In einer Befragung zur Person werden die Angaben auf dem Fragebogen auf Korrektheit überprüft und bei Falschangaben sanktioniert. Die Gespräche mit den Performern und die drastischen Darstellungen sind hochgradig immersiv, allein Wartezeiten »reißen« mich wieder aus der Spielwelt hinaus.

Einer meiner ersten Termine[737] führt mich zum Gerichtsfotografen Gerhard Titorelli (Arthur Köstler), um ein Bild für meine Akte anfertigen zu lassen. Dieser hat sein Studio im untersten Bereich des Gerichts und scheint in seinen künstlerischen Ansprüchen mit der stupiden Aufgabe der Passbilder nicht zufrieden. So willigt er schnell ein, als eine Gerichtsdienerin erscheint und anbietet, sich im Bildhintergrund als »Justitia« aufzustellen. Hierzu zieht sie sich aus und hält Schwert und Waage in den Händen. Das Foto wird geschossen[738] und in die Akte eingefügt.

Anschließend soll ich an einem Lehrgang teilnehmen, in dem ein Wissenschaftler die anwesende Gruppe in der Kunst unterrichtet, anhand des Geruchs von Urin die Schuld eines Angeklagten zu erkennen. Durchaus partizipativ angelegt bietet diese Szene jedoch auch die Möglichkeit, sich im Hintergrund aufzuhalten und das Geschehen nur zu beobachten. Der nächste Termin führt eine wiederum anders zusammengestellte Gruppe von Zuschauern zum Amtsarzt, wo die gesundheitliche Prozesstauglichkeit festgestellt werden soll. Hier wirft der Arzt einen Blick in die Akte und entdeckt das Foto, auf dem im Hintergrund die entblößte Gerichtsdienerin zu sehen ist. Da dies in den Augen des Arztes nicht mit der Gerichtsetikette vereinbar ist, bestellt er die Dienerin telefonisch in den Untersuchungsraum, wo ein lauter Streit losbricht, an dessen Ende die Gerichtsdienerin für ihr Vergehen ausgepeitscht werden soll. Ich mische mich in den Streit ein und stehe unvermittelt mit entblößtem Oberkörper im Raum, um die Schläge an ihrer statt zu übernehmen. An der Stelle schreitet eine andere

---

737 Vorstellung am 11. Mai 2011.
738 Anzumerken ist, dass das eigentliche Spektakel im Rücken des Zuschauers stattfindet und bis auf einen kurzen Moment nur im Foto wahrnehmbar wird.

Zuschauerin ein und unterbricht die Situation, da ihr das Spiel zu weit geht. Ab diesem Zeitpunkt verläuft mein Abend jenseits aller Gruppenaktivitäten – sei es in einem vertraulichen Gespräch mit der Richterin, im gemeinsamen Trinken von Wodka oder im Treffen mit den Langzeitangeklagten in ihren Behausungen. Erst am Ende des Abends, wenn alle »Angeklagten« in der Eingangshalle versammelt, mehrere »Leichen« aufgehäuft werden und die Zuschauer/Teilnehmer durch Abgabe ihrer Akte aus dem Gebäude fliehen können, wird die Zuschauerschaft *als Gruppe* wieder erfahrbar. In diesem Moment gibt es diejenigen, die gehen und diejenigen, die bleiben. Am Ende der Performance hallen Ansagen durch die Flure: »Bitte verhalten Sie sich ruhig«. Nach der Abgabe der Akten verlässt die Zuschauerschaft entlang einer weißen Linie das Gericht. SIGNAs Maschinerie stoppt jedoch nie völlig. Die eigenen Spuren im Gericht werden zum Material weiterer Performances. Wer seine Telefonnummer angegeben hat und in Köln lebt, wird eventuell angerufen, um zu einem zusätzlichen Treffen geladen zu werden oder es kommt zu einem Hausbesuch mit Durchsuchung.[739] Im Programmheft schließt das Schauspielhaus Köln vorsorglich jegliche Haftung für Aktionen außerhalb des Vorstellungsortes und der Vorstellungszeit aus.[740] Wer etwas im Gericht verloren hat, kann es sich tagsüber abholen und gegen Bestechung auslösen. Der Betrieb läuft stetig weiter, auch ohne Publikum. Noch immer treffen sich Teilnehmende und besprechen ihre Fälle. SIGNA geht es um »[…] eine Entgrenzung, die Rückzugsmöglichkeiten erschwert und strikte Trennungen zwischen Fiktivem und Realem brachial aufhebt. Was nicht funktioniert, ist der ›Ausstieg‹, da SIGNAs Performance das Privatleben der Zuschauer konsequent weiterverfolgt.«[741]

Der technische Aufbau erlaubt es den Performern, Aussagen der Zuschauer direkt zu überprüfen, und auch das Internet wird eingesetzt, um die Angaben der Akten mit allen verfügbaren Daten außerhalb des Gebäudes abzugleichen. Die vom Zuschauer eingenommene Rolle wird so durchlässig und ambivalenter. Es bleibt das Bewusstsein, dass es sich nur um ein Spiel handelt, und darauf baut auch die Einwilligung zur Teilhabe auf, aber die Realitätsreste verknüpfen sich mit der eigenen Person und eigenen Handlungsspielräumen. So individuell die eigenen Erlebnisse auch erscheinen können, wird ein solcher Handlungsverlauf in vielen Durchläufen ausgelöst. Der weitere Verlauf variiert, ist aber mitnichten singulär. Das Gefühl der Spielenden, voll im Moment zu sein und ganz die Kontrolle über das Geschehen zu haben, also das Erleben von Agency, zeigt sich dennoch extrem stark. Andere Teilnehmer unterwerfen sich ganz der Maschinerie des Gerichts und erleben so eine andere Art von Immersion, nämlich

---

739 Vgl.: Geldmacher. S. 277.
740 Vgl.: Schauspielhaus Köln: *Die Hundsprozesse. Programmheft* 2011.
741 Geldmacher. S. 277.

eine vollständig von Agency befreite. Dina Netz berichtet von einer ähnlichen Situation:

> Die »Bewohner« des Gerichts, also diejenigen Akteure, die nicht in Uniform und Kostüm das Personal bilden, führen die Zuschauer-Angeklagten immer wieder in Grenzsituationen, zum Beispiel, wenn einer anbietet, sich für die Schuld der anderen auspeitschen zu lassen und der Gerichtsangestellte tatsächlich mit dem Gürtel zuschlägt. Aber niemand schreitet ein – wahrscheinlich weil trotz der roten Striemen auf dem Rücken die ganze Zeit klar bleibt, dass wir nicht vor Gericht, sondern im Theater sind.[742]

Diese Varianz ist genau die Stärke eines solchen Formats, die Ermöglichung von unterschiedlichen Erlebnissen, die sich gegenseitig stützen. An dem steten Strom von Menschen, die von Termin zu Termin hetzen, vorbeigeführt zu werden, trägt ebenso zu der Erfahrung des Blicks hinter die Kulissen bei, wie der Einzelne, der an den Schlangen vorbeigeführt wird oder Termine verschiebt dazu beiträgt, den Eindruck eines undurchsichtigen und korrupten Systems zu vermitteln. Es existiert nur eine spärlich vorgefasste Gesamtdramaturgie, das meiste passiert im direkten Kontakt mit den Figuren.

Die Rezeption der Performance ist sehr unterschiedlich verlaufen. Viele haben intensive Erfahrungen in der Installation machen können, viele andere haben sich in den Fluren beim Warten auf den nächsten Termin gelangweilt. Dies mag auch an den immer gleichen Fragen zu »Familienstand, Beruf und sexuellen Vorlieben«[743] liegen, die sich mantrenhaft wiederholen. Der Leerlauf wird von einigen Besuchern thematisiert, jedoch nur von einem Teil. Andere waren stetig angespannt, faktisch gestresst von den Pflichten, Aufgaben und Erlebnissen.[744] Auch der Grad der Immersion wird unterschiedlich wahrgenommen. Christian Bos schließt seine Kritik im Kölner Stadt-Anzeiger mit der Formulierung einer Sehnsucht: »Ich will da wieder rein. Keine Interpretation, kein Applaus, kein Bedürfnis nach wertender Kritik. Nur spielen und sich dabei schuldig machen. Die Meta-Ebene folgt später in der Nacht. Als Alptraum. Klagt mich an.«[745] Ein Nutzer auf nachtkritik.de hingegen schreibt:

> Diese Erfahrung möchte ich nie wieder machen. Es sind jetzt 5 Tage her seit ich in dieser Inszenierung war und es klebt immer noch an mir. Szenenbild ist wirklich klasse, aber es findet überhaupt gar keine Transformation statt. Sondern nur das Ertragen der geballten abfälligen, kranken (wirklich gut gespielten) Situationen. Für lang anhaltende schlechte Gefühle Geld ausgeben. Ich frage mich, wo das Verant-

---

742 Netz, Dina: *Gehorsam durch Ermattung. Die Hundsprozesse – Das Theaterkollektiv Signa hält in der alten Kölner Zulassungsstelle Prozesse nach Franz Kafka ab*. Nachtkritik 2011. 19.04.2011. http://www.nachtkritik.de/index.php?option=com_content&view=article&id=5538&catid=84&item=100079
743 Ebd.
744 Vgl.: Kommentar #71 2011-04-23 23:31 auf: ebd.
745 Bos, Christian: *Die Hundsprozesse*. Kölner Stadt-Anzeiger 2011 21.4.2011. Zitiert nach: Netz 2011

wortungsgefühl geblieben ist. Als systematischer Coach rate ich jedem von dieser beschissenen Erfahrung dringlich ab.[746]

Vordergründiges Ziel ist es, die eigene Schuld zu erkennen – hintergründig das, was wohl auch bei Kafka im Vordergrund steht, die Erfahrung von Hilflosigkeit in einem übermächtigen System, welches nur seinen eigenen Regeln und keiner Logik mehr gehorcht.

Das Spiel als Ermöglichung von Erfahrungen macht dies besonders spürbar. Die Performanceinstallation von SIGNA als begehbarer Roman ermöglicht beides, je nachdem, welche Rezeptionshaltung eingenommen wurde. Ein ermüdendes Kaleidoskop von dargestellten Schicksalen und absonderlichen Situationen oder einen Möglichkeitsraum für eigene Erfahrungen.

Ähnlichkeiten mit Rollenspielen sind bei SIGNA leicht zu entdecken. Zunächst das der Zuschauer, diese begeben sich in eine von den Performern geschaffene Situation und füllen eine Rolle aus, die rudimentär definiert ist. Angeklagter im Basalgericht Köln, die Anklage ist nicht klar. Die Zuschauer sind zugleich nicht als Privatperson anwesend und auch nicht als Figur. Je nach Rezeptionshaltung tendiert Handlung und Haltung jedoch zu einer der beiden Positionen.

Bei den Akteuren ist das Rollenspielerische etwas weniger offensichtlich. Die Rollen wurden in monatelanger Arbeit von den Spielenden selbst entwickelt und zueinander in ein Verhältnis gebracht, auch wenn zu diesem Zeitpunkt bereits viele Bestandteile der Arbeit feststehen. SIGNA proben üblicherweise in Workshopblöcken, in denen nicht nur die Figuren entwickelt und Handlungen skizziert, sondern auch Gruppen für die technische Umsetzung gebildet werden. Geprobt werden Improvisationsabläufe, die in einem Geflecht der Akteure die Geschichten stimmig ineinandergreifen lassen.[747] Die Performer und Statisten formulieren biografische Hintergründe für ihre Figuren, die so nie öffentlich werden, aber die Grundlage für das Spiel bieten. Die Schauspieler proben teilweise ein halbes Jahr ohne Gage. Sie leben von Jobs, die parallel laufen und proben in der Nacht mit SIGNA.[748] Vier Monate vor der Premiere wurden die Räume im Gericht bezogen und wurde damit begonnen, sie zu transformieren und sich selbst in das Räderwerk einzufügen. Die Performer erarbeiten so ein Grundgerüst der Handlung, in die der Zuschauer als Ko-Autor eintauchen kann. Geldmacher betont die stabilisierende Funktion dieses Konstrukts:

> Zur Folge hat das, dass der Rezipient Raum für die eigene und ganz subjektive Ko-Autorrolle erhält, die er bei SIGNA immer auch ausfüllen muss. Handeln wird zur Voraussetzung für die Teilnahme. Andererseits resultiert aus den gemeinschaftlichen Arbeitsprozessen an der Performance eine lückenlose und stringente Zusammenar-

---

746 Kommentar »#64 2011-04-29 22:46 auf: ebd.
747 Vgl.: Keim, Stefan: *Grenzen setzen. Signa Sørensen und Arthur Köstler über ihre Performance-Installationen. Die Deutsche Bühne* 2011 (April). http://signa.dk/deutsche-buehne-2011.
748 Vgl.: Ebd.

beit unter den Performern, die entscheidend für die Stabilisierung jenes fiktionalen Raumes ist, der dadurch überhaupt erst zu einem Realraum werden kann.[749]

Die Auffassung, die auch Nina Tecklenburg teilt,[750] dass alle Zuschauer sich mit einzubringen haben, muss ein wenig relativiert werden. Es gibt etwas wie ein narratives Sicherheitsnetz, eine Erzählung, die sich mit minimalem Aufwand erfahren lässt. SIGNA erzählen ihre Geschichten wie ein Geheimnis, Nachfragen und Konspiration erhöhen die Dichte dieser Geschichte und eigene Ideen der Zuschauer führen zu Ereignissen, die in der gemeinsamen Situation, in welcher sich Performer und Zuschauer befinden, singulär sind und dadurch eine besondere Kraft entwickeln. Eine einfache Version dieser Geschichte kann jedoch auch derjenige erfahren, der seinem Plan folgend die einzelnen Ereignisse aufsucht und ihnen beiwohnt. Häufig wird er so zum Zuschauer der Performer und zum Zuschauer anderer Zuschauer, die mehr in die Situation einfließen lassen. Die Verstrickungen der Handlungen aller Akteure macht nicht nur alle zu Objekten der Beobachtung, sondern zugleich auch zu Subjekten.

> Das Rollenspiel, über dessen Fiktionalität man sich stets bewusst bleibt, fungiert dabei als eine Strategie der Verfremdung, mittels derer das Erzählen als ein realitätskonstitutiver Vermittlungsakt offensichtlich gemacht wird. Denn das Rollenspiel ermöglicht zugleich eine narrative Verstrickung sowie die Möglichkeit zur Selbstbeobachtung.[751]

Als Zuschauer der *Hundsprozesse* begibt man sich gleich zu Beginn in eine neue Rolle, nicht so ausgearbeitet wie bei etwa Rollenspielen, aber doch personengebunden und einzigartig. Als Angeklagter im »Vorläufigen Basalgericht der Stadt Köln« sucht man sich seinen Weg durch eine Reihe von Aufgaben und Mysterien, mit einem erstaunlich hohen Freiheitsgrad (welcher jedoch fast nie ausgenutzt wird), sodass ein jeder Zuschauer seine eigene Geschichte erspielt, welche umso ausführlicher wird, je weiter er sich von der Position des Zuschauens entfernt und selbst zum Akteur seiner eigenen Geschichte wird. Dies entspricht nicht dem tradierten Konzept des Zuschauers, sehr wohl jedoch dem Konzept des Flows, sofern der Spielcharakter dieser Performances anerkannt wird (Dies hängt eben auch mit den Fähigkeiten oder einer gewissen ludischen Affinität zusammen und bestimmt, ob dies gelingen kann). Schechners doppelte Negation muss hier auch für den Zuschauer gelten, damit die Besonderheiten dieser Aufführungsform zur Geltung kommen können: Nicht-Zuschauer und Nicht-Performer, in dieser Logik entsprechend also zugleich: Nicht-Zuschauer, Nicht-Schauspieler und Nicht-Angeklagter. Denn auch wenn diese Bühnenspiele anders als etwa Rimini Protokolls *Situation Rooms* den Zuschauer in hohem Maße einbinden, gibt es doch einen gravierenden Unterschied zu den Liverollenspie-

---

749 Geldmacher. S. 278.
750 Vgl.: Tecklenburg.
751 Tecklenburg. S. 163

len, und dieser soll hier als narratives Sicherheitsnetz bezeichnet werden. Die Performance hat ein »Grundsummen«, einen wie ein Uhrwerk durchtickenden erzählerischen Puls, von dem zwar abgewichen werden kann, der jedoch durchaus trägt, wenn jemand nichts als zuschauen möchte.

Die Hundsprozesse haben ein problematisches Verhältnis zur Agency aller Beteiligten. Es wird eine Offenheit für Partizipation, Involvierung und Interaktion behauptet, die dazu in der Lage ist, Druck auf die Beteiligten auszuüben. Es kann so durchaus zu Grenzüberschreitungen oder zum Aufweichen der Grenzen kommen. Dass die Arbeit diese Dynamik selbst zum Thema hat, entschärft diese Gefahr nur bedingt. Ein im Nordic LARP weit verbreitetes Debriefing wäre auch hier angebracht gewesen, wie auch die Fülle an Kommentaren in den Onlineforen etwa von Nachtkritik oder vom Schauspielhaus Köln illustrieren. Die Akteure handeln in der Installation gemeinsam, jedoch nicht gleichberechtigt. Judith Schäfer weist in ihrer Rezension zudem darauf hin, dass die Performer sich hinter ihren Rollen zurückziehen können, während die Teilnehmer als Privatpersonen angesprochen werden.[752] Die Performer behalten einen Wissens- und Machtvorsprung, welcher wiederum in die Narration eingebettet und durch sie begründet wird, jedoch grundsätzlich eine ethische Fragestellung berührt. Hinzu kommt eine variable Rezeptionshaltung, die nicht nur von Zuschauer zu Zuschauer große Unterschiede aufweisen kann, sondern auch im Verlauf des Abends veränderbar bleibt. Es ist daher schwierig, von einer Tendenz in der Erfahrung dieses Abends zu sprechen, da die Erfahrungen sehr individuell verlaufen und von vielen schwer zu beeinflussenden Faktoren abhängen. Was jedoch festzuhalten ist, ist, dass diese Performanceinstallation ein zu bedenkender Möglichkeitsraum ist, in dem Performer und Zuschauer gemeinsam in einer Situation Erlebnisse generieren können, die – gerahmt durch die Vorbereitungen durch SIGNA – Geschichte, Erlebnis und Spiel verbinden. In Kafkas Prozess ist zu lesen: »Er setzte sich in Gang und von der Freude, die er dadurch den Herren machte, ging noch etwas auf ihn selbst über«[753] – und genau so wird auch in *Die Hundsprozesse* der aktive Zuschauer zum Gewinn für die Performanceinstallation, eine Tatsache, die dem Zuschauer durchaus bewusstgemacht wird und maßgeblich zu deren ästhetischem Genuss beiträgt.

---

752 Vgl.: Schäfer, Judith.: *Funny Games mit Kafka: Die Hundsprozesse von SIGNA in Köln*. In: Haß, Ulrike et al. (Hg.): *Andere Räume*. (Schauplatz Ruhr 2012). Verlag Theater der Zeit 2012. Zwar ist es Zuschauern möglich, eine Rolle zu entwickeln und auszuagieren, und auch bei den Performern sind Alltagselemente im Spiel, die generelle Beobachtung eines Ungleichgewichts aber kann nur unterstrichen werden.
753 Kafka, Franz: Der Prozess. In: Ebd.: *Sämtliche Werke*. Suhrkamp 2008. S. 407.

7.3 Spielerische Performance und performative Spiele

Spiel und Performance haben, wie gezeigt, eine Reihe von Berührungspunkten. Sie können sogar direkt aufeinander bezogen sein. Die Unterschiede bleiben dabei bestehen, auch wenn in den ambivalenten Randbereichen die genaue Verortung verwischt.

Performance ist auf die Darstellung und Durchführung konzentriert. Es handelt sich um einen interpretativen Begriff, dessen Definition uneindeutig bleiben muss. Elemente wie Ort, Zeit und Ablauf sind nur selten allesamt fixiert, meist handelt es sich um eine offene künstlerische Versuchsanordnung ohne festgelegten Ablauf. Statt Werke zu schaffen, bringen Künstler Ereignisse hervor, in die die Zuschauenden involviert sind und die untrennbar mit dem Künstler verbunden sind. Oftmals wird der Performancebegriff abgeleitet aus einer Kombination von Sprechakttheorie, Performing Art und Ritualtheorie. Richard Schechner beschreibt die Performance als: »Ritualized behavior conditioned/permeated by play.« Er entwickelt seine Performancetheorie aus einer anthropologischen Betrachtung des Rituals. Wichtige Bestandteile sind die Transformation des Seins und/oder des Bewusstseins und die doppelte Verneinung. Die aus dem Ritual abgeleitete Abfolge der Performance kann auch auf Spiele übertragen werden.

Performance kann innerhalb des Spiels vor allem als eine Handlung verstanden werden, die etwas bezeichnet, was sie sonst nicht bezeichnen würde. In einigen Spielformen finden sich konkrete Bezugnahmen auf Performances, etwa im Nordic LARP auf die Happenings von Kaprow. In anderen Spielformen werden nur Analogien verwand, um die Handlungsoptionen näher zu bestimmen – so wird in vielen Rollenspielen die Improvisation des Spiels hervorgehoben oder auf das Theaterspiel verwiesen. Spielerische Performances auf der anderen Seite sind in erster Linie Performances – mindestens durch ihre Rahmung. Die spielerische Haltung erlaubt es ihnen, sich teilweise von alltäglichen Regelsystemen zu entfernen und eigene zu etablieren. Auch wird die Partizipation oder sogar Immersion durch diese Formate sehr erleichtert. Dies liegt zum einen an der im Spiel leicht zu erreichenden Agency aller Agierenden und zum anderen an der Ambivalenz, die in der Rezeption und Teilhabe Rückzugsorte in beide Richtungen (Performance oder Spiel) bereithält.

Die künstlichen Mythen des Spiels vermitteln andere Erfahrungen als die ästhetischen der Performance und doch können Ähnlichkeiten und gegenseitige Bezugnahmen als produktiv für die Betrachtung und Weiterentwicklung der jeweiligen Formate verstanden werden.

8 Fazit – Das Ende des Spiels

8.1 Utopie und Problematiken des Rollenspiels

Die Beschreibungen von Spielen und im Speziellen von Rollenspielen sind häufig, nicht zuletzt auch in dieser Studie, mit einer Utopie verbunden, welche sich hinter objektiv scheinenden Beschreibungen versteckt. Rollenspiele werden als Orte ohne einen ›realen Ort‹ begriffen, eine Utopie, in der unterschiedlichste Wirkungen und Dynamiken mit dem Rollenspiel verknüpft werden. So heißt es, das Spiel sei eine zutiefst menschliche Praxis;[754] Singen und Tanzen oder andere Menschen oder Götter nachzuspielen, sei tief in der Menschheitsgeschichte verwurzelt. Spiele stünden im Zentrum der Kultur, nach Huizinga sogar an deren Anfang. Das Spiel als Analogie oder Modell für Welt und Gesellschaft findet zudem als erkenntnisleitende Kategorie Einzug in Philosophien von Heraklit, von Schiller, von Nietzsche, von Foucault oder Krämer. Dabei ist es vor allem die Ambivalenz des Spiels, sein Spielraum zwischen den Zusammenhängen, die fruchtbar gemacht wird.

Spiele simulieren, das Funktionieren von Welt, Rolle, Gesellschaft, Technologie etc.[755] Sie vermitteln neben dem systemischen Wissen auch Medienkompetenz, Sozialkompetenz und faktisches Wissen. Spiele sind eng mit dem Lernen verbunden, nicht nur in Form pädagogischer Spiele, den ›Serious Games‹, sondern auch einer spielerischen Haltung zu nichtspielerischen Ereignissen. Spiele selbst sind als Technologien zu verstehen und reagieren ihrerseits auf Technologien. An ihnen zeigt sich exemplarisch die im öffentlichen Diskurs dominante Progressrhetorik, die zurecht mit neoliberalen Strukturen assoziiert wird. Spiele liefern Anlässe sozialer Interaktion und Möglichkeiten zur Thematisierung sozialer Anliegen.[756] Spielfelder erlauben es, sich ganz in sie hineinzubegeben und auf sicherem Terrain Erfahrungen zu machen, die im Alltag nicht möglich wären. Diese liminoiden Spielräume bergen das Potenzial kritischer Distanz, Wirklichkeitsentwürfe können nicht nur ausgetestet werden, sondern ihre Konstruiertheit thematisiert das Un-wirkliche des Alltags.»As safe zones, games have a huge potential as critical tools. Communities, ideals and identities can be constructed to safely explore hypothetical scenarios.«[757]

Auch Künstler setzen Spiele als Format ein, eine Nähe zu FLUXUS und Happening wurde nicht nur von der Nordic LARP-Bewegung erkannt und stark gemacht, sondern wird auch in den Performance Studies diskutiert. Die Potenziale speziell des Rollenspiels liegen dabei in der Auslotung sozialer Interaktionen

---

754 Die auch bei den meisten Tierarten in verschiedensten Formen zu beobachten ist.
755 Vgl.: z. B.: Bogost, Ian/Ferrari, Simon/Schweizer, Bobby: *Newsgames. Journalism at play*. MIT Press 2010.
756 Vgl.: Flanagan, Mary: *Critical play. Radical game design*. MIT Press 2009.
757 Stenros/Montola 2010. S. 25.

und der kollektiven Konstruktion fantastischer Welten. Die ins Spiel gebrachten Rollen werden zur Disposition gestellt und tradierte Wirklichkeitsauffassungen ins Wanken gebracht. Der Experimentalcharakter des Rollenspiels erlaubt es daher, sowohl im reglementierten Spiel als auch im performativen Spiel Erfahrungen zu machen, die die Teilnehmenden ihre Konzepte von Wirklichkeit hinterfragen lassen und Erfahrungen generieren, die das Individuum positiv beeinflussen und die anders nicht zu erreichen wären. Die mit dem Spiel und speziell dem Rollenspiel verbundene Utopie geht in der Progressrhetorik auf und bestimmt die meisten Diskurse zum Rollenspiel.

Neben dem großen Potenzial des Formats Rollenspiel zeichnen sich jedoch auch Probleme ab. Die Tendenz des Illusionsraums, den Alltag weniger real scheinen zu lassen, befeuert die eskapistische Sogkraft des Spiels. Das Spiel reproduziert Vorurteile und Klischees und befeuert narzisstische und solipsistische Tendenzen. Die mehrfach angesprochene Progressrhetorik, die mit dem Spiel und auch mit vielen Rollenspielen verbunden ist, birgt Probleme in sich, die nicht trivial sind. Dies betrifft zum einen den Kreativitätsimperativ, der auch für das Rollenspiel gilt, und zum anderen eine Marktlogik, der die Spielemacher wie auch die Spieler unterworfen sind.

Der Kreativitätsimperativ durchdringt die Gesellschaft spätestens[758] seit den 1970er-Jahren und reicht in die Berufswelt wie in den Alltag hinein. Reckwitz beschreibt die Kreativität als eine Doppelfigur:

> Zum einen verweist sie auf die Fähigkeit und die Realität, dynamisch Neues hervorzubringen. [...] Zum anderen impliziert Kreativität ein Modell des ›Schöpferischen‹, welches diese Tätigkeit des Neuen an die moderne Figur des Künstlers, an das Künstlerische und Ästhetische zurückbindet. Es geht um mehr als um eine rein technische Produktion von Neuartigem, vielmehr um die sinnliche und affektive Erregung durch dieses Neue in Permanenz.[759]

Das Kreativitätsdispositiv durchdringt viele Bereiche des Lebens, und zwar nicht nur die von Menschen aus den sogenannten Kreativbranchen. Von der Erziehung über den Beruf bis hin zu Sexualität wird Kreativität erwartet und zugleich davon ausgegangen, dass das Individuum diese auch beitragen will.[760] Das Neue scheint im Rollenspiel allgegenwärtig, wird es als Merkmal von ›gutem Rollenspiel‹ doch nicht nur eingefordert, sondern auch in Form von Erfahrungspunkten belohnt. »Das Kreativitätsdispositiv richtet das Ästhetische am Neuen und das Regime des Neuen am Ästhetischen aus. Es markiert eine Schnittmenge zwischen Ästhetisierungen und den sozialen Regimen des Neuen.«[761] Das Krea-

---

758 Schon der Genie-Kult des Sturm und Drang kann als historische Spitze dieser Art verstanden werden.
759 Reckwitz, Andreas: »*Die Erfindung der Kreativität*«. Kulturpolitische Mitteilungen 2013(141 II/2013) 2013. S. 23.
760 Vgl.: Ebd. S. 24.
761 Ebd. S. 26.

tivitätsdispositiv reagiert laut Reckwitz auf den Affektmangel der gesellschaftlichen Moderne, das Rollenspiel trifft daher in den Kern des kreativen Imperativs und wird von ihm (zumindest in seinen pädagogischen Formen) ideologisch vereinnahmt. Das Rollenspiel bringt seinen Teilnehmenden demnach zugleich Befriedigung von substanziellen Bedürfnissen und setzt sie unter subtilen wie offenen Zwang im Rahmen sozialer und professioneller Anforderungen.

Das Rollenspiel wird zwar als kooperatives Gemeinschaftserlebnis beschrieben, der Marktlogik kann es sich dennoch nicht entziehen und zwar gleich auf zweierlei Weise: Als Medium der Unterhaltungsindustrie ist es ökonomischen Interessen der Produzenten wie des Vertriebs unterworfen. Es werden auch andere Arten von Kapital umgeschlagen. Pierre Bourdieu fasst das Kapital als »akkumulierte Arbeit, entweder in Form von Materie oder in verinnerlichter, ›inkorporierter‹ Form.«[762] Es tauche sowohl in ökonomischer als auch in kultureller oder in sozialer Ausprägung auf. Kulturelles Kapital trete in inkorporiertem Zustand (Bildung, Wissen), in objektiviertem Zustand (materiell übertragbar, z. B. als Sammlung von kulturell bedeutsamen Gegenständen) oder in institutionalisiertem Zustand (z. B. als akademische Titel) in Erscheinung.[763] Das soziale Kapital hängt an der Person, die innerhalb eines Netzes von Beziehungen und Zugehörigkeiten verortet ist, von Sozialbeziehungen, die früher oder später – etwa karriereförderlich – nutzbar gemacht werden können. Teilnehmende von Rollenspielen generieren fortwährend solch kulturelles und soziales Kapital. Im Tischrollenspiel inkorporieren Teilnehmende hauptsächlich kulturelles Kapital – szenespezifisches Wissen – durch den Einsatz von Zeit,[764] im Liverollenspiel kommt durch den Einsatz von ökonomischem Kapital noch objektiviertes kulturelles Kapital hinzu: Rüstungen, Schwerter, besondere Artefakte. Beide Spielformen bilden soziales Kapital zwischen den Teilnehmenden und verstärken dieses mit zunehmendem Spielfortschritt, der Beziehungen vertieft. An die symbolischen Kapitalformen ist insbesondere in fankulturellen Kreisen auch eine Form des Wettbewerbs geknüpft.[765] Im Rollenspielkontext treten die Spielenden in einen Wettstreit darüber, wer am besten spielt, wer die beste Ausstattung hat, wer sich am umfassendsten in der Materie und der Szene auskennt. Es wird der Einsatz von Zeit und Kreativität gefordert, es gehört jedoch auch zum Selbstverständnis der Spielenden, dies freiwillig einzusetzen. So entsteht

---

762 Bourdieu, Pierre: Ökonomisches Kapital, kulturelles Kapital, soziales Kapital. In: Kreckel, Reinhard (Hg.): *Soziale Ungleichheiten*. Göttingen 1983. S. 183.
763 Vgl.: Ebd. S. 186 ff.
764 Einige Spieler legen jedoch auch große Sammlungen von Spielregeln und Spielmaterial an.
765 Siehe hierzu das Kapitel »Fankultureller Wettbewerb. Eine Analyse von kooperativen und kompetitiven Strukturen in Online-Fancommunities« innerhalb von Sophie Einwächters Dissertationsschrift *Transformationen von Fankultur. Organisatorische und ökonomische Konsequenzen globaler Vernetzung*. S. 147–199.

ein kaum zu unterlaufender Status Quo an Aufwand und Involviertheit, der den Zugang zum Spiel und zur Subkultur beschränkt.

Dem Spiel werden zudem oft Erwartungen und Aufgaben angetragen, die keiner spielerischen Haltung entsprechen. Ein großer Teil des Spielerischen geht durch die teleologische Zweckrichtung verloren. Anteile dieser Denkart finden sich auch in anderen Spielformen wieder, wenn diesen zu viel Wirkung, zu viel erwartbarer Progress unterstellt wird.

Die Teilnehmenden spielen oft sich selbst oder Klischees aus anderen ihnen bekannten Narrativen. Für einen großen Teil der Spielenden ist das Rollenspiel ein Unterhaltungsangebot, eine dezidierte Freizeitaktivität. Der den Spielen innewohnende Eskapismus wird als ›Urlaub vom Alltag‹ angenommen und unkritisch genossen. Das Rollenspiel kann daher entweder als Freizeitaktivität einer Subkultur ohne doppelten Boden verstanden werden oder als über das Spiel hinauszeigende Erfahrungen, in denen jedoch das Spielerische verloren geht.

In letzter Konsequenz werden wohl beide Lesarten – das Rollenspiel als Utopie oder als problembehaftetes Unterhaltungsmedium – in Teilen zutreffen und formen so eine ambivalente Einheit. Motivationen und Ausrichtungen von Spielenden wie von Spielsystemen sind sehr vielfältig und wohl nie ganz zu bestimmen. Ein konkretes Spiel wird daher in den meisten Fällen Aspekte der utopischen Lesart wie der kritischen in sich aufnehmen und am Ende doch ein Spiel entstehen lassen, welches auf keine der beiden Haltungen zu beschränken ist, sondern seine ganz eigene ambivalente Wirklichkeit herstellt.

8.2   Überschneidungen der Theoriekreise

In den vorausgegangenen Kapiteln wurde das Rollenspiel unter den Aspekten des Spiels, der Rolle, des Narrativen und Mythologischen und der Performance betrachtet. Diese Sammlung von kulturwissenschaftlichen Perspektiven nach dem Vorbild der Methoden-Triangulation hat Schlaglichter auf das Rollenspiel geworfen und an einigen Stellen Konturen sichtbar gemacht.

Das freie Rollenspiel kann als eine der frühesten Spielformen angesehen werden und wird ohne viele Regeln und ohne eine klare Rahmung vor allem von Kindern gespielt. Das reglementierte Rollenspiel kommt in unterschiedlichsten Formen vor: Tischrollenspiel, LARP, Nordic LARP, Digitales Rollenspiel. Hinzu kommen Spielformen, die Aspekte des Rollenspiels übernehmen, mit diesen jedoch nicht gleichzusetzen sind: Konfliktsimulation, Karten- und Brettspiele, Therapeutisches Rollenspiel, Pädagogisches Rollenspiel, Planspiele, Stadtspiele, Reenactments, Erotisches Rollenspiel.

Das Spiel ist nach Huizinga der Ursprung aller Kultur, Caillois schränkt diese breite Spieldefinition ein und kartographiert das Feld mit seinen vier Spielprinzipien: ›agon‹, ›alea‹, ›mimikry‹ und ›illinx‹. Csíkszentmihályi fokussiert sich mit seinem Flow-Begriff mehr auf den Spielvorgang und das Erleben. Wichtig für diese Betrachtung des Rollenspiels ist vor allem allerdings die Perspektive von Sutton-Smith, welcher das Spiel entlang von sieben Ambiguitäten erklärt und so die Unauslotbarkeit und fragile Existenz des Spiels in den Vordergrund stellt. Die spielerische Haltung erlaubt es, jenseits von alltäglichen Regeln und Strukturen eigene aufzubauen und in ihnen aufzugehen, ohne das Verhältnis von Spiel und Alltag aufzulösen oder abschließend zu klären.

Wird das Rollenspiel als spezifische Spielform in den Blick genommen, zeigt sich je nach Zugang ein Spiel, das als Vehikel einer Subkultur dazu dient, sich mit einer sozialen Gruppe zu identifizieren. Die Teilnehmenden teilen einen gemeinsam imaginierten und einen realen Raum: »roleplaying is defined as any act in which an Imagined Space (IS) is created, added to and observed.«[766] Das Spiel vermischt narrative, dramatische und simulative Elemente, gibt ihnen eine Struktur und hilft, sie in ein Verhältnis zu setzen. In einer konsequenzlos scheinenden Welt können Bedürfnisse befriedigt und Fertigkeiten geschult werden. Rollenspiele dienen dabei primär der Unterhaltung. Sie sind im Idealfall gemeinschaftsstiftend und -fördernd und ermöglichen es den Spielenden, persönliche Fertigkeiten zu entwickeln. Sie sind zugleich ein Spiegel des Alltags und der Persönlichkeit der Spielenden und bringen Kreativität wie auch Stereotype hervor.

Wie Spiele sind auch Erzählungen intuitiv bekannte Medien, das heißt, es scheint, als seien sie eindeutig zu identifizieren, woraus aber gleichzeitig keine Definition ableitbar ist. Das von Tecklenburg stark gemachte prozessuale Erzählen, ein Erzählen, welches erst in der Ausführung Gestalt annimmt, ist auch im Rollenspiel anzutreffen: »The role-playing game exhibits a narrative, but this narrative does not exist *until* the actual performance.«[767] Das Wechselverhältnis besteht nicht nur zwischen Erzählung und Erzählakt, sondern auch zwischen den verschiedenen tatsächlichen und potenziellen Erzählungen der Spielenden, welche durch den Erzählakt synchronisiert werden. Inhalt dieser Erzählungen sind häufig Geschichten in Form von Historizität. Entweder knüpft diese an die Geschichte der Alltagsrealität der Spielenden an, um etwas Vertrautes zu bieten oder Inspiration sicherzustellen, oder es wird über einen fantastischen Realismus eine neue Geschichte generiert. Jede Form von Geschichte ist konstruiert, im Rollenspiel jedoch sind die Spielenden häufig mit in die Konstruktionsarbeit eingebunden.[768] Geschichte als solche kann so als veränderbar wahrgenommen werden und die Spielenden sich selbst als Verursachende erleben lassen. Ein weiterer Bestandteil der Erzählungen sind die Spielfiguren und somit die Frage nach Identität und Rolle.

---

766 Mäkelä et al.: *The Process Model of Roleplaying*. http://temppeli.org/rpg/process_model/ KP2005-article/Process_Model_of_Roleplaying-0.9b.pdf.
767 Mackay. S. 50.
768 In beiden liegt zudem eine gewisse Gefährdung Ideologien anheim zu fallen.

Identität bezeichnet das Individuum unterscheidende Eigenschaften. Diese ist jedoch weder eindeutig noch unveränderlich. Eriksons Beschreibung der proteischen Persönlichkeit macht dies deutlich. Die für die Identität essentielle Kommunikation mit Symbolen kann in Rollenspielen eingeübt werden. Ältere Kinder und Erwachsene synthetisieren im Spiel Erfahrungen aus dem Alltagsleben in Bezug auf sich selbst und stärken damit sowohl ihre soziale als auch ihre persönliche Identität. Ein spielerischer Umgang vermag es, allzu festgefügte Erwartungsbündel zu lockern und teilweise zu relativieren. Die spielerische Haltung macht zunächst Bedrohliches (z. B. den Umgang mit neuen Technologien oder Aufgaben) handhabbar und versetzt ihre Akteure in die Lage, zu Handelnden zu werden. Identität funktioniert dabei häufig nach dem Muster der Erzählung. Die Vorstellung der narrativen Identität steht dafür, dass wir uns unser Leben selbst in Form einer Geschichte erzählen, vergegenwärtigen und damit in eine Form bringen.

Rollen sind in Sozialsystemen unterschiedlich normiert; Vollzugsnormen, Qualitätsnormen oder Gestaltungsnormen machen Vorgaben, wie die eigenen Rollen ausgefüllt werden sollen. Rollen müssen in erster Linie darstellbar sein; wie auch Ehrerbietungsrituale ermöglichen sie es, Verhalten kalkulierbar zu machen. Eine dargestellte Rolle birgt ein Versprechen auf zu erwartendes Verhalten. Auch wenn es möglich ist, in Distanz zu einer oder mehreren eigenen Rollen zu treten, gibt es Kriterien für gutes Rollenhandeln: Überzeugung und Intention müssen gesellschaftlich akzeptiert und kompatibel mit anderen sein und die Rollen müssen bekannt sein. Rollenspiele neigen nicht zuletzt aus diesem Grund zu Stereotypen.

Im Rollenspiel wird eine fiktive Identität zum Objekt einer performativen Erzählung. Identität und Geschichte werden hierin als veränderbar wahrgenommen. Das Rollenspiel als Zerrspiegel der Alltagsrealität fungiert als Medium der Weltaneignung und als ein Ort, wo soziale Regeln erlernt und erprobt werden können. Im Zentrum der Weltengestaltung des Rollenspiels steht die Emergenz und das prozessuale Erzählen.

Eine andere Möglichkeit, nach den Inhalten der Rollenspiele zu fragen, bietet sich über eine Betrachtung der Aspekte Mythos, Fantastik und der dominanten Genres des Rollenspiels. Mythen tauchen als Bezüge und Inspirationen der Narration auf, aber auch strukturell gibt es Ähnlichkeiten. Der Mythos fundiert Gemeinschaft und erklärt die Welt. Der Bastler bringt im mythischen Denken immer seine Erfahrung mit in die Modelle ein, die er konstruiert. Künstlichkeit und Herstellung bleiben sichtbar. Das Spiel ist (anders als das Ritual) prästabilisiert, die Asymmetrie wird erst im Verlauf aus der Symmetrie hervorgebracht. Rollenspiele können daher als Remix der Alltagsrealität der Spielenden verstanden werden, die mit diesem Arrangieren und dem ›Ins-Spiel-bringen‹ Versuchsanordnungen ihres Alltags vor sich haben. Das Rollenspiel kann anhand der mythologischen Faktoren beschrieben werden. Spiele reduzieren Komplexität und versinnlichen Erfahrung. Sie erklären die Spielwelt und fundieren sie – in diesem Zuge stellen sie für die Spielenden eine fiktive Welt und Gemeinschaft zur Verfügung. Diese Spiele beruhen fast immer auf gesellschaftlichen Konflikten, in den vom Spiel geschaffenen Freiräumen wird es möglich, diese auszuringen und zu verhandeln. Der Ort des Spiels liegt nicht allein in der Spielwelt, sondern zugleich auch in der Welt der Spielenden. Diese Ambivalenz verortet das Rollenspiel eindeutig im Reich der künstlichen Mythen. Das Rollenspiel ist häufig einem der drei Genres Fantasy, SF oder Horror zuzuordnen. Das Rollenspiel operiert in den meisten Fällen weit jenseits des Realen. Hierzu werden Topoi und Techniken des Fantastischen (in einem weiten Verständnis) und des Mythischen angewandt, ohne deswegen selbst als Mythos oder Fantastik gelten zu können. Die Spiele sprechen diese Wahrnehmungserfahrungen und Medienkompetenzen der Spielenden an, bauen Weltentwürfe, Figuren und Handlungsstränge nach ihrem Muster und halten sich doch immer die Tür offen, widersprüchliche Elemente einzubringen oder mit den Konventionen zu brechen.

Rituale sind bewusst ausgeführte, gerahmte und formalisierte Handlungen und stehen in enger Verbindung zum Mythos. Die Theoretisierung des Rollenspiels profitiert vom Ritualbegriff, denn Spiel und Ritual bestehen aus Aufführung und Formalität. Beide müssen im Vollzug dargestellt werden – ein kollektiver Vorgang. Wo das Ritual auf die Wiederholung ohne sichtbare Veränderungen baut, können im Spiel Regeln leichter transzendiert werden. Zwischen Rollenspiel und Ritual lassen sich strukturelle Ähnlichkeiten beobachten: liminoide Alltagsrituale können das Rollenspiel gut erfassen. Es bleibt jedoch eine Ambivalenz zwischen Handeln und Denken, zwischen Formalität und Freiheit, die das Rollenspiel ausmacht.

Ein weiteres Ergebnis der Untersuchung belegt, dass Auseinandersetzung mit Performance wichtige Bereiche des Themenkomplexes ›Rollenspiel‹ klären hilft. Schon Schechner spricht davon, dass hier Subjekt und Objekt in eine neue Beziehung gebracht werden. Wie auch im Ritual vollziehe sich eine Transformation des Seins und/oder des Bewusstseins. Das rekodierte Verhalten und die doppelte Negation der Darstellung vereinen Ritual, Performance und Rollenspiel. Theater stellt sich immer als eine Verflechtung von Ritual und Unterhaltung dar, bleibt jedoch in eindeutigen Aufteilungen von Agierenden und Schauenden. Die Performance hingegen ist durch Unsicherheiten gekennzeichnet. Die Verbindung zum Spiel wird dabei häufig in den Vordergrund gestellt: Schechner beschreibt Performance als »Ritualized behavior conditioned/permeated by play.«[769] Der Performance-Künstler schafft in und mit seiner Performance eine spezifische Situation, der er sich selbst und andere – Zuschauende – aussetzt.

Ritual und Performance stehen in Verbindung mit dem Rollenspiel, wenn sie auch nicht gleichzusetzen sind. Strukturelle Ähnlichkeiten werden sichtbar in

---

769 Schechner 2009a. S. 99.

der gegenseitigen Bezugnahme, aber auch im Einsatz von Taktiken und Strategien des jeweils anderen Formats. Deutlich wird dies zum Beispiel anhand spielerischer Formate, die in künstlerischen Formaten umgesetzt werden. Um diese zu strukturieren, wurden drei Modi des performativen Spiels formuliert: das Spiel der Performer, das Spiel der Zuschauer und das gemeinsame Spiel. Die spielerischen Aspekte sind unterschiedlich stark ausgeprägt, alle drei Formen zeichnen sich jedoch durch eine doppelte Rahmung aus: das Spiel auf der einen und die Performance auf der anderen Seite. Beide Rahmungen beeinflussen die Produktion und die Rezeption des Ereignisses, tendieren jedoch dazu, im Verlauf des Ereignisses zu verschwinden, ohne je ganz aus dem Bewusstsein der Beteiligten zu weichen. Das ambivalente Verhältnis zwischen den beiden Rahmungen zeichnet die performativen Spiele vor allem Anderen aus. Anders gestaltet es sich bei den meisten der vorgestellten Spiele.

Das Tischrollenspiel zeichnet sich besonders durch ein flexibles Spielsystem mit weiten Freiräumen aus. Das Regelwerk ist eindeutig fixiert, kann aber im Einvernehmen der Spielgruppe angeglichen werden. Das Spiel verläuft als Interaktion und Kommunikation in Form eines prozessualen Erzählens aller Beteiligten und produziert auf diese Weise Zweideutigkeiten in der Rollenübernahme. *DSA* beispielsweise ist ein traditionelles, typisches Fantasyrollenspiel, wohingegen sich *Degenesis* als moderneres Spiel im SF ansiedelt und bemüht ist, Regeln mit einer geringen Komplexität und eine offene Spielwelt zu gestalten. In beiden Beispielen gibt es im konkreten Spiel keine klare Trennung zwischen Alltag und Spiel.

Liverollenspiele mit ihrer körperlichen/stofflichen Darstellung sind meist größer angelegt, sowohl, was die Spieleranzahl als auch, was den Aufwand anbelangt, und nicht zuletzt daher meist mit weniger Varianz im Spielverlauf. Diese Spiele haben eine sehr viel klarere Trennung zwischen Alltag und Spiel, dafür zeigt sich eine sehr große Immersion und eine geschlossene Imaginationswelt. Im Reenactment schwingt häufig noch der Rahmen der Wissensvermittlung mit, im Nordic LARP werden auch Politik und Kunst mitverhandelt und in edukativen oder therapeutischen Spielformen ist die Rahmung der Nutzungsart dominant.

8.3 Die Ambivalenz des Rollenspiels

Ambivalenz als die Zwiespältigkeit von Gefühlen oder Einstellungen und Ambiguität als Mehrdeutigkeit von Sachverhalten, Werken oder sprachlichem Ausdruck ziehen sich durch alle Bereiche des Rollenspiels. Das Spiel selbst fußt auf jenen Uneindeutigkeiten: die spielerische Haltung macht Ambiguitäten und Ambivalenzen zur Grundbedingung jeder Aktion. Das Rollenspiel als spezielle Form verunsichert zudem Rollen, Identitäten und Erzählvorgänge. Ambivalenz der Rolle und ein prekärer Zustand der Identität im Rollenspiel rufen den Bleed-Effekt hervor, Elemente, die von einer Rolle in die andere wandern, sich unbewusst einschleichen. Die Spielenden sind stets herausgefordert, ihre Grenzen neu zu bestimmen und eine Haltung zu entwickeln. Gehört das noch zum Spiel? Wo ist die Grenze? Wo schützt mich das Spiel vor anderen? Vor mir?

In der Zeit der Aufklärung wurden Spiele als Medien der Einübung von Selbsttechniken entdeckt; ein Phänomen, welches sich in der zweiten Hälfte des 20. Jahrhunderts noch verstärkt. Anforderungen und Technologien, mit denen das Individuum im Alltag konfrontiert wird, werden im Spiel zu einer lustvollen Aufgabe und einer zu meisternden Herausforderung. Durch das Spiel wird die Wirklichkeit greifbarer, Komplexitätsreduktion und Welterklärung illustrieren die Parallele zum Mythos. Spiele und Rituale setzen mythologische Vorstellungen und Bedürfnisse um – die Performance und das reglementierte Spiel stehen in der Nachfolge dieser Bewegung. Die Teilnahme am Rollenspiel ist freiwillig und die Rollen und Narrative stets als eine Alternative und nicht als alternativlos erlebbar; dennoch sind ähnliche Kräfte am Werk, die Spielenden können einen liminoiden Raum betreten. In anderen Fällen geschieht nichts in dieser Art; Schließlich ist das Rollenspiel ein subkulturelles Unterhaltungsphänomen und wird als solches konsumiert.

Satu Heliö beschreibt das Rollenspiel als »Narrative Experience and a Mindset.«[770] Die spielerische Haltung und die besondere Struktur des Rollenspiels ermöglichten Erfahrungen von Alterität und Ambivalenz. Das Rollenspiel als Kulturgut formt Narrative zu einem kollektiven, kreativen Prozess und erfüllt dabei sowohl den Wunsch nach Fantastik als auch den nach einer kreativen Freizeitbeschäftigung. Das Rollenspiel als soziale Praxis begünstigt Strategien, sich neu zu erfinden und sich selbst als Akteur und Verursacher von Handlung zu erleben. Es wird zugleich der Wunsch nach Gemeinschaft befriedigt und ein Wettbewerbsfeld geschaffen, in dem der Einzelne Erfolgserlebnisse generieren und Expertentum erlangen kann. Das Rollenspiel als Zugang zur Welt basiert vor allem auf der Konstruktion dieser Welten in Form einer kreativen Leistung. Die Welten sind mindestens zu einem Grad, meistens aber grundsätzlich fiktiv. Strategien und Taktiken zur Erschaffung dieser Welten finden sich in Teilen in den Spielsystemen, sind jedoch auch Bestandteil des Experimentierens der Spielgruppe. Ein Spiel mit Narration und proteischer Identität, in dem Rollendiversität erlebt und eingeübt werden kann.

Zum Schluss dieser Studie bleibt unter anderem die Frage offen, wie das Rollenspiel eingebettet in Medienverbünde und ökonomische Abläufe in aktuellen Diskursen und Praktiken vertreten ist. Innerhalb des Marktes gehört das Rollenspiel wohl zum ›Long Tail‹[771]. Das Web 2.0 ermöglicht dem Rollenspiel so-

---

770 Heliö, Satu: Role-Playing: A Narrative Experience and a Mindset. In: Montola, Markus/Stenros, Jaakko (Hg.): *Beyond role and play. Tools, toys and theory for harnessing the imagination*. Ropecon ry 2004.
771 Ein Segment, welches hauptsächlich mit Nischenprodukten handelt.

wohl neue Distributionswege als auch das Zusammenkommen von Spielinteressierten zu ›abwegigen‹ oder aufwendigen Spielen. Besonders interessant ist die relativ neue Entwicklung der analogen ›lets-plays‹[772]. In den letzten Jahren werden verstärkt auch analoge Spiele präsentiert, sowohl Brettspiele als auch Rollenspiele. Die Rollenspielreihe *critical role*[773] gehört zu den erfolgreichsten Programmen auf der Spiele-Stream-Plattform Twich[774]. Im deutschsprachigen Raum ist an erster Stelle *Orkenspalter.TV*[775] zu nennen – Plattformen, die auch in Hinblick auf die Verknüpfung unterschiedlicher Akteure ein interessanter Untersuchungsgegenstand wären.

Am Ende lässt sich das Rollenspiel als eine Spielform beschreiben, die Spannungsfelder zwischen Darstellung und Erfahrung, Teilhabe und Teilnahme sowie Konstruktion und Rezeption aufspannt – eine Praxis, die Ambivalenzen und Ambiguitäten produziert, diese zum Spiel werden lässt und so den Umgang mit Unsicherheiten dieser Art schult. Dies betrifft sowohl den unsicheren Status des Spiels selbst, als auch die im Bleed-Effekt exemplifizierte brüchige Grenze zwischen Spiel und Alltag. Rollenspiele können all dies leisten, sie können aber auch als Freizeitangebot wahrgenommen werden, in dem solche Kräfte weit unter der Oberfläche verborgen bleiben. Rollenspiele finden in Jugendzimmern und Staatstheatern, in Burgen und Wäldern, in Kneipen und Wohnzimmern statt und werden immer wieder neu in eine Form gebracht, in der die Spielenden ihr eigenes Spiel, ihre eigene Welt und ihre eigenen Rollen erschaffen – in all ihrer Vergänglichkeit und Ambivalenz.

---

772 Üblicherweise wird hier im Video oder als Stream ein Computerspiel ungekürzt gespielt. Der Spielende kommentiert dabei seine Aktionen und interagiert mit der Community.
773 *Critical Role.* http://geekandsundry.com/shows/critical-role/.
774 *twitch.tv.* https://www.twitch.tv/.
775 *Orkenspalter.TV.* https://tv.orkenspalter.de/.

9 Nachspiel

9.1 Literatur

Ackermann, Judith/Rauscher, Andreas/Stein, Daniel: »Introduction: Playin' the City«. In: Ackermann, Judith/Rauscher, Andreas/Stein, Daniel (Hg.): *PLAYIN' THE CITY. Artistic and Scientific Approaches to Playful Urban Arts*. (NAVIGATIONEN. Zeitschrift für Medien- und Kulturwissenschaften Jg. 16 H. 1). universi: Siegen 2016.

Ackermann, Judith/Rauscher, Andreas/Stein, Daniel (Hg.): *PLAYIN' THE CITY. Artistic and Scientific Approaches to Playful Urban Arts*. (NAVIGATIONEN. Zeitschrift für Medien- und Kulturwissenschaften Jg. 16 H. 1). universi: Siegen 2016.

Adamowsky, Natascha: »*Die Vernunft ist mir noch nicht begegnet*«. Zum konstitutiven Verhältnis von Spiel und Erkenntnis. transcript: Bielefeld 2005.

Ahn, Gregor: »The Re-Embodiment of Mr. Spock and the Re-Incarnation of Voldemort. Two Examples of Ritual Design in Contemporary Fiction«. In: Michaels, Axel (Hg.): *Reflexivity, media, and visuality*. (Ritual dynamics and the science of ritual International Conference »Ritual Dynamics and the Science of Ritual«, held in Heidelberg from September 29 to October 2, 2008 by the Collaborative Research Center SFB 619 »Ritual Dynamics«/general ed.: Axel Michaels; Vol. 4). Harrassowitz: Wiesbaden 2011.

Amalie, Louise/Sonderskov, Juul: »Too close to reality«. In: Raasted, Claus (Hg.): *The book of Kapo*. Rollespilsakademiet: Copenhagen 2012.

Assmann, Aleida: *Der lange Schatten der Vergangenheit. Erinnerungskultur und Geschichtspolitik*. C. H. Beck: München 2014.

Assmann, Jan: *Das kulturelle Gedächtnis. Schrift, Erinnerung und politische Identität in frühen Hochkulturen*. (Beck'sche Reihe 1307). Beck: München 2013.

Austin, John L.: »Zur Theorie der Sprechakte. Elfte Vorlesung«. In: Wirth, Uwe (Hg.): *Performanz. Zwischen Sprachphilosophie und Kulturwissenschaften*. (Suhrkamp Taschenbuch Wissenschaft 1575). Suhrkamp: Frankfurt am Main 2011.

Austin, John L.: »Zur Theorie der Sprechakte. Zweite Vorlesung.«. In: Wirth, Uwe (Hg.): *Performanz. Zwischen Sprachphilosophie und Kulturwissenschaften*. (Suhrkamp Taschenbuch Wissenschaft 1575). Suhrkamp: Frankfurt am Main 2011.

Attebery, Brian/Hollinger, Veronica (Hg.): *Parabolas of science fiction*. Wesleyan University Press: Middletown, Conn. 2013.

Baberowski, Jörg: *Der Sinn der Geschichte. Geschichtstheorien von Hegel bis Foucault*. Beck: München 2005.

Bachmann-Medick, Doris: *Cultural turns. Neuorientierungen in den Kulturwissenschaften*. (Rororo Rowohlts Enzyklopädie 55675). Rowohlt-Taschenbuch-Verlag: Reinbek bei Hamburg 2014.

Back, Jon (Hg.): *The cutting edge of nordic larp. Knutpunkt 2014*. Knutpunkt: Malmö 2014.

Badura, Jens: »Philosophie als Performance«. In: Tröndle, Martin (Hg.): *Kunstforschung als ästhetische Wissenschaft. Beiträge zur transdisziplinären Hybridisierung von Wissenschaft und Kunst*. (Kultur- und Medientheorie). transcript: [s. l.] 2014.

Barab, Sasha/Squire, Kurt: *Replaying History: Engaging Urban Underserved Students in Learning World History Through Computer Simulation Games*, zuletzt geprüft am:

20.02.2012. http://website.education.wisc.edu/kdsquire/manuscripts/icls2004/icls-civ3.doc.

Barthes, Roland: *Mythen des Alltags*. Suhrkamp: Frankfurt am Main 1964.

Baudrillard, Jean: *Das System der Dinge. Über unser Verhältnis zu den alltäglichen Gegenständen*. Campus-Verlag: Frankfurt am Main/New York 2007.

Bell, Catherine: »Ritualkonstruktion«. In: Belliger, Andréa/Krieger, David J. (Hg.): *Ritualtheorien. Ein einführendes Handbuch*. Springer VS: Wiesbaden 2013.

Belliger, Andréa/Krieger, David J.: »Ritual und Ritualforschung«. In: Belliger, Andréa/Krieger, David J. (Hg.): *Ritualtheorien. Ein einführendes Handbuch*. Springer VS: Wiesbaden 2013.

Belliger, Andréa/Krieger, David J. (Hg.): *Ritualtheorien. Ein einführendes Handbuch*. Springer VS: Wiesbaden 2013.

Benjamin, Walter (Hg.): *Gesammelte Schriften III. Kritiken und Rezensionen 1912–1931*. Suhrkamp Taschenbuch Verlag: Frankfurt am Main 1991.

Benjamin, Walter: »Spielzeug und Spielen. Randbemerkungen zu einem Monumentalwerk«. In: Benjamin, Walter (Hg.): *Gesammelte Schriften III. Kritiken und Rezensionen 1912–1931*. Suhrkamp Taschenbuch Verlag: Frankfurt am Main 1991.

Benjamin, Walter: *Illuminationen*. (Suhrkamp Taschenbuch 345). Suhrkamp: Frankfurt am Main 1980.

Bewersdorff, Jörg: *Glück, Logik und Bluff*. Springer Fachmedien: Wiesbaden 2010.

Bienia, Rafael: *Role playing materials*. Zauberfeder Verlag: Braunschweig 2016.

Blohm, Manfred/Mark, Elke (Hg.): *Formen der Wissensgenerierung. Practices in Performance Art*. ATHENA: Oberhausen 2015.

Bogost, Ian/Ferrari, Simon/Schweizer, Bobby: *Newsgames. Journalism at play*. MIT Press: Cambridge/Mass 2010.

Böhler, Arno/Kruschkova, Krassimira (Hg.): *Dies ist kein Spiel. [Spieltheorien im Kontext der zeitgenössischen Kunst und Ästhetik]*. (Maske und Kothurn 54. 2008, 4). Böhlau: Wien 2008.

Bonner, Frances: »Separate Development: Cyberpunk in Film and TV«. In: Slusser, George Edgar/Shippey, Tom A. (Hg.): *Fiction 2000. Cyberpunk and the future of narrative*. Univ. of Georgia Press: Athens 1992.

Borgmeier, Raimund/Broich, Ulrich/Suerbaum, Ulrich: *Science Fiction. Theorie und Geschichte, Themen und Typen, Form und Weltbild*. Reclam: Stuttgart 1981.

Bos, Christian: »Die Hundsprozesse«. *Kölner Stadt-Anzeiger* 2011, 21.04.2011.

Bould, Mark (Hg.): *The Routledge companion to science fiction*. Routledge: London 2011.

Bourdieu, Pierre: »Ökonomisches Kapital, kulturelles Kapital, soziales Kapital«. In: Kreckel, Reinhard (Hg.): *Soziale Ungleichheiten*. Springer VS: Göttingen 1983.

Bowman, Sarah Lynne: »Educational Live Action Role-playing Games: A Secondary Literature Review«. In: Bowman, Sarah Lynne (Hg.): *The Wyrd Con Companion Book 2014*. Wyrd Con: Los Angeles 2014.

Bowman, Sarah Lynne (Hg.): *The Wyrd Con Companion Book 2014*. Wyrd Con: Los Angeles 2014.

Bowman, Sarah Lynne: *The functions of role-playing games. How participants create community, solve problems and explore identity*. McFarland & Co.: Jefferson/N. C. 2010.
Brittnacher, Hans Richard/May, Markus (Hg.): *Phantastik. Ein interdisziplinäres Handbuch*. Verlag J. B. Metzler: Stuttgart/Weimar 2013.
Brittnacher, Hans Richard/May, Markus: »Phantastik-Theorien«. In: Brittnacher, Hans Richard/May, Markus (Hg.): *Phantastik. Ein interdisziplinäres Handbuch*. Verlag J. B. Metzler: Stuttgart/Weimar 2013.
Brosius, Christiane/Michaels, Axel/Schrode, Paula: »Ritualforschung heute – ein Überblick«. In: Brosius, Christiane/Michaels, Axel/Schrode, Paula (Hg.): *Ritual und Ritualdynamik. Schlüsselbegriffe, Theorien, Diskussionen*. (utb-studi-e-book 3854). Vandenhoeck & Ruprecht: Göttingen 2013.
Brosius, Christiane/Michaels, Axel/Schrode, Paula (Hg.): *Ritual und Ritualdynamik. Schlüsselbegriffe, Theorien, Diskussionen*. (utb-studi-e-book 3854). Vandenhoeck & Ruprecht: Göttingen 2013.
Brown, Ashley ML/Stenros, Jaako: Sexuality and the Erotic in Role-Play. In: Zagal/Deterding: Role-Playing Games Studies. Routledge: New York 2018.
Caillois, Roger: *Man, Play, and Games*. University of Illinois Press: Illinois 2001.
Caillois, Roger: »Das Bild des Phantastischen. Vom Märchen bis zur Science Fiction«. In: Zondergeld, Rein A. (Hg.): *Phaicon. Almanach der phantastischen Literatur*. (Insel Taschenbuch 69). Insel Verlag: Frankfurt am Main 1974.
Cairo, Milena et al. (Hg.): *Episteme des Theaters. Aktuelle Kontexte von Wissenschaft, Kunst und Öffentlichkeit (unter Mitarbeit von Sarah Wessels)*. (Theater v. 90). transcript: Bielefeld 2016.
Calleja, Gordon: »Ludic identities and the magic circle«. In: Frissen, Valerie et al. (Hg.): *Playful Identities. The Ludification of Digital Media Cultures*. Amsterdam University Press: [s. l.] 2015.
Chaniotis, Angelos/Michaels, Axel (Hg.): *Body, performance, agency, and experience*. (Ritual dynamics and the science of ritual/International Conference »Ritual Dynamcis and the Science of Ritual«. General ed. Axel Michaels; 2). Harrassowitz: Wiesbaden 2010.
Copier, Marinka: *Beyond the magic circle. A network perspective on role-play in online games*. [s. n.]: [s. l.] 2007.
Cramer, Kathryn: »Hard science fiction«. In: James, Edward (Hg.): *The Cambridge companion to science fiction*. (Cambridge companions to literature). Cambridge Univ. Press: Cambridge 2008. S. 188.
Crumpton, Michael/Harrigan, Pat/Wardrip-Fruin, Noah (Hg.): *First person. New media as story, performance, and game*. MIT Press: Cambridge, Mass. 2004.
Csíkszentmihályi, Mihály: *Das flow-Erlebnis. Jenseits von Angst u. Langeweile: im Tun aufgehen*. Klett-Cotta: Stuttgart 1985.
Deuber-Mankowsky, Astrid/Görling, Reinhold: *Denkweisen des Spiels. Medienphilosophische Annäherungen*. Turia + Kant: Berlin 2017.
Deutsch, Stefan: »There is no Nordic larp. And yet we all know what it means«. In: Nielsen, Charles Bo/Raasted, Claus (Hg.): *Knudepunkt 2015. Companion Book*. Rollespilsakademiet: Copenhagen 2015.

Diekmann, Andreas: *Spieltheorie. Einführung, Beispiele, Experimente.* (Rororo – Rowohlts Enzyklopädie 55701). Rowohlt-Taschenbuch: Reinbek 2008.

Dünne, Jörg/Günzel, Stephan (Hg.): *Raumtheorie. Grundlagentexte aus Philosophie und Kulturwissenschaften.* (Suhrkamp Taschenbuch Wissenschaft 1800). Suhrkamp: Frankfurt am Main 2015.

Durst, Uwe: *Theorie der phantastischen Literatur.* (Literatur Forschung und Wissenschaft 9). LIT: Berlin 2007.

Dutt, Carsten/Koselleck, Reinhart (Hg.): *Vom Sinn und Unsinn der Geschichte. Aufsätze und Vorträge aus vier Jahrzehnten.* Suhrkamp: Berlin 2010.

Eggert, Hartmut: *Literarisches Rollenspiel in der Schule.* (Medium Literatur 10). Quelle & Meyer: Heidelberg 1978.

Eske, Antje: *Konversationsspiele www und vis-à-vis. Von der Renaissance bis heute.* Books on Demand: Norderstedt 2010.

Etchells, Tim: »A Text on 20 Years with 66 Footnotes«. In: Malzacher, Florian et al. (Hg.): »*Not even a game anymore«. The Theatre of Forced Entertainment.* Alexander-Verlag: Berlin 2004.

Faller, Thomas/Schallegger, René (Hg.): *Fantastische Spiele. Imaginäre Spielwelten und ihre soziokulturelle Bedeutung.* LIT: Wien 2017.

Féral, Josette: »Performance and Theatricality«. *Modern Drama*, 1982 (Nr. 25). S. 170–181.

Fielitz, Sonja: *Drama: Text & Theater. Illusion, Mimesis.* (Studium kompakt Anglistik, Amerikanistik). Cornelsen: Berlin 1999.

Fine, Gary Alan: *Shared fantasy. Role-playing games as social worlds.* University of Chicago Press: Chicago 2002.

Fischer, Jens Malte/Thomsen, Christian Werner (Hg.): *Phantastik in Literatur und Kunst.* Wissenschaftliche Buchgesellschaft, [Abt. Verl.]: Darmstadt 1980.

Fischer-Lichte, Erika: *Ästhetik des Performativen.* Suhrkamp: Frankfurt am Main 2004.

Fizek, Sonia: *Pivoting the Player: A Methodological Toolkit for Player Character Research in Offline Role-Playing Games,* zuletzt geprüft am: 27.03.2017. http://e.bangor.ac.uk/id/eprint/5118.

Flanagan, Mary: *Critical play. Radical game design.* MIT Press: Cambridge/Mass 2009.

Flick, Uwe: *Triangulation. Eine Einführung.* (Qualitative Sozialforschung Bd. 12). VS Verlag für Sozialwissenschaften/GWV Fachverlage GmbH Wiesbaden: Wiesbaden 2008.

Flöter, Laura S.: *Der Avatar – die Schatten-Identität. Ästhetische Inszenierung von Identitätsarbeit im phantastischen Rollenspiel.* Tectum: Baden-Baden 2018.

Foucault, Michel: »Von anderen Räumen«. In: Dünne, Jörg/Günzel, Stephan (Hg.): *Raumtheorie. Grundlagentexte aus Philosophie und Kulturwissenschaften.* (Suhrkamp Taschenbuch Wissenschaft 1800). Suhrkamp: Frankfurt am Main 2015.

Foucault, Michel: *Die Heterotopien. Zwei Radiovorträge; [7. und 21. Dezember 1966] = Les hétérotopies.* Suhrkamp: Frankfurt am Main 2008.

Franke, Jürgen/Fuchs, Werner: *Knaurs Buch der Rollenspiele.* Droemer Knaur: München 1985.

Frelik, Paweł: »The Future of the Past. Science Fiction, Retro, and Retrofuturism«. In: Attebery, Brian/Hollinger, Veronica (Hg.): *Parabolas of science fiction.* Wesleyan University Press: Middletown, Conn. 2013.

Frissen, Valerie et al. (Hg.): *Playful Identities. The Ludification of Digital Media Cultures.* Amsterdam University Press: [s. l.] 2015.

Ganteföhr, Martin: »UNTER SPRACHMASCHINEN«. In: FFT Düsseldorf (Hg.): *GAME ON STAGE*. (2014). Düsseldorf 2014.

Geertz, Clifford: »›Deep play‹. Ritual als kulturelle Performance«. In: Belliger, Andréa/Krieger, David J. (Hg.): *Ritualtheorien. Ein einführendes Handbuch.* Springer VS: Wiesbaden 2013.

Geldmacher, Pamela: *Re-Writing Avantgarde.* (Edition Kulturwissenschaft v. 83). transcript: Bielefeld 2015.

Girshausen, Theo: *Ursprungszeiten des Theaters. Das Theater der Antike.* Vorwerk 8: Berlin 1999.

Goffman, Erving: »Moduln und Modulationen«. In: Wirth, Uwe (Hg.): *Performanz. Zwischen Sprachphilosophie und Kulturwissenschaften.* (Suhrkamp Taschenbuch Wissenschaft 1575). Suhrkamp: Frankfurt am Main 2011.

Göttlich, Udo/Kurt, Ronald (Hg.): *Kreativität und Improvisation. Soziologische Positionen.* Springer VS: Wiesbaden 2012.

Graf, Tim/Prohl, Inken: »Ästhetik«. In: Brosius, Christiane/Michaels, Axel/Schrode, Paula (Hg.): *Ritual und Ritualdynamik. Schlüsselbegriffe, Theorien, Diskussionen.* (utb-studi-e-book 3854). Vandenhoeck & Ruprecht: Göttingen 2013.

Grawinkel, Katja/Tiedemann, Kathrin: »SCHAUSPIELER ALS LEBENDIGE SCHNITTSTELLEN. Die Right Of Passage-Darsteller*innen Antonia Tittel, Jan Jaroszek und Florian Stamm im Gespräch mit Kathrin Tiedemann und Katja Grawinkel (FFT)«. In: FFT Düsseldorf (Hg.): *GAME ON STAGE*. (2014). Düsseldorf 2014.

Grawinkel, Katja/Zehetner, Lisa: »EIN HAUS ZUM SPIELEN. Ein Gespräch zwischen Katja Grawinkel und Lisa Zehetner (FFT) und Laura Schäffer und Philip Steimel (machina eX)«. In: FFT Düsseldorf (Hg.): *GAME ON STAGE*. (2014). Düsseldorf 2014.

Groschwitz, Helmut: »Authentizität, Unterhaltung, Sicherheit. Zum Umgang mit Geschichte in Living History und Reenactment«. *Bayerisches Jahrbuch für Volkskunde* 2010.

Grötzebach, Claudia: *Spielend Wissen festigen: effektiv und nachhaltig; 66 Lern- und Wissensspiele für Training und Unterricht.* (Weiterbildung – Training). Beltz: Weinheim 2010.

Grünberg, Jan: *Strategie und Taktik nach Clausewitz und ihre Anwendung in mittelständischen Unternehmen.* Diplomica Verlag: Hamburg 2009.

Grundmann, Matthias: *Subjekttheorien interdisziplinär. Diskussionsbeiträge aus Sozialwissenschaften, Philosophie und Neurowissenschaften.* (Individuum und Gesellschaft 1). LIT: Münster 2004.

Hardtwig, Wolfgang (Hg.): *Über das Studium der Geschichte.* Dt. Taschenbuch-Verlag: München 1990.

Harrigan, Pat/Wardrip-Fruin, Noah (Hg.): *Second person. Role-playing and story in games and playable media.* MIT Press: Cambridge, Mass. 2010.

Harsdörffer, Georg Philipp/Böttcher, Irmgard: *Frauenzimmer Gesprächspiele Teil 5.* (Deutsche Neudrucke/Reihe Barock 17). De Gruyter: Berlin 1969.

Haß, Ulrike et al. (Hg.): *Andere Räume.* (Schauplatz Ruhr 2012). Verlag Theater der Zeit: Berlin 2012.

Hammer, Jessica: Online Freeform Role-Playing Games. In: Zagal/Deterding: Role-Playing Games Studies. Routledge: New York 2018.

Harvianen/Bienia/Brind et. al.: Live-Action Role-Playing Games. In: Zagal/Deterding: Role-Playing Games Studies. Routledge: New York 2018.

Heckmann, Wolfgang/Wendlandt, Wolfgang (Hg.): *Rollenspiel in Erziehung und Unterricht*. (Uni-Taschenbücher Pädagogik, Psychologie, Soziologie 717). Reinhardt: München 1977.

Heliö, Satu: »Role-Playing: A Narrative Experience and a Mindset«. In: Montola, Markus/Stenros, Jaakko (Hg.): *Beyond role and play. Tools, toys and theory for harnessing the imagination*. Ropecon ry: Helsinki 2004.

Helm, June (Hg.): *Symposium on New Approaches to the Study of Religion. Proceedings of the 1964 Annual Spring Meeting of the American Ethnological Association*. University of Washington Press: Seattle, WA 1964.

Heß, Klaus-Peter/Wulff, Hans J. (Hg.): *Film- und Fernsehwissenschaftliche Arbeiten*. MAKS: Münster 1993.

Hillenbrand, Tom/Lischka, Konrad: *Drachenväter*. (Edition Octopus). Monsenstein und Vannerdat: Münster, Westf. 2014.

Hindmarch, Will: »Storytelling Games as a Creative Medium«. In: Harrigan, Pat/Wardrip-Fruin, Noah (Hg.): *Second person. Role-playing and story in games and playable media*. MIT Press: Cambridge, Mass. 2010.

Hinz, Melanie/Roselt, Jens/Merz, Gunther (Hg.): *Chaos und Konzept. Proben und Probieren im Theater; [… geht auf die Tagung »Chaos und Konzept: Poetiken des Probierens im Theater« zurück, die 2009 am Institut für Medien und Theater der Universität Hildesheim … durchgeführt wurde]*. Alexander-Verlag: Berlin 2011.

Hiß, Guido: *Bühnen des Fantastischen: Theater und Science Fiction*. Bochum 2016 (unv. Manuskript).

Hiß, Guido: *Theater, Mythen, Medien. Ein Versuch*. (Aesthetica Theatralia 9). epodium: München 2013.

Hofmann, Dorothea: »Delectatio, Pan und Pegnitz. Die Frauenzimmer Gesprächspiele von Georg Philipp Harsdörffer«. In: Kaden, Christian/Kalisch, Volker (Hg.): *Von delectatio bis entertainment. Das Phänomen der Unterhaltung in der Musik; Arbeitstagung der Fachgruppe Soziologie und Sozialgeschichte der Musik in Düsseldorf vom 22. und 23. November 1997*. (Musik-Kultur Bd. 7). Verlag Die Blaue Eule: Essen 2000.

Holmes, Paul/Karp, Marcia/Tauvon, Kate Bradshaw (Hg.): *The handbook of psychodrama*. Routledge: London/New York 1998.

Horkheimer, Max/Adorno, Theodor W.: *Dialektik der Aufklärung. Philosophische Fragmente*. Fischer Taschenbuch Verlag: Frankfurt am Main 1995, c1969.

Huber, Jörg et al. (Hg.): *Ästhetik der Kritik. Oder: Verdeckte Ermittlung*. (Reihe T:G/05). Zürich/Wien/New York 2007.

Huizinga, Johan: *Homo ludens. Vom Ursprung der Kultur im Spiel*. Rowohlt: Reinbek bei Hamburg 1991.

Husel, Stefanie: *Grenzwerte im Spiel. Die Aufführungspraxis der britischen Kompanie »Forced Entertainment«; eine Ethnografie*. (Theater 65). transcript: Bielefeld 2014.

Hutchings, Tim/Giardino, Jason: »Foucault's Heterotopias as Play Spaces«. *International Journal of Role-Playing* (7) 2016.

Jaeggi, Eva: »Ambivalenz«. In: Schorr, Angela (Hg.): *Handwörterbuch der angewandten Psychologie. Die angewandte Psychologie in Schlüsselbegriffen.* Dt. Psychologen-Verlag: Bonn 1993.

Jahn, Bernhard/Schilling, Michael (Hg.): *Literatur und Spiel. Zur Poetologie literarischer Spielszenen.* Hirzel: Stuttgart 2010.

Janus, Ulrich/Janus, Ludwig (Hg.): *Abenteuer in anderen Welten. Fantasy-Rollenspiele: Geschichte, Bedeutung, Möglichkeiten.* Psychosozial-Verlag: Giessen 2007.

James, Edward (Hg.): *The Cambridge companion to science fiction.* (Cambridge companions to literature). Cambridge Univ. Press: Cambridge 2008.

James, Edward/Mendlesohn, Farah: *Eine kurze Geschichte der Fantasy.* Golkonda Verlag: Berlin 2014.

James, Edward/Mendlesohn, Farah (Hg.): *The Cambridge companion to fantasy literature.* (Cambridge Collections Online). Cambridge Univ. Press: Cambridge 2012.

Jehmlich, Reimer: »Phantastik – Science Fiction – Utopie. Begriffsgeschichte und Begriffsabgrenzung«. In: Thomsen, Christian Werner/Fischer, Jens Malte (Hg.): *Phantastik in Literatur und Kunst.* Wissenschaftliche Buchgesellschaft, [Abt. Verl.]: Darmstadt 1980.

Jörissen, Benjamin/Zirfas, Jörg (Hg.): *Schlüsselwerke der Identitätsforschung.* VS Verlag für Sozialwissenschaften: Wiesbaden 2008.

Junicke, Robin: »Ausweitung der Spielzone«. In: FFT Düsseldorf (Hg.): *GAME ON STAGE.* (2014). Düsseldorf 2014a.

Junicke, Robin: »Rezension: Hillenbrand, Tom; Lischka, Konrad. Drachenväter. Die Geschichte des Rollenspiels und die Geburt der virtuellen Welt«. *Zeitschrift für Fantastikforschung* 2014(2) 2014b, S. 108–110.

Junicke, Robin: »Rezension: Schmidt, David Nikolas. Zwischen Simulation und Narration: Theorie des Fantasy-Rollenspiels«. *Zeitschrift für Fantastikforschung* 2012(2) 2012.

Kaden, Christian/Kalisch, Volker (Hg.): *Von delectatio bis entertainment. Das Phänomen der Unterhaltung in der Musik; Arbeitstagung der Fachgruppe Soziologie und Sozialgeschichte der Musik in Düsseldorf vom 22. und 23. November 1997.* (Musik-Kultur Bd. 7). Verlag Die Blaue Eule: Essen 2000.

Kahl, Ramona: *Fantasy-Rollenspiele als szenische Darstellung von Lebensentwürfen. Eine tiefenhermeneutische Analyse.* Tectum-Verlag: Marburg 2007.

Kaiser, Céline (Hg.): *SzenoTest. Pre-, Re- & Enactment zwischen Theater und Therapie.* transcript; De Gruyter: Berlin/Bielefeld 2014.

Kaiser, Céline: »Vom Nutzen flüchtiger Erscheinungen und zukünftiger Ereignisse«. In: Kaiser, Céline (Hg.): *SzenoTest. Pre-, Re- & Enactment zwischen Theater und Therapie.* transcript; De Gruyter: Berlin/Bielefeld 2014.

Kaprow, Allan: *Some Recent Happenings.* A Great Bear Pamphlet: New York 1966.

Kaprow, Allan: *Assemblages, Environments and Happenings.* HARRY N ABRAMS INC: New York 1965.

Kaprow, Allan/Kelley, Jeff (Hg.): *Essays on the blurring of art and life.* (Lannan series of contemporary art criticism 3). University of California Press: Berkeley 1993.

Kirchner, Friedrich: *Wörterbuch der philosophischen Grundbegriffe.* Weiss: Heidelberg 1907.

Kluge, Friedrich/Seebold, Elmar: *Etymologisches Wörterbuch der deutschen Sprache.* De Gruyter: Berlin 2002.

Kocka, Jürgen: »Geschichte wozu?«. In: Wolfgang Hardtwig/Hardtwig, Wolfgang (Hg.): *Über das Studium der Geschichte.* Dt. Taschenbuch-Verlag: München 1990.

Kôichi, Masukawa u. Fairbairn John: *the history of Go,* zuletzt geprüft am: 03.03.2013. http://gobase.org/reading/history/.

Kolesch, Doris/Lehmann, Annette Jael: »Zwischen Szene und Schauraum – Bildinszenierungen als Orte performativer Wirklichkeitskonstruktion«. In: Wirth, Uwe (Hg.): *Performanz. Zwischen Sprachphilosophie und Kulturwissenschaften.* (Suhrkamp Taschenbuch Wissenschaft 1575). Suhrkamp: Frankfurt am Main 2011.

Koselleck, Reinhart: »Fiktion und geschichtliche Wirklichkeit«. In: Dutt, Carsten/Koselleck, Reinhart (Hg.): *Vom Sinn und Unsinn der Geschichte. Aufsätze und Vorträge aus vier Jahrzehnten.* Suhrkamp: Berlin 2010.

Koselleck, Reinhart: »Vom Sinn und Unsinn der Geschichte«. In: Dutt, Carsten/Koselleck, Reinhart (Hg.): *Vom Sinn und Unsinn der Geschichte. Aufsätze und Vorträge aus vier Jahrzehnten.* Suhrkamp: Berlin 2010.

Kotte, Andreas: *Theaterwissenschaft. Eine Einführung.* (UTB Theaterwissenschaft 2665). Böhlau: Köln 2005.

Krämer, Sybille: »Sprache – Stimme – Schrift: Sieben Gedanken über Performativität als Medialität«. In: Wirth, Uwe (Hg.): *Performanz. Zwischen Sprachphilosophie und Kulturwissenschaften.* (Suhrkamp Taschenbuch Wissenschaft 1575). Suhrkamp: Frankfurt am Main 2011.

Krappmann, Lothar: *Soziologische Dimensionen der Identität. Strukturelle Bedingungen für die Teilnahme an Interaktionsprozessen.* (Veröffentlichungen des Max-Planck-Instituts für Bildungsforschung). (Zugl.: Berlin, Freie Univ., Diss., 1969). Klett-Cotta: Stuttgart 2010.

Kraus, Wolfgang: *Identität als Narration,* zuletzt geprüft am: 03.03.2013. http://web.fu-berlin.de/postmoderne-psych/berichte3/kraus.htm.

Krause, Robin: »Wie macht man sich und Anderen das Leben schwer?«. In: Rüssel, Marcus (Hg.): *Phase 0. How to make some action.* Fruehwerk-Verl.: Berlin/Hildesheim/Luzern 2012.

Kreckel, Reinhard (Hg.): *Soziale Ungleichheiten.* Springer VS: Göttingen 1983.

Lachmann, Renate: *Erzählte Phantastik. Zu Phantasiegeschichte und Semantik phantastischer Texte.* (Suhrkamp Taschenbuch Wissenschaft 1578). Suhrkamp: Frankfurt am Main 2002.

Lavigne, Carlen: *Cyberpunk Women, Feminism and Science Fiction. A Critical Study.* McFarland & Company Inc. Publishers: Jefferson 2013.

Lehmann, Hans-Thies: *Postdramatisches Theater.* Verlag der Autoren: Frankfurt am Main 2015.

Lem, Stanisław: »Todorows Theorie des Phantastischen«. In: Zondergeld, Rein A. (Hg.): *Phaicon. Almanach der phantastischen Literatur.* (Insel Taschenbuch 69). Insel Verlag: Frankfurt am Main 1974.

Lessing, Gotthold Ephraim/Albrecht, Wolfgang: *Briefe, die neueste Literatur betreffend. Mit e. Dokumentation zur Entstehungs- u. Wirkungsgeschichte.* (Reclams Universal-Bibliothek Kunstwissenschaften 1187). Reclam: Leipzig 1987.

Lévi-Strauss, Claude: *Das wilde Denken.* Suhrkamp Taschenbuch Verlag: Frankfurt am Main 1973.

Lewin, C. G.: *War games and their history.* Fonthill Media: Stroud, England 2012.

Libet, Benjamin: »Unconscious cerebral initiative and the role of conscious will in voluntary action«. THE BEHAVIORAL AND BRAIN SCIENCES 1985(8) 1985, S. 529–566, zuletzt geprüft am: 14.10.2016. http://selfpace.uconn.edu/class/ccs/Libet1985UcsCerebralInitiative.pdf.

Lippmann, Walter: *Die öffentliche Meinung.* Free Press Paperbacks: New York 1997.

Mackay, Daniel: *The fantasy role-playing game. A new performing art.* McFarland & Co.: Jefferson, N. C. 2001.

Magerski, Christine: *Gelebte Ambivalenz. Die Bohème als Prototyp der Moderne.* Springer VS: Wiesbaden 2015.

Malzacher, Florian et al. (Hg.): »*Not even a game anymore*«. *The Theatre of Forced Entertainment.* Alexander-Verlag: Berlin 2004.

Malzacher, Florian/Helmer, Judith: »Plenty of Leads to Follow«. In: Malzacher, Florian et al. (Hg.): »*Not even a game anymore*«. *The Theatre of Forced Entertainment.* Alexander-Verlag: Berlin 2004.

Matzke, Annemarie: »Versuchsballons und Testreihen«. In: Hinz, Melanie/Roselt, Jens/Merz, Gunther (Hg.): *Chaos und Konzept. Proben und Probieren im Theater; [… geht auf die Tagung »Chaos und Konzept: Poetiken des Probierens im Theater« zurück, die 2009 am Institut für Medien und Theater der Universität Hildesheim … durchgeführt wurde].* Alexander-Verlag: Berlin 2011.

Matzke, Annemarie: »Performing Games. How to be Cast as a Forced Entertainment Performer- Seven Hypotheses«. In: Malzacher, Florian et al. (Hg.): »*Not even a game anymore*«. *The Theatre of Forced Entertainment.* Alexander-Verlag: Berlin 2004.

McGonigal, Jane: *Reality is broken. Why games make us better and how they can change the world.* Penguin Group: New York 2011.

McGonigal, Jane: »The Puppet Master Problem: Real-World, Mission-Based Gaming«. In: Harrigan, Pat/Wardrip-Fruin, Noah (Hg.): *Second person. Role-playing and story in games and playable media.* MIT Press: Cambridge, Mass. 2010.

Mead, George Herbert/Morris, Charles W. (Hg.): *Geist, Identität und Gesellschaft. Aus der Sicht des Sozialbehaviorismus.* (Suhrkamp Taschenbuch Wissenschaft 28). Suhrkamp: Frankfurt am Main 2013.

Mersch, Dieter: »Spiele des Zufalls und der Emergenz«. In: Böhler, Arno/Kruschkova, Krassimira (Hg.): *Dies ist kein Spiel. [Spieltheorien im Kontext der zeitgenössischen Kunst und Ästhetik].* (Maske und Kothurn 54. 2008, 4). Böhlau: Wien 2008.

Meyer, Karl-A. S.: *Improvisation als flüchtige Kunst und die Folgen für die Theaterpädagogik.* (Zugl.: Berlin, Univ. der Künste, Diss., 2005). Schibri-Verlag: Berlin 2008.

Michaels, Axel (Hg.): *Reflexivity, media, and visuality.* (Ritual dynamics and the science of ritual International Conference »Ritual Dynamics and the Science of Ritual«, held in Heidelberg from September 29 to October 2, 2008 by the Collaborative Research Center SFB 619 »Ritual Dynamics«/general ed.: Axel Michaels; Vol. 4). Harrassowitz: Wiesbaden 2011.

Montada, Leo/Oerter, Rolf (Hg.): *Entwicklungspsychologie.* Beltz PVU: Weinheim [u. a.] 2002.

Montola, Markus: »Crowdfunding Celestra«. In: Back, Jon (Hg.): *The cutting edge of nordic larp. Knutpunkt 2014.* Knutpunkt: Malmö 2014.

Montola, Markus: *On the Edge of the Magic Circle. Understanding Role-Playing and Pervasive Games.* Bookshop TAJU: Tampere 2012.

Montola, Markus/Stenros, Jaakko (Hg.): *Nordic larp.* Fea Livia: Stockholm 2010.
Montola, Markus/Stenros, Jaakko (Hg.): *Beyond role and play. Tools, toys and theory for harnessing the imagination.* Ropecon ry: Helsinki 2004.
Montola, Markus/Stenros, Jaakko: »The Paradox of Nordic Larp Culture«. In: Stenros, Jaakko/Montola, Markus (Hg.): *Nordic larp.* Fea Livia: Stockholm 2010.
Müller-Funk, Wolfgang: *Die Kultur und ihre Narrative. Eine Einführung.* Springer: Wien 2008.
Nagel, Rainer: »Die Geschichte der Rollenspiele. Von den Anfängen bis Ende der Neunziger Jahre des letzten Jahrhunderts«. In: Janus, Ludwig/Janus, Ulrich (Hg.): *Abenteuer in anderen Welten. Fantasy-Rollenspiele: Geschichte, Bedeutung, Möglichkeiten.* Psychosozial-Verlag: Giessen 2007.
Nagel, Rainer: »Zur Sprache der Rollenspieler«. In: Janus, Ludwig/Janus, Ulrich (Hg.): *Abenteuer in anderen Welten. Fantasy-Rollenspiele: Geschichte, Bedeutung, Möglichkeiten.* Psychosozial-Verlag: Giessen 2007.
Neitzel, Britta: »Spielerische Aspekte digitaler Medien – Rollen, Regeln, Interaktionen«. In: Thimm, Caja (Hg.): *Das Spiel – Medium und Metapher der Mediengesellschaft?* VS Verlag für Sozialwissenschaften: Wiesbaden 2009.
Nielsen, Charles Bo/Raasted, Claus (Hg.): *Knudepunkt 2015. Companion Book.* Rollespilsakademiet: Copenhagen 2015.
Nilsen, Elin: »High on Hell«. In: Pettersson, Juhana (Hg.): *STATES OF PLAY. Nordic Larp Around the World.* Pohjoismaisen roolipelaamisen seura: Helsinki 2012.
Oerter, Rolf: »Kindheit«. In: Montada, Leo/Oerter, Rolf (Hg.): *Entwicklungspsychologie.* Beltz PVU: Weinheim [u. a.] 2002, S. 210–235.
Pappe, Gero: *P & P-Rollenspiel. Der kollektive Zugang zu utopischen Weltentwürfen und individuellen Phantasie-Konstrukten.* Logos-Verlag: Berlin 2011.
Parsons, Talcott: *The social system.* (Routledge sociology classics). Routledge: London 1991.
Peters, Tim: *Simulationspatienten. Handbuch für die Aus- und Weiterbildung in medizinischen Berufen.* Hogrefe, vorm. Verlag Hans Huber: Bern 2017.
Pettersson, Juhana: »Introduction«. In: Pettersson, Juhana (Hg.): *STATES OF PLAY. Nordic Larp Around the World.* Pohjoismaisen roolipelaamisen seura: Helsinki 2012.
Pettersson, Juhana (Hg.): *STATES OF PLAY. Nordic Larp Around the World.* Pohjoismaisen roolipelaamisen seura 2012.
Petzold, Dieter: *Fantasy in Film und Literatur.* (Anglistik & Englischunterricht 59). C. Winter: Heidelberg 1996.
Pfister, Manfred: *Das Drama. Theorie und Analyse.* (Information und Synthese 3). Fink: München 2001.
Pias, Claus (Hg.): *Escape!* Böhlau: Köln [u. a.] 2006.
Pohlmann, Sanna: *Phantastisches und Phantastik in der Literatur – zu phantastischen Kinderromanen von Astrid Lindgren.* J-&-J-Verlag: Wettenberg 2004.
Poser, Stefan: *Glücksmaschinen und Maschinenglück. Grundlagen einer Technik- und Kulturgeschichte des technisierten Spiels.* (Histoire 100). transcript: Bielefeld 2017.
Prince, Gerald: *Grammar of stories.* Mouton: [s. l.] 1973.

Quick, Andrew: »Bloody Play. Games of Childhood and Death«. In: Malzacher, Florian et al. (Hg.): »*Not even a game anymore*«. *The Theatre of Forced Entertainment*. Alexander-Verlag: Berlin 2004.

Raasted, Claus (Hg.): *The book of Kapo*. Rollespilsakademiet: Copenhagen 2012.

Raczkowski, Felix: *Digitalisierung des Spiels. Games, Gamification und Serious Games*. Kadmos: Berlin 2019.

Raiser, Simon/Warkalla, Björn: *Spielerisch lernen mit Planspielen. Ein Leitfaden für die Entwicklung und Durchführung (nicht nur) politischer Planspiele*. Berlin 2013 (unv. Manuskript).

Rankow, Christian: »Playing Democracy. Über das neue Game-Theater und seine politische Relevanz«. In: FFT Düsseldorf (Hg.): *GAME ON STAGE*. (2014). Düsseldorf 2014.

Rappaport, Roy: »Ritual und performative Sprache«. In: Belliger, Andréa/Krieger, David J. (Hg.): *Ritualtheorien. Ein einführendes Handbuch*. Springer VS: Wiesbaden 2013.

Reckwitz, Andreas: »Die Erfindung der Kreativität«. *Kulturpolitische Mitteilungen* 2013 (141 II/2013) 2013.

Rheinberger, Hans-Jörg: »Episteme zwischen Wissenschaft und Kunst«. In: Cairo, Milena et al. (Hg.): *Episteme des Theaters. Aktuelle Kontexte von Wissenschaft, Kunst und Öffentlichkeit (unter Mitarbeit von Sarah Wessels)*. (Theater v. 90). transcript: Bielefeld 2016.

Rheinberger, Hans-Jörg: *Experimentalsysteme und epistemische Dinge. Eine Geschichte der Proteinsynthese im Reagenzglas*. (Suhrkamp Taschenbuch Wissenschaft 1806). Suhrkamp: Frankfurt am Main 2006.

Röhl, Klaus F.: *Rechtssoziologie. Ein Lehrbuch*. Heymanns: Köln/München [u. a.] 2006.

Rüssel, Marcus (Hg.): *Phase 0. How to make some action*. Fruehwerk-Verl.: Berlin/Hildesheim/Luzern 2012.

Rüster, Johannes: »Fantasy«. In: Brittnacher, Hans Richard/May, Markus (Hg.): *Phantastik. Ein interdisziplinäres Handbuch*. Verlag J. B. Metzler: Stuttgart/Weimar 2013.

Salen, Katie/Zimmerman, Eric: *Rules of play. Game design fundamentals*. The MIT Press: Cambridge, Mass. 2010.

Sallege, Martin: »Interaktive Narration im Computerspiel«. In: Thimm, Caja (Hg.): *Das Spiel – Medium und Metapher der Mediengesellschaft?* VS Verlag für Sozialwissenschaften: Wiesbaden 2009, S. 79–104.

Sanderson, Alexis: »Ritual for Oneself and Ritual for Others«. In: Chaniotis, Angelos/Michaels, Axel (Hg.): *Body, performance, agency, and experience*. (Ritual dynamics and the science of ritual/International Conference »Ritual Dynamcis and the Science of Ritual«. General ed. Axel Michaels; 2). Harrassowitz: Wiesbaden 2010.

Sax, William S.: »Agency«. In: Brosius, Christiane/Michaels, Axel/Schrode, Paula (Hg.): *Ritual und Ritualdynamik. Schlüsselbegriffe, Theorien, Diskussionen*. (utb-studi-e-book 3854). Vandenhoeck & Ruprecht: Göttingen 2013.

Schäfer, Hilmar: »Kreativität und Gewohnheit. Ein Vergleich zwischen Praxistheorie und Pragmatismus«. In: Göttlich, Udo/Kurt, Ronald (Hg.): *Kreativität und Improvisation. Soziologische Positionen*. Springer VS: Wiesbaden 2012.

Schäfer, Judith: »Funny Games mit Kafka: Die Hundsprozesse von SIGNA in Köln«. In: Haß, Ulrike et al. (Hg.): *Andere Räume*. (Schauplatz Ruhr 2012). Verlag Theater der Zeit: Berlin 2012.

Schäffer, Laura/Steinmel, Philip: »Die Realität hat die geilste Grafik«. In: Rüssel, Marcus (Hg.): *Phase 0. How to make some action.* Fruehwerk-Verl.: Berlin/Hildesheim/Luzern 2012.

Schechner, Richard: *Performance theory.* (Routledge classics). Routledge: London 2009a.

Schechner, Richard: *Theater-Anthropologie. Spiel und Ritual im Kulturvergleich.* Rowohlts Taschenbuch: Reinbek bei Hamburg 1990b.

Schittler, Susanne: »Performance, Spiel und Bildung. Exkursionen in Mögliches und Unbestimmtes«. In: Blohm, Manfred/Mark, Elke (Hg.): *Formen der Wissensgenerierung. Practices in Performance Art.* ATHENA: Oberhausen 2015.

Schlickmann, Gerke: *Adventure and Meeting. Eine Einführung in Live-Rollenspiel aus theaterwissenschaftlicher Perspektive.* Zauberfeder Verlag: Braunschweig 2015.

Schmeink, Lars: *Biopunk Dystopias. Genetic Engineering, Society and Science Fiction.* Liverpool University Press: [s. l.] 2017.

Schmidt, David Nikolas: *Zwischen Simulation und Narration. Theorie des Fantasy-Rollenspiels; mit einer Analyse der Spielsysteme Das Schwarze Auge, Shadowrun und H. P. Lovecraft's Cthulhu.* Lang: Frankfurt am Main [u. a.] 2012.

Scholes, Ken: »In adoptierten Welten Verstecken spielen«. In: Baker, Keith/Baur, Wolfgang/Cook, Monte (Hg.): *Des Kobolds Handbuch der Welterschaffung.* (Des Kobolds Handbücher). Ulisses Medien und Spiel Distribution GmbH: Waldems 2016.

Schopenhauer, Arthur: *Hauptwerke.* (Lernen & Nachschlagen). GLB Parkland: Köln 2000.

Schopenhauer, Arthur: *Zitate,* zuletzt geprüft am: 14.10.2016. https://de.wikiquote.org/wiki/Arthur_Schopenhauer.

Schorr, Angela (Hg.): *Handwörterbuch der angewandten Psychologie. Die angewandte Psychologie in Schlüsselbegriffen.* Dt. Psychologen-Verlag: Bonn 1993.

Schweinitz, Jörg: »›Genre‹ und lebendiges Genrebewußtsein«. *Montage AV* (2/94) 1994, zuletzt geprüft am: 14.10.2016. https://www.montage-av.de/pdf/1994_3_2_MontageAV/montage_AV_3_2_1994_99-118_Schweinitz_Genre.pdf.

Searle, John R.: »Was ist ein Sprechakt?«. In: Wirth, Uwe (Hg.): *Performanz. Zwischen Sprachphilosophie und Kulturwissenschaften.* (Suhrkamp Taschenbuch Wissenschaft 1575). Suhrkamp: Frankfurt am Main 2011.

Shaftel, Fanny R./Shaftel, George/Weinmann, Christine: *Rollenspiel als soziales Entscheidungstraining.* Reinhardt: München [u. a.] 1973.

Slusser, George Edgar/Shippey, Tom A. (Hg.): *Fiction 2000. Cyberpunk and the future of narrative.* Univ. of Georgia Press: Athens 1992.

Spiegel, Simon: *Die Konstitution des Wunderbaren. Zu einer Poetik des Science-Fiction-Films.* (Zürcher Filmstudien 16). (Univ., Diss., Zürich, 2006). Schüren: Marburg 2007.

Stenros, Jaakko: *Playfulness, Play, and Games.* Tampere University Press: Tampere 2015.

Stenros, Jaakko: »What Does ›Nordic Larp‹ Mean?«. In: Back, Jon (Hg.): *The cutting edge of nordic larp. Knutpunkt 2014.* Knutpunkt: Malmö 2014.

Stenros, Jaakko: »Nordic Larp: Theatre, Art and Game«. In: Montola, Markus/Stenros, Jaakko (Hg.): *Nordic larp.* Fea Livia: Stockholm 2010.

Sullivan, Garrett A., Jr.: »Recent Studies in Tudor and Stuart Drama«. *SEL* 2013 (53, 2) 2013, S. 441–494.

Sutton-Smith, Brian: *The ambiguity of play*. Harvard University Press: Cambridge/Mass/London 1997.

Suvin, Darko/Rottensteiner, Franz: *Poetik der Science-fiction. Zur Theorie und Geschichte einer literarischen Gattung*. (Suhrkamp Taschenbuch 539). Suhrkamp: Frankfurt am Main 1979.

Taddei, Andrea: »Memory, Performance, and Pleasure in Greek Rituals«. In: Chaniotis, Angelos/Michaels, Axel (Hg.): *Body, performance, agency, and experience*. (Ritual dynamics and the science of ritual/International Conference »Ritual Dynamcis and the Science of Ritual«. General ed. Axel Michaels; 2). Harrassowitz: Wiesbaden 2010.

Tambiah, Stanley: »Eine performative Theorie des Rituals«. In: Belliger, Andréa/Krieger, David J. (Hg.): *Ritualtheorien. Ein einführendes Handbuch*. Springer VS: Wiesbaden 2013.

Tecklenburg, Nina: *Performing Stories. Erzählen in Theater und Performance*. (Theater Band 59). (Thesis (doctoral) – Freie Universität, Berlin). transcript: Bielefeld 2014.

Thimm, Caja (Hg.): *Das Spiel – Medium und Metapher der Mediengesellschaft?* VS Verlag für Sozialwissenschaften: Wiesbaden 2009.

Todorov, Tzvetan: *Einführung in die fantastische Literatur*. (Ullstein-Buch 3191). Ullstein: Frankfurt am Main 1975.

Torner, Evan: RPG Theorizing By Designers and Players. In: Zagal/Deterding: Role-Playing Games Studies. Routledge: New York 2018.

Torner, Evan/Trammell, Aaron/Waldron, Emma Leigh (Hg.): *Analog Game Studies: Volume I*. ETC Press: Pittsburgh 2016.

Trinkaus, Stephan et al.: *Denkweisen des Spiels. Medienphilosophische Annäherungen*, hrsg. von Deuber-Mankowsky, Astrid/Görling, Reinhold. (Cultural Inquiry Vol. 10). Turia + Kant: Wien 2017.

Tröndle, Martin (Hg.): *Kunstforschung als ästhetische Wissenschaft. Beiträge zur transdisziplinären Hybridisierung von Wissenschaft und Kunst*. (Kultur- und Medientheorie). transcript: [s. l.] 2014.

Turkle, Sherry: *Leben im Netz. Identität in Zeiten des Internet*. Rowohlt: Reinbek bei Hamburg 1998.

Turner, Victor: *Vom Ritual zum Theater. Der Ernst des menschlichen Spiels*. Campus-Verlag: Frankfurt am Main/New York, NY 2009.

Turner, Victor: »Betwixt and Between: The Liminal Period in Rites de Passage«. In: Helm, June (Hg.): *Symposium on New Approaches to the Study of Religion. Proceedings of the 1964 Annual Spring Meeting of the American Ethnological Association*. University of Washington Press: Seattle, WA 1964.

Vorobyeva, Olga: »Ingame or offgame? Towards a typology of frame switching between in-character and out-of-character«. In: Nielsen, Charles Bo/Raasted, Claus (Hg.): *Knudepunkt 2015. Companion Book*. Rollespilsakademiet: Copenhagen 2015.

Winkler, Hartmut: »Stereotypen – ein neues Raster intertextueller Relationen?«. In: Heß, Klaus-Peter/Wulff, Hans J. (Hg.): *Film- und Fernsehwissenschaftliche Arbeiten*. MAKS. Münster 1993.

Wirth, Uwe: »Der Performanzbegriff«. In: Wirth, Uwe (Hg.): *Performanz. Zwischen Sprachphilosophie und Kulturwissenschaften*. (Suhrkamp Taschenbuch Wissenschaft 1575). Suhrkamp: Frankfurt am Main 2011.

Wirth, Uwe (Hg.): *Performanz. Zwischen Sprachphilosophie und Kulturwissenschaften.* (Suhrkamp Taschenbuch Wissenschaft 1575). Suhrkamp: Frankfurt am Main 2011.

Wolf, Robert: *Konfliktsimulations- und Rollenspiele: die neuen Spiele.* DuMont: Köln 1988.

Yablonsky, Lewis: *Psychodrama. Die Lösung emotionaler Probleme durch Rollenspiel.* Klett-Cotta: Stuttgart 1986.

Zagal, José P./Deterding, Sebastian: *Role-Playing Game Studies. A Transmedia Approach.* Routledge: New York 2018.

Ziemer, Gesa: *Komplizenschaft. Neue Perspektiven auf Kollektivität.* (XTexte). transcript: Bielefeld 2013.

Ziemer, Gesa: »Komplizenschaft. Eine Taktik und Ästhetik der Kritik?«. In: Huber, Jörg et al. (Hg.): *Ästhetik der Kritik. Oder: Verdeckte Ermittlung.* (Reihe T:G/05). Zürich/Wien/New York 2007.

Ziener, Birgit: »Rollenspiele, Computerspiele, Internet«. In: Brittnacher, Hans Richard/May, Markus (Hg.): *Phantastik. Ein interdisziplinäres Handbuch.* Verlag J. B. Metzler: Stuttgart/Weimar 2013.

Zondergeld, Rein A. (Hg.): *Phaicon. Almanach der phantastischen Literatur.* (Insel Taschenbuch 69). Insel Verlag: Frankfurt am Main 1974.

9.2 Primärquellen

Adams, Richard: *Watership Down.* Rex Collings: London 1972.

Forced Entertainment: *Quizoola!* forcedentertainment: Sheffield 1999.

Hartwell, David G./Weisman, Jacob: *The Sword & Sorcery Anthology.* Tachyon Publications: Chicago 2012.

Kafka, Franz: *Der Prozess. Sämtliche Werke.* Anaconda: Köln 2006.

Lem, Stanisław/Zimmermann-Göllheim, Irmtraud: *Solaris. Roman.* (List 60611). Ullstein: Berlin 2014.

Whedon, Joss: *Buffy the Vampire Slayer.* Fox 1997–2003.

9.3 Spiele

Aventurisches Bestiarium. Monsterbuch DSA5. (Das Schwarze Auge-Regelband). Ulisses Medien und Spiel Distribution GmbH: Waldems 2015.

Baker, Keith/Baur, Wolfgang/Cook, Monte (Hg.): *Des Kobolds Handbuch der Welterschaffung.* (Des Kobolds Handbücher). Ulisses Medien und Spiel Distribution GmbH: Waldems 2016.

Cavatore, Reynolds u. Alessio/Priestley, Anthony/Thorpe, Gavin: »Horden des Chaos. Warhammer Armeebuch«. Games Workshop: London/Düsseldorf 2002.

Chapman, David F./Stuart, Alasdair: »Doctor Who: Adventures in Time And Space«. Cubicle 7: Oxford 2009.

»Das schwarze Auge. Basisregelwerk; [Fantasy-Rollenspiel]«. Fantasy Productions: Erkrath 2006.

Djurdjevic, Marko/Günther, Christian: »Degenesis« 10.12.2006, zuletzt geprüft am: 03.03.2013. http://www.degenesis.de/html_data.html.

Dombrowski, Karsten: *DragonSys. Regelwerk für Fantasy-Live-Rollenspiele*. Zauberfeder: Braunschweig 2009.

Findeisen, Marco: »Wege des Meisters. Ein Handbuch für Spielleiter; eine DSA-Spielhilfe«. Ulisses Spiele: Waldems 2009.

Günther, Christian: *Degenesis. Rebirth Edition,* hrsg. von Djurdjevic, Marko/Günther, Christian. SIXMOREVODKA: Berlin 2014.

Hamelmann, Tobias: »Shadowrun Regelbuch. 5. Edition«. Pegasus Spiele GmbH: Friedberg 2013.

Ingress, zuletzt geprüft am: 13.01.2017. https://www.ingress.com/.

Jackson, Steve: »Munchkin«. Pegasus Spiele GmbH: Friedberg 2001, zuletzt geprüft am: 16.01.2016. http://www.pegasus.de/munchkin/.

Klippert, Heinz: »Planspiele. 10 Spielvorlagen zum sozialen, politischen und methodischen Lernen in Gruppen«. *Planspiele* 2008.

Klöpper, Michael: *Feuerwehrübungen. Beispiele als Download,* zuletzt geprüft am: 13.04.2017. http://www.feuerwehrmagazin.de/service/ausbildung/feuerwehruebungen-beispiele-feuerwehruebungen-vorschlaege-41809.

Menzel, Michael: »Die Legenden von Andor«. Kosmos 2012.

Palm, Michael/Zach, Lukas: »Aventuria. Abenteuerspiel-Box«. Ulisses Spiele 2015.

Prienen, Tuomas/Priestley, Rick: »Warhammer. Das Fantasy-Strategiespiel«. Games Workshop: Düsseldorf/London 2000.

Projekt Exodus. Ein Bildungsliverollenspiel, zuletzt geprüft am: 14.04.2017. http://www.projekt-exodus.com/.

Junge, Tobias Rafael/Spohr, Alex/Ullrich, Jens: *Das Schwarze Auge Regelwerk (Taschenbuch). 5. Edition*. (Das Schwarze Auge – Regelband). Ulisses Medien und Spiel Distribution GmbH: Waldems 2015.

the monitor celestra – battlestar galactica larp, zuletzt geprüft am: 20.01.2017. https://petterkarlsson.se/2013/03/19/the-monitor-celestra-battlestar-galactica-larp/.

»Vampire: die Maskerade. Ein Erzählspiel um persönlichen Horror«. Feder und Schwert: Mannheim 1999.

Weis, Robert: *Classic-Regeln für L(ife) a(ction) r(ole) p(laying)*. G und S: Zirndorf 2001.

Wilson, Kevin: »Descent. Journeys in the Dark«. Fantasy Flight Games 2005.

Wizards of the Coast: *Magic: The Gathering,* zuletzt geprüft am: 16.01.2016. http://company.wizards.com/content/magic-2014-duels-planeswalkers-expansion-announced.

9.4 Vorträge

Botting, Fred: *The Un-Real*. (The Fantastic Now: Research in the Fantastic in the 21st Century). Münster 2016.

Johannes Gutenberg-Universität Mainz: *Was bedeutet es ›zu spielen‹? Das Spiel als Aktionsform und Erfahrung von Umkehrbarkeit*. (3. Mainzer Symposium der Sozial- & Kulturwissenschaften). Mainz 2016.

McDonald, Ian: *Key Note*. (International Conference on the Fantastic in the Arts). Orlando, Florida 2014.

Römer, Thomas: *33 Jahre Weltbau*. (Fantastische Spiele). Klagenfurt 2014.

9.5 Internetquellen

Ammann, Daniel: *Eintauchen in die Anderswelt. Immersion und Virtualität*, zuletzt geprüft am: 9.4.2017. http://www.dichtung-digital.org/2002/03-15-Ammann.htm.

Analog Game Studies, zuletzt geprüft am: 12.04.2017. http://analoggamestudies.org/.

Arbia, Ali: *Spieltheorie einfach erklärt*, zuletzt geprüft am: 22.08.2013. http://scienceblogs.de/zoonpolitikon/2008/04/22/spieltheorie-einfach-erklart-i-einleitung-und-gefangenendilemma/.

Baby, mach mir den Vampir! 10 Ideen für scharfe Rollenspiele, zuletzt geprüft am: 06.01.2016. http://www.bild.de/unterhaltung/erotik/sex-fun/neue-leidenschaft-dank-rollenspiele-33201000.bild.html.

Baker, Ted/Eesley, Dale T./Miner, Anne S.: *Improvising firms: bricolage, account giving and improvisational competencies in the founding process;*, zuletzt geprüft am: 13.10.2016. http://citeseerx.ist.psu.edu/viewdoc/download?doi=10.1.1.513.273&rep=rep1&type=pdf.

Barschel, Christian Albrecht: *die laengsten tennismatches aller zeiten*, zuletzt geprüft am: 30.3.2011. http://www.suite101.de/content/die-laengsten-tennismatches-aller-zeiten-a86776.

Böhme, Stefan/Nohr, Rolf F./Wiemer, Serjoscha: *Strategie Spielen*, zuletzt geprüft am: 03.03.2013. http://www.strategiespielen.de/.

Bowman, Sarah Lynne: *Bleed: The Spillover Between Player and Character*, zuletzt geprüft am: 13.4.2017. https://nordiclarp.org/2015/03/02/bleed-the-spillover-between-player-and-character/.

Bundeszentrale für politische Bildung: *Planspiele | bpb*, zuletzt geprüft am: 16.08.2013. http://www.bpb.de/lernen/unterrichten/planspiele/.

Butler, Judith: »Performative Acts and Gender Constitution. An Essay in Phenomenology and Feminist Theory«. *Theatre Journal* 1988(40) 1988, S. 519–531, zuletzt geprüft am: 31.12.2016. http://links.jstor.org/sici?sici=0192-2882%28198812%2940%3A4%3C519%3APAAGCA%3E2.0.CO%3B2-C.

Catron, Mandy Len: »36 Questions. How to fall in love«, zuletzt geprüft am: 23.01.2016. http://36questionsinlove.com/.

Chick, Jack T.: *Dark Dungeons*, zuletzt geprüft am: 20.03.2017. http://www.chick.com/reading/tracts/0046/0046_01.asp.

Civilians on the Battlefield, zuletzt geprüft am: 13.04.2017. http://www.us-statisten.de.

Coates, Sam: »Dungeon Dice Instruction Manual« 2014, zuletzt geprüft am: 15.01.2016. https://drive.google.com/file/d/0B5nuEqZiDR4beXRERHdkQ1FJZWs/edit.

COLLEGE OF WIZARDRY, zuletzt geprüft am: 19.3.2017. https://www.cowlarp.com/.

Conquest, zuletzt geprüft am: 18.03.2017. http://www.live-adventure.de/.

Cramer, Florian: *Auff manche Art verkehrt: Georg Philip Harsdörffers »Frauenzimmer Gesprächspiele«*, zuletzt geprüft am: 21.1.2016. http://www.cramer.pleintekst.nl/00-recent/harsdoerffer_-_frauenzimmer_gespraechspiele/.

Critical Role, zuletzt geprüft am: 14.04.2017. http://geekandsundry.com/shows/critical-role/.

Daugbjerga, Mads/Syd Eisnera, Rivka/Timm Knudsen, Britta: »Re-enacting the past. vivifying heritage again«. *International Journal of Heritage Studies* 2014, zuletzt geprüft am: 15.01.2016. http://dx.doi.org/10.1080/13527258.2014.939426.

Debord, Guy-Ernest: *The Situationist International*, zuletzt geprüft am: 09.04.2017. https://www.spacehijackers.org/html/ideas/bookclub/situationist.html.

Deutscher Liverollenspiel-Verband e. V.: *Mittellande*, zuletzt geprüft am: 18.03.2017. http://mittellande.de/.

Edwards, Ron: »S/lay W/Me« 2009, zuletzt geprüft am: 16.01.2016. http://adept-press.com/games-fantasy-horror/slay-wme/.

Fachhochschule Dortmund: *Partizipation: teilhaben/teilnehmen*, zuletzt geprüft am: 28.03.2017. http://partizipation-teilhaben-teilnehmen.de/.

Fantasy Grounds, zuletzt geprüft am: 30.01.2016. https://www.fantasygrounds.com/home/.

FFT Düsseldorf (Hg.): *GAME ON STAGE*. (2014). Düsseldorf 2014.

Flöter, Laura: »Welten aus Worten. Zur Funktion und Bedeutung des Erzählens im phantastischen Rollenspielsystem The World of Darkness«. *Komparatistik Online* (2013:1) 2013, zuletzt geprüft am: 23.10.2016. http://www.komparatistik-online.de/component/joomdoc/doc_download/148-komparatistik-online-20131-rollenspielsystem-the-world-of-darkness.

Förster, Till: »Victor Turners Ritualtheorie. Eine ethnologische Lektüre«. *Theologische Literaturzeitung* 2003 (Juli/August/2003), zuletzt geprüft am: 29.11.2016. http://www.thlz.com/artikel/13689/?inhalt=heft%3D2003%23r343.

Frasca, Gonzalo: *SIMULATION 101: Simulation versus Representation*, zuletzt geprüft am: 13.10.2016. http://www.ludology.org/articles/sim1/simulation101.html.

Friedrich Schiller: *Ueber die ästhetische Erziehung des Menschen, in einer Reihe von Briefen. Fünfzehnter Brief*, zuletzt geprüft am: 24.04.2014. http://gutenberg.spiegel.de/buch/3355/3.

Gee, James Paul: *Learning, Design and Society*. (Clash of Realities 2008). Köln 2008.

Grimm, Jacob/Grimm, Wilhelm: *Spiel*, zuletzt geprüft am: 29.03.2017. http://woerterbuchnetz.de/DWB/?lemma=Spiel.

Heinle, Carola: *Woandersnacht*, zuletzt geprüft am: 06.01.2016. http://www.woandersnacht.de/.

Heuring, Monika/Petzold, H. G.: *Rollentheorien, Rollenkonflikte, Identität, Attributionen. Integrative und differentielle Perspektiven zur Bedeutung sozialpsychologischer Konzepte für die Praxis der Supervision*, zuletzt geprüft am: 12.01.2017. http://www.fpi-publikation.de/supervision/alle-ausgaben/12-2005-heuring-monika-petzold-h-g-rollentheorien-rollenkonflikte-identitaet-attributionen.html.

histotainment Park Avalon. Museumspark für lebendige Geschichtsdarstellung, zuletzt geprüft am: 11.01.2017. http://mittelalterpark.de/.

International Journal of Roleplaying, zuletzt geprüft am: 09.03.2013. http://journalofroleplaying.org/.

International Journal of Role-Playing, zuletzt geprüft am: 12.04.2017. http://ijrp.subcultures.nl/.

Jenkins, Henry: *Confessions of an Aca-Fan. The Official Weblog of Henry Jenkins*, zuletzt geprüft am: 09.03.2013. http://henryjenkins.org/.

Kaprow, Allan: *Art Which Can't Be Art*, zuletzt geprüft am: 09.04.2017. http://readingbetween.org/artwhichcantbeart.pdf.

Kaprow, Allan: *How to Make a Happening*, zuletzt geprüft am: 09.04.2017. http://primaryinformation.org/files/allan-kaprow-how-to-make-a-happening.pdf.

Kathe, Peter: *Struktur und Funktion von Fantasy-Rollenspielen,* zuletzt geprüft am: 21.03.2017. http://www.rpgstudies.net/kathe/.

Keim, Stefan: »Grenzen setzen. Signa Sørensen und Arthur Köstler über ihre Performance-Installationen«. *Die Deutsche Bühne,* April 2011, zuletzt geprüft am: 20.2.2017. http://signa.dk/deutsche-buehne-2011.

Kennedy, Sarah: *Notes on Yoko Ono's White Chess Set,* zuletzt geprüft am: 09.04.2017. https://www.moma.org/learn/moma_learning/blog/notes-on-yoko-onos-white-chess-set.

Laws, Robin: *Robin's Laws of Good Game Mastering,* zuletzt geprüft am: 11.03.2016. http://www.darkshire.net/jhkim/rpg/theory/models/robinslaws.html.

Lovecraft, H. P.: »Supernatural Horror in Literature« 1927, zuletzt geprüft am: 25.09.2016. http://www.hplovecraft.com/writings/texts/essays/shil.aspx.

Lüdtke, Ursula: *Funktion und Wirkung von Mehrdeutigkeit im Erzählwerk der Schriftstellerin Brigitte Kronauer,* zuletzt geprüft am: 18.1.2017. http://oops.uni-oldenburg.de/187/.

Lundby, Johan/MacDonald, Johanna/Wieslander, Emma: *Ars amandi,* zuletzt geprüft am: 8.1.2017. http://www.ars-amandi.se/.

Luutz, Wolfgang: »*Kollektive Identität*«. *Karriereende eines folgenreichen Konzepts?,* zuletzt geprüft am: 17.10.2016. www.uni-leipzig.de/~sfb417/Kollektiveldentität.doc.

Mäkelä, Eetu et al.: *The Process Model of Roleplaying,* zuletzt geprüft am: 11.03.2016. http://temppeli.org/rpg/process_model/KP2005-article/Process_Model_of_Roleplaying-0.9b.pdf.

Mc Kamey Manor, zuletzt geprüft am: 25.11.2016. http://www.mckameymanor.com/.

Mentzos, Stavros: *Familienaufstellungen – Versuch einer Kritik, aber auch einer Würdigung vom psychoanalytischen Gesichtspunkt aus.* (Überregionale Weiterbildung in analytischer Psychosentherapie). München 2003. https://www.zist.de/veroeffentlichung/familienaufstellungen-versuch-einer-kritik-aber-auch-einer-wuerdigung-vom-psychoanalytischen-Gesichtspunkt-aus.

Montola, Markus: *The Positive Negative Experience in Extreme Role-Playing,* zuletzt geprüft am: 18.03.2017. http://www.digra.org/wp-content/uploads/digital-library/10343.56524.pdf.

Nehrkorn, Stefan: *Eine Geschichte des Schachspiels. 28. Sitzung der HUMBOLDT-GESELLSCHAFT am 11.11.96,* zuletzt geprüft am: 3.3.2013. http://www.humboldt gesellschaft.de/inhalt.php?name=schach.

Neitzel, Britta: *Gespielte Geschichten. Struktur- und prozessanalytische Untersuchungen der Narrativität von Videospielen,* zuletzt geprüft am: 03.03.2013. http://e-pub.uni-weimar.de/opus4/frontdoor/index/index/docId/69.

Netz, Dina: »Gehorsam durch Ermattung. Die Hundsprozesse – Das Theaterkollektiv Signa hält in der alten Kölner Zulassungsstelle Prozesse nach Franz Kafka ab«. *Nachtkritik* 2011, 19.04.2011, zuletzt geprüft am: 20.02.2017. http://www.nachtkritik.de/index.php?option=com_content&view=article&id=5538&catid=84&item=100079.

Orkenspalter.TV, zuletzt geprüft am: 14.04.2017. https://tv.orkenspalter.de/.

Raiser, Simon/Warkalla, Björn: *Konflikte verstehen. Planspiele und ihr Potenzial in der Lehre der Friedens- und Konfliktforschung,* zuletzt geprüft am: 21.08.2013. http://www.uni-marburg.de/konfliktforschung/pdf/workingpapers/ccswp13.pdf.

Richardson, Sarah: *Sexy Times with Dice: 10 RPGs That Deal with Sex and Sexuality,* zuletzt geprüft am: 16.01.2016. http://womenwriteaboutcomics.com/2014/10/08/sexy-times-with-dice-10-rpgs-that-deal-with-sex-and-sexuality/.
Roberts, Charles S.: »Tactics-II« 1958, zuletzt geprüft am: 20.02.2015. http://www.coralnet.de/Tactics-II.pdf.
RP.Drakkarsee. Die Drakkar See Rollenspiel Plattform, zuletzt geprüft am: 14.10.2016. http://rp.drakkarsee.de/.
RPGnet Forums, zuletzt geprüft am: 09.03.2013. http://forum.rpg.net/forum.php.
Ruhrzilla, zuletzt geprüft am: 15.01.2016. http://www.ruhrzilla.de/.
Sadri, Mir Hafizuddin: *Kinderspiele in Afghanistan,* zuletzt geprüft am: 30.01.2016. http://www.afghan-aid.de/kinderspiel.htm.
Scholz, Monique: *Was ist Spielen? – Ein Definitionsversuch,* zuletzt geprüft am: 29.03.2017. http://www.h-age.net/hinter-den-kulissen/156-was-ist-spielen-ein-definitionsversuch.html.
SF Encyclopedia, zuletzt geprüft am: 3.4.2018. http://www.sf-encyclopedia.com/.
Sigl, Rainer: *Geschichte live erleben | Telepolis,* zuletzt geprüft am: 03.03.2013. http://www.heise.de/tp/artikel/21/21361/1.html.
SIGNA: *SIGNA,* zuletzt geprüft am: 25.03.2017. http://signa.dk/about.
Stuber, Thomas: »Wesen und Bedeutung des Spiels«. *werkspuren* 1998(3/98), zuletzt geprüft am: 27.03.2017. http://www.do-it-werkstatt.ch/fileadmin/documents/fachbeitraege_technik/WesenBedeuSpiel.pdf.
Tampere Research Center for Information and Media, zuletzt geprüft am: 21.03.2016. http://www.uta.fi/sis/trim/index.html.
Tulipan, Leonard: *Themenpark Weltentor – Die Ganze Wahrheit,* zuletzt geprüft am: 11.1.2017. http://weltentor.wordpress.com/.
van Harreveld, Frenk/Nohlen, Hannah U./Schneider, Iris K.: *The ABC of Ambivalence: Affective, Behavioral, and Cognitive Consequences of Attitudinal Conflict,* zuletzt geprüft am: 18.1.2017. http://www.sciencedirect.com/science/article/pii/S0065260115000039.
Vanek, Aaron/Paddy, Ryan: *LARP Census,* zuletzt geprüft am: 12.04.2017. http://www.larpcensus.org.
Teil 1: »Rollenspiel-Klischees: Typische Typisierung«, zuletzt geprüft am: 14.10.2016. http://rp.drakkarsee.de/wiki/index.php?page=UserBlogEntry&entryID=488&commentID=710.
The Forge Forums, zuletzt geprüft am: 11.03.2016. http://www.indie-rpgs.com/forge/index.php.
The Monitor Celestra Briefing, zuletzt geprüft am: 20.03.2017. http://www.alternaliv.se/briefings/TheMonitorCelestraBriefing.pdf.
twitch.tv, zuletzt geprüft am: 14.4.2017. https://www.twitch.tv/.
»xobor«: *RGP Forum Portal,* zuletzt geprüft am: 06.01.2016. http://rpg-forum-portal.xobor.de/.
Zu den Vier Winden, zuletzt geprüft am: 11.01.2017. http://www.zu-den-vier-winden.de/.

Robin Junicke ist promovierter Theaterwissenschaftler und arbeitet als Wissenschaftlicher Mitarbeiter im Masterstudiengang Szenische Forschung der Theaterwissenschaft der Ruhr-Uni Bochum sowie als Lehrbeauftragter (z. B. an der Folkwang Universität der Künste und der Kunstuniversität Graz). Er ist zudem frei als Theater-Dokumentarist und Dramaturg aktiv. Seine Forschungsschwerpunkte sind Spieltheorie, Fantastikforschung, Dramaturgie und Dokumentationsmethoden szenischer Künste.